北方世界の考古学

小松正夫 編著

すいれん舎

序文

国立歴史民俗博物館館長　平川　南

古代国家にとって北方世界はいかなる存在であったのか。すなわち、北方世界とは何を根拠とした概念規定なのか、歴史研究者自身がつねに明確に意識しておく必要があろう。

いうまでもなく古代中国の〝中華思想〟の影響を受けたわが国では、天皇の支配する〝中華〟の周辺に蝦夷や隼人を設定し、蝦夷と接する地域を東辺・北辺とし、隼人と接する地域を西辺とした。すなわち、辺境は国家があくまでも政治的に創出した地域設定である。東辺・北辺を含め、その北方に拡がる地域を北方世界と総称する。

北方の世界は古代国家の歴史書のなかでは、支配理念の中で描かれ、その実態とはほど遠いであろう。時には中国の史書からの引用で描写されることもある。

その意味からも、北方の現実世界を明らかにすることが肝要である。その解明には、考古学および文献史学さらには自然科学など幅広い学問分野における実証的研究を地道に積み重ねる作業が必要である。特に北方世界の豊かな自然資源は、古代国家の支配理念とは別に、中央政府が収奪を目的として諸政策を推し進める重要な要因となったと考えられる。

北方世界の豊かな資源はその産出地から二つに大別される。まず第一は、陸奥・出羽両国内に産出する貴重な物資である。その筆頭は金であり、天平二十一年（七四一）陸奥国が東大寺盧舎那仏の鍍金のための黄金九百両を貢上したことで知られる。金と並んで陸奥・出羽両国産の馬は都人の憧憬であり、国司から貴族への最高の貢進物であった。さらに漆・鉄・琥珀・昆布などが特筆される。

第二は、現在の北海道、さらに北方の地に生息する動物類の加工品である。海獣皮・鷲羽（オオワシの羽）・羆皮などは、陸奥・出羽両国が交易によって調達し、都へ貢上していたのである。

しかし、中央政府による過酷な収奪・負担は地域社会に高度な技術と豊かな資源の蓄積を生み、一方で有力者の抬頭を可能としたのである。古代末期の奥州藤原氏と平泉文化はその典型例といえよう。

また独自の資源と交易を核とする列島各地との流通ルートの開拓と拠点形成は、中・近世の十三湊や北前交易に代表される北方世界の飛躍へと展開したのである。

本書は長年にわたり北方世界研究を主導された考古学者小松正夫氏の退職を記念し、研究同志が挙って寄せられた論文集である。

本書に収載された各論文・コラムは、北方の現実世界に関する学術研究成果であり、今後の北方世界研究の新たな一歩となることを目指したものである。

目次

第Ⅱ部　土器を巡る諸問題

第Ⅲ部　集落・宗教・城柵

〈カバーの図と写真〉

図は秋田城跡外郭東門近くの沼跡から、人形・馬形・斎串などたくさんの祭祀遺物とともに出土した平安時代の人面墨書土器。

写真は復元された外郭東門と祭祀遺物の出土した復元沼。

実測図提供　秋田市教育委員会

写 真 撮 影　石郷岡富男

解題

小松正夫

本書『北方世界の考古学』は、つぎに示す刊行の趣旨に賛同した各氏からの寄稿によるものである。対象時期は古代〜中世初期を中心にすえ、主たるフィールドを出羽、陸奥、津軽から北海道島とし、考古学および文献史学者の新たな切り口で「北方史」を描くことである。

近年の考古学、発掘調査事例の蓄積や文献史料の解釈・精査進展に伴い、古代の北方史像が書き換えられつつあることは周知のとおりである。関連する論考は各書で公表されているとは言え、現段階においても一巡したとは言い難い。それだけ多くの題材・素材がまだまだ埋もれていることでもあり、本書刊行の意義は大きいと考える。

論文・コラムの寄稿予定者には、以下のキーワードを提示し、執筆をお願いした。

考古学・文献史料・出羽・陸奥・津軽・北海道島・北日本・北方・境界・交易・交流・流通・日本海・城柵・秋田城・祭祀・朝貢・饗給・気候変動・鉄・鉄製品・須恵器・土師器・土器・生産・擦文文化・古代集落・蝦夷・安倍氏・清原氏・前九年合戦・後三年合戦・平泉・宗教・文字資料（順不同）。

本書は三部構成として編集したが、設定したキーワードが広範であったことから、一書としての統一性にかける点は否めない。しかし、寄稿いただいた論文・コラムを配列してみて、北方史を描くという所期の目的は達成されたのではないかと自負している。城柵研究に直結する土器論はもとより、生産遺跡や物流に視点を向けた論考は、律令と蝦夷そして、さらに北方世界の諸問題に深く切り込むことができたのではないだろうか。
以下、収録順に各論の概要を示しておく。

第Ⅰ部　生産・交易・流通

八木光則「蝦夷の鉄生産」

東北北部の鉄生産は製鉄炉の形状から岩木山麓型、津軽野代型、閉伊型という独自性の強い竪形炉を用いて鉄生産がおこなわれていた。原料については異説もあったが砂鉄を原料とすることが再確認され、砂鉄の賦存する地域に分布している。時期は鍛錬鍛冶が九世紀前半にさかのぼるが、製鉄は九世紀後半に開始され、十世紀に盛期を迎える。生産体制は閉伊の島田Ⅱ遺跡のように集落全体が鉄生産に関わるなど規模が大きいものがみられるが、ほとんどは小規模で、集落内または蝦夷社会内部に向けた生産であったと考えられる。

小松正夫「秋田城跡における漆工の展開」

秋田城の漆工を意味する多数の漆付着土器や漆紙文書は、主に土坑等からまとまって出土し、地域もかなり限定される傾向が認められる。また、その周辺には鍛冶遺構群が伴うことが多く、漆・鍛冶工人が同エリア内で工房を構えていたことが推定される。さらに、工房は漆付着の土器編年によって城内で位置を移動しながら変遷し、生産体制を維持していたと考えられる。これらのことを踏まえ、漆付着土器を中心に秋田城の漆工を明らかにするとともに鍛冶工房との関連についても考察する。

三上喜孝　〔コラム〕「秋田城の疫病祭祀」

秋田城跡第五四次調査出土102号木簡にみえる「役病行」や、秋田城外郭東門付近で見つかった人面墨書土器などの祭祀遺物などを手がかりに、秋田城の外郭東門において、疫病の進入に対する都城流の祭祀が行われていた可能性を明らかにし、その背景には秋田城を「京」と見立てる意識が存在したことを論じた。

渡部育子　〔コラム〕「二つの広域支配圏」

ヤマト王権下においてエミシの地へ向かう道（陸路）は陸奥に通じ、コシ（越）北方は海路の拠点として掌握されたが、律令制下の北日本では陸奥国府を拠点とする広域行政機構が整備され、コシ（越後）―出羽―北方広域圏も機能していた。律令制下の北日本支配は、陸奥按察使管轄地域と越後から列島北部までの沿岸地域という二つの広域圏が組み合わされて展開したのである。

山口博之　「奥羽の初期貿易陶磁器」

本稿はいままでほとんど通覧されることのなかった古代東北の貿易陶磁器について瞥見したものである。古代東北には九世紀代から中国を産地とする貿易陶磁器が移入される。しかしながらその数量はわずかであり、出土遺跡も官衙関連遺跡がほとんどを占め、律令体制の展開とともに展開するものと考えられる。

鈴木琢也　「古代北海道と東北地方の物流」

八〜十二世紀の北海道と東北地方について、本州から北海道に移入された鉄製品や須恵器、銅鋺の物流の検討、さらには擦文土器の地域的な分布や特性の検討から、これらの地域間の物流の様相とそのルートを明らかにした。また、北海道から東北地方、さらには「都」へともたらされた交易品の状況を古記録などから検討し、北海道と東北地方の物流・交易の背景について考察したものである。

田中広明「腰帯をつけた蝦夷」

全国津々浦々の遺跡から出土する腰帯金具は、律令衣服制を象徴する考古学資料である。本稿では、まず、古代日本の令制的支配外にあった北海道大川遺跡の金銅装腰帯について検討し、次に、東北地方と関東地方の腰帯を出土する古墳は、地域的な片寄りが大きくあり、その原因は、国郡編成の経緯や柵戸、俘囚などの移住とのかかわりがあるとした。そして、腰帯の出土は、官人や官衙を考慮しがちだが、地域史を構成する重要な要素として、その社会的背景の一端に挑んだ考察である。

第Ⅱ部　土器を巡る諸問題

利部　修「本州北端の刻書土器——北方域の研究史と系譜——」

本州北端の青森県域では十世紀を中心に刻書土器が多量に出土しており、北海道でも同時期に刻書記号をもつ擦文土器が認められるものの、両者を結びつける論考はあまりないのが実情である。本稿では両者の刻書土器・記号の研究史をまとめ、そのなかから刻書「╳」を検討し、出自と系譜に言及した。その結果、記号モチーフの類似性の比較から、青森県五所川原窯跡群の経営主体者と擦文文化の強い繋がりが想定されるに至った。また、「╳」モチーフが中世・近世にも受け継がれていることも検証し、特に須恵器と擦文土器の関連を今後とも追求すべきことを展望する。

伊藤武士「平安時代におけるムシロ底土器の出現と展開」

ムシロ底土器出現期資料の検討を通じ、平安時代初期の東北地方における律令支配の進展に伴う文化的な影響やロクロ土師器生産技術の普及拡大が、蝦夷社会の在地土器生産と土器様相に与えた変化を象徴するものとして、新たな非ロクロ土師器の出現が位置づけられることを論じた。

神田和彦「ケズリのある赤い坏――古代秋田郡域の赤褐色土器坏B――」

ロクロ成形・酸化炎焼成・黒色処理を施さないという特徴をもつ「赤褐色土器」は、古代出羽国の特徴的な遺物の一つである。本稿においては、このような赤褐色土器の坏で、底部や体部下半にケズリ調整を施す「坏B」の性格について考察を行う。また、九世紀初頭の赤褐色土器坏の出現期における製作背景について予察を試みる。

鐘江宏之〔コラム〕「城柵における中下級官人の痕跡」

城柵官衙遺跡から出土する墨書土器の中に、中央から派遣されてきた中下級官人の氏姓のみを記したものがあることを、三点の事例を挙げて指摘した。今後、釈読に臨むにあたって、こうした類例の出土することを想定しておく必要がある。

島田祐悦「清原氏城館・大鳥井山遺跡のロクロ土師器」

大鳥井山遺跡は、横手市教育委員会による継続的な調査の結果、十世紀後半に成立し、十一世紀に入ると遺跡の主要部に二重の大規模な土塁・空堀が巡らされ、かつ十二世紀までは存続しないことが確かめられた。このことから本遺跡は、後三年合戦で滅びることになる清原氏関連の城館跡であることが確実視されるに至った。考古学的に十一世紀の様相は全国的に見ても情報が極端に少ない時期にあたるなかにあって、本遺跡では十世紀後半から十一世紀末段階までの土器（主にロクロ土師器）が途切れることなく編年された。二〇〇九年には調査報告書が刊行され、この成果も加味されて国指定史跡となった。本稿では報告書刊行後に行った分析を交え、当該時期の土器様相について再考を試みたものである。

第Ⅲ部　集落・宗教・城柵

右代啓視　「北方における要害遺跡――特に気候変動との対応――」

北方の要害遺跡について筆者は、その用語の設定や分類、概念規定を明確にしてきた。分類した要害遺跡は、時期・地域・立地条件・文化集団の違いや構造的な技術差などの比較し、列島の北部域にくらす人間集団の文化的な交流や接触について考古学的なアプローチから明らかにしてきた。本稿ではこれまで進めてきた要害遺跡研究の視点のなかでも、過去の気候変動との対応について示すとともに、これから展開する研究視点の重要性について述べるものである。

五十嵐祐介　「「埋没家屋」再考――男鹿市小谷地遺跡を中心に――」

近世の紀行家菅江真澄の図絵、北秋田市胡桃館遺跡などに代表される秋田県内の「埋没家屋」について、これまでその一例として捉えられてきた、男鹿市小谷地遺跡を取り上げ、これまでの調査成果をもとに再検証を行った。その結果、これまで「埋没家屋」として考えられてきた遺構について、木材の出土状況や、検出された遺構の平面形態から、「堰」遺構と河川跡の可能性を提示するに至り、他地域の「堰」遺構検出事例と比較検討を行うことで、小谷地遺跡と「埋没家屋」の関連性について一石を投じた。

羽柴直人　「「矢立廃寺」の研究――十二世紀の比内郡の様相――」

北緯40°以北の地域は十二世紀代には日本国域に含まれるようになるが、これは奥州藤原氏の勢力圏拡大と連動したと推測される。十二世紀代の充実した遺物が出土した大館市矢立廃寺は、平泉勢力の北方への浸透の過程を物語る重要な遺跡である。本稿では儀器である土師質土器、かわらけの分析を中心に、遺構、遺物の検討をおこなった。その結果、遺跡の変遷は古段階（十二世紀二〇年代～六〇年代頃）と新段階（十二世紀六〇年代以降）に二大別され、古段階は有力者の居館、新段階は寺院と遺跡の性格が変化すると推測した。十二世紀代に限定せず、中世以降も視野に入れた再検討が必要と考える。古段階の居館の立地、形態は東日本における古代末期の在地有力者の居館構造を研究する上で有効な事例である。また、出土した手づくねかわらけの形態の類似から、平泉勢力圏の中で、「比爪」との関係の深さを窺わせる状況が存在する。

今野沙貴子　〔コラム〕「秋田県における経塚の変遷――中世前期を中心に」

中世前期に築かれた「末法に備えた経塚」から、中世後期の「六十六部廻国納経塚」への移行過程には、どのような社会的要因が考えられるのか。奥州藤原氏の成立と滅亡は、中世東北の社会にどのように作用したのか。その課題を検討する前段階として、秋田県における中世前期の経塚を整理したものである。

小口雅史　〔コラム〕「青森市石江遺跡群の位置づけをめぐって」

青森市新田（1）（2）遺跡を中心とする石江遺跡群は、発見当初、蝦夷の住む異界の地津軽で、平安京と同様の祭祀、行事や習俗が、この地で行われていたことを物語る遺物が出土したとして、南の鹿児島県喜界町城久遺跡群とともに、南北の境界の常識を打ち破るものとして脚光を浴びた。しかし北の遺跡群については、南とは違ってむしろ在地色の強さを認めるべきであって、境界地帯の歴史的評価は時間軸に応じてさらに検討していく必要を論じたもの。

高橋　学「囲郭集落の系譜――出羽国城柵が北方の地域社会に及ぼしたもの――」

かつて蝦夷館と称され、防御性集落や囲郭集落、環壕集落なども呼ばれる居住域の全体あるいは一部を土塁・堀・柵列などで区画する集落遺跡が北東北から北海道島南部に分布する。本稿では区画施設の導入を九世紀代の出羽国北半の城柵に求め、城柵が北方の地域社会に及ぼした影響について概述する。十世紀前半～中頃に当該集落が急増する背景には、城柵側・蝦夷側両者の事情が合致した結果であり、十世紀後半には一転して集落数が減少傾向を示すことは、出羽では清原氏の台頭が関連する。清原氏関連の居館も城柵の景観を意識した構造であり、これが平泉・柳之御所に引き継がれたと想定する。一連の景観の継承は、東北の古代城柵が辺境における「ミニ都城」とすれば、囲郭集落や古代末の居館・城館とはまさしく「ミニ城柵」と称することができよう。

第Ⅰ部　蝦夷・生産・流通

蝦夷の鉄生産

八木光則

はじめに

十世紀は律令の地域支配が大きく揺らぐ時期である。東北地方では支配拠点としての城柵の性格が弱まり、南部の大規模な製鉄や須恵器生産が衰退するなど、国家主導の地域拠点が大きく様変わりする。一方で城柵が設置されず郡制が施行されなかった東北北部で集落の拡大や生産活動が大きく発展するのも十世紀である。国家の地域支配の変容と対応するかのように北部の蝦夷社会が大きく変動するのである。

本稿は、蝦夷社会発展の大きな原動力となった生産活動のうち鉄生産をとりあげ、その操業の様相を明らかにし、蝦夷社会の内なる発展とそれに国家側が関わることがあったのかなどについて考えるものである。

一　東北北部の鉄生産

1　鉄生産の概要

(1)　鉄生産遺構の区分

鉄の生産を理解するためには、工程やそれに使われる炉の形状、炉から排出される鉄滓などをみていく必要がある。その工程などについては一般になじみが薄いと思われるので、概要を述べておきたい。

古代の鉄生産に関する工程は大きく製鉄・精錬鍛冶・鍛錬鍛冶がある。製鉄は製錬ともいうが、精錬と同じ読みで混用されるおそれがあるのでここでは製鉄と呼ぶ。製鉄は多量の木炭で原料の砂鉄や鉄鉱石を製鉄炉で長時間かけて溶融し、鉄を他の物質から分離する工程である。まだ不純物が多く含まれているため別の炉でさらに加熱し不純物を取り除くのが精錬鍛冶、さらにハンマーで鍛打して純度を高め、また鉄器として成形する工程が鍛錬鍛冶である。工程ごとに製鉄炉、精錬炉、鍛錬炉が用いられるが、精錬と鍛錬が同じ炉で連続することも想定されている。

東北地方において発掘調査で検出される鉄生産の炉には、基本的に製鉄炉の半地下式竪形炉・細形炉・長方形箱形炉、精錬・鍛錬炉の竪形炉・火窪炉・地床炉がある。鉄滓を集積する廃滓場、燃料となる木炭をつくる木炭窯なども付属する。

半地下式竪形炉は、炉床を地下部分に、炉体上部を地上につくる円筒形の炉で、傾斜地につくられる。傾斜上部に平坦なテラス面を削りだし、送風のための鞴座を設ける。テラス底面を平坦にして革鞴などの送風作業をおこなったものと、中央を高く両端を斜めにくぼませ、足踏み式のシーソー形鞴で大容量の風を送るものとがある。炉本体は円筒状の炉壁が設けられ、底部平面形は円形である。傾斜の下部には炉からの溶融物を流す排滓部があり、大きな竪穴状、皿状のくぼみ、溝状に長くのびるものがある。半地下式竪形炉はこのように鞴座・炉・排滓部の三段構成になっているのが通常であるが、遺跡によっては上部が削平されて、鞴座が不明確な状態で検出される場合がある。

細形炉はこれまで半地下式竪形炉の範疇でとらえられていたものである（穴沢一九八四）が、炉の内寸が〇・二×〇・六〜〇・九mと細長で、鞴座や排滓部と炉本体の比高差が小さく半地下式とならないものもあり、新たな分類とした。基本構造は半地下式竪形炉と同じように鞴の送風口は長軸端の奥壁にあるが、後述のように側壁からの送風も考えられる。

長方形箱形炉は文字どおり長方形の箱形の内部で製鉄をする炉で、傾斜地の平坦部に設けられる。鞴座はほぼ同じ高さに、半地下式竪形炉と同じシーソー式の足踏みの鞴を設ける。古くは上方からの一方送風であったが、その後長い送風管を使って、側壁に羽口を何本も並べた側壁送風が一般化する。

竪形炉は内径〇・七〜一m前後の規模で、地上平坦部に設けられ、傾斜地につくられる場合には削りだしにより平坦面が作出されている。炉のまわりに柱穴が検出される場合も多く、その場合には屋根が構架されていた。竪穴住居内での精錬炉の検出は少ない。炉壁が少量出土するので、低い壁がつくられたと考えられる。その片側に皿状の浅い排滓部があり、平面は炉と合わせだるま形を呈する。炉壁が原状のまま残っていないため火窪炉と認識されることが一般的であるが、規模や排滓部の有無で小形の火窪炉と区別される。

火窪炉は円形や船底形、擂り鉢形を呈し、径〇・三〜〇・五m前後の規模をもつ。炉の片側に羽口を固定する浅い溝が付属したりする。炉壁が少量確認される場合があり、低い壁を設けたものもあるようである。竪穴住居内に設けられる場合と屋外で単独につくられる場合とがある。住居内の場合には鉄床石がそばに据えられ（その据え穴だけの検出例もある）、作業する際の足入れといわれる穴が確認されたりもする。このほか窪みのない地床炉もあるが、高温で青灰色に還元された堅い焼土面を有しており、赤い酸化焼土とは区別される。

(2)　鉄滓による工程の確認

炉から排出される鉄滓は、外観上の特徴、化学成分、鉱物組織から大きく工程別の三種類に分けることがきる。鉄滓の外観は大きさや表面の状況など千差万別であるが、表1のような区分が一般的となっている。近年はさらにていねいな資料分類が行われ、細分も進んでいる。

鉄滓の化学成分や鉱物組織については、理化学的な知識が必要とされ、専門家以外には大変わかりにくいものとなっている。そこで比較的簡単に鉄滓の分類ができそうな分析値を示すこととしたい。化学成分は全鉄量、造滓成分、酸化チタン（TiO_2）を取り上げる。全鉄量は鉄滓に含まれる鉄化合物の全量を示したもので、量が多いほど不純物が取り除かれ鉄分が多いものとなる。造滓成分はシリカ（SiO_2）など鉄にとっては不純物となる成分で、原料砂鉄に含まれるものと製鉄炉の炉壁が砂鉄と化合してできるものとがあり、工程が進むにつれ造滓成分は低くなる。酸化チタンは砂鉄に多く含まれ、チタン含有量が多いと得られる鉄の量が少なく歩留まりが悪いことと、炭素の吸収力が大きくなって硬くもろい鉄になるため、チタン分を少なくすることが精錬や鍛錬鍛冶の目的のひとつとなっている。

鉱物組織は顕微鏡で観察されるもので、各遺跡の分析結果をみてみると、聞き慣れない名であるがウルボスピネルなどのチタン化合物が優勢なものは製鉄滓、ウルボスピネルとウスタイト（酸化鉄）が混在している鉄滓は精錬滓、ウスタイト優勢は鍛錬滓にほぼ位置づけられている（岩手県立博物館の分析を除く）。化学成分の組成区分とも対応する。

これら三つの指標による鉄滓の同定は大まかな方法であり、厳密には他の成分値や鉱物組織もみなければならないが、鉄滓を工程ごとに区分する簡便で有効な指標となるものである。

次に、鉄生産炉と鉄滓の関係をみると、半地下式竪形炉や細形炉とそれにともなう廃滓場からは数百kg単位の流出

表1　鉄滓の特徴と化学成分・鉱物組織（概要）

鉄滓	流出滓	炉内滓	椀型滓（大形）	椀型滓（小形）	粒状滓	鍛造剥片
外観上の特徴	炉外に溶融により流出した鉄滓で、なめらかな飴状部分をもち、発泡するものもある。	炉内に生成された鉄滓。木炭をかみこむものや炉内で流動したものなど。工程による明確な区分はむずかしい	半球状の鉄滓で，炉底の形状を示す。		粒状の鉄滓で、赤熱状態の鉄素材と粘土汁が鍛打の際に飛散して固化したもの。	加熱鍛打により鉄素材から剥落した5㎜以下の鱗状の鉄滓。

化学成分		A	B	C
化学成分	組成区分	A	B	C
化学成分	全鉄量 T.Fe	5～45%	40～55%	55～80%
化学成分	造滓成分	40%～	10～40%	1～20%
化学成分	酸化チタン TiO_2	10%～	5～10%	0.2～5%
鉱物組織		U優勢	U＋W混在	W優勢
鉄滓の種類		製鉄滓	精錬滓	鍛錬滓

1　組成B・Cは3条件とも満たす場合とし、満たさない場合は組成Aに区分
2　造滓成分は SiO_2・Al_2O_3・CaO・MgO・Na_2O・K_2O の合計値
3　上の組成区分は化合物の成分比で有効（元素単位の化学成分では鉄滓の種類とは対応しない）
4　鉱物組織U－ウルボスピネル（$2FeO・TiO_2$）、W－ウスタイト（FeO）

滓や炉内滓、炉壁などが出土し、鉄滓の多くは製鉄滓である。低い竪形炉とその周辺からの出土量は六〇kgの例もあるが、一般的には二〇kg以下の精錬滓と少量の炉壁、小形火窪炉やその住居跡などからは二kg以下の鍛錬滓が出土している。

　三陸の閉伊地方では製鉄滓と精錬滓の組成が曖昧なものもあるが、他の地域ではかなり明確に炉と鉄滓の対応関係が確認できる。すなわち半地下式竪形炉と細形炉は製鉄炉、竪形炉は精錬炉、火窪炉は鍛錬炉と基本的に位置づけることができる。なお精錬炉に鍛造剥片がともない精錬炉を使って鍛錬鍛冶が行われる場合があり、個別の遺構で確認していくことも必要である。

　ところで、鉄滓は工程ごとに排出されるいわば不用物であり、鉄分を多く含む生成物は遺跡にはあまり残らずに利用されるため、各工程でどのようなものが生産されたかを確認することがむずかしい。その中で鉄滓より重く磁着度が強い鉄塊系遺物がある。一～三cmと小さく、製鉄炉や精錬炉にともなって出土する。鉄滓の組成と比較すると、鉄分は多いが造滓成分や酸化チタンが必ずしも少なくなって

いないものもみられる。この鉄塊系遺物も素材として精錬～鍛錬鍛冶がおこなわれたものと考えられている。

(3)　砂鉄原料

製鉄には原料となる鉱石が必要である。古代の製鉄は砂鉄を原料に、製鉄でできた銑鉄から鍛冶で製品を製作する直接製鉄法が取られていたと考えられてきた。これに対し、岩手県立博物館で多くの鉄器や鉄滓の分析をおこなった赤沼英男氏は鉄鉱石が原料であるとし、砂鉄脱炭精錬工程を経る間接製鋼（鉄）法を主張した。発掘調査報告書の分析編や関連雑誌に多くの記述があるが、『北の鉄文化』（岩手県立博物館一九九〇）や「鉄の生産と流通からみた北方世界」（赤沼・福田一九九七）などから鉄生産の流れを整理すると次のようになる。

① 産地は特定できないが、リン（P）分の高い鉄鉱石が始発原料である。

② 鉄鉱石から製鉄炉でつくられた銑鉄が東北などに流通していた。

③ 東北北部では銑鉄を入手して、半地下式竪形炉や火窪炉で砂鉄脱炭による「精錬」をおこなった。

赤沼説は単に技術論だけではなく、大量の銑鉄が汎日本的に流通し鉄生産がおこなわれていたとするもので、交易や生産体制に大きく影響する問題提起でもあった。

しかし鉄滓の分析は他の鉄鋼関連機関でもおこなわれ、半地下式竪形炉出土の鉄滓は砂鉄を原料とする製鉄滓であり、炉も製鉄炉とする分析結果が出され、いわば混乱状態にあった。こういった中において新井宏氏は冶金学の立場から砂鉄脱炭精錬法が根拠をもたないことを明らかにした（新井二〇〇〇）。リン分が原料砂鉄より鉄滓で多くなる操業の実例をあげ、リン分が多いことが鉄鉱石を原料とする根拠にはならないとし、また製鉄段階でのリン分の銑鉄と鉄滓間の分配や、砂鉄でリン分を下げることの困難さをあげ、鉄鉱石を原料とする砂鉄脱炭精錬法を否定したのである。

赤沼説が遺構の状況や出土状態をよく把握していなかったにもかかわらず、考古学の立場で遺構遺物と分析結果と

表2　各地の砂鉄の成分（%）

県	地域	遺跡	試料	T・Fe	TiO2	造滓成分
青森県	青森平野	安田（2）	遺跡内	59.29	8.25	2.70
		野木	周辺	46.59	12.66	22.11
			遺跡内	54.91	3.18	4.00
	岩木山北側	杢沢	周辺	54.74	7.07	10.87
			遺跡内	55.98	7.12	9.2
	都母	林ノ前	遺跡内	57.60	5.72	12.94
秋田県	花輪盆地	堪忍沢	遺跡内	52.67	12.09	10.35
	八郎潟沿岸	泉沢中台	周辺	57.58	6.31	5.93
			遺跡内	51.64	6.66	8.75
		堂の下	周辺	47.46	16.26	17.04
			遺跡内	48.53	17.64	13.07
	日本海沿岸	湯水沢	海岸	54.84	10.36	11.9
			遺跡内	51.63	11.76	13.85
岩手県	三陸沿岸	島田Ⅱ	劣質	38.20	2.00	42.33
			遺跡内	64.75	1.04	6.19
		上村	遺跡内	64.07	0.69	7.32
		湾台Ⅲ	海岸	69.1	1.45	－
			遺跡内	45.91	1.36	18.23
		山ノ内Ⅲ	遺跡内	68.58	0.54	1.75
福島県	浜通り	武井地区	海岸	24.7	12.9	51.08
			遺跡内	35.8	24.73	22.74

1　遺跡内で複数の分析値がある場合は平均値を掲げた。
2　斜体の数字は化合物（TiO_2など）ではなく元素単位（Ti など）の量を示す。

の照合を怠ってきたことも混乱を長引かせる結果となった。前述のとおり炉の種類と出土鉄滓とを整理してみると、両者はほぼ一致することが確認される。近年は考古学からみた事実と自然科学の分析結果との齟齬の整理や問題提起もおこなわれ始めている（設楽二〇〇二・天野二〇〇七）。

赤沼説を学史的にみると、砂鉄脱炭による間接製鋼法説により、鉄生産の工程が慎重に検討され、赤沼氏とは根拠は異なるが精錬鍛冶が遺構や遺物からも裏づけられるようになったこと、さらに鉄塊系遺物の一部が移動（流通か）していたと認められるようになってきており、意義のある問題提起であったと評価される。

さて、鉄鉱石を原料とする説の根

拠がなくなり、北日本での多くの分析によって裏づけられているように、砂鉄鉱床に近い地域では砂鉄が原料であることはまちがいない。事実、砂鉄鉱床が賦存する地域に製鉄遺跡が立地し、遺跡内からも砂鉄が出土している。

砂鉄は当然のことながら、産地によってその成分が異なる。青森平野の野木遺跡の砂鉄は全鉄量・造滓成分・酸化チタンがやや多く、岩木山麓の杢沢では造滓成分が少ない。秋田県ではチタン分は多いが造滓成分は少ないという特徴をもつ。岩手県三陸沿岸では低チタンで鉄分が多く、福島県浜通りではチタンと造滓成分の比率が高く、その分全鉄量は少なくなっている。

表2に示されているように、遺跡内出土の砂鉄は周辺地で採取される砂鉄より全鉄量が多く造滓成分が少ないのが一般的で、選鉱されたものが遺跡内に持ち込まれていたとみられる。遺跡の内外で成分が変わらないのは岩木山麓から秋田県にかけての日本海側である。もともと造滓成分が少ないため選鉱の必要がなかったのであろうか。

選鉱方法は近世では多くの地域で「鉄穴流し」と呼ばれる水洗比重選鉱法がとられていた。山砂鉄を数百m～数kmの木樋を使って砂鉄と土砂を分離する方法である。もっと簡便に砂鉄や浜砂鉄は砂を莚や笊に流して底にたまった砂鉄を採取する方法もあり、古代においてはこのような方法で根気強く採取されていたのであろう。

なお秋田県堂の下遺跡では製鉄炉に隣接する貯蔵土坑から一五一kgの砂鉄が出土しており、製鉄にはかなりの量の砂鉄が準備されていたとみられる。

2　東北北部の鉄生産遺跡

(1)　製鉄炉の型式差

東北北部の古代製鉄炉は形状や配置などから型式差や地域差がみて取れる。古代の地名などを付し岩木山麓型、津軽野代型、閉伊型、秋田型と呼ぶこととしたい。個別の製鉄炉については各県の研究成果に詳しい（設楽二〇〇二・秋

田県教委二〇〇四・岩手考古学会二〇〇五など)。

岩木山麓型は津軽平野西部の岩木山麓周辺に分布し、米代川上流域の秋田県堪忍沢、釈迦内中台Ⅰ遺跡もこの類型に属し、半地下式の細形炉と連房式を特徴とする。六遺跡七七基の製鉄炉が確認されている。この地域の炉の特徴は、集落の居住域からやや離れた緩斜面に立地していること、複数の炉が横に並んで設置される連房式となっていること、炉は内寸が〇・二×〇・六〜〇・九mと細形を呈することである。連房式は二〜六基の炉が、排滓部も連続しながら並んでいるものである。多少

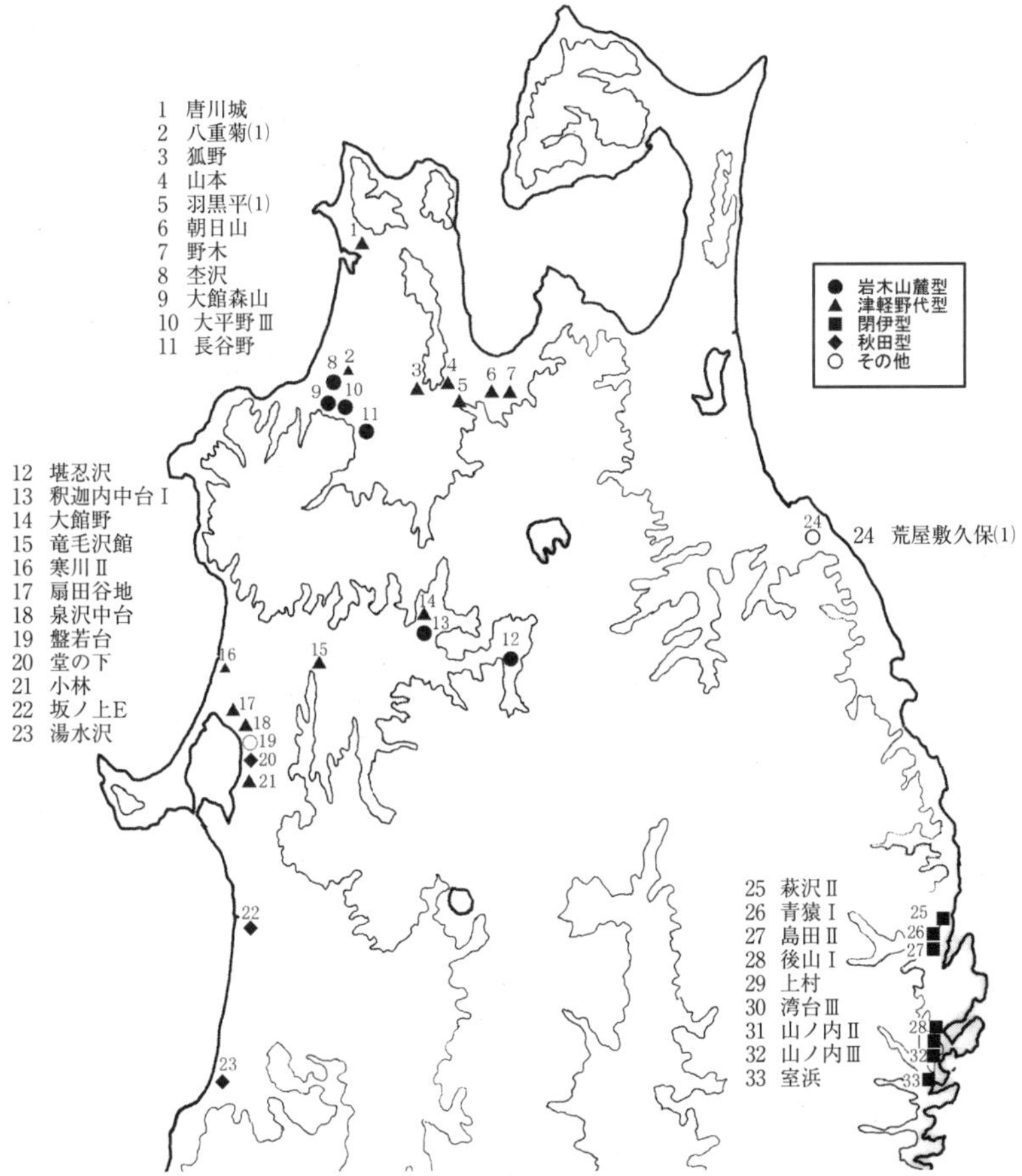

図1　東北北部の製鉄遺跡

の時間差をおいて連続的に操業されたとみられる。釈迦内中台Ⅰ遺跡は連房とならずに単独で存在するものもある。鞴座は検出されないものが多く地表に近い高さであったと思われる。炉下部の防湿を目的とした地下構造はつくられていない。排滓量は計量されておらず不明であるが、鉄滓の成分は全鉄量が少なく造滓成分が多いもので、生産された銑鉄の純度もあまり高くなかったと推測される。なお精錬炉は未確認で、木炭窯は検出例が少ないが小形の平窯であった。

津軽野代型は、津軽東部の青森平野、津軽中央の岩木川流域、米代川流域、八郎潟東岸と広範囲に分布する。多くの遺跡が確認されている津軽と、日本海や内陸経路との接点である米代川河口の古代地名の野代をこの類型の名とする。一三遺跡二二基の製鉄炉が調査されており、一遺跡あたりの炉数は少ない。等高線にはあまり左右されない平坦部に立地し、側壁部分は直線になる細形炉で、鞴座が確認されるものはほとんどなく、また炉と排滓部との比高差が小さいことが特徴である。鞴位置は奥壁と思われるが、中渡遺跡出土の平板状の炉壁が細形炉のそれであるならば側壁側からの送風と考えることができ、箱形炉の系譜を引く可能性もでてこよう。

この地域でも精錬炉はあまり多くはない。竪穴内もしくは屋外に設けられ、炉体は馬蹄形の粘土囲炉や円形の火窪炉、排滓部は皿状にくぼむものと平坦なものとがある。製鉄炉に比べ精錬炉が少ないが、竪穴住居内の小形火窪炉に鍛造剥片と流動滓が共伴する例は精錬類似作業がおこなわれた可能性がある。木炭窯は小形の平窯である。

閉伊型は三陸地方中部の閉伊地方に分布し、リアス式海岸線のように入り組んだ樹枝状のやせ尾根の斜面に立地する。八遺跡に五三基が検出されている。炉の平面は円形の半地下式竪形炉で、テラス状の鞴座や排滓部、さらに廃滓場がセットで検出される。炉は同一遺跡でも地下構造をもつものともたないものとがある。

精錬炉は六遺跡二四基と他地域に比べて数が多い。傾斜地を削平しテラスをつくり、径〇・六〜一ｍの大形火窪炉を設けるもので、排滓部は皿状や溝状を隣接させるもの、無いものなどがある。廃滓場をともなう例は島田Ⅱ遺跡で

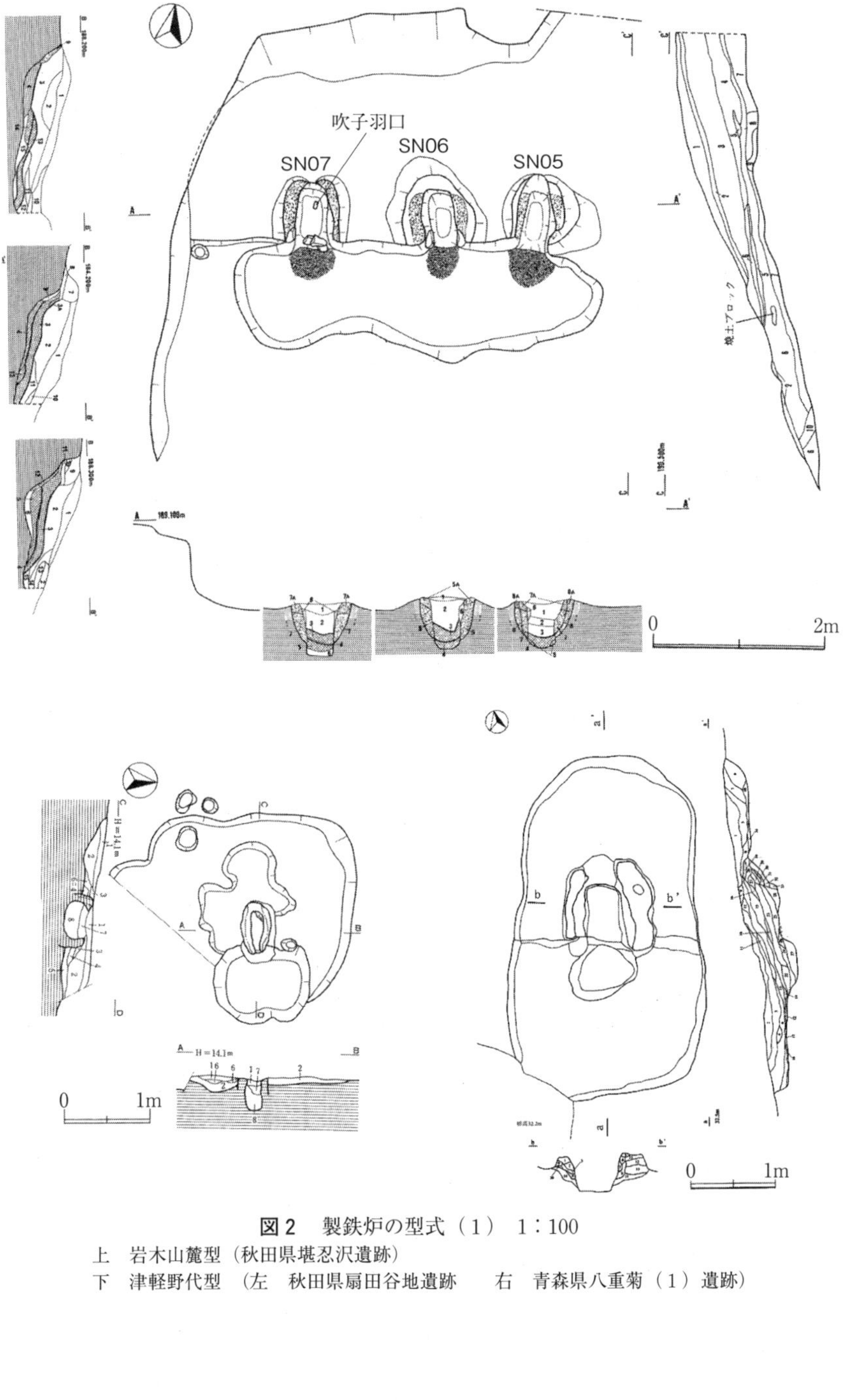

図2　製鉄炉の型式（1）　1：100
上　岩木山麓型（秋田県堪忍沢遺跡）
下　津軽野代型　（左　秋田県扇田谷地遺跡　　右　青森県八重菊（1）遺跡）

廃絶された竪穴住居のくぼみに廃棄された例がある。また竪穴住居内に設けた精錬炉に鍛造剥片をともなう例があり、精錬と鍛錬鍛冶が連続的に行われたとみられる。

排滓量は製鉄炉と廃滓場と合わせると、萩沢遺跡二七三kg、島田Ⅱ遺跡ＳＸＷ72・ＳＸＨ15一六八kg、精錬炉では島田Ⅱの一九～七三kg。鍛錬炉は多くとも二kg程度となっている。工程ごとの排滓量が明確となっている。

木炭窯は斜度二〇度ほどの斜面につくられることが多く、隅丸長方形～楕円を呈する。浅い皿状で、原木を立て並べ燃焼させた後に土をかぶせる伏せ焼きと推定されている。長短軸の比により、長軸四～七ｍで短軸との比が三倍以上の隅丸長方形の大形、長軸二ｍ以下で軸長比が二倍以下の楕円形の小形、その中間の長

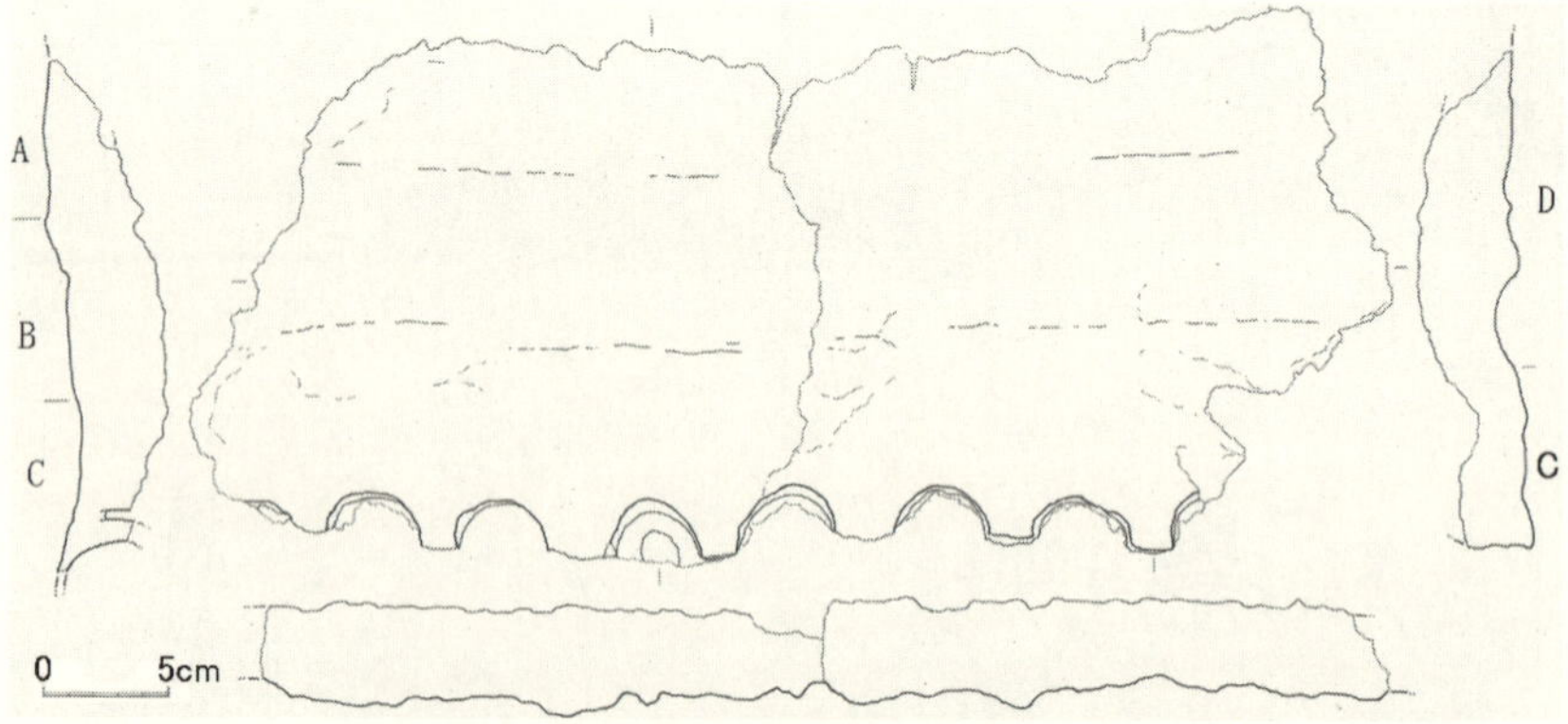

図3　秋田県三種町中渡遺跡出土の製鉄炉の炉壁

八郎潟北側の海成段丘斜面に立地。表採および試掘により出土。炉壁の内面が平坦となる板状の炉壁片。幅64.5cm、高さ27.5cm、　最大厚さ5.5cmが残存。下部は接合面で、中程にも接合部が確認され、幅8.5～11.5cmの粘土板を積み上げたものとみられる。7～9cm間隔の外径5.0cmの羽口装着孔が8個確認される。装着角度はほぼ水平である。

内面はA－砂状の面。B－溶解したなめらかな面、C－銹のあるやや粗い面、D－溶解してガラス質になった面がそれぞれ確認でき、羽口に近い下部は銹化が進み、その上に高熱を受けた溶解部、上部はあまり高熱を受けていないことがわかる。図の左から4孔目に羽口破片が残る。

共に採集された羽口は外径4.5cm、内径1.8cm。炉壁は地下式炭窯の閉塞材として転用されており、炭窯のC14年代はcal AD890±20。

羽口が並列する板状の炉壁は、これまでの知見によれば、長方形箱形炉のものと判断されるが、この地域では箱形炉がまったくみられず、細形炉が1ｍほどの直線部分を有することから、細形炉の炉壁の可能性も指摘したい。

（所蔵者泉田健氏のご厚意により実測、発表の機会を与えられたことに感謝します。）

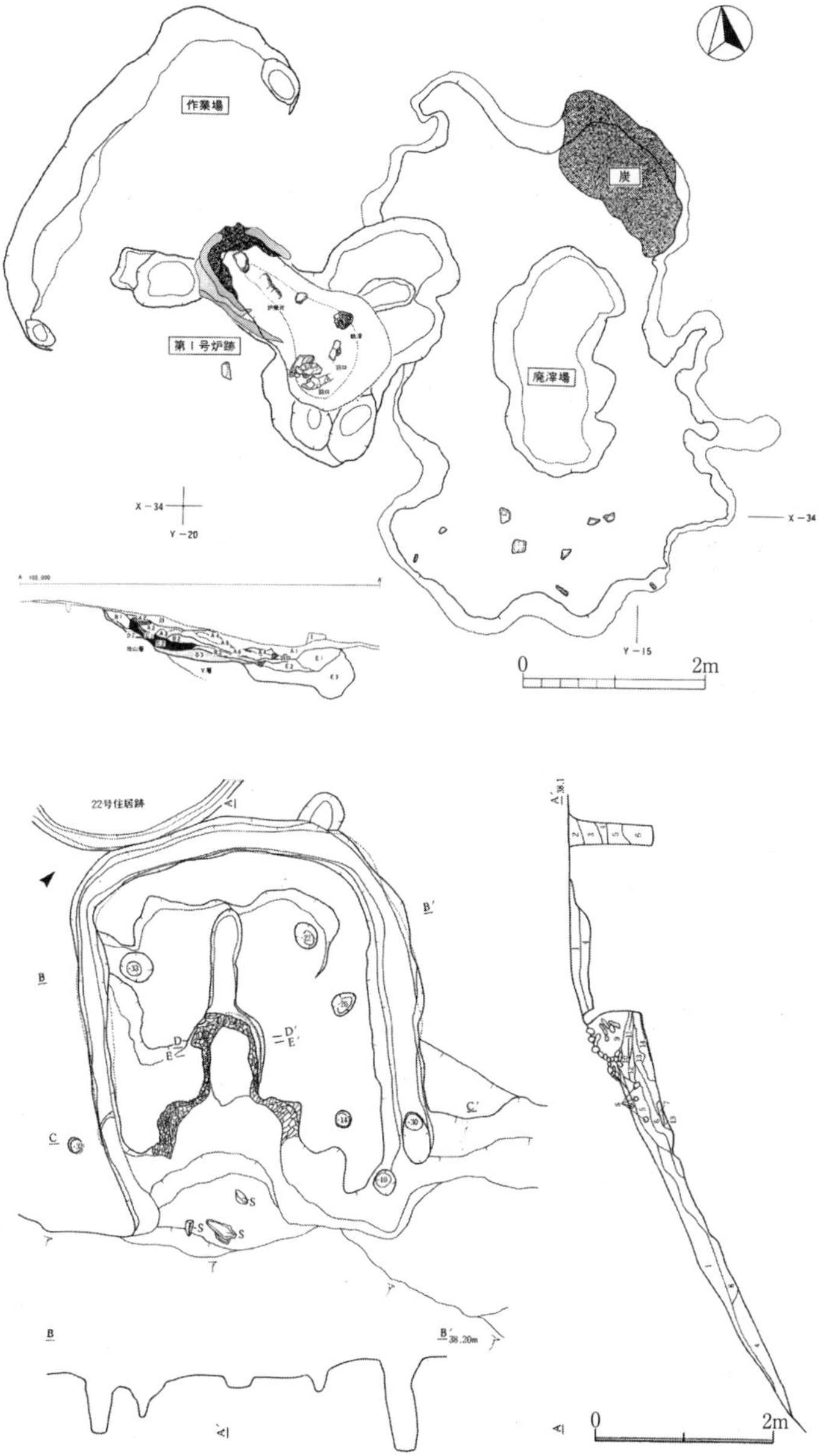

図4　製鉄炉の型式（2）　1：100
上　閉伊型（岩手県萩沢Ⅱ遺跡）　下　秋田型（秋田県坂ノ上E遺跡）

楕円形の中形の三分類が提示されている（宮古市教委二〇〇〇）。製鉄炉のある遺跡では大形が確認される傾向にあることから、工程別の炉に対応した木炭窯の大きさと推測されるが、現地での対応関係は必ずしも明確とはなっていない。三陸沿岸の鉄滓の成分分析をみると、原料砂鉄が高鉄分、低チタン、低造滓成分であり、すでに鍛錬鍛冶滓の値に近いことから製鉄炉から精錬滓の成分の鉄滓も排出されている。

なお、青森県東部から岩手県沿岸北部ではこれまで述べてきたような製鉄炉は確認されておらず、製鉄炉の空白地帯となっている。近年、八戸市荒屋敷久保（1）遺跡では製鉄滓をともなう炉が確認され、地下構造をもちながら排滓部がみられない、別の形態の製鉄炉の可能性が指摘されている。同市林ノ前や六戸町坪毛沢（3）遺跡の竪穴住居跡埋土からも製鉄滓がみられ、近くで製鉄がおこなわれた可能性が高く、今後製鉄炉の確認が期待される。

秋田型は、斜面の上方を周回溝で囲み、方形～楕円形の炉形をもつ半地下式竪形炉で、地下式木炭窯を併設する。秋田県堂の下、坂ノ上E、湯水沢遺跡と、八郎潟東岸から秋田県南の日本海沿岸の範囲で確認されるので、中心的な秋田の名を付すこととした。その分布は八郎潟東岸で津軽野代型と一部重複している。周回溝は湯水沢が弧状で浅く、堂の下と坂ノ上Eはコの字状で深い。湯水沢は九～十世紀、堂の下は十二世紀末～十三世紀、坂ノ上E遺跡もその頃の年代の可能性がある。関連する遺跡として新潟県北沢遺跡の十三世紀の製鉄炉も周回溝をめぐらしているが、炉の後方に鞴座が確認されず羽口がまったく出土しておらず、さらに鉄滓には造滓成分がかなり多く含まれていることから、送付装置や工程が堂の下などとは異なるものと推測される。なお、湯水沢では周回溝をもたないテラス状の鞴座も確認されている。

内陸部の北上盆地では製鉄炉は確認されていない。砂鉄鉱床がなく、製鉄炉が操業される条件に欠けるので、今後も検出されることは考えにくい。かわって精錬炉とみられる遺物や遺構が確認されている。ひとつは志波城跡内から出土した竪形炉の炉壁である。外径が復元できるものは二五～四八㎝である。口径に大小があり、また胎土や粘土紐巻上げ幅が異なる複数の個体が確認され、四〇cm前後の高さが想定されるものである。竪穴住居の年代は九世紀初頭である。

このほか盛岡市下羽場、花巻市大瀬川Ａ・Ｂ、北上市成沢遺跡では精錬炉や精錬滓が確認されている。北上盆地では製鉄炉がつくられず、鉄素材を移入して精錬から鉄生産が行われていたのである。

(2)　鉄生産遺構の年代

製鉄炉の時期については、それぞれ時期を明らかにできる共伴遺物に乏しく、またC14や地磁気測定などの年代も出土土器との年代差が大きい場合が少なくない。湯水沢遺跡ＳＳ28製鉄炉は十一世紀中葉のC14年代に対して、出土土器は十世紀前半のものであり、また八重菊（１）遺跡Ｂ区一二号遺構は周辺集落が成立していない七世紀の年代が示されており、出土資料との齟齬が大きい。

表３　製鉄炉の地域差

型	製鉄炉	精錬炉・鍛錬炉	木炭窯	分布地域
岩木山麓型	半地下式細形炉、連房式 鞴座は地表に近い高さか 地下構造浅～無	精錬炉未確認、 鍛錬炉	未詳	岩木山麓周辺 米代川上流域
津軽野代型	細形炉、平坦部に立地 鞴座が確認されるものなし 炉と排滓部との比高差小	精錬炉少なく、 鍛錬鍛冶と未分化か	方形・小円形土坑	青森平野 岩木川流域 米代川流域 八郎潟東岸
幣伊型	半地下式竪形炉（楕円～円形） 非シーソー式鞴、皿状排滓部 地下構造有と無が併存	精錬は竪形炉、 住居内竪形炉では鍛錬作業併行	小判形卓越	三陸地方中部
秋田型	半地下式竪形炉（方形～楕円形） 上部に周回溝 非シーソー式とシーソー式踏鞴 溝状斜面排滓、地下構造構築	未詳	地下式窯 張出形・方形 小円形土坑	八郎潟東岸～秋田県南の日本海沿岸
庄内型	長方形箱形炉 鞴座未詳	未詳	未詳	庄内平野
（宮城県）	半地下式竪形炉（円形・古代） シーソー式踏鞴 長方形箱形炉（中世）	未詳	地下式窯	宮城郡
宇多行方型	長方形箱形炉 半地下式竪形炉（９世紀代） シーソー式踏鞴	未詳	地下式窯 長方形土坑	福島県浜通り

製鉄炉は居住域内または隣接してつくられ、竪穴住居跡に鉄生産関係遺物が残されている場合が多い。この竪穴住居跡の年代は東北北部各地で十世紀代のものが大多数を占め、明らかに九世紀後半にさかのぼる例は寒川Ⅱ遺跡だけである。製鉄炉もこの時期のものとすると、平坦部に作られることが多い津軽野代型の地域にあって、寒川Ⅱ例は炉と排滓部の比高差が比較的大きく、この地域における古い型の可能性がある。また三陸の宮古市磯鶏館山遺跡では九世紀後半の竪穴住居跡一〇棟中九棟の埋土から大量の羽口や鉄滓だけでなく炉壁も出土しており、精錬または製鉄炉の存在が考えられる。なお上村遺跡では地磁気年代が八世紀を示しているが、その時期の竪穴住居などに鉄滓が認められず、新しい時期になるであろう。精錬炉についてもほとんどが十世紀代で、周辺遺構も含めて志波城跡を除き九世紀にさかのぼる例はまだみられない。

一方、鍛錬鍛冶炉は、九世紀前半にさかのぼる。岩木川流域の尾上町李平下安原遺跡では、九世紀前半の竪穴住居跡三棟、九世紀中～後葉の住居跡一三棟から羽口や鉄滓が出土している。住居堆積土からの出土が大半であるが、竈支脚や袖材に使われているものもみうけられ、住居内の鍛冶炉はみられないものの鍛錬鍛冶を推測させるに十分なものである。五所川原市隠川（4）・（12）遺跡などでも九世紀中～後葉の住居跡で羽口や鉄滓が確認されている。八戸市潟野遺跡でC_{14}年代が八世紀代を示す鍛冶遺構が検出されているが、八世紀代の周辺住居跡に鉄滓などの鍛冶関係遺物がみられないことから、その年代については慎重を期すこととしたい。

このように、鍛錬鍛冶は九世紀前半に普及し、九世紀後半には製鉄が開始され、十世紀に各地で盛行している。

(3)　東北北部の製鉄の特質と系譜

東北南部の製鉄炉は半地下式竪形炉と長方形箱形炉との二形態があり、ともに八～九世紀にはシーソー式の足踏み鞴で大量の酸素を送り、排滓部も斜面を利用し大量の滓を流すような構造になっている。炉本体の防湿の地下構造も丁寧につくられ、長方形箱形炉は側壁からの送風のための通風管を設けるなど、築炉はしっかりとしたものとなっている。木炭窯も大量の製炭ができる大形の地下式が基本である。また一般集落と隔絶し、鍛錬鍛冶などをおこなう工房兼工人の住居が付設するだけとなる。

宮城県柏木遺跡は八世紀前半の多賀城関連、福島県浜通りの武井、金沢、割田地区製鉄遺跡群は七〜九世紀の「古代のコンビナート」と称されるほどの規模を有し、国家主導の官営工房である。小規模な嶺山Cなどの製鉄炉はそれらとは一線を画するようであるが、炉の基本構造は同じである。

これに対し、東北北部の製鉄炉は容量が小さく簡素な炉である。鞴は足踏み鞴（シーソー式）とならず、炉本体は岩木山麓や津軽野代型が容量の小さな細形炉となり、排滓部は小規模な皿状排滓壙が多い。木炭窯も伏焼きの平窯で、地下式に比べると製炭量は少ない。また土地造成が小規模で、岩木山麓型が連房式であるものの、単発的な炉であることからも大規模な鉄生産が行われたとは考えにくい。したがって一基ごとの鉄の生産量は、東北南部に比べると、それほど多くないことは明らかである。

炉や関連遺構の構造が独自的とはいえ、その技術の端緒はやはり東北南部以南からの移入であろう。特に武井・金沢・割田地区の製鉄集団は九世紀後葉以降に操業を縮小衰退化するが、ほぼ同じ時期に東北北部の製鉄が開始され、十世紀には盛期をむかえる。このことを考慮するなら、東北南部の鉄生産の衰退にともなって技術者または技術そのものの拡散があり、蝦夷社会がそれらを受け入れたと考えられるのである。

製鉄技術の受容の背景には、東北南部の鉄生産量が減少し、それまで蝦夷社会への鉄器の供給が間接的に危うくなったこと、集落自体が拡大し大量の鉄器が必要となったこと、津軽地方については北方交易の対価としての鉄器が必要であったことがあげられる。

二　蝦夷社会における鉄生産の位置づけ

1　鉄生産の主体者

(1)　津軽野代地方の鉄生産集落

製鉄は砂鉄の採取、選鉱、製炭、築炉などの準備から始め、製鉄の後も精錬や鍛錬鍛冶の工程があり、長期的かつ集団的作業が求められるものである。当然集落との関わりが問題となる。

岩木山麓型の杢沢遺跡などでは集落居住域の近くの斜面に製鉄炉群が設けられている。集落とは不可分であるも住居域とは分離した位置である。杢沢遺跡では鍛錬炉が居住域にあり、二一棟の住居のうち一一棟から羽口や鉄滓、砂鉄が出土している。精錬炉は未確認であるが、製鉄炉の区域では精錬滓がみられないことから精錬も住居域でおこなわれたことが考えられる。岩木山麓周辺での集落遺跡の調査はあまり進んでいないが、製鉄炉が集中して営まれ、炉数の多い連房式で継続的に鉄生産を行っている。このことから、多くの人が従事していたとみられ、集落内での鉄生産の比率は高く、半ば専業的であったことが考えられる。炉内の容量は大きくはないので、生産量については過大に評価することはできないが、おそらく岩木山麓から他地域への移出を想定した操業とみられる。

津軽野代型は平坦部や斜度の弱い緩斜面に立地し、住居域内や隣接して営まれることが多い。野木や唐川城跡などでは竪穴住居と重複するように製鉄炉が設けられ、住居域の中で一体的な製鉄作業がおこなわれている。精錬鍛冶炉の検出例は少ないが、鍛錬鍛冶とあわせ、住居域でおこなわれている。八重菊（1）では住居域からやや離れて製鉄炉群、また別の地点の竪穴住居跡埋土に精錬滓が廃棄されており、それぞれ異なった場での生産活動がおこなわれて

図5　青森県野木遺跡北部の鉄関連遺物の出土状況
（青森市教育委員会2004『野木遺跡』青森市第54集より）

いたようで、製鉄炉は津軽野代型であるが、岩木山麓型の場の使い分けがあった。

青森市野木遺跡（青森市調査区内）は九世紀後半～十世紀中葉の竪穴住居跡一九六棟が検出された大集落である。製鉄炉（SN03・05）二基は住居域北部で竪穴住居と重複するように平坦部に立地する。炉の時期は重複する住居跡の年代から十世紀前半と確認される。その周囲の竪穴住居跡のくぼみなどに廃滓場があるが、集落全体への広がりは認められない。精錬・鍛錬鍛冶炉は数棟の竪穴住居内で行われ、鍛冶関係遺物は北部に集中している。中〜南部にも少量の鉄滓が認められるが、遺跡全体での鉄生産の様相はなく、集落内の一グループが鉄生産に従事していたことがわかる。生産された鉄素材や製品のほとんどは集落内で消費され、集落外に移出される割合はかなり低かったはずである。

米代川流域に目を移すと、まず堪忍沢遺跡では連房式の製鉄炉が一部住居域と重複して営まれ、住居跡六棟のうち三棟に羽口や鉄滓がみられる。製鉄滓が出土している白長根館Ⅰ遺跡では一一棟中七棟に、精錬炉のあるはりま館遺跡では十世紀後葉〜十一世紀の竪穴住居跡二二棟中一八棟に羽口や鉄滓が出土しており、集落をあげての盛んな鉄生産をうかがわせる。しかし周辺の集落では羽口や鉄滓の出土量にばらつきがみられ、各集落で一様に製鉄や鍛冶が普及していたわけではなかった。域内の互換によって鉄製品が調達されていたとみられる。

日本海沿岸の八郎潟北側、寒川Ⅱ遺跡では製鉄炉が住居域の南端の斜面に位置している。一七㎡以下の中小規模の竪穴住居跡一六棟が検出されているが、鉄滓と羽口の出土は三棟だけで、製鉄炉とは時期が異なるものが多いか、もしくは集落全体での鉄生産でなかったことが考えられる。扇田谷地遺跡の製鉄炉はこの地域ではめずらしく鞴座が明確に検出されている例であるが、竪穴住居跡六棟、掘立柱建物跡四棟に鉄滓などの出土がなく、製鉄炉との関係は不明である。

これら津軽から米代川流域にかけての十世紀の集落は大小規模の竪穴住居で構成され、住居構造は壁際や四隅に柱穴をもつ壁立式で、煙道が太短くなるのがこの地域の大きな特徴であり、製鉄遺構をもつ集落の住居構造も変わりはない。使用される生活用具の甕も、非轆轤成形の北奥型甕が用いられるのが一般的で、製鉄炉が営まれる集落も同じである。遺物の面からも製鉄遺跡だけに特有な外来的要素はみられず、また鉄生産の技術者が集団で入りこんだ様子はなく、在地の蝦夷社会が製鉄技術を自らの生業として受容したことを裏づけている。

八郎潟東岸になると、掘立柱建物主体の集落がみられるようになる。泉沢中台は竪穴住居がなく、最大八〇㎡の建物跡をはじめ掘立柱建物跡一六棟や板塀などで構成されている。九世紀中葉から十世紀前葉の時期で、遺物に官衙的要素はみられない。製鉄炉は居住域内の東側にあり、細形炉が四基検出され、四トンもの鉄滓や炉壁が出土している。調査担当者の谷地薫氏によれば、すでに削平されている炉が想定されるとのことである。盤若台遺跡でも炉の構造は不明であるが一〇トンもの鉄滓が出土しており、注目される。小林遺跡は最大三〇㎡の掘立柱建物跡三三棟と最大二〇㎡の竪穴住居跡一一棟と、掘立柱建物が主体となる集落遺跡で、伝統的な竪穴住居よりも掘立柱建物が主体となっている。多少の時間差はあるものの出土土器から十世紀前葉の短期間ととらえられており、青磁や灰釉陶器、鉄鈴が出土している。製鉄炉は住居域のはずれにあり、竪穴住居六棟から鉄滓や羽口が出土している。鉄生産遺構が確認されていない能代市福田遺跡などでも掘立柱建物主体の集落が確認されており、製鉄集落だけが特別の集落ということはない。やはりこの地域でも一般的集落を形成する在地蝦夷社会が製鉄技術を受容し、自ら製鉄をおこなっていたと考えられるのである。

(2)　閉伊地方の鉄生産集落

ここでは鉄生産の実態が比較的よくとらえられている島田Ⅱ遺跡を細かくみていくことにしたい。時期は十世紀前～後半で、前半期が五九棟、後半期が三二棟、時期未確定が半数近くの八四棟、あわせて一七五棟の竪穴住居が確認されている（建て替えの場合などは一棟と数えているので調査報告書の棟数とは異なる）。樹枝状の細長い痩せ尾根上に住居域が営まれ、住居一棟で尾根幅は占領されて二棟以上が並列できないほどである。

住居域は尾根ごとに六ヵ所に分かれる。西側のa～c区域は前半期の住居が多く、住居内に鍛錬炉をもつものがあり、多くの住居の埋土などから羽口や鉄滓が出土している。床面積二五㎡以上の大形住居が尾根の中心的な位置を占め、その前後に小形の住居二～五棟が配置されている。後半期は一～二棟程度が散見されるだけであり、中～小形で、大小差もあまり見られない。

東側のd～f区域は尾根上に近接して集中的に竪穴住居が配されるだけでなく、沢に落ち込む斜面にも工房をともなう竪穴住居がつくられる。d区域には計七五棟もの住居が確認され、遺跡の四割の住居が集中する区域となっている。南側の尾根部の住居一四棟のうち時期が判明するものは前半期がほぼ一直線に地形に合わせて配置されている。鍛錬炉をともなう住居はなく、羽口や鉄滓などが出土するも量的には斜面の住居に比べると少ない。やはり大形の住居と中小規模の住居に分かれるが、半数近くが大形で、その比率が他の地区よりも高くなっている。

一段低い尾根には竪穴住居とともに工房とみられる竪穴が集中している。地形などから三カ所に分かれ、北側の工房一・二は竪穴の配置が不規則、南側の工房三は折り重なるように一直線に配置されている。工房三と居住区では鍛造剥片を僅かではあるが出土する地床炉（酸化炉）もいくつか確認されており、また砥石の出土も羽口の倍以上であることから、鉄生産の最終段階、製品作りの工房と考えられる。炉をもたない竪穴も個々の性格を特定できないものの、同じ地区に集中することからこれらの作業に関連するものであろう。ただし工房一には砥石の出土がなく、別の作業が行われたものとみられる。

d区域の斜面部には五ヵ所の精錬・鍛錬鍛冶炉が集中する鍛冶区がある。それぞれの鍛冶区には精錬炉が必ずあり、それを核に鍛錬炉や廃滓場、中～小形の木炭窯をともなうのが特徴である。特に北西斜面の鍛冶場四では三基の精錬炉、七基の鍛錬炉、三基の廃滓場が集中し、埋没しかかっている住居跡や竪穴のくぼみを廃滓場として利用するなど、継続的な鉄生産が行われている。竪穴住居も多くみられるが、ほとんどが中～小規模で、大形は長方形で工房的要素をもつものとなっている。砥石の出土も羽口の半分以下になり、おもに火力を使った鉄生産がおこなわれた地区である。このようにd区域は居住区、工房区、鍛冶場に大きく分けられる。厳格な区域割ではないが、おおむね場の使い分けがあったとみてよいであろう。

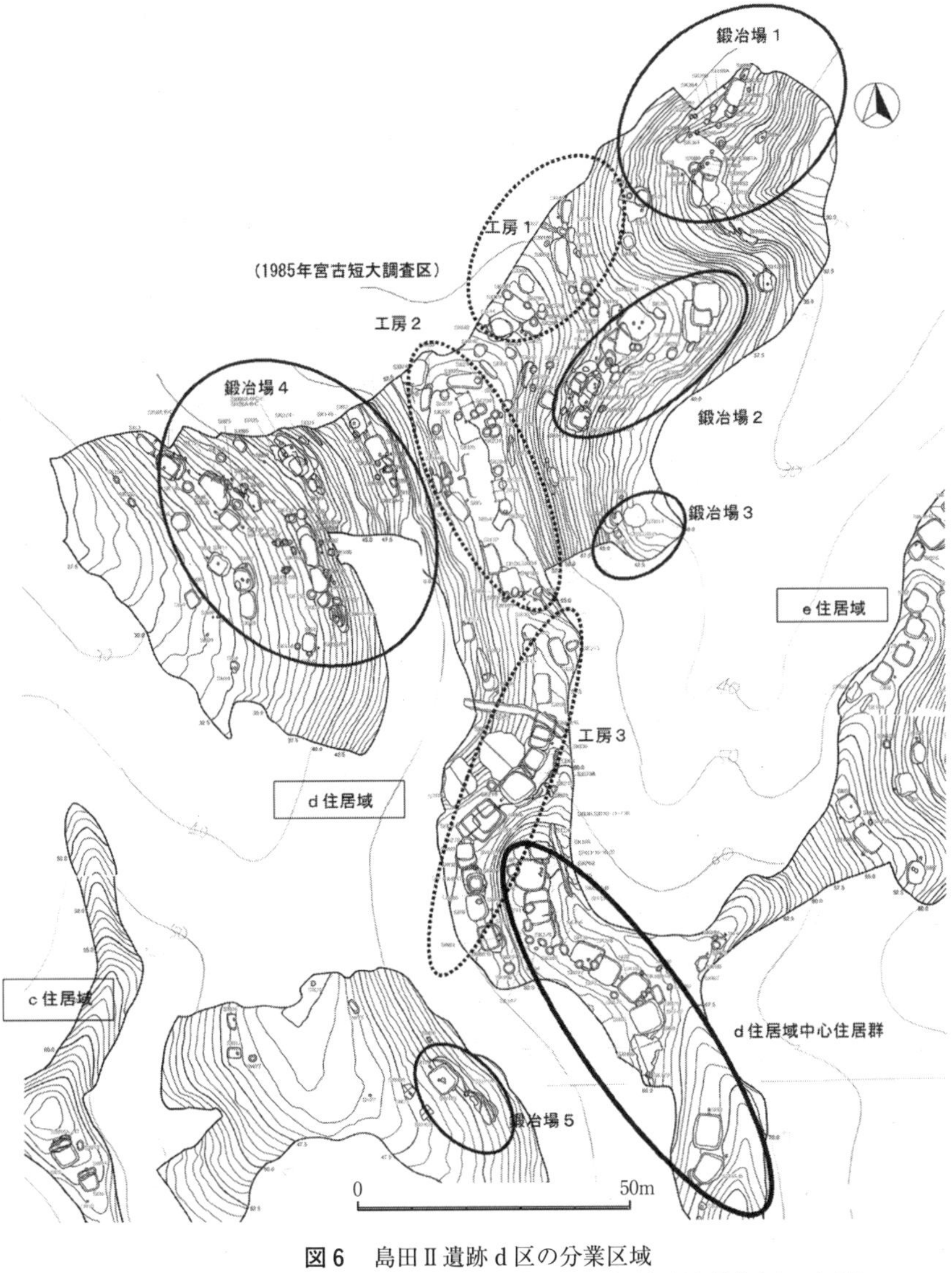

図 6　島田Ⅱ遺跡 d 区の分業区域
(岩手県埋蔵文化財センター2004『島田Ⅱ遺跡第 2 ～ 4 次発掘調査報告書』に加筆)

また鍛冶場にみられる多くの竪穴住居の構成は工房的住居を除き大形の住居が存在しない。これと対照的に尾根部の居住区では大形住居が半数近くを占めることから、位置は離れるものの尾根部の中心的な住居のもとに、鍛冶場の竪穴住居が編成されていたことが考えられる。なお工房の時期が明らかなもののほとんどは後半期であり、しだいに場の使い分けが進行したものとみられる。

ｅ・ｆ区域も竪穴住居が一直線に並んでおり、前半期が多い。やはり斜面部には精錬炉や鍛錬炉がつくられるが、その規模は小さく、工房集中区をもたない。また砥石の保有率も少ないので、ｄ区に比し鉄生産の要素は少ないようである。

木炭窯は大中小の三区分があることは前に述べたが、大形の木炭窯はａ・ｃ・ｆ区域の前半期の竪穴住居が廃棄された後のくぼみに作られる例が多い。このことから大形窯は後半期に普及したこと、ｆ区域を除き操業時のｄ・ｅ区域を避けるようにつくられたことが読み取れる。中～小形の木炭窯は斜面工房に隣接しており、精錬炉などにともなうものであろう。

製鉄炉は居住域からかなり離れた西側の二基とｆ区域東斜面の一基だけである。精錬に供する原料鉄の生産は居住域とは異なる場所でおこなわれていたのである。

以上のように、島田Ⅱ遺跡では精錬炉を中心に鍛錬炉や廃滓場で構成される鍛冶場がつくられていた。鍛冶場には竈のある竪穴住居があり、日常生活を続けながら鉄生産をおこなっていたのであるが、尾根居住区の大形住居の下に編成された工人の住居兼作業場であった。また居住域や工房でも羽口や砥石が出土し、酸化炉に鍛造剥片をともなう例もかなりあり、最終の製品化が行われていたと推測された。鉄生産に集落全体で関わっていたと考えられるのである。特にｄ区域での精錬鍛冶を中心とする鍛冶工房の運営は鉄生産に大きく依存した専業集団の様相をよく示しているといえよう。

それでは、島田Ⅱ遺跡での鉄生産のあり方が周辺の集落でも同じように認められるのであろうか。これまで大規模な集落遺跡の調査例が周辺地域にないが、他の製鉄遺跡では様相が違っている。

後山Ⅰ遺跡は製鉄炉の築かれる斜面に炉と前後して竪穴住居一棟が単独で存在し、製鉄炉もしくは木炭窯の操業期間にのみ居住した可能性がある。山の内Ⅲでは三棟の竪穴住居跡で鉄滓などが出土し、うち一棟から鍛錬鍛冶炉も確認されており、製鉄のための小集落とみられる。萩沢Ⅱ、青猿Ⅰ、山の内Ⅱ遺跡では竪穴住居がなく、前二者には精錬、鍛錬鍛冶炉もみられず、山の内Ⅱ遺跡では製鉄炉とやや離れて精錬、鍛錬鍛冶炉が検出されている。

閉伊型の地域では集落から離れた地点で製鉄が行われるのが一般的で、製鉄炉と分離されて精錬・鍛錬鍛冶が集落内で営まれ

表4　島田Ⅱ遺跡の主な遺構分布と砥石・羽口の出土量

ブロック		竪穴住居	竪穴	製鉄炉	精錬炉	鍛錬炉	酸化炉＊	砥石	羽口	砥石／羽口
西側	鍛冶			2	2(2)	2				
a 住居域	居住	11								
b 住居域	居住	12								
c 住居域	居住	14	6			4		17	8	2.1
d 住居域	居住	14	1				3	20	9	2.2
	工房1	5	5						4	0.0
	工房2	6	6			1		5	1	5.0
	工房3	10	15				6	12	6	2.0
	鍛冶1	6	6		1(1)	4	1	18	32	0.6
	鍛冶2・3	14	7		1	8	2	13	14	0.9
	鍛冶4	19	11		3	9	4	25	66	0.4
	鍛冶5	1	2		2(1)	1		4	16	0.3
e 住居域	居住	32	8			1	3	16	12	1.3
	鍛冶	3			1(1)	2		3	8	0.4
f 住居域	居住	27	3				1	11	7	1.6
	鍛冶	1		1	2(2)		1	3	7	0.4
計		175	70	3	12(7)	32	21	147	190	

砥石・羽口は調査報告書掲載の数量で、破片はこの数倍の量と推定される。
精錬炉の（　）内は鍛錬鍛冶もおこなわれたことを示す内数。
酸化炉＊は高熱を受けない酸化焼土であるが、鍛造剥片が微量出土した炉

ていた。精錬鍛冶炉だけが集中する山田町沢田Ⅱ遺跡や鍛錬鍛冶炉が集中する宮古市細越Ⅰ遺跡など、分業化が進んでいた地域といえよう。いずれも住居跡からの出土土器は轆轤を使用しない北奥型甕という点では共通しており、在地蝦夷による鉄生産であった。

(3) 秋田地方の鉄生産者

秋田型の坂ノ上E遺跡では製鉄炉の周辺の住居はなく、湯水沢遺跡でも製鉄炉群に隣接して一棟の竪穴住居が確認されるものの出土土器は九世紀で鉄滓なども出土しておらず、製鉄炉に先行する時期のものである。堂の下はすでに竪穴住居がつくられなくなってからの時期であり、秋田型は基本的に集落には伴っていない。

湯水沢の周回溝をもたない半地下式竪形炉も一・四トンもの鉄滓があり、半地下式竪形炉として大量の鉄生産を行っていた。また堂の下の排滓量は製鉄炉一基で一トンをこえるものばかりで、また地下式の木炭窯で大量の木炭を準備して効率的な鉄生産をめざしていることから専門工人によるものと考えられる。

山形県庄内地方では製鉄炉の検出が少なく、炉の構造が不明な点も多いが、長方形箱形炉が想定されている。細形炉が側壁からの送風であるならこの箱形炉の影響を受けた可能性があるが、秋田型への影響は認められない。新潟県では前述の北村遺跡の周回溝をもつ半地下式竪形炉があり、こちらからの直接的な影響が考えられる。

以上のように、岩木山麓型・津軽野代型・閉伊型は蝦夷が生産の主体者であった。また専業的で他地域への移出が想定される岩木山麓型と閉伊型、集落～域内での消費される津軽野代型とに大きく分かれることも明らかとなった。

2　東北北部の鉄生産普及の意義

(1)　社会状況の変化

東北北部で鉄生産が普及する十世紀の社会状況をここで概観しておきたい。十世紀は城柵の衰退、北方交易の拡大という大きな変革期にあたっていることがまずあげられる。

城柵は九世紀半ばに六城柵にほぼ統合され、その一世紀後にほとんどの城柵が機能しなくなる（八木二〇〇一a）。北部太平洋側を管轄する胆沢城は、政庁やその周辺の官衙建物群が九世紀中～後半に大きく整備される。東西棟の四面廂建物を中心に饗給などの場として機能し、施釉陶器や白磁、青磁の椀が数多く使用された。十世紀になっても基本的な饗給官衙の構造は変わらないが、主要殿舎が瓦葺きでなくなり施釉陶器などが減少する。高橋千晶氏によれば、周辺集落も九世紀代に胆沢城と密接な関連をもった集落が衰退し、胆沢城から離れた集落が形成されるようになるという。このことから胆沢城の地域支配力が弱まって在地勢力が自立化すると結論づけている（高橋二〇〇四）。

日本海側の秋田城では、八世紀末～九世紀初頭に外郭線や政庁の区画施設を築地塀から木塀に変更し、南東部の鵜の木地区も渤海使の迎賓館的施設から仏堂などに大幅な改修が行われた。城内の官衙や工房なども継続的に整備されている（伊藤二〇〇六）。しかし十世紀になると政庁を除き、改修が行われた形跡が不明瞭となり、城柵としての各種機能が維持改修されず少しずつ衰退しているようである。

また城柵と深く結びついていた須恵器生産も、胆沢城近接の瀬谷子窯群、秋田城関連の海老沢窯群が九世紀後葉で衰退し、すでに民窯化が進んでいた雄勝城（第一次）近接の中山窯群は十世紀まで存続する。瀬谷子の衰退は北上盆地に相去・星川窯跡などの小規模～単発窯を成立させるようになる。さらに北部の窯については未発見であるが、産地不明の須恵器製品も少なく、さらに北に拡大した可能性もある。出羽側では米代川河口域の十二林、津軽平野の五所川原窯が九世紀後葉に成立し、特に五所川原窯は一世紀前後もの間に三九基（現在までの確認数）の窯を操業させている。

このような十世紀における城柵の衰退によって、律令地域支配の基地であった城柵と蝦夷社会の結びつきはしだいに希薄になり、須恵器生産も城柵管理から各地へ拡散するのである。六城柵はほとんどが十世紀中葉に機能しなくなると考えられており、それは突然の消滅ではなく徐々に地域支配が変質し、城柵支配の意味がだんだんと薄れてきた経緯があるからである。律令の地域支配の変化は奥羽に限ったことではなく、国府の役割が変化し遺構としての国府は全国的にみられなくなることと一連の動きでもあった。

もうひとつの大きな変化に、北方交易の拡大があげられる。陸奥の良馬や砂金はよく知られており、閉伊蝦夷の霊亀元年（七一五）の昆布献上や渡嶋蝦夷らの延暦二十一年（八〇二）の獣皮貢納など、八〜九世紀の早い段階から奥羽の特産物が都にもたらされていた。その後、昆布は閉伊だけでなく北方の三種類（マコンブ・ミツイシコンブ・ホソメコンブ）に拡大され、獣皮の種類も増え、尾羽類が加わる。九二七年成立の『延喜式』には葦鹿や独犴の海獣皮、羆の陸獣皮、三種類の昆布、『小右記』などには十世紀中葉の鷹狩りの鷹、十一世紀前葉の粛慎羽・鷲羽・鷲の尾羽類などが記載されるようになる。

北方の産品をもたらしたのは北海道島の渡嶋蝦夷である。九世紀前葉までは朝貢など律令国家側と友好的関係を保っていたが、後葉になると険悪的な記録が残されるように変わる。渡嶋蝦夷が自らの土地での特産物を貢納するいわば従属的な関係から、利益追求の広域交易への変化に対応するものとみられる。変化の時期は記録の空白時期があるので幅をもたせると九世紀中〜後葉であろう。獣皮や尾羽類、昆布などの交易品の商品開発が進められ、種類がしだいに増え、十世紀以降は複数記事に残るほどさらに盛んになっていった。

(2)　国家側の関与

須恵器の生産は、九世紀後葉から操業開始される五所川原の須恵器窯で十世紀に盛期を迎え、北海道への移出も後半段階に行われている。米代川河口の十二林窯も同じ時期に操業が開始される。その型式や技術は窯本体だけでなく地下式の木炭窯、製品の特徴とあわせ、東北中～南部以南からのものであり、技術移転には国家側、特に秋田城の強い後押しがあったものと考えられる（八木二〇〇一b）。ただし集落のあり方は大小の竪穴住居で構成される在地のものであり、須恵器工人の大量移住は想定されえず、基本的には在地社会の中で営まれた生産活動であった。

それでは、鉄生産についても国家側の関与があったのであろうか。閉伊地方の鉄生産について、樋口知志氏は八世紀に鉄資源の開発や技術伝習を国家側が行い、そこで生産された鉄製品を北方交易の対価に充てたとの説を出している（樋口二〇〇四）。鉄生産の普及に国家の介在を想定したものであるが、これまで述べてきたように、簡易な築炉や津軽などでの細形炉といった炉形、伏せ焼きの木炭窯などは独自性が強く、少なくとも遺構からそのことを推測させるものではない。須恵器窯のような国家側の直接的な介入を認めることはできないであろう。

製鉄炉が普及するのは原料の砂鉄が賦存する地域に限られるが、それまで鉄資源の開発が禁止されていた郡制未施行地域でもあった。延暦六年（七八七）太政官符は、王臣や国司らが蝦夷との交易によって冑などの武具や武器が農具に作りかえられてしまい、害が多いとして蝦夷への鉄器の供給を禁断していた。もちろん製鉄や鍛冶についても天平宝字元年（七五七）施行の養老令関市令《げんしりょう》によって禁じられていた。九世紀後半以降、その制限が形骸化あるいは黙認されたことにより、東北北部でも製鉄が可能になった。その背景には樋口氏の指摘のとおり交易の対価としての鉄製品を国家側が期待したことが考えられなくもない。今後文献と遺構双方からの検証をさらに進めていくことが課題である。

⑶　東北北部社会の発展

東北北部の十世紀は、人口の増加、囲郭集落の出現、須恵器の在地生産の開始など、独自の歴史展開が行われた時期である。

九世紀前半とそれ以降の竪穴住居数を比較すると、津軽（弘前・青森市など）、野代（鹿角・能代市など）、閉伊（宮古・遠野市など）、爾薩体（二戸市など）、都母（三沢・八戸市など）で九世紀後半に二倍以上に増加し、十世紀にさらに増加している。城柵下にあった秋田、胆沢、斯波郡周辺では微増にとどまっており、両者に歴然とした差異が認められる（八木二〇〇九）。

人口増加を支えるため基幹産業である農業は当然大きく発展したに違いない。そのための農具を含む鉄器の需要が大きく増大したことは自明であろう。図7のグラフは全住居の中で鉄器や砥石（鉄器がリサイクルされ遺存しなくとも砥石は鉄器の使用を裏付ける遺物）が遺存する割合をみたもので、閉伊、都母、爾薩体、津軽、野代地方で九世紀前半以前から一定割合の鉄器が確保されていたことがわかる。朝貢に対する饗給のひとつあるいは交易を通して鉄器が普及したものとみられるが、九世紀後半以降も同じ割合もしくはそれ以上の割合が維持されている。これは城柵などからの給付に変わり、激増した住居分を自前での鉄生産でまかなっていたことを示す。この点からも蝦夷自らの要求に

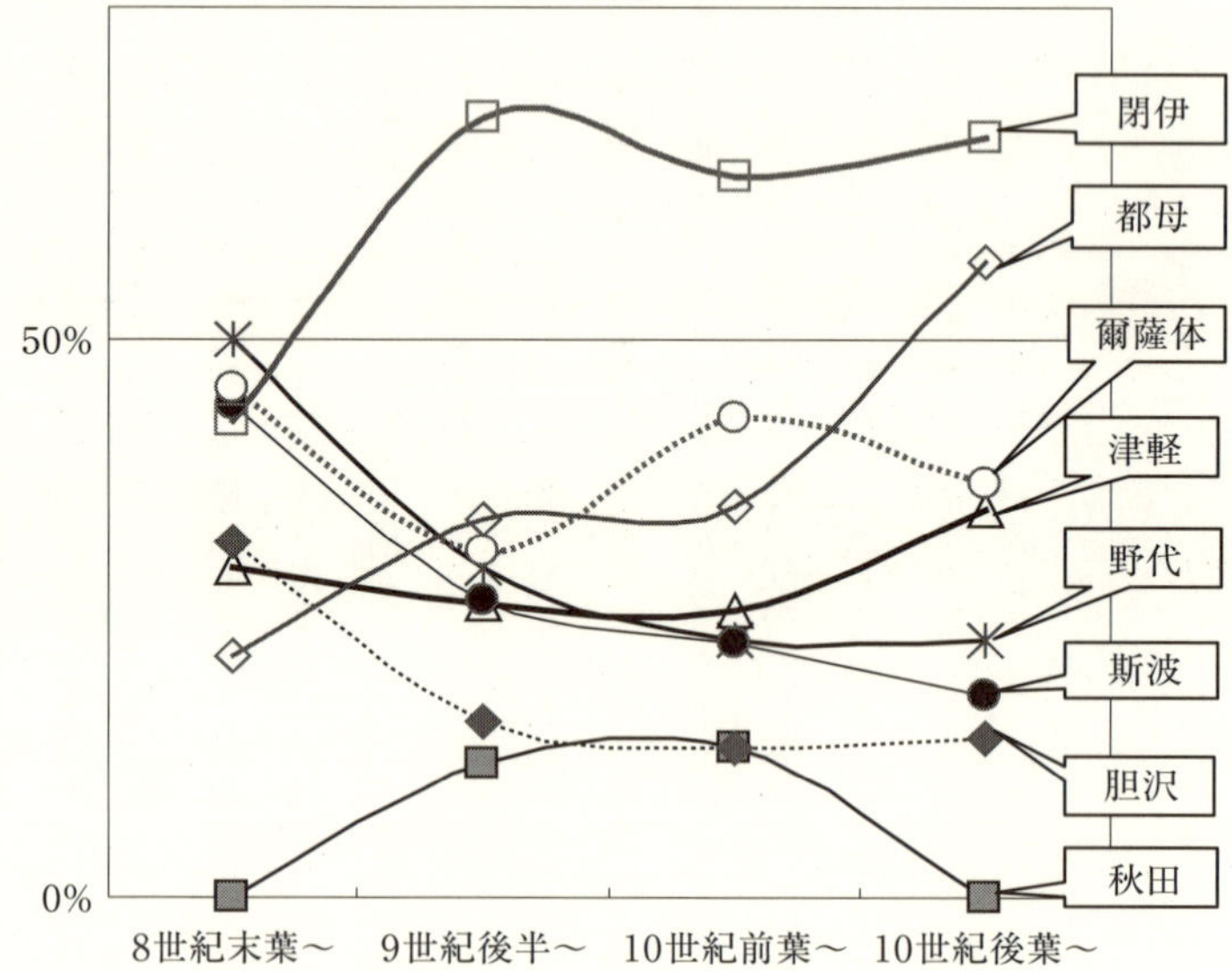

図7　竪穴住居跡における鉄器・砥石の遺存割合

もとづいて鉄生産が行われていたことが理解される。閉伊では九世紀後半に四割から七割の遺存率に増えており、鉄生産がこの時期から本格化していたことがわかる。

なお胆沢や斯波といった郡制施行地域の遺存率が低いが、廃鉄回収のシステムなどにより、北上盆地の精錬炉でのリサイクルがおこなわれていたことが考えられる。

おわりに

東北北部の鉄生産は製鉄炉の形状から岩木山麓型、津軽野代型、閉伊型に分かれ、各地でそれぞれの方式で鉄生産が行われていた。時期は九世紀後半以降で、十世紀に各地でさかんになる。炉の構造は細形炉や防湿の下部構造をほとんどもたない簡便な炉であり、東北中~南部の炉とは異なる蝦夷の製鉄炉であった。

十世紀の北部社会は城柵の衰退や廃止、北方交易の拡大など外的な変化を受ける一方で、人口の増加、集落の拡大とともに産業や文化の大きな発展期にあたっており、現代の新興国にも似たエネルギッシュな時期であった。鉄生産が受容される素地が十分にあったわけで、社会発展の大きな原動力となった。

個々の製鉄炉の生産量は多くないことから、生産された鉄製品はほとんどが蝦夷社会内部で消費されたものと考えられる。その中で、島田Ⅱ遺跡の精錬~鍛錬鍛冶の集中度や岩木山麓の連房式から余剰物が生み出された可能性が高く、北方交易などの交換財として移出されことが考えられる。ただし北部社会で生産された鉄や鉄製品が交易に使われたかについては考古学的資料から判断することは難しく、移出のルートやそのシステムについても未解明な部分が多い。今回はまったくふれることができなかった精錬、鍛錬鍛冶さらには鉄製品の分析結果を総合的に判断することなどが求められる。

引用文献

赤沼英男・福田豊彦　一九九七「鉄の生産と流通からみた北方世界」『国立歴史民俗博物館研究報告』第七二集

秋田県教育委員会　二〇〇四『堂の下遺跡Ⅱ　中世編』秋田県文化財調査報告書第三七七集

穴沢義功　一九八四「製鉄遺跡からみた鉄生産の展開」『季刊考古学』第八号

天野哲也　二〇〇七「古代東北北部地域・北海道における鉄鋼製品の生産と流通」『古代蝦夷からアイヌへ』吉川弘文館

新井　宏　二〇〇〇「古代日本に間接製鋼法があったか」『ふぇらむ』五―一〇

伊藤武士　二〇〇六『秋田城跡』同成社

岩手県考古学会　二〇〇五『古代閉伊地方の末期古墳と鉄生産』岩手考古学会第三三回大会資料集

岩手県立博物館　一九九〇『北の鉄文化』

設楽政建　二〇〇二「青森県内の製鉄遺跡」『青森県考古学会三〇周年記念論集』青森県考古学会

高橋千晶　二〇〇四「胆沢城と蝦夷社会」『古代蝦夷と律令国家』高志書院

宮古市教育委員会　二〇〇〇『木戸井内Ⅱ遺跡・木戸井内Ⅲ遺跡・上村遺跡』宮古市埋蔵文化財調査報告書五六

樋口知志　二〇〇四「律令制下の気仙郡」『アルテスリベラレス』（岩手大学人文社会科学部紀要）第七四号

八木光則　二〇〇一ａ「城柵の再編」『日本考古学』第一二号

八木光則　二〇〇一ｂ「王朝国家期の国郡制と北奥の建郡」『岩手史学研究』八四

八木光則　二〇〇九「陸奥北部における古代集落の動向（概要）」『第三五回古代城柵官衙遺跡検討会資料集』

秋田城跡における漆工の展開

小松正夫

はじめに

史跡秋田城跡は秋田市寺内地内に所在する。『続日本紀』天平五年（七三三）十二月条によれば、秋田出羽柵として山形県庄内地方から遷置され、天平宝字四年（七六〇）頃に秋田城と改称されたと考えられている古代城柵官衙遺跡である。

秋田城跡では、発掘調査に伴って漆付着土器、漆塗刷毛、漆紙文書[1]（平川一九八九）等、漆工関連の多くの遺物が出土している。『令義解』職員令の大蔵省所管として、漆部司が置かれ員数の規定があるが、秋田城跡内で多くの漆工関連遺物が出土するということは地方官衙でも、一定程度規定に準じて漆工が行われたことを示唆している。

そこで秋田城跡の漆付着土器を始め漆関連遺物が出土する遺構や時期、さらに漆工房の様相やその変遷と展開について考察するものである。

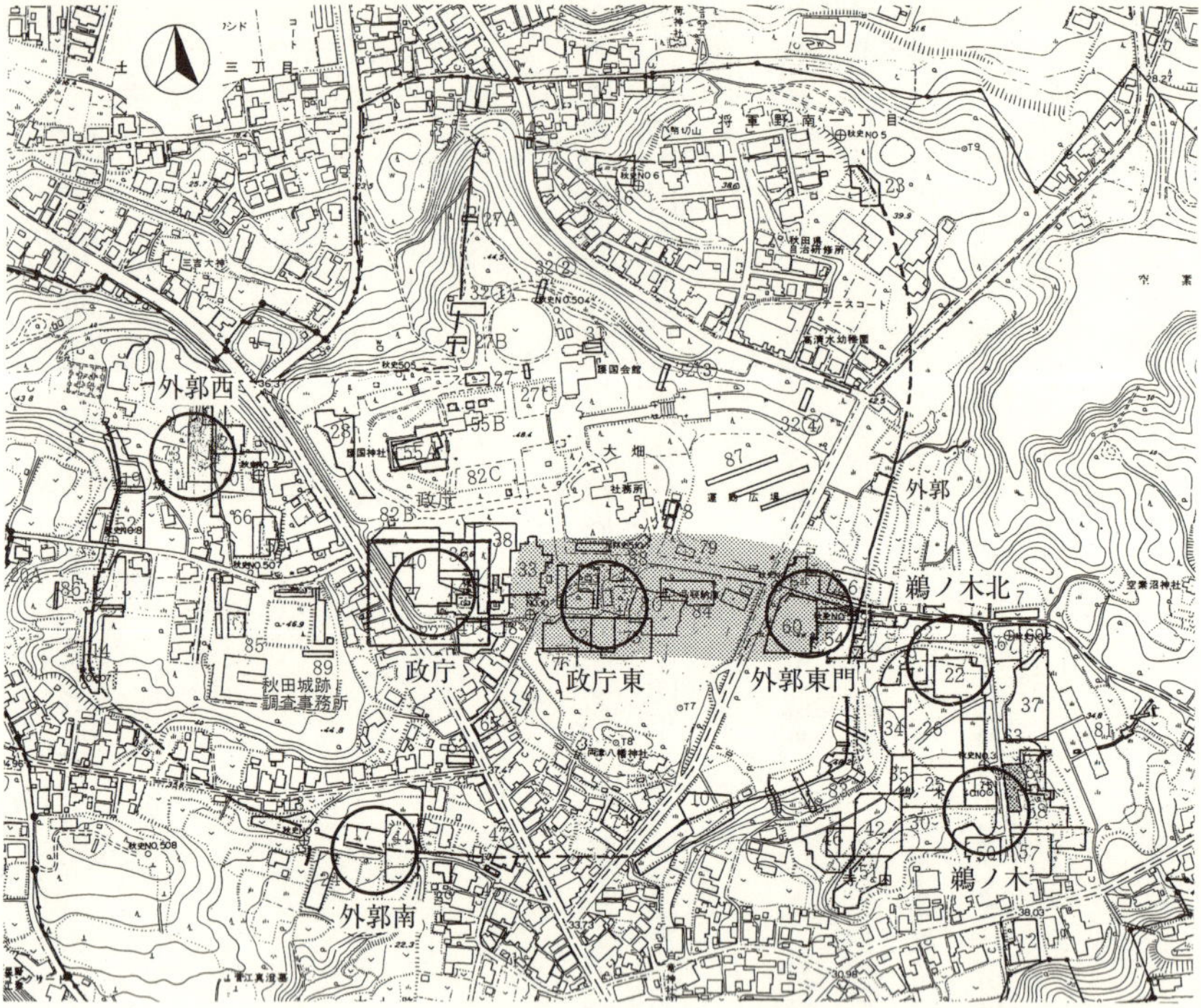

漆工・鍛冶遺構群

図1　漆付着土器出土地区

一　漆工関連出土遺物

発掘調査に伴う主要な漆工関連遺物は、漆付着土器、保管容器としての曲物、容器の蓋紙として使用された漆紙文書、そして漆器椀・曲物等の木製品、金属製品の銙帯、乾漆、漆塗り小札甲、漆絞り用の布、刷毛等がある。中でも漆付着土器は、漆工の展開を最も端的に語る観点から、一定量出土する地区を政庁・政庁東・外郭東門・外郭西・外郭南・鵜ノ木・鵜ノ木北に区分けし(図1)、その他の漆関連遺物も含めて表1～3に記載した。

土器は、主に漆運搬・保管用と作業時に漆を小分けにしたパレット容器の二者に大別でき、両者とも器面に漆が付着する。なお、生漆を黒目るなど精製作業に用いたと考えられる土器は出土していない。運搬と

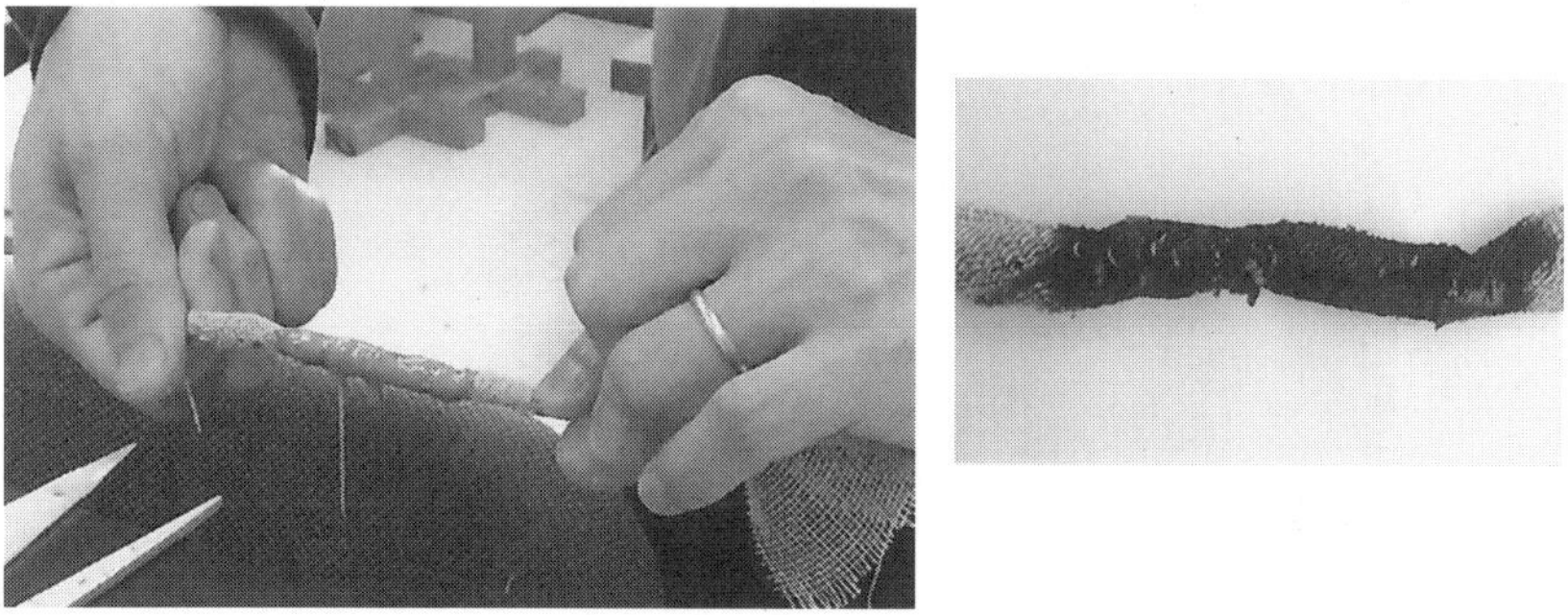

写真1　漆絞りとその布

写真2　秋田城跡第72次調査小札甲出土状況

保管用との識別は困難であるが、平城京跡発掘調査出土例では止栓が容易な口径の小さい長頸瓶や平瓶等が多い（玉田一九九五）。パレット用土器は、土師器・須恵器・赤褐色土器（2）等の坏・皿や台付坏・皿がある。大部分は漆膜が器表面に貼り付いた状態で出土するが、蓋紙が貼り付いて遺存する例も認められる。

曲物（表2—16、写真3—8）は、漆の保管容器として使用され、木質部分が腐食し漆膜のみ遺存したものである。曲物は土器と異なり、木製という性質上から腐食し易く出土例は少ないものと考えられる。

漆器は、椀・皿が井戸や土取り穴遺構から出土しているが、遺跡が砂丘立地のため遺存する確立は極めて低い。

銙帯（表2—2・17、写真3—10・11）は、青銅製丸鞆二点で窓の側面に漆の塗布が認められる。

漆絞り布（表2―13、写真3―7）は、漆を絞るのに使用した布で長さ約六・五㎝、径約二㎝の弾力のある、ねじれた状態で出土した。写真1は、秋田公立美術工芸短期大学漆工芸科の協力で麻布で生漆を絞った状態のものである。出土した絞り布は、漆が付着しない部分が廃棄後に腐食したものと考えられる。

乾漆（表2―19、写真3―9）は、麻布に黄褐色の漆を厚く塗布し固めたものでゴソゴソした質感の製品である。おそらく生漆に木粉、麻布の繊維等の植物繊維質を練り合わせた木屎を麻布に塗布したものと考えられる。ほぼ真ん中で漆が凝固する前に刃物で半裁されているが、折敷状を呈するものの用途は不明である。

小札甲（表2―1、写真2）は、漆塗り非鉄性有機質で小札約四七〇枚が一括出土した。腐食や後世の攪乱で失った分量も考慮すると『延喜式』兵庫寮「挂甲一領。札八百枚。（後略）」の挂甲一領分を上回る枚数と考えられている（秋田市教委一九九九）。分析の結果、部材は獣皮の可能性は薄く、針葉樹系の木製の可能性が指摘されている。また漆は、赤色顔料として酸化鉄を調合した赤漆と墨を調合した黒漆を重ね塗りしていることが確認されている。

漆紙文書（表3、写真3―13・14）は、漆工を実証できる有効な資料である。これまで小片も含め六〇点以上出土しているが、解読済みは約三〇点である。文書の内容は、書状・計帳・戸籍・出挙・死亡帳・解文等がある。遺存状況から曲物容器の口径復元が可能であり、径約一二㎝から二八㎝の曲物が使用されていたことが伺える。

二　漆付着土器と遺構の年代

次に、地区別に漆付着土器とその出土遺構の年代について概観する。（以下の文中の番号は、表1～3と図7～9と一致し、図の土器番号の（　）内数字は秋田城跡調査事務所の遺物登録番号である。）

1　政庁地区

政庁はⅥ期の変遷（図2）があり、創建期のⅠ期（七三三年）は築地塀で東西九四m、南北七七mに区画され、ほぼ中心部に正殿、東南に東脇殿が配置されている。Ⅱ期（八世紀後半前葉～）は東門を挟み北半が築地、南半が材木塀で区画した変則的な構造を呈している。Ⅲ期（八世紀末・九世紀初頭～）～Ⅴ期（八七八～）は1本柱列、Ⅵ期（十世紀初頭～十世紀中葉）は東辺のみの確認であるが布掘り溝を伴う材木塀で区画されている（秋田市教委二〇〇二）。

1は、「神護（景雲）」「宝亀元年（七七〇）」の年紀を有する出挙帳様漆紙文書と共に政庁北辺築地塀崩壊土の上層から出土した。二次的に移動した可能性があり、層位的には九世紀以降に位置づけられるが、土器形態・技法上は漆紙文書の年紀が示す八世紀第3四半期～第4四半期に矛盾しない。3は東辺築地塀外側の包含層から出土し、1とほぼ同時期と考えられる。

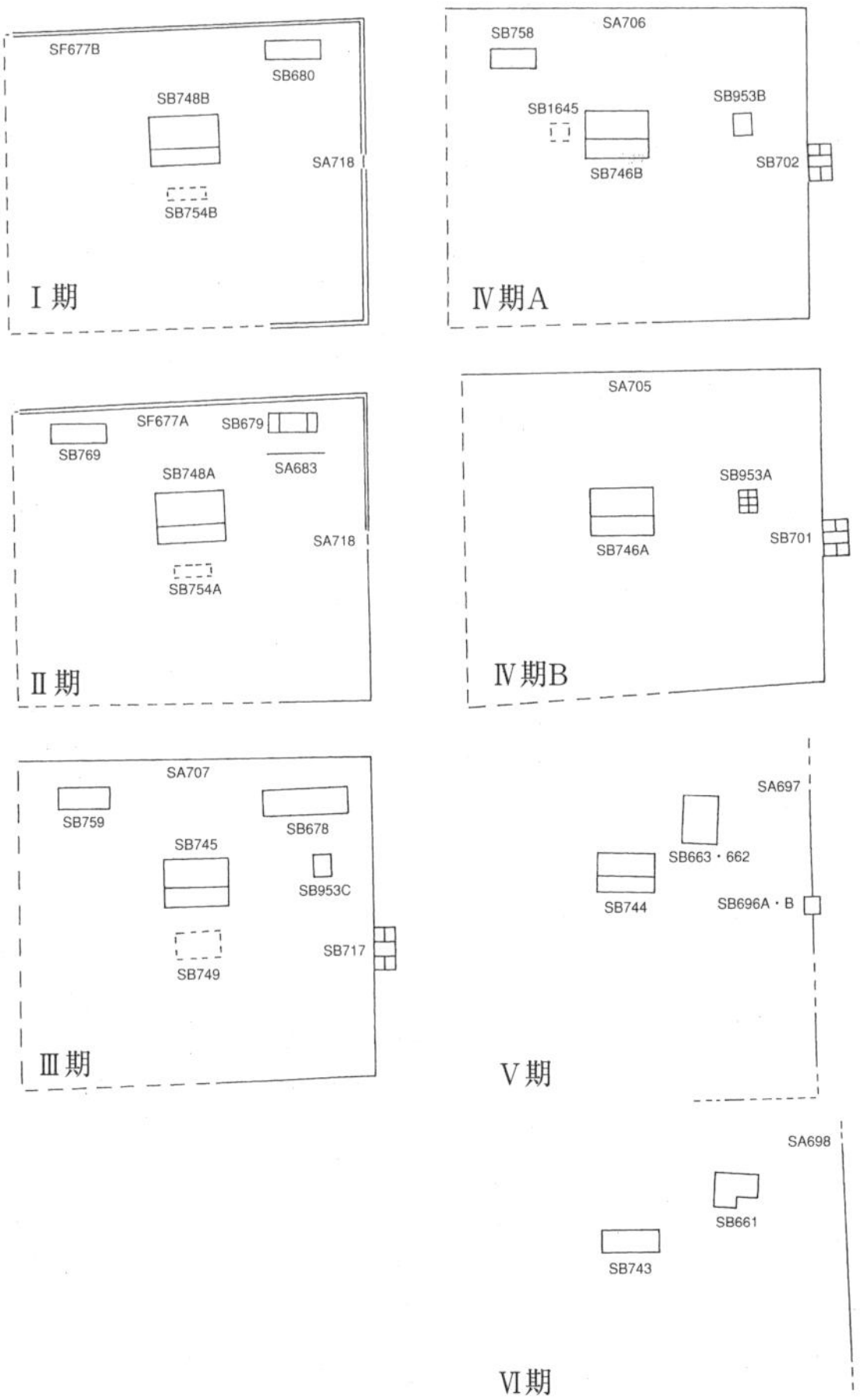

図2　政庁変遷図（『秋田城跡―政庁跡―』2007）

5・6は政庁東門跡と重複するSＩ704竪穴住居跡から出土した。竪穴住居跡は南北四・二m、東西四・五mの方形を呈し、カマドは伴わないが床面に焼土面が認められ、政庁の第Ⅳ期（九世紀第2～3四半期）東門跡に相当するSB701掘立柱建物跡の柱掘り方より先行する。伴出する赤褐色土器は、Bタイプが混じり底径比が大きいことや九世紀第3四半期頃から出現する皿形態も認められないことから、政庁Ⅳ期造営に伴って設置された工房と考えたい。

2　政庁東地区

掘立柱建物跡と竪穴状鍛冶工房を中心とする遺構が群集している（図3）（伊藤二〇〇五）。漆付着土器は主に第72次調査のSK1555土坑と第八〇次調査のSＩ1670B竪穴状鍛冶工房跡の二遺構に集中している。SK1555土坑からは、9～12・14・15と約三〇点の漆紙文書、それに皿・盤・埦形灰釉陶器が出土している。土坑は当該地区のほぼ中央の北寄りに位置し、創建期のSK1559土取り穴が九世紀初頭頃にほぼ埋まりかけた窪地が捨て場として使用されたものである。漆紙文書は「嘉祥二年（八四九）」「嘉祥三年（八五〇）」の年紀を記す解文で、資料の性格上、長期保管は考えられないことから九世紀第3四半期頃に漆職人に払い下げられ使用、廃棄されたと考えられ、土器編年においても矛盾しない。17～22は床面から鍛造鉄片や鍛冶炉が検出されたSＩ1670B竪穴状鍛冶工房跡の埋土から出土した。工房跡は同位置で三回の建て替えが認められるが、周辺遺構との重複関係、出土した埦形灰釉陶器、赤褐色土器坏Bや底径比の大きい赤褐色土器坏Aの形態・技法から九世紀第2四半期中心と考えられる。第八八次調査出土の26はSＩ1901、27はSＩ1902A竪穴状工房跡出土で、伴出遺物から九世紀第1～3四半期に位置づけられている。

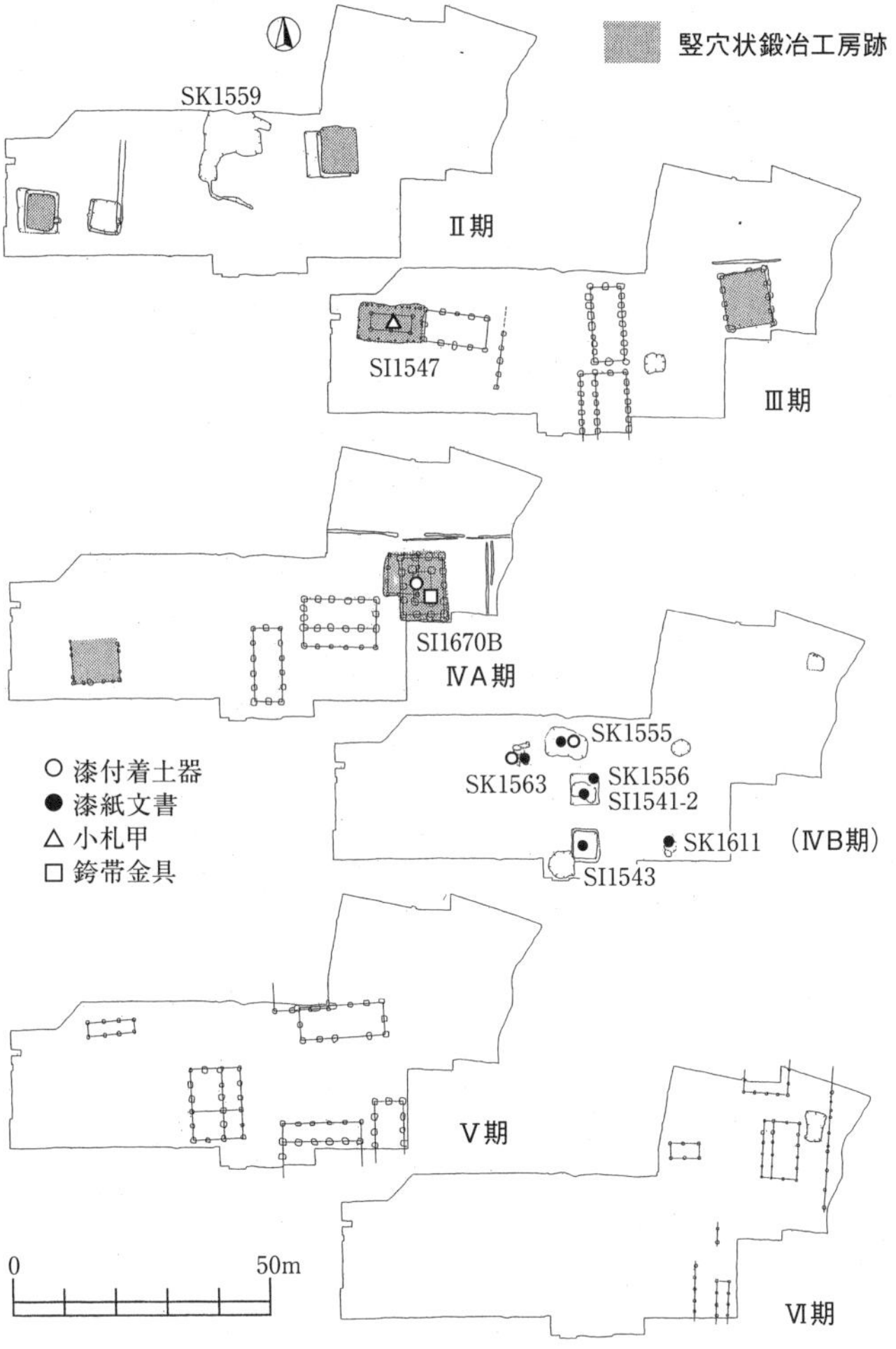

図３　政庁東地区　漆関連遺物出土地点と遺構変遷図
（『第31回古代城柵官衙遺跡検討会資料集』伊藤図に補筆）

3　外郭東門地区

外郭東門地区は、東門跡南隣接のＳＧ１０３１土取り穴が検出された第54次調査地（図４）と、政庁東門から外郭東門に至る東大路の北隣接地で竪穴状鍛冶工房跡や竪穴住居跡を中心とする遺構群が検出された第56・64次調査地の

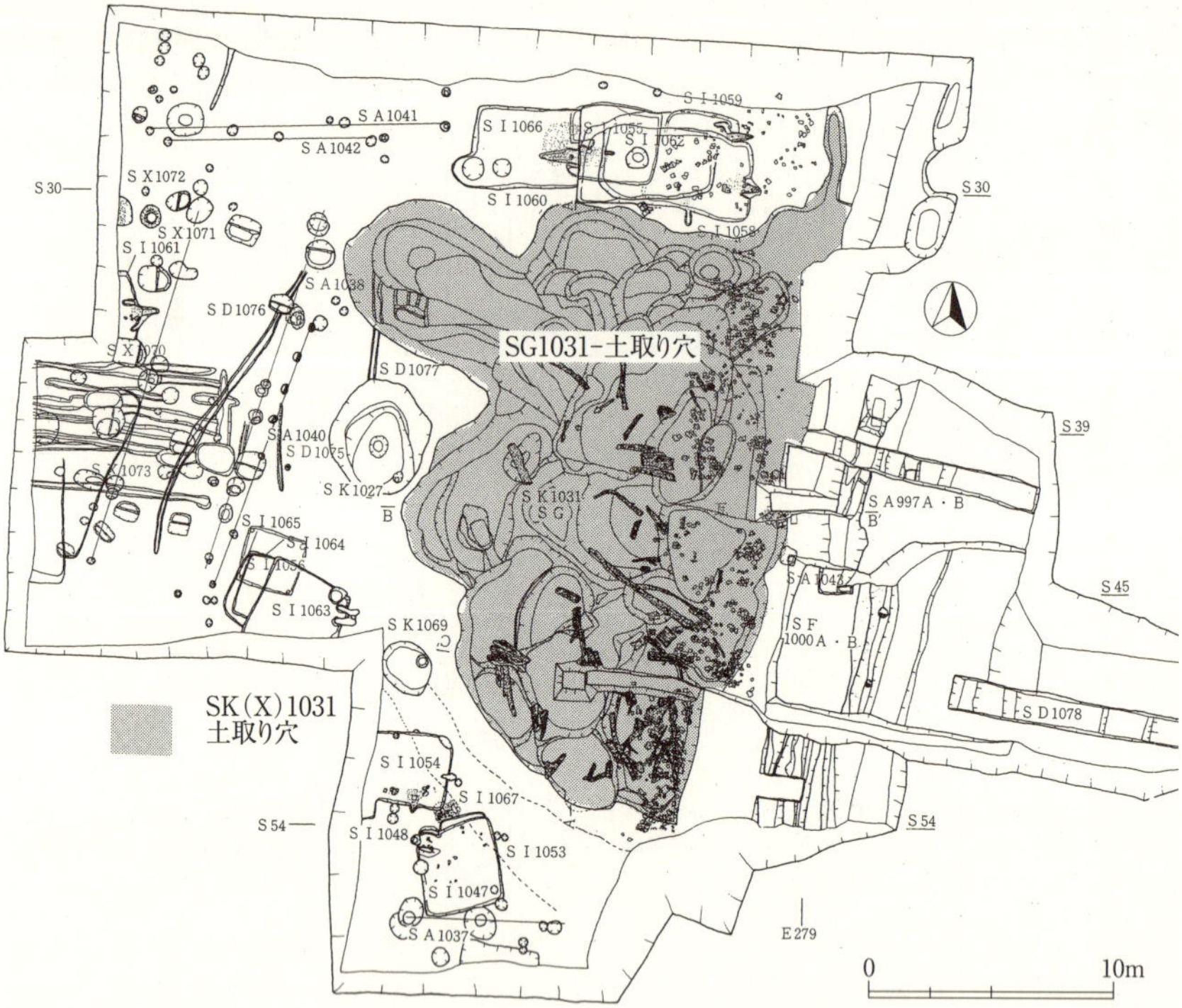

図4　外郭東門地区（第54次調査地）

二地区に分かれる。東門跡は瓦葺き、東西二間×南北三間の掘立柱建物跡八脚門で外郭Ⅰ・Ⅱ期は築地塀、Ⅲ期以降は布掘り溝を伴う材木塀が取り付く。SG1031土取り穴は、築地塀の積土採掘のため創建時に掘削された平面形が南北約二五m、東西約一五m、深さ約三～四mの大規模な穴で、多量の土器と椀・皿等木製品、漆紙文書と共に漆付着土器や漆絞り布・漆塗刷毛（写真3―7・12）等漆工関連遺物が出土している。埋土の第一七～四四層（上・下スクモ層）からは「延暦十年（七九一）」「延暦十一年（七九二）」「延暦十三年（七九四）」「延暦十四年（七九五）」の年紀を有する木簡、その下層の第四七～五六層（上位・下位木炭層）からは「天平宝字四年（七六〇）」「天平宝字」「神景（神護景雲）四年（七七〇）」の年紀を有する漆紙文書等が出土していることから「秋田城跡土器編年」の基準層となっている。土取り穴出土の

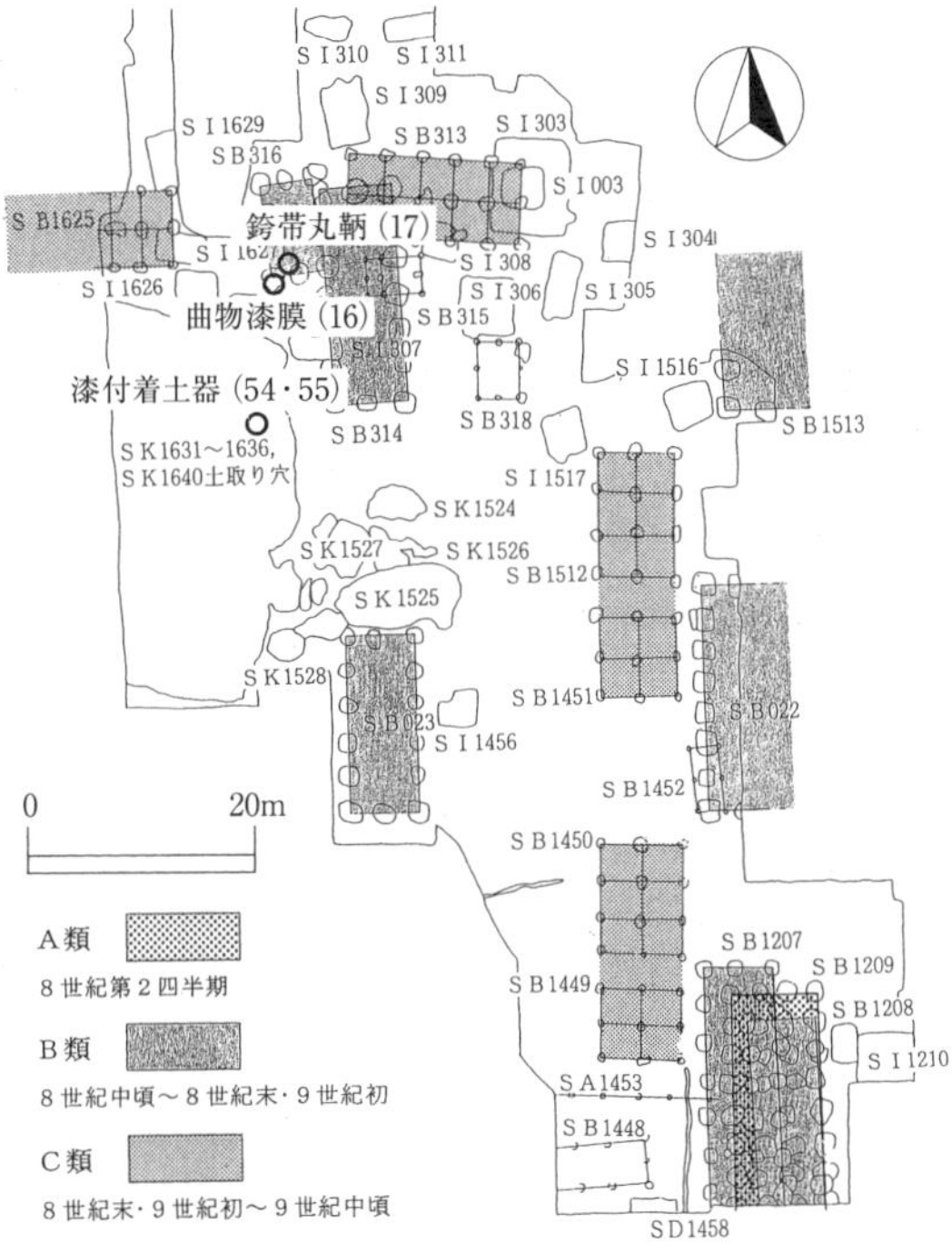

図5　外郭西地区遺構変遷と漆関連出土地点
（『秋田城跡調査概報』2007に補筆）

漆付着土器34〜47は、秋田出羽柵創建期〜九世紀第3四半期まで出土しているが、概ね八世紀第2〜4四半期に集中している。また東大路北側、第五六・六四次調査出土の48〜52は、八世紀第3四半期〜九世紀第1四半期に位置づけられている。

4　外郭西地区

政庁正殿跡の西約二〇〇mで、掘立柱建物跡・竪穴住居跡・土取り穴群が検出されている。掘立柱建物跡群は、官衙風建物期と南北に規則的に配置された並倉を伴う総柱掘立柱建物跡の倉庫群期に大別され、方位や重複関係からA〜D類に分類されている（図5）（秋田市教委二〇〇七）。創建期のA類と八世紀中頃〜八世紀末・九世紀初頭のB類は、南北棟の掘立柱建物跡が南北に配置されている。また八世紀末・九世紀初頭〜九世紀中頃のC類は、総柱掘立柱建物跡が南北に規則的に配置された並倉を呈する倉庫群である。漆付着土器が出土したSK1631土取り穴は、秋田出羽柵創建期に掘削されたもので主要遺構から外れた西側に位置しており、埋土の状況から徐々に埋まったと考えられている。土取り穴から出土した54〜55は、形態・技法から九世紀第1四半期頃と考えられ、官衙風建物ブロックのC類建物群の時期と一致する。またSK1642土坑からは曲物漆膜（写真3—8）とSB316掘立柱建物跡西南柱掘り方と接するピットから漆塗り銙帯（写真3—11）が出土している。なお竪穴住居跡は、建物跡群のほぼ北側に隣接して一二軒検出されているが、漆関連遺物は出土していない。

5　外郭南地区

掘立柱建物跡と竪穴住居跡が集中する地区である。第四四次調査では三棟の掘立柱建物跡、竪穴住居跡とカマドを持たない竪穴遺構、鍛造鉄片が出土する鍛冶炉、径二〇cm～二mの焼土遺構が多数発見されている。第一七次調査は竪穴住居跡群、第四四次調査は竪穴住居跡と鍛冶遺構を中心とするが、前者でも坩堝やフイゴ羽口が出土しており、同一性格を有する遺構群と考えてよい。ただ、第一七調査次では、墨書土器が多量に出土し「中食」「中」「厨」「酒厨」「官厨」「官厨舎」等、厨関連を示唆する墨書土器が多いのが特徴である。57・58・62・63は土器形態・技法から九世紀第2～3四半期と考えられる。第二四次調査出土の59～61は、外郭築地塀が崩壊した跡地に営まれたSI1369竪穴住居跡から出土している。いずれも底径が小さく、小型化する赤褐色土器で十世紀第2～3四半期と考えられる。このことから外郭築地塀消滅後、すなわち秋田城の城柵機能停止後の漆工関連遺物と言える。

6　鵜ノ木・鵜ノ木北地区

外郭東門跡の東南約五〇～一〇〇mの外郭外である。

鵜ノ木地区は、掘立柱建物跡と竪穴住居跡が検出されている。規則的に配置された建物跡は『類聚国史』天長七年（八三〇）正月条の出羽国大地震で倒壊したとされる秋田城付属寺院の四天王寺跡に推定され、周辺を含む古代の遺構は、Ⅴ期に分類されている（図6）（秋田市教委二〇〇八）。Ⅰ期は天平五年（七三三）の創建期、Ⅱ期は八世紀第3四半期～八世紀末・九世紀初頭、Ⅲ期は八世紀末・九世紀初頭～九世紀第2四半期、Ⅳ期は九世紀第2～3四半期、Ⅴ期は九世紀第4四半期に位置づけられている。各期に所在する竪穴住居跡は、基本的には同地区の建物造営に関わる

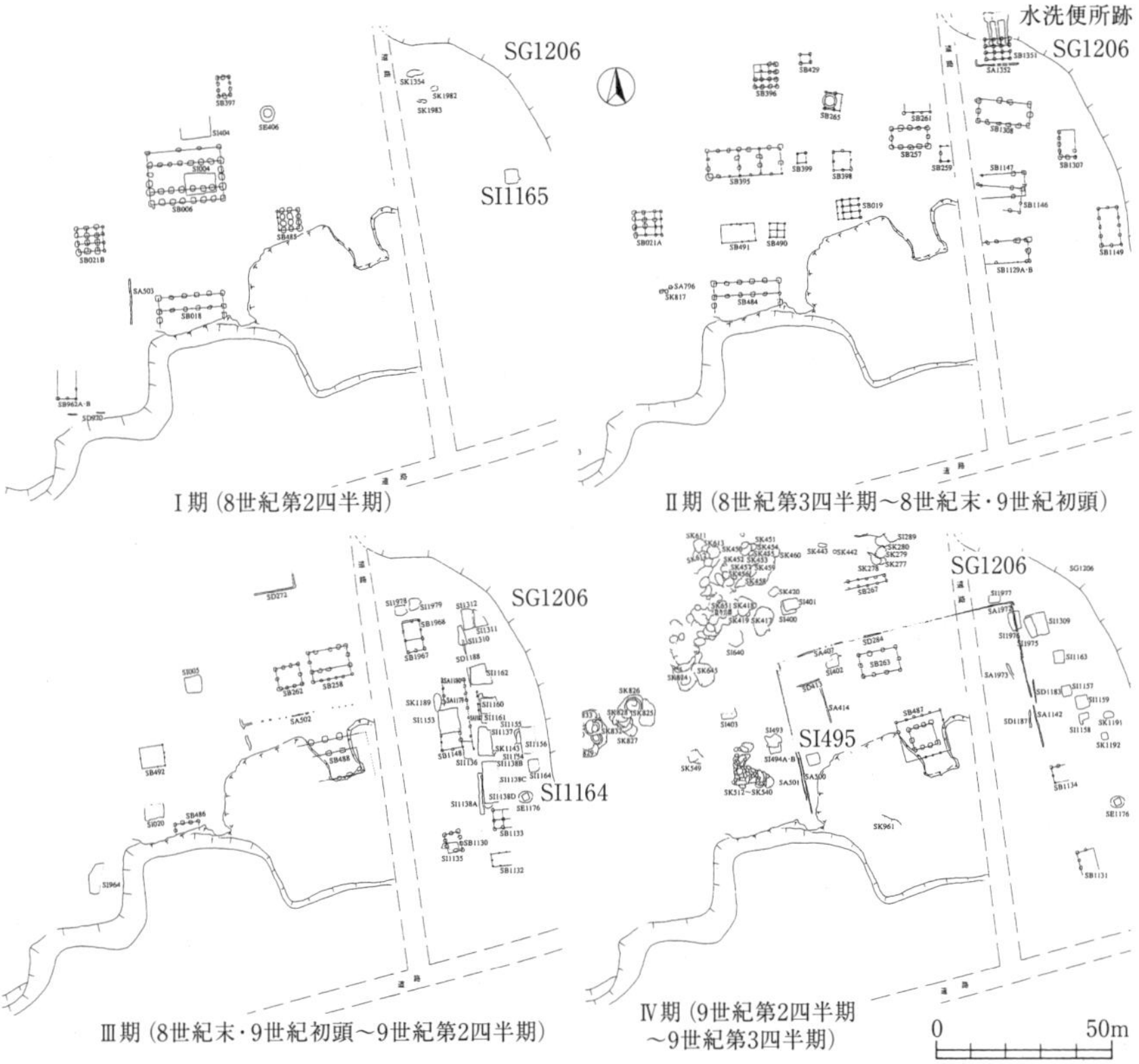

図6　鵜ノ木地区遺構変遷図（『秋田城跡Ⅱ—鵜ノ木地区』2008に補筆）

居住・工房・倉庫等の用途が考えられる。また第六三次調査では、掘立柱建物跡内部に三基の便壺とそれに付随する木樋、その先端部には沈殿槽を備えた水洗便所遺構が検出されている。便所建物の存続期間は、木樋の年輪年代や造成土内出土土器から、八世紀後半後葉〜九世紀初頭と考えられている。また沈殿槽から検出された寄生虫卵の有鈎条虫卵は豚を中間宿主とすることから、便所の使用者は当時豚を常食とし、なおかつ八世紀に出羽国に6回の来着記録のある渤海使の可能性が指摘されている。

SI495竪穴住居跡出土の71は、Ⅲ期の八世紀末・九世紀初頭〜九世紀第2四半期に位置づけられる。住居跡はカマドが設置されていない点や同期が堂風建物の造営期であること、さら

表1　秋田城跡出土漆付着土器一覧表

地区	番号	次数	遺構・層名	遺構番号	器種	切り離し	遺物番号	時期	付着した漆の状況・色調
政庁	1	36	築地崩壊土	－	須恵器坏	ヘラ切り	2629	8C3～4	漆紙文書の破片が底部に密着
	2	38	包含層	－	土師器台付皿	糸切り	2725	9C3～4	内面中央部から下、一部口縁部にも。赤褐色
	3	38	包含層	－	須恵器坏	ヘラ切り	2751	8C4	内面に漆紙が遺存。茶褐色
	4	38	包含層	－	赤褐色土器Ａ坏	糸切り	2771	9C1～2	内面口縁部までペラペラのの漆膜。茶褐色
	5	38	竪穴住居跡	704	赤褐色土器台付坏	糸切り	2859	9C2～3	内面全体にベットリ、体下半部はヒダ状。底面はツヤツヤ。外面口縁部にも一部付着。黒色。黒色
	6	38	竪穴住居跡	704	須恵器坏	糸切り	2867	9C2～3	外面体部から底部にかけて付着。内面はなし。茶褐
	7	40	包含層（表）	－	須恵器坏	ヘラ切り	3226	8C3～4	内面底面に漆紙付着。
	8	55	竪穴住居跡	1096	須恵器台付坏	ヘラ切り	4950	8C2	台部に一部付着。内面無し。茶褐色
政庁東	9	72	土坑１層	1555	赤褐色土器Ａ坏	糸切り	7348	9C3	内面にペラペラの漆膜付着。
	10	72	土坑２層	1555	赤褐色土器坏	糸切り	7368	9C3	内面口縁部下１cmまで付着。茶褐色
	11	72	土坑３層	1555	赤褐色土器台付	糸切り	7377	9C3	内面口縁部下２cm位まで厚く付着。茶褐色
	12	72	土坑４層	1555	須恵器坏	体部下端から底部全面削り	7389	9C3	内面口縁部まで付着、底面はペラペラ。外面にも一部。茶褐色
	13	72	土坑	1563	赤褐色土器Ａ皿	糸切り	7462	9C3	内面口縁部近くまでヒダ状に厚く付着。黒褐色
	14	72	土坑１層	1555	赤褐色土器Ａ坏	糸切り	7699	9C3	内面全面に付着。廃棄後に付着した砂でボソボソ。茶
	15	72	土坑４層	1555	土師器台付椀	糸切り	7714	9C3	ほとんど剥げ落ちているが内面口縁部直下まで付着。黒色、下部のペラペラ部分は茶褐色
	16	76	新土取り穴	－	赤褐色土器Ａ坏	糸切り	7842	9C4～	内面に付着。茶褐色
	17	80	竪穴状工房	1670B	赤褐色土器Ａ坏	糸切り	7925	9C2	廃棄後の砂等、２mm程厚く付着。茶褐色
	18	80	竪穴状工房	1670B	赤褐色土器Ａ坏	糸切り	7926	9C2	内面口縁部下１cmより下方にペラペラの漆膜。黒褐
	19	80	竪穴状工房	1670B	須恵器坏	ヘラ切り	7937	9C2	内面底面にヒダ状の残る。茶褐色
	20	80	竪穴状工房	1670B	赤褐色土器Ａ坏	糸切り	7957	9C2	内面底面から口縁部まで付着。色調は黒色と茶褐色
	21	80	竪穴状工房	1670B	須恵器器台付坏	ヘラ切り	7981	9C2	台部内面にペラペラに付着。台部を打ち欠いて整形
	22	80	竪穴状工房	1670B	須恵器坏	ヘラ切り・手持剛り	7997	9C2	内面の一部に漆付着、漆容器として使用
	23	80	包含層	－	須恵器壷	－	8064	9C1～2	内面口縁部まで全面茶褐色。頸部内側に漆付着。茶
	24	80	包含層	－	須恵器台付坏	ヘラ切り	8067	9C1～2	内面口縁部近くまで上面が一直線付着。黒色
	25	84	包含層	－	赤褐色土器Ａ坏	糸切り	8427	10C	内面口縁部近くまで薄く付着。茶褐色
	26	88	竪穴住居跡	1901	須恵器坏	糸切り	8708	9C2～3	内面底面にヒダ状に付着。黒褐色
	27	88	竪穴住居跡	1902A	須恵器坏	ヘラ切り	8743	9C1～2	内面底面にヒダ状に付着。赤褐色
外郭東門	28	54	竪穴住居跡	1004	赤褐色土器Ａ坏	糸切り	3872	9C2～3	内面底面に付着。茶褐色
	29	54	包含層	－	赤褐色土器Ａ坏	糸切り	3997	9C3	内面に多量に付着。不純物が多く漆面がブツブツ。茶
	30	54	包含層	－	赤褐色土器Ａ坏	糸切り	4235	9C1～2	内面はほぼ全面と外面底部にも付着
	31	54	包含層	－	赤褐色土器Ａ坏	糸切り	4305	9C1	内面口縁部下にベットリ、外面口縁部も一部付着。黒
	32	54	竪穴住居跡	1058	須恵器坏		4359	8C2	内面にペラペラに付着。赤褐色
	33	54	包含層	－	須恵器鉢	底部全面削	4393	8C	内面に付着。茶褐色
	34	54	土取り穴16	1031	須恵器台付坏	ヘラ切り	4448	9C1	内面にわずかに付着。体部を打ち欠き整形。
	35	54	土取り穴上層スクモ	1031	須恵器坏	底部回転削	4458	8C4	内面全面に付着。
	36	54	土取り穴下層スクモ	1031	土師器埦	体下部・底部全面手持ち削り	4564	8C4	内面にベットリ付着。
	37	54	土取り穴45・46層	1031	須恵器甕	－	4672	8C3	内面と断面に厚く付着し、外面にも一部垂れた状態で見られることから、保存・運搬容器に使用。ゴソゴソし
	38	54	土取り穴上位木炭層	1031	須恵器埦	底部回転削	4723	8C3	内面全面に厚く付着。外面にも垂れて付着。黒色
	39	54	土取り穴上位木炭層	1031	須恵器坏	糸切り	4724	8C3	内面に付着。黒褐色
	40	54	土取り穴覆土	1031	須恵器坏	底部回転削	4805	8C2	内面に不鈍物の多い厚くゴソゴソした漆付着。茶褐色
	41	54	土取り穴覆土	1031	須恵器坏	底部回転削	4806	8C2	内外面に付着。茶褐色
	42	54	土取り穴覆土	1031	須恵器坏	底部回転削	4808	8C2	内外面に付着。茶褐色
	43	54	土数り穴覆土	1031	須恵器坏	ヘラ切り	4813	8C2	内外面に付着。茶褐色

外郭東門	44	54	土取り穴覆土	1031	須恵器坏	ヘラ切り	4816	8C2	内外面に付着。黒色
	45	54	土取り穴覆土	1031	土師器坏	非ロクロ	4835	8C2	内面全面に付着。茶褐色
	46	54	土取り穴埋土	1031	須恵器坏	体下端手持ち削り・糸切	4858	8C2	内外面に厚く付着。茶褐色
	47	54	土取り穴埋土	1031	須恵器壷	底部なし	4865	8C2	内面にベットリ付着。土器は搬入品と考えられる。茶
	48	56	竪穴住居跡	1102	須恵器坏	ヘラ切り	4966	8C4～9C	内面に口縁部まで付着。茶褐色
	49	56	竪穴住居跡	1107	須恵器蓋	–	4998	8C4～9C	内面硯に転用後、底面のみ部分的に付着。黒色と茶
	50	56	包含層	–	赤褐色土器A坏	糸切り	5084	9C3	内面底面から1 cmの高さまで付着。黒色
	51	64	竪穴住居跡	1380	須恵器坏	ヘラ切り	6599	8C3	内外口縁部から2 cm下まで薄くペラペラ付着。黒・茶
	52	64	竪穴住居跡	1380	土師器坏	非ロクロ	6604	8C3	内面に部分的に漆膜(報告書)。〈遺物不明〉
外郭西	53	19	崩壊土瓦層	–	須恵器坏	体下端・底部回転ヘラ削り・ヘラ切	1127	9C	内外面に付着。内面茶褐色、外面口縁部黒色。
	54	73	土取り穴	1631	須恵器坏	ヘラ切り	7792	9C1	内面底面に漆紙付着「麻呂他」出挙と考えられる。茶
	55	73	土取り穴	1631	須恵器蓋	–	7806	9CI	蓋の外面に付着。内面は口唇部に僅か。茶褐色
	56	73	包含層	–	須恵器坏	ヘラ切り	7828	9C1	内面底面に部分的に厚く付着。茶褐色
外郭南	57	17	包含層	–	須恵器台付坏	ヘラ切り	636	9C1	内面体中央部から下方にペラペラの漆膜。赤褐色
	58	17	竪穴住居跡	211	須恵器坏	ヘラ切り	721	9C1	内面全面にペラペラの漆膜付着。茶褐色
	59	24	竪穴住居跡	369	赤褐色土器A坏	糸切り	1385	10C3	口縁部まで漆紙付着。黒褐色
	60	24	竪穴住居跡	369	赤褐色土器A坏	糸切り	1386	10C3	口縁部まで漆紙付着。茶褐色
	61	24	竪穴住居跡	369	赤褐色土器A坏	糸切り	1387	10C3	内面にペラペラの漆膜が体部中間まで付着。茶褐色
	62	44	竪穴住居跡	870	須恵器坏	糸切り	3441	9C1	内面口縁部までベットリ付着。底部赤褐色、口縁部黒
	63	44	包含層	–	赤褐色土器A坏	糸切り	3567	9C2～3	内面に部分的にペラペラの漆膜。茶褐色
鵜ノ木	64	18	包含層	–	赤褐色土器台付	不明	1109	9C後以降	同血に付着。パリパリ剥がれる。底面は厚く密着。茶
	65	25	竪穴住居跡	400	赤褐色土器A坏	糸切り	1649	9C2	内外面が部分的に剥がれるが、均一。黒色
	66	25	竪穴住居跡・灰捨て穴上面	403	赤褐色土器B坏	削りで不明	1673	9C3	底面から3 cm上方までペラペラ漆膜の付着。黒褐色
	67	25	井戸跡・上面	406	須恵器坏	ヘラ切り	1681	9C2	内面に「漆」状の物付着。漆の可能性あり
	68	25	包含層	–	赤褐色土器A坏	糸切り	1696	9C3～4	内面底部に付着。黒色
	69	25	包含層	–	須恵器坏	ヘラ切り	1708	9C1	内面体中央部まで部分的に残る。茶褐色
	70	26	包含層	–	土師器坏	糸切り	1777	9C2～3	内面口縁部近くまで漆がこびりつき付着。赤褐色
	71	30	竪穴住居跡	495	須恵器坏	ヘラ切り	2008	9C1	内面口縁部までゴソゴソの漆膜、ほとんど剥落。茶褐
	72	51	竪穴住居跡	964	赤褐色土器A坏	糸切り	3781	9C2～3	内面は漆が部分的に厚く付着。外面も一部付着。黒
	73	57	表土・包含層	–	須恵器坏	ヘラ切り	5098	8C4～9C	口縁部にわずかに漆膜付着。黒褐色
	74	58	竪穴住居跡	1164	須恵器坏	ヘラ切り	5272	9CI	内面底面に付着。外面にも一部付着。黒色
	75	58	竪穴住居跡	1164	須恵器台付坏	ヘラ切り	5273	9CI	内面口縁部下1 cm位まで付着。茶褐色
	76	58	竪穴住居跡	1165	須恵器坏	ヘラ切り・ナ	5291	8C2	内面口縁部下1 cm位まで付着。茶褐色
	77	58	沼沢跡整地	1206	須恵器坏	底部全面削	5428	8C2	内外面にベットリ付着。内面底面は砂等でボソボソ。
	78	81	包含層	–	赤褐色土器B坏	糸切り下端回転削り	8103	9C1	底面にベットリ付着。不純物が多い。黒色
	79	91	竪穴住居跡	1978	土師器埦	体下端・底部削り	8989	9C1～2	内面にブツブツの漆膜付着。体部は均一的に付着。
鵜ノ木北	80	39	沼沢跡	463	赤褐色土器A坏	糸切り	2977	9C3	内面口縁部下1 cmより下方に付着。一部紙残る。茶
	81	39	沼沢跡	463	赤褐色土器A坏	糸切り	2993	9C4	内面に漆紙。
	82	39	沼沢跡	463	須恵器長頸瓶	不明	2997	9C3	内外面と割れ口に漆付着。口縁部・頸部内面に付着
	83	39	沼沢跡	463	赤褐色土器A坏	糸切り	3041	9C3	内面底面周縁にわずか付着。黒褐色
	84	67	包含層	–	須恵器坏	ヘラ切り	6919	9C2～3	内面口縁部下より下方にベットリ。砂等付着多い。茶
	85	67	包含層	–	須恵器坏	糸切り	6928	9C3～4	内面にベットリ付着。茶褐色
その他	86	9	包含層	–	須恵器台付坏	ヘラ切り	58	9C1	内面全面に薄く付着。黒色
	87	83	掘立柱建物	1729	須恵器坏	ヘラ切り	8292	8C4～9C	内外面に付着。茶褐色
	88	87	竪穴住居跡	1852	赤褐色土器蓋	–	8632	9C2	天井部内面にペラペラの漆膜付着。茶褐色

表2　秋田城跡出土漆関連遺物一覧表

地区	番号	次数	遺構名・層名	遺構番号	材質	種別	遺物番号	漆の状況
政庁東	1	72	竪穴状工房跡	1547	非鉄製	小札甲	－	赤・黒漆使用
	2	80	竪穴状工房跡	1670B	絹製品	帯金具（丸鞆）	8024	漆塗り丸鞆
外郭東門	3	54	土取り穴	1031	木製品	有台皿	5505	内外面黒漆塗り
	4	54	土取り穴	1031	木製品	無台皿	5506	内外面黒漆塗り
	5	54	土取り穴	1031	木製品	無台皿	5507	内面のみ黒漆塗り
	6	54	土取り穴	1031	木製品	無台椀	5508	内面のみ黒漆塗り
	7		土取り穴	1031	木製品	無台椀	5509	内外面黒漆塗り
	8	54	土取り穴	1031	木製品	有台椀	5510	内外面黒漆塗り
	9	54	土取り穴	1031	木製品	曲物底板	5511	内面のみ黒漆塗り
	10	54	土取り穴	1031	木製品	曲物底板	5512	内面のみ黒漆塗り
	11	54	土取り穴	1031	木製品	刷毛	5513	漆塗り刷毛・完形
	12	54	土取り穴	1031	植物繊維	藁状	5514	植物繊維
	13	54	土取り穴	1031	布	絞り布	5515	漆の絞り布
	14	54	土取り穴	1031	漆	絞りかす	未登録	漆を絞った後のかすを3～4回分をまとめた固
	15	54	土取り穴	1031	乾漆	不明	未登録	
外郭西	16	73	土坑	1642	木製品	曲物	7825	径約14cmの曲物容器の漆膜のみ遺存。茶褐
	17	73	SB316掘立柱建物跡横のピット	－	銅製品	帯金具（丸鞆）	7826	裏金とともに出土。窓の一部に漆遺存。黒色
鵜ノ木	18	25	井戸跡	406	木製品	無台皿	1720	赤漆と考えられるが、内面の一部は焼けて黒く
	19	30	竪穴住居跡	495	乾漆	不明	2003	布を漆で固めた折敷状。ゴソゴソした粗い褐色
	20	58	井戸	1176	木製品	刷毛	5338	漆塗り刷毛・完形

表3　秋田城跡出土漆紙文書一覧表

地区	番号	次数	遺構名・層名	遺構番号	形状	径	遺物番号	備考
政庁域	1	36	築地崩壊土	677	不整形	－	2・3号	2号に「神護」、3号に「宝亀元年（770）」の年紀。出挙帳
	2	38	柱列（掘り方内）	699	断片	－	4号	年紀なし。「事而以今…郡司」（書風は8世紀半ば）
	3	40	表土・耕作土	－	土器付着	－	7号	年紀なし。須恵器坏内面に付着（土器遺物番号3226）
政庁東	4	72	土坑包含層	1555	不整形	－	16号	年紀なし。死亡帳
	5	72	土坑包含層	1555	不整形	－	17号	年紀なし。戸籍の一部で、9世紀半ば以前と考えられる
	6	72	土坑包含層	1555	円形	15	18号	年紀なし。計帳様文書
	7	72	土坑包含層	1555	ほぼ円形	17	19号	年紀なし。姓「伴」から弘仁14年（823）以降
	8	72	土坑包含層	1555	ほぼ円形	17	20号	「嘉祥二年」（849）の年紀。解文
	9	72	土坑包含層	1555	断片	－	21号	「嘉祥三年」（850）の年紀
	10	72	土坑包含層	1555	断片	－	22号	「嘉祥三年」（850）の年紀
	11	72	土坑包含層	1555	断片	－	23号	「嘉祥」の年号
	12	72	土坑包含層	1556	断片	－	24号	「天長九年」（832）の年紀
	13	72	竪穴住居跡	1541	断片	－	25号	年紀なし
	14	75	土坑包含層・最下	1611	不整形	20	26号	年紀なし。帳簿関係文書
	15	72	土坑包含層	1555			31号	これ以下の72次出土漆紙文書は未読
外郭東門	16	54	土取り穴包含層	1031		－	8号	年紀なし。天平宝字元年（756）4月以降（文字資料集
	17	54	土取り穴包含層	1031	半円形	14	9号	継ぎ目裏書きに「天平六年」(734)の年紀。天平5年に作成された計帳が天平宝字2年段階で廃棄、紙背を利用して天平宝字3年(751)の具注暦を作成
	18	54	土取り穴包含層	1031	ほぼ円形	28	10号	書状
	19	54	土取り穴包含層	1031	不整形	27	11号	「天平宝字」の年紀。上級官司に上申した解文。天平宝字4年（760）正月以前の文書。3年頃か（文字資料集
	20	54	土取り穴包含層	1031	ほぼ円形	16	12号	「神景四年」（神護景雲4年）の年紀。書状
	21	54	土取り穴包含層	1031	断片	－	13号	「神護」（神護景雲）の年号可能性。出挙関連帳簿
	22	54	土取り穴包含層	1031	断片	－	14号	年紀なし。具注暦断簡。暦の内容から天平勝宝5年(753)か宝亀11年(779)の可能性
	23	54	土取り穴包含層	1031	断片	－	15号	「天平宝字四年」（760）の年紀。計帳様文書
	24	54	土取り穴包含層	1031	半円形	25	27号	年紀なし。
	25	54	土取り穴包含層	1031	ほぼ円形	12	28号	年紀なし。出挙関係文書
	26	54	土取り穴包含層	1031	円形	17	29号	年紀なし。戸籍の可能性
外郭西	27	73	土取り穴包含層	1631	土器付着	－	30号	年紀なし。須恵器坏内面に付着。（土器遺物番号7792）
外郭南	28	24	竪穴住居跡	369	土器付着	－	1号	赤褐色土器A内面に付着。（土器遺物番号1386）
鵜ノ木	29	39	沼沢跡	463	土器付着	－	5号	年紀なし。赤褐色土器A内面に付着。（土器遺物番号29）
	30	39	沼沢跡	463	土器付着	－	6号	年紀なし。赤褐色土器A内面に付着。（土器遺物番号29）

＊次数と漆紙文書の順列が異なるのは、解読順によるものである。

に付着漆と同質と思われる漆を使用した折敷状乾漆（写真3―9）が出土しており工房の可能性がある。ＳＩ１１６４竪穴住居跡出土の74・75は、Ⅲ期の八世紀末・九世紀初頭〜九世紀第２四半期、76が出土したＳＩ１１６５竪穴住居跡は八世紀第２四半期の創建期に位置づけられている。本地区の漆関連遺物は、量的には少ないものの八世紀第２四半期の創建期から九世紀第３四半期まで認められる。

鵜ノ木北地区は、外郭東門の東南近接地に秋田城の祭祀を執り行ったＳＧ４６３沼沢跡から祭祀遺物や漆付着土器80〜83が出土している。祭祀が行われた沼沢跡の土器や人面墨書土器は九世紀第２〜３四半期が中心である。

三　漆付着土器の性格

漆付着土器の成分分析は実施していないため漆の性質上、二次加工の有無については識別が困難であり、性質や種類には言及せずに漆付着土器の性格について述べてみたい。

漆工における主要な土器用途としては、産地から消費地への運搬・保管、生漆を黒目る攪拌容器、漆塗り作業に伴う小分けにするパレット容器などが考えられる。また木製容器も、写真3―8の保管用曲物例が示すように、パレット容器としての椀・皿や黒目用鉢などさまざまな用途に使用可能なことから、注意を払う必要がある。

漆は、希少価値が高く量産が難しい産物あることと乾燥や埃の混入を嫌う極めて繊細な性質上、運搬容器としては小振りで、埃が入りにくく止栓の容易な注入口が小さい容器を選定し使用したものと考えられる。その観点からすれば、82の長頸瓶が条件に当てはまるであろう。47は土器形態や胎土から搬入品と考えられるが、口縁部が広口であることと止栓のし難い内傾を呈していることから保管用と考えた方が良く、23・37も同様であろう。33は土器形態上は黒目るなど攪拌容器として適しているると思われるが、漆付着度合いが少なく判別し難い。

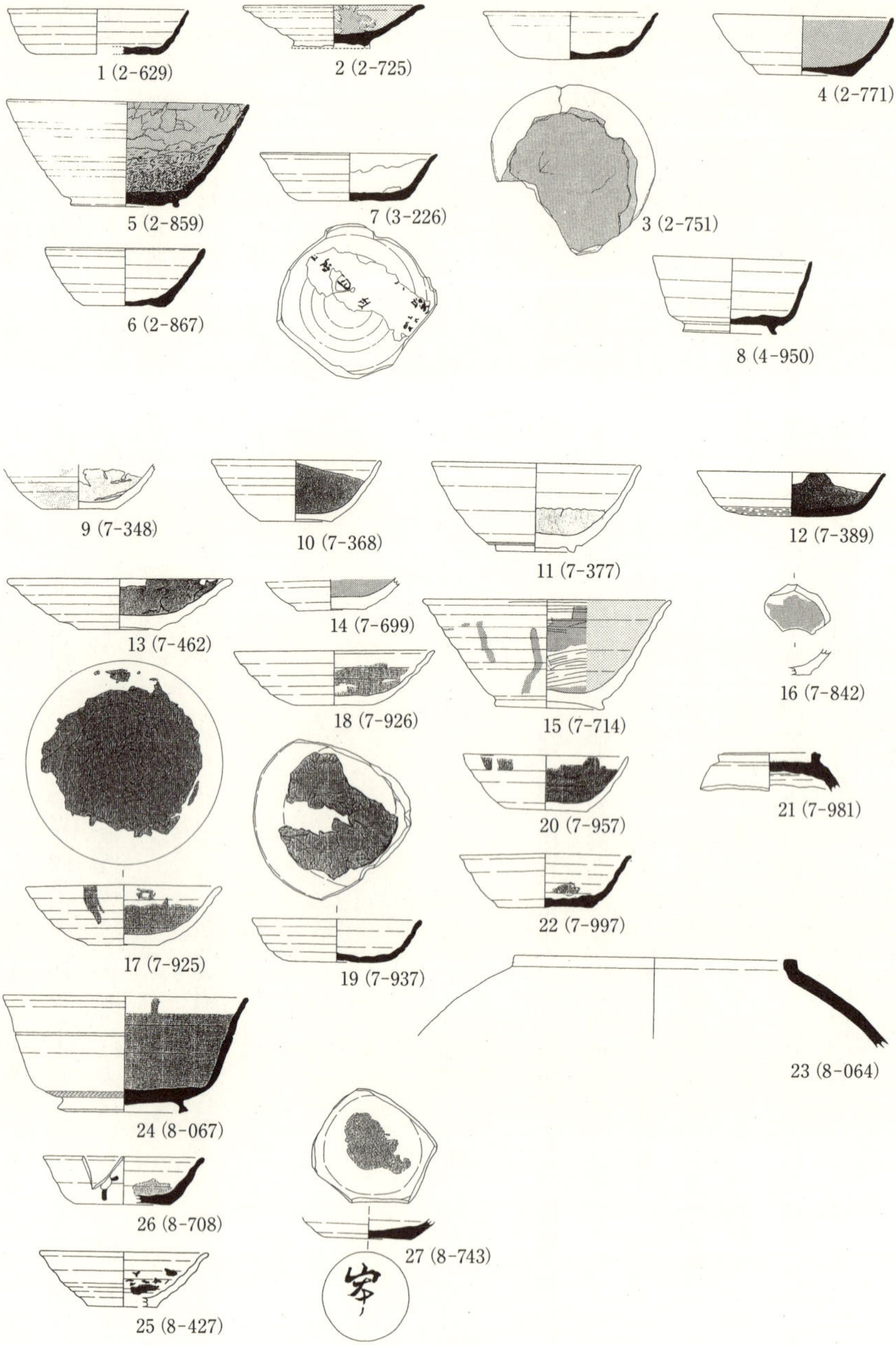
1 (2-629)
2 (2-725)
4 (2-771)
5 (2-859)
7 (3-226)
3 (2-751)
6 (2-867)
8 (4-950)
9 (7-348)
10 (7-368)
11 (7-377)
12 (7-389)
13 (7-462)
14 (7-699)
16 (7-842)
18 (7-926)
15 (7-714)
20 (7-957)
21 (7-981)
22 (7-997)
17 (7-925)
19 (7-937)
23 (8-064)
24 (8-067)
26 (8-708)
27 (8-743)
25 (8-427)

図7　漆付着土器

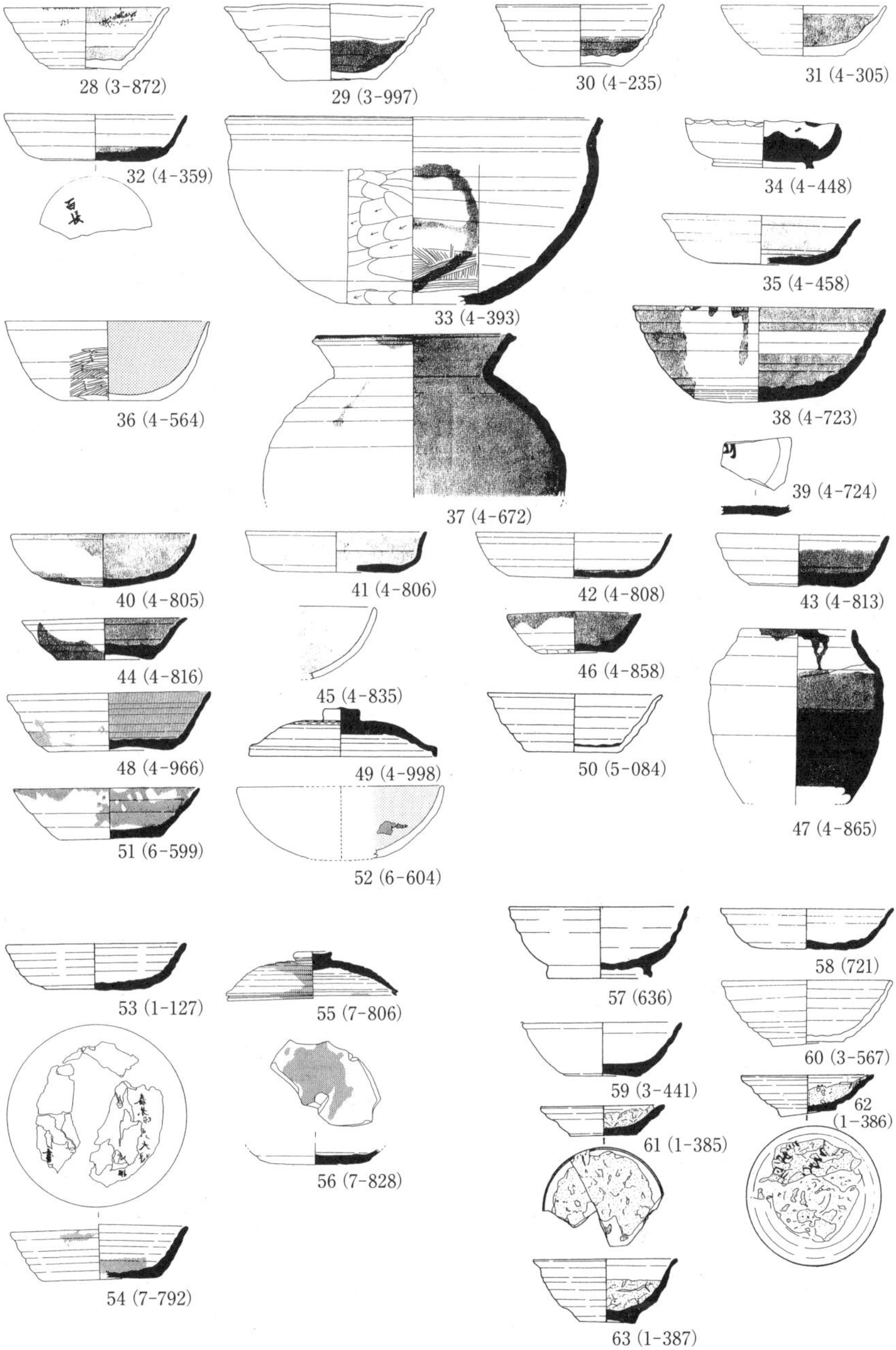
28 (3-872)
29 (3-997)
30 (4-235)
31 (4-305)
32 (4-359)
33 (4-393)
34 (4-448)
35 (4-458)
36 (4-564)
37 (4-672)
38 (4-723)
39 (4-724)
40 (4-805)
41 (4-806)
42 (4-808)
43 (4-813)
44 (4-816)
45 (4-835)
46 (4-858)
47 (4-865)
48 (4-966)
49 (4-998)
50 (5-084)
51 (6-599)
52 (6-604)
53 (1-127)
54 (7-792)
55 (7-806)
56 (7-828)
57 (636)
58 (721)
59 (3-441)
60 (3-567)
61 (1-385)
62 (1-386)
63 (1-387)

図 8　漆付着土器

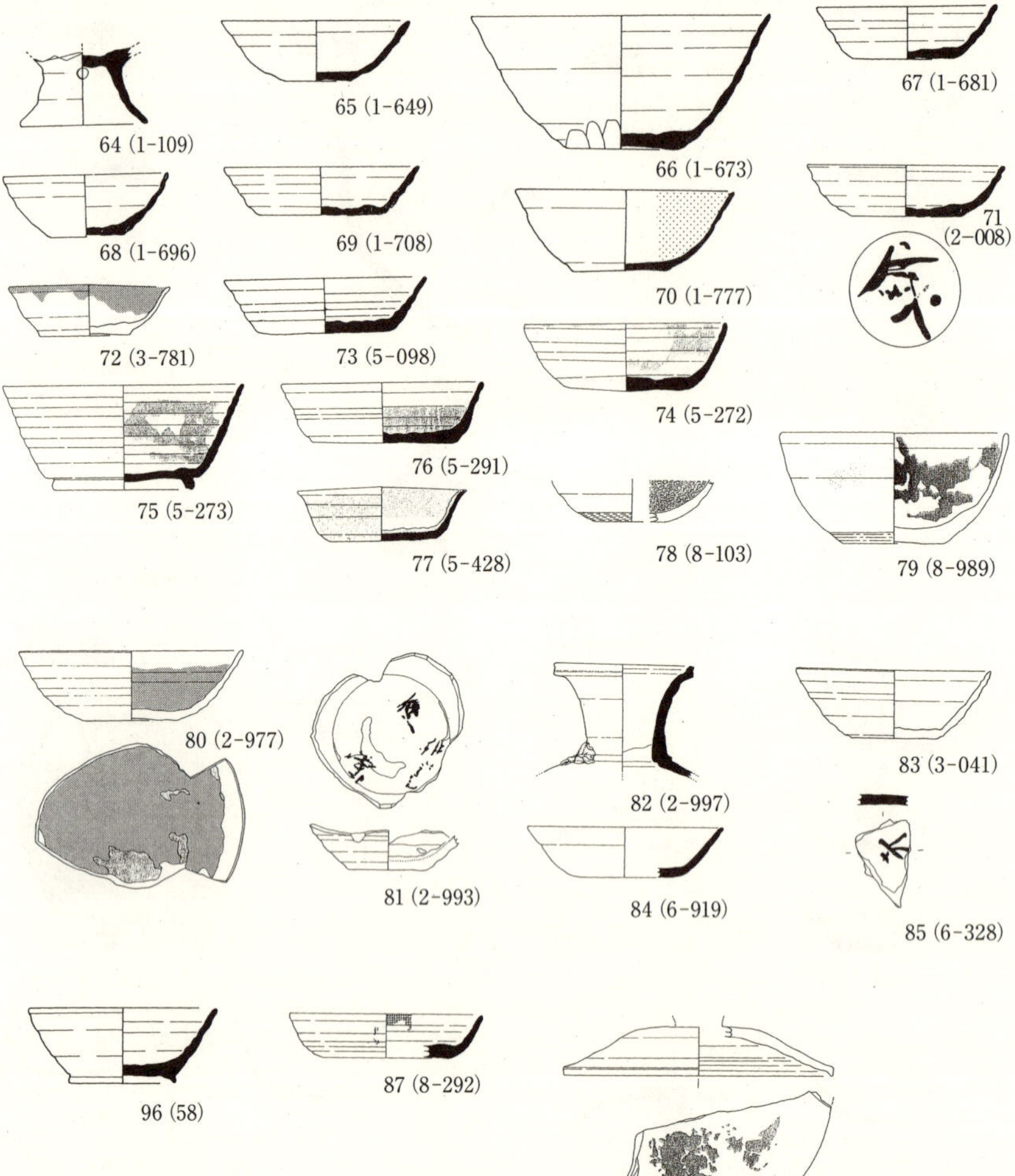
64 (1-109)
65 (1-649)
66 (1-673)
67 (1-681)
68 (1-696)
69 (1-708)
70 (1-777)
71 (2-008)
72 (3-781)
73 (5-098)
74 (5-272)
75 (5-273)
76 (5-291)
77 (5-428)
78 (8-103)
79 (8-989)
80 (2-977)
81 (2-993)
82 (2-997)
83 (3-041)
84 (6-919)
85 (6-328)
96 (58)
87 (8-292)
88 (8-632)

図9　漆付着土器

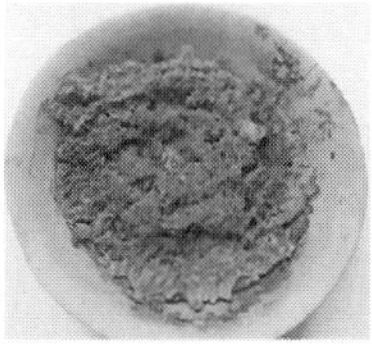

1 (7925)

2 (4305)

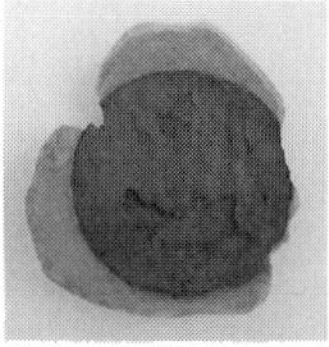

3 (2993)

4 (2997)

5 (4692)

6 (4865)

7 (5515)

8 (7825)

9 (2003)

10 (8024)

11 (7826)

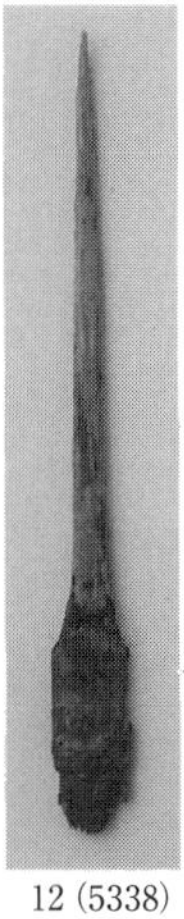

12 (5338)

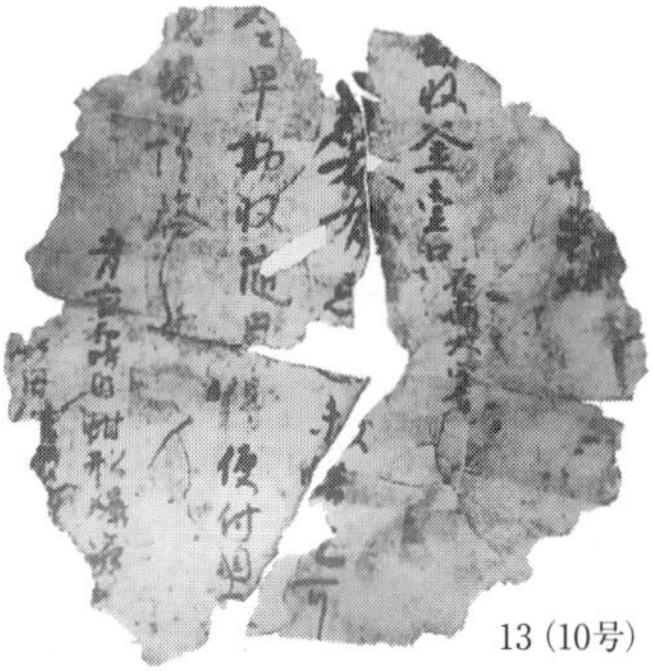

13 (10号)

14 (19号)

1～6漆付着土器　7　漆絞り布
8　曲物漆膜　9　折敷状乾漆
10・11銙帯金具　12　刷毛
13・14漆紙文書

写真3　漆関連土器遺物

その他の坏・皿・台付坏等は、パレット容器に使用されたと考えられるが、食器等の供膳具を転用したことは言うまでもない。容器の選択については、土師器・須恵器・赤褐色土器等の器質や坏・皿等、特に器種に対するこだわりは認められない。また3・7・54・59・60・80・81は内面に漆紙が残存しているが、いずれも常設工房が設置された可能性の少ない地区での出土である。しかし、多くの漆付着土器と漆紙文書が出土し、常設工房が設置されたと考えられる政庁東と外郭東門地区では、紙が付着する土器は認められない。このことから推測すれば、常設工房内では作業前後に保管容器から直接必要量出し入れすることから、パレット容器にあまり蓋紙を使用する必要がなく、逆に保管用蓋紙である漆紙文書の出土量は多くなるものと考えられる。一方、臨時的に塗布作業が発生した地区にはパレット容器に蓋紙をして持ち運び使用、そのまま廃棄したことが考えられる。極論すれば、出土漆紙文書の大・小、すなわち土器用か保管曲物用かによって常設工房の有無を決める要素ともなり得る。

なおパレット容器に残る漆は本来、塗りの対象物によっては下塗りや上塗りなど諸工程があることから種類が異なるはずであり、今後の分析が不可欠である。

四　漆工の展開

これまで漆工関連出土遺物や遺構、時期について述べたが、各地区によって種類や量的特色など多様な様相を示すことから、その要因と漆工房の展開、変遷について検討を加えることにする。なお漆工房については、作業内容が絞る・塗る・乾燥等比較的単純で特別な設備も要しないため遺構での識別は困難である。したがって、必要に応じて周辺遺構や遺物から総合的に判断し推測を加えることにしたい。

1　臨時的漆工房

最初に、城柵官衙遺跡という性格から、機能的に常設漆工房が存在し難い政庁地区において、少ないながらも漆付着土器・漆紙文書が出土する意味について考えてみたい。

政庁区画内からは図7―1・4・7が出土、7は正殿前方出土であるが包含層直上の耕作土であるため参考程度に留めておきたい。政庁外からは、2・3・5・6・8が出土しているが、8は政庁から約五〇m北に離れた調査区で1点のみの出土であり、ここでは振れないことにする。1の年代は、伴出した「出挙貸付け帳様」漆紙文書の紙背に「神護（神護景雲）」「宝亀元年（七七〇）」の年紀を有しているが、紙背文書という性格上保存年限を考慮して八世紀第3四半期に位置づけられるし、7も形態・技法からほぼ同時期に比定できる。前述したように政庁内に漆工房の常設化は考え難いが、八世紀第3四半期初頭は天平宝字四年（七六〇）頃に名称を「出羽柵」から「秋田城」に改称したⅡ期に当たることから、政庁建物や調度品の製作修理にあたる漆工人と漆作業用具が持ち込まれ、使用後に廃棄されたと考えられる。ただ、出土量が極めて少ないのは、政庁外に持ち出し廃棄されたことによるものであろう。このような政庁変遷期は、その都度同様な工事が発生したものと考えられるが、基本的には政庁内に常設漆工房は設置せず外部の工房から出入りしたものと思われる。当然のことながら、一定規模の工事では臨時的に工房も設置され保管容器も持ち込まれるから蓋紙としての漆紙文書も廃棄される可能性がある。なお九世紀第2～3四半期に位置づけられる5・6が出土したSI704竪穴住居跡は、カマドが付設されていない点から居住施設としての竪穴ではなく、東に近接のSI593竪穴状鍛冶工房と一体となった政庁東地区工房群の一画と考えられるが、床面からは「厨」銘の墨書土器が二点出土しており、厨的施設の可能性も否定できない。

政庁地区と類似する状況は、鵜ノ木地区にもみられる。

鵜ノ木地区の漆付着土器は、東半部が八世紀第２四半期〜九世紀第１四半期、西半部が九世紀第２四半期を中心に出土している。同地区の遺構変遷によれば西半部は、八世紀第２四半期に建立された秋田城付属寺院の四天王寺跡と推定されているが、寺院建立に伴って多量の漆が使用されたと思われる。漆工房は、主要建物群外のそう遠くない場所が想定され、東半部の八世紀第２四半期〜九世紀初頭期のＳＩ１１６５・１１６４竪穴住居跡や奈良・平安時代に存在したＳＧ１２０６沼沢跡から漆付着土器や漆刷毛が出土することも含め臨時的工房エリアの一画として捉えることができる。九世紀第２四半期は、中央部から東半部にかけて一本柱列の方形区画を有する堂風建物が築造されるなど鵜ノ木地区建物群が大きく変容する第二の画期に当たることから、それに伴う漆工房の存在は十分想定される。同期に相当するＳＩ４９５竪穴住居跡は、漆付着土器と乾漆の出土やカマドの設置がないことから造営に伴う漆工房の一つと考えられる。ただ竪穴が区画施設内であることと主要建物に近接していることから、臨時的施設と考えた方が妥当であろう。

２　常設漆工房

一方、外郭東門・政庁東両地区は全く様相を異にしている。

外郭東門地区は、ＳＧ１０３１土取り穴から漆刷毛と三〇点を超える漆紙文書、それに漆付着土器の出土から大規模な常設工房を構えた地区と考えられる。その時期は、漆紙文書の年紀が「神景（神護景雲）四年（七七〇）」「天平宝字四年（七六〇）」「天平宝字」等八世紀第３四半期に集中することや、八世紀第２四半期に位置づけられる漆付着土器の出土から創建期に設置されたものと考えられる。土取り穴からは、伴出遺物として漆器椀・皿・曲物等多くの木製品とロクロ使用部材も出土することから、木地師共存の可能性が考えられる。検出遺構の中に工房跡は特定できなかったが、図10に示すように漆関連遺物の多くがＳＧ１０３１土取り穴の西・南側に集中して廃棄されていること

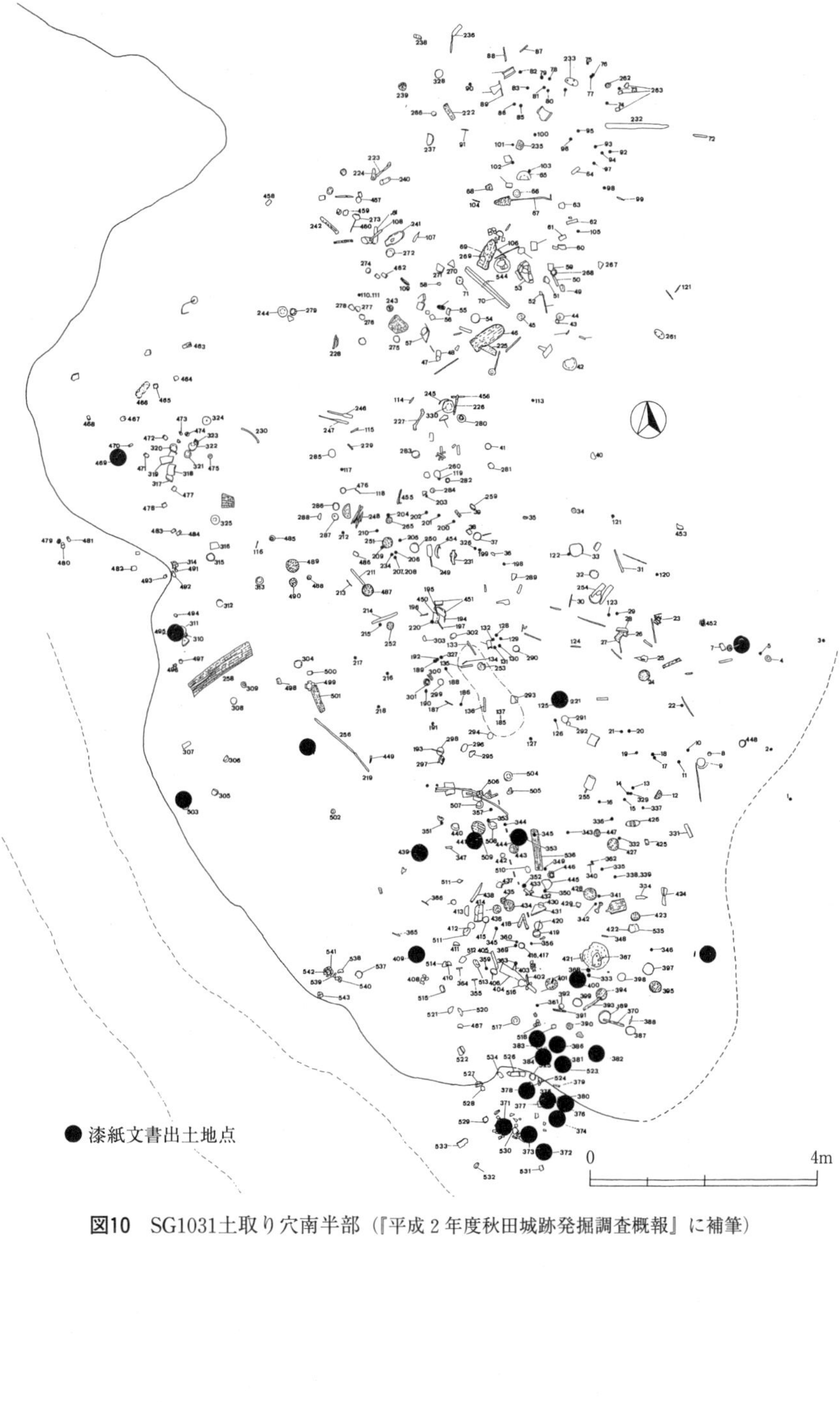

図10　SG1031土取り穴南半部（『平成２年度秋田城跡発掘調査概報』に補筆）

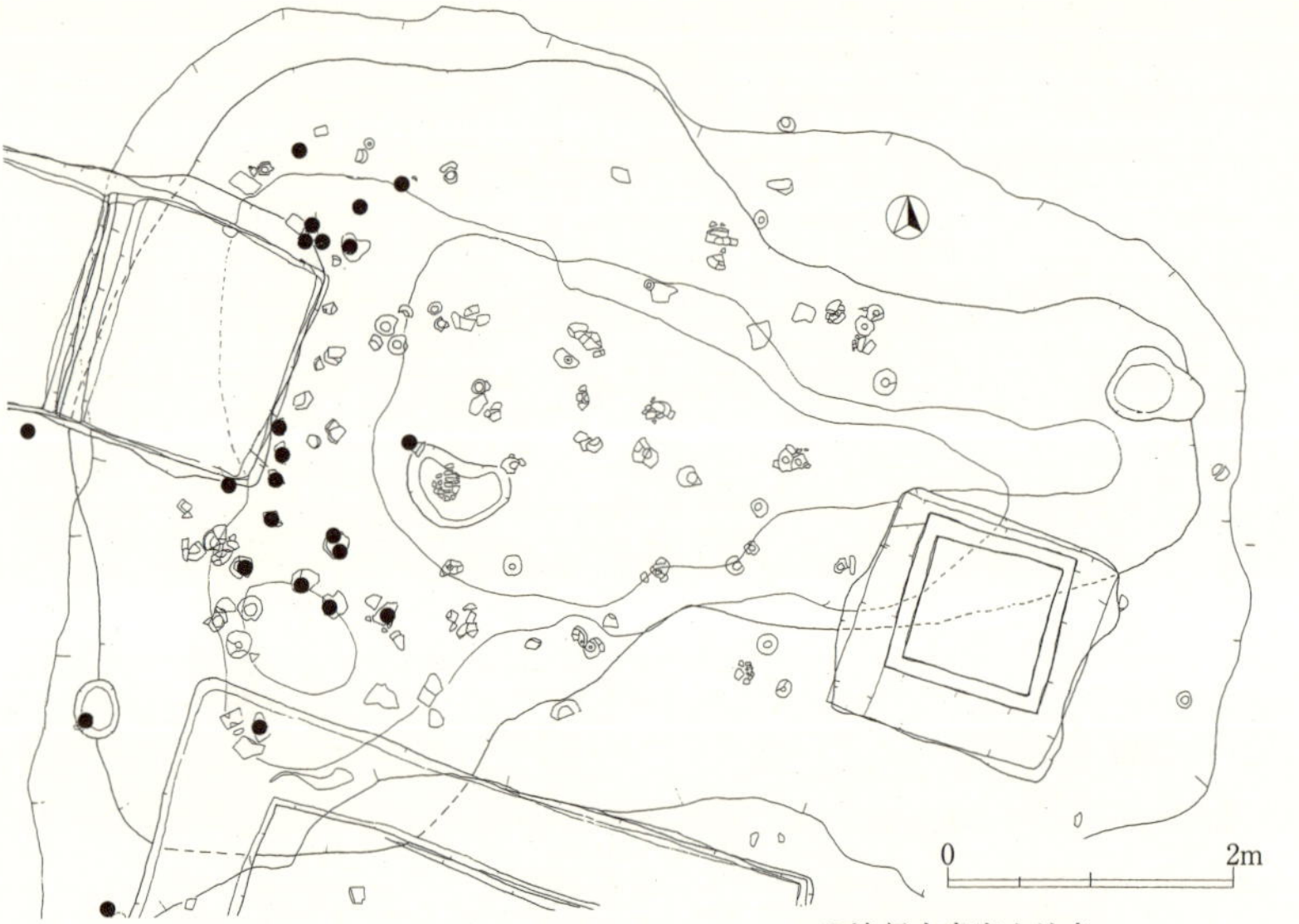

図11　SK1555土坑（『平成10年度秋田城跡調査概報』2007に補筆）

から、この一画の住居跡群に漆工房地区が推定できる。また、漆紙文書が出土した四七層〜五六層は上位木炭層・下位木炭層として把握したように多量の木炭とフイゴ羽口、鉄滓の出土から鍛冶遺構の共存も指摘できるし、政庁から外郭東門に至る東大路北側も八世紀第3四半期から九世紀第1四半期の漆付着土器と鍛冶工房が検出されていることから、やや後発ながら大路を挟んだ両地区で一体的に漆工・鍛冶生産を行っていたものと考えられる。

政庁東地区は図3の遺構変遷図に示すように、掘立柱建物跡と竪穴住居跡、竪穴状鍛冶工房跡群で構成され、管理・工房・居住施設が展開されている。また、この中には漆工房も存在したであろうことは、ＳＫ１５５５土坑に廃棄された多量の漆紙文書と漆付着土器の出土が実証しているし、その位置については図11に示したように漆紙文書の出土地点が集中する土坑の西・南に推定したい。例えばＳＩ１５４１・１５４２住居跡（図3）は、床面等に鍛冶炉や住居用カマドの設置がなく、埋土ながら漆紙文書が出土することなどから漆関連工房の可能性が指摘できるし、同地区第七二次調査のＳＩ１５４７鍛冶工房の床面と埋土から出土したほぼ一領分に相当する漆塗り非鉄製小札甲はその一端を示すものと考えられる。なお表・図３に示した漆付着土器以外に、土器底部の二分の一以上残存する赤褐色土器坏三八点、須恵器坏三点、それに土師器台付坏五点、赤褐色土器甕小片二点、赤褐色土器鉢小片一点がある。全体的に赤褐色土器坏出土量が須恵器や土師器を圧倒するのは、パレット容器としての質的優位性ではなく、漆紙文書の年紀が示す九世紀第２～３四半期の赤褐色土器の個別生産量と整合するものである。

３　漆工・鍛冶工房の共存

政庁東地区と外郭東門地区の共通点は、漆工房と鍛冶工房の共存である。『延喜式』木工寮によれば、年料として「(前略)鞘に塗る漆一升一合、絁一尺五寸、綿四両、調布一尺五寸。已上漆を絞る料(後略)」、また同兵庫寮には「挂甲一領の修理料、漆四合、金漆七勺六撮、(後略)」等、武具武器製作工程に漆が使用されている。地方官衙での延喜式の細則実施程度は不明だが、漆塗り小札甲の出土を考えれば、国司など上級官吏が携行する甲や刀の柄・鞘、弓等の漆塗り武具武器は現地で製作修理が行われていた可能性は否定できない。

これらのことから、城柵内の漆・鍛冶工房は、同一エリア内において一体的な生産体制が維持されていた構造が明らかとなった。またその展開は、天平五年(七三三)の秋田出羽柵遷置とともに外郭東門地区で操業を開始、木製食器等生活具も含め八世紀末・九世紀初頭まで漆工・鍛冶生産が行われる。その後、九世紀第１四半期には工房の一部を政庁東地区に移し、九世紀第２～３四半期には管理的建物も整備され盛業期を迎える。この時期、漆工・鍛冶生産は小範囲に留まらず政庁東門から外郭東門に至る東大路を挟んで南北両側に盛業時期を少しずつ替えながら広範囲に及んでいることは、政庁東近接の第三三次・第八八次調査成果(秋田市教委一九八二・二〇〇七)のとおりである。またその中で九世紀第２～３四半期は、東大路の西半部に操業の中心を置きながら、外郭南地区の外郭内でもやはり生産が行われていたことが関連遺物から伺うことができる。さらに第二四次調査出土の59～61は外郭施設が消滅し秋田城としての機能を失った十世紀中頃は、小規模ながら漆工房が営まれていた可能性がある。ただ、漆は縄文時代以降、接着剤としての用例も数多いことから少量の漆付着土器出土の場合は、漆工面以外も視野に入れておくべきであろう。

秋田城跡内で漆工・鍛冶生産の展開を考える上で課題もある。元慶二年（八七八）は、秋田城の歴史上最大とも言うべき俘囚の反乱「元慶の乱」が勃発し、『三代実録』元慶五年（八八一）四月二五日条に「（前略）革短甲三百四十七領、冑五百三十三枚、鉄鉢一百五十七枚、革鉢五十枚、木鉢三百二十六枚、箭八千三百八十隻、（後略）」等、俘囚が略奪した多量の武具武器の記載があるが、乱後に俘囚から回収したのはほんの僅かである。当然のことながら、補充生産は必須と考えられるが、これまで遺構変遷では乱後に該当する工房群は確認されていない。漆付着土器、漆紙文書と鍛冶遺構が多い政庁東地区の第三三次・七二次・八〇次・八八次調査地の再考や周辺調査の増加を待ちたい。

おわりに

秋田城跡出土の漆関連遺物から、漆工の変遷と展開について考察してきた。その結果、政庁から外郭東門に至る東大路を中心に秋田出羽柵創建期から九世紀第3四半期まで継続的な漆工の展開が明らかとなった。そしてその形態は、同エリア内で鍛冶遺構と漆塗り小札甲出土が象徴するように武具武器製作を中心として鍛冶生産と常に一体的関係にあったことを伺わせた。一方で正規の生産拠点は維持しつつ、政庁地区や秋田城付属寺院である四天王寺跡に推定される鵜ノ木地区のように、建物の造営などに伴う臨時的工房の存在も想定された。地方官衙の場合、臨時的工房は政庁東に設置される例が多いとの指摘もあり（津野一九九九）、今後さらに検証の必要があろう。同時に各地区の検討を進める中で、いくつかの課題もみえてきた。

鍛冶工房は床面に残る炉跡で遺構の判定が容易であるが、漆工房は特別な設備を要しないため遺構での特定は難しい。しかし、同一エリア内における漆工・鍛冶生産の空間的・システム構造解明には避けられない課題であり、手がかりとなる漆付着土器や漆紙文書などの関連遺物を最大限駆使し、工房の特定が必要である。

技術的な課題もある。『延喜式』兵庫寮には漆作業に関わる員数や掃墨・布・砥石・炭等材料の種類や数量の細かい記載がある。掃墨は松煙や漆煙などを漆と調合して黒漆に、炭は漆を黒目るための火力に、布は漆絞り、砥石は漆の研ぎ出し等に用いられる。絞り布は比較的出土し易いが、掃墨が現地調達物とすれば過剰な煤が付着した土器や必要以上の芯跡が残る燈明皿、或いは武器農具用としてきた砥石が、漆研ぎ出しに使用された可能性も考えられる。また漆関連遺物が出土する遺構内の床面に残る焼面は、鍛冶遺構とともに漆を黒目る際の火床の可能性も疑ってみるべきではないだろうか。さらに外郭東門地区のＳＧ１０３１土取り穴では、漆付着土器と同層から柿渋を塗ったと思われる須恵器坏が多数出土している。現在の漆工房では、柿渋を木胎漆器の目地調整として下塗りに使用する例もある。柿渋の土器塗布の意味、漆工人との関連の検証が必要であろう。

漆の供給体制の課題がある。平城京跡では、前述したように各地からの貢進を示す木簡や壺等の漆運搬容器が多数出土している。地方の城柵や官衙遺跡ではどのような供給体制になっているのであろうか。供給先が中央政府経由かそれとも漆産地でもある陸奥・出羽の現地調達か、運搬容器が解明の糸口になるものと考えられる。

最後にさまざまな問題点を羅列することになったが、地方官衙遺跡に留まらず漆工全体の研究課題でもある。

註

（1）漆紙文書は、年限切れの払い下げ公文書を漆容器の蓋紙として使用した結果、染みこんだ漆が硬化して遺存したもの（宮城県多賀城跡調査研究所『宮城県多賀城跡調査研究所資料Ⅰ　多賀城漆紙文書』一九七九）

（2）赤褐色土器は、酸化炎焼成で黒色処理をしない赤褐色を呈するロクロ使用の土器で、体部下端や底部に削り（回転・手持ち）調整を加えたものを「B」、無調整のものを「A」に分類している。「B」が先行し、八世紀末から認められる。

参考文献

秋田市教育委員会　一九八二『秋田城跡』
平川　南　一九八九『漆紙文書の研究』吉川弘文館
玉田芳英　一九九五「漆付着土器の研究」奈良国立文化財研究所創立四〇周年記念論文集刊行会編『文化財論集Ⅱ』同明舎出版
津野　仁　一九九九「古代の鍛冶遺構と鉄器生産―軍事と官衙造営の関連から―」『一九九九年度（第6回）鉄器文化研究集会　東北地方にみる律令国家と鉄・鉄器生産』
秋田市教育委員会　一九九九『秋田城跡』
秋田市教育委員会　二〇〇二『秋田城跡―政庁跡―』
伊藤武士　二〇〇五「秋田城跡発掘調査の成果」『第31回古代城柵官衙遺跡検討会資料集』
秋田市教育委員会　二〇〇七『秋田城跡』
秋田市教育委員会　二〇〇八『秋田城跡Ⅱ―鵜ノ木地区―』

〔コラム〕
秋田城の疫病祭祀

三上喜孝

秋田城跡第54次調査出土の102号木簡は、興味深いものである。『秋田市史　第一巻　先史・古代通史編』（以下、『通史編』と略す）では、次のように再釈読している。

○秋田城跡54次調査出土102号木簡

・×仕奉鳥取マ雄足
　［　］四巻　役病行
・×□□五巻　　　　×
　高泉水

（85）×（29）×2　081型式　※外郭東門西南土取穴SG1031

断片であるため詳細な内容は不明だが、残されている文字から推測すると、「役病」が起こったため、仏典を読んだことを示している木簡と考えられる。

この木簡で想起されるのは、『類聚国史』にみえる次の記事である。

○『類聚国史』巻一七三　天長七年（八三〇）四月二十六日条

大宰管内及陸奥出羽等国疫癘流行、夭死稍多。令五畿内七道諸国、简精進僧廿已上、各於国分寺、三箇日転読金剛般若経、以除不祥。已事之間、殺生禁断。

これによれば、天長七年（八三〇）に、陸奥国・出羽国などで疫病が流行し、全国の国分寺で読経が行われたとある。「役病行」は、まさに「疫癘流行」を意味し、「四巻」「五巻」は、仏典の巻数をあらわしたものとみてよいだろう。むろん、この木簡と右の記事がただちに対応するわけではないが、秋田城においては、このような疫病流行への対応が行われていたことを示している。

城柵と疫病との関係を示す文字資料としては、胆沢城から出土した漆紙文書に、承和十年（八四三）二月二十六日の年紀があるものがある（一八号）。これは、「疫病」のため戍所に赴けない射手二人のことを報告した欠勤届であるが、『続日本後紀』承和十年正月八日条によれば、このとき、全国的に疫病が流行していたとあるので、これと対応するものであろう。当然のことながら、城柵においても疫病の対策は重要だったはずである。

ところで興味深いのは、冒頭に紹介した木簡が、外郭東門から出土しているという事実である。周知のように秋田城の外郭東門は、八世紀以降、蝦夷や客人の迎接儀礼の場として重視されていたほか、同じ遺構から出土する木簡から、門の警備がとくに厳重に行われていたことが知られる（三上喜孝「古代城柵の祭祀・呪術―秋田城出土の墨書資料を素材として―」『呪術・呪法の系譜と実践に関する総合的調査研究』平成16～18年度科学研究費補助金（基盤研究（B）研究成果報告書、二〇〇七年）。

こうした秋田城の「玄関」にあたる外郭東門は、同時に、疫病が侵入する入口としても、警戒されていたのだろう。それゆえ、さまざまな祭祀もおこなわれていた。

秋田城からは出土する人面墨書土器は、鵜ノ木地区の沼跡（第39次調査）と外郭東門跡に隣接した地域（第62次調査）など、いずれも外郭東門付近やその外側である点が特徴である。ところで、各地から出土する人面墨書土器については、一般にこれを、①大祓などの祓で使用される贖物とする考え方と、②疫病対策としての疫神饗応の器ととらえる考え方とがある。秋田城跡出土の人面墨書土器の場合、大半が鵜ノ木地区の沼から出土していることから、穢れを人面墨書土器に封じ込めて沼に流したとする考え方ができるかもしれない。ただ一方で、やはり外郭東門付近に集中している事実は注目される。外郭東門は秋田城の表玄関であり、そこでは、城内への疫病の侵入を防ぐための祭祀が必要とされ、人面墨書土器による疫神饗応の祭祀が行われたのではないだろうか。ちなみに、門の周辺で疫神に対する饗応が行われていたとされる例は、『日本霊異記』の説話の中に「時に、偉しく百味を備けて、門の左右に祭り、疫神に賂ひて饗しぬ」（『日本霊異記』中巻二五）とあることからも知られる。

このほか、外郭東門の土取穴からは、舟形・刀形・馬形・鏃形などの形代や、琴柱、絵馬、陽物形木製品などの祭祀遺物が出土している。とくに注目されるのは、陽物形木製品である。陽物形木製品は、都城や城柵の境界域から出土する例がしばしばみられ、近年では疫神祭祀との関わりが考えられている（平川南「道祖神信仰の源流―古代の道の祭祀と陽物形木製品から―」『国立歴史民俗博物館研究報告』一三三集、二〇〇六年）。すなわち秋田城においても、都城流の疫神の祭祀が、秋田城外郭東門で強く意識されて行われていた可能性がある。

これに関連して、外郭東門付近から「京迎」「迎京」と書かれた墨書土器が出土していることにも注目したい。これについては、都からきた客人の接待に使われた土器とする見解もあるが（『通史編』）、逆に、秋田城を「京」とみたてて称した可能性もある。下野国分寺跡や武蔵国府跡などからは、「京」と書かれた土器が出土しており、城柵や国府を「京」とする意識は存在していた。

疫病の侵入に対する都城流の祭祀が秋田城でおこなわれるようになるのも、秋田城を「京」と見立てる意識が醸成されていたことと、不可分の関係にあるように思われる。

〔コラム〕二つの広域支配圏

渡部育子

律令制下の北日本支配は二つの広域圏が組み合わされて展開した。一つは陸奥按察使管轄地域である。もう一つは出羽を中心とする越後から列島北部にわたる地域である。これには按察使のような行政機構としての整備は見られないが、律令国家のエミシ支配のみならず北方経営において重要な役割を果たした。

まず、按察使支配圏について。養老三年（七一九）七月、按察使制度の施行によって数ヵ国を一つの行政単位とするブロックが全国的に形成された。五年（七二一）八月に出羽国は陸奥按察使の所管とされた。和銅五年に出羽国が建てられるまでは越後国の管轄下にあった出羽地域が、陸奥と一つの行政単位となったのである。越後は養老三年の段階で能登、越中とともに越前按察使の所管となった。佐渡も養老五年に越前按察使に隷けられた。七道制との関わりで見れば、北陸道と東山道の区分と一致する。ただし、按察使が継続的に見られるのは陸奥だけである。この制度の本来の目的は地方行政監察の強化というところにあり、中国の唐で効果があった制度を模倣したものであるが、一国の長官が近隣の数ヵ国を管轄するという形態をとったので、実際には上級かつ広域の行政権の行使が可能になる。陸奥按察使は長期にわたって存続したが、それは広域行政権を発動するためであった。いわば按察使制度の付随的な面が強く出された形である。それではなぜ、陸奥・出羽でこのような役人を必要としたのか。軍事の問題だけであれば鎮守将軍で対応できるはずである。

律令制下では、郡に編成されていない地域の住民を掌握する際、国司は集団の首長と政治関係を結ぶ方法をとるが、陸奥国とエミシあるいは出羽国とエミシの境界は流動的であった。出羽国の設置にともなって陸奥国から分割された最上郡の北に位置する雄勝も陸奥と交流の深い地域である。九世紀に陸奥国斯波郡となる岩手県北上地方は、八世紀には出羽国の支配が及んでいた。夷をもって夷を征する律令国家の支配拡大策において、エミシは征服すべき対象であると同時に利用できる兵力、現地に精通した情報源でもある。陸奥と出羽は両国にまたがって支配する必要があったのである。

次に、出羽を中心とする越後から列島北部にわたる地域について。律令国家の版図拡大において出羽は複雑な経緯をたどる。和銅元年（七〇八）、越後国に出羽郡が建てられ、出羽柵も置かれた。和銅五年（七一二）には山形県庄内地域を中心とする出羽国が設置された。陸奥国から置賜・最上二郡を移管することで初期出羽国の国域が定まった。出羽柵は天平五年（七三三）に秋田村高清水岡（現在の秋田市）に遷し置かれる。それまでの秋田は、斉明天皇四年（六五八）から六年（六六〇）にかけて行われた阿倍比羅夫の北征に見られるように、コシ（越後）と通ずる地であった。そして海路を用いて北方との交流も行われる地であった。

出羽支配は秋田が組み込まれることで大きく変わった。秋田に置いた施設を出羽国の行政・軍事の拠点として機能させるためには陸奥按察使の支配下に組み込むための交通路の整備が必要であった。天平九年（七三七）、陸奥按察使・大野東人が陸奥国から秋田出羽柵までの内陸道路開拓を進言し、軍事行動を起こす。このときは山形・秋田の県境付近まででとどまったが、天平宝字三年（七五九）、雄勝城が完成し、雄勝・平鹿郡が設置され、秋田は多賀城と面的に繋がるようになった。出羽柵はこのころには秋田城とよばれるようになっていた。秋田は、二つの広域支配圏の結節点となったのである。北陸道・越後からの陸路・海路、東山道・陸奥からの陸路は、律令国家最北の行政・軍事施設がある秋田で交わった。秋田は北方地域とも結ばれている。

ただし、このような構図が長く続いたわけではなかった。庄内はもともと越後・陸奥の両方に通じている。天平五年の出羽柵の秋田移転と時を同じくして政治関係を結んだ内陸の雄勝は、地域住民レベルでは陸奥北辺と交流がある地域である。律令国家が雄勝を治めた後は、そのような地域間交流を巧みに利用し、陸奥での征討を行う。いわゆる三八年戦争の最中、延暦年間に戦乱で疲弊した百姓に税負担の減免措置の対象となったのは雄勝・平鹿あるいは平鹿・最上・置賜の各郡であった。秋田は宝亀年間（七七〇〜七八一）の初め、国司が治めにくいと言上し、延暦二十三年（八〇四）には、北隅に孤居していると認識された。東山・北陸の二つの道の結節点として機能していないことを意味する。按察使による広域圏にほころびが見られるようになった。

一方、越後と出羽の関係は、按察使制度や七道制による区分に関係なく長期にわたって続いた。越後国は養老職員令大国条で陸奥・出羽とともに辺境国としての役割を課せられた。律令国家は全国を画一的な基準で統治したが、特殊な支配を必要とする地域に関しての規定も設けた。陸奥・出羽・越後三国の国司には「饗給・征討・斥候」という職務が課せられた（養老職員令大国条）。和銅五年（七一二）に出羽国が設置された後も越後国は陸奥・出羽二国とともに辺境国として位置づけられたのである。八幡林遺跡（新潟県）から出土した木簡から、養老年間（七一七〜七二三）に「沼垂城」という施設があったことが知られる。『延喜式』民部上で辺要国とされるのは北日本では陸奥・出羽・佐渡だけである。八世紀末ころには越後は陸奥・出羽と区別して扱われるようになっていた。天平一一年（七三九）五月に諸国の兵士がしばらく廃止されたとき例外とされたのは、三関・陸奥・出羽・越後・長門・大宰府管内の諸国であったが、延暦十一年（七九二）六月に京畿内及び七道諸国の兵士が廃止されたときに辺要の地として廃止されなかったのは陸奥・出羽・佐渡等の国と大宰府ということで越後は入っていない。ところが、越後国が北方地域に対する支配機構から切り離されたわけではなかった。

越後には蝦夷集団に対する政治的役割があった。新潟市的場遺跡から出土した八世紀後半から九世紀にかけての時期のものと推測される習書木簡に「狄食」という文字が見られるが、これは越後国で蝦夷の饗給をおこなっていた可能性が示唆される点で注目すべき資料である。また、延暦年間の出羽の北半分は必ずしも安定した地とは言えなかった。越後はトラブルが起きたときの後方支援の役割を果たしていた。海上防衛上の役割も看過できない。辺境国という位置づけが為されなくなってからも、この地域が北方異民族の来航地であるという認識は続いた。元慶四年（八八〇）八月十二日太政官符が引く越後国の解に「この国は東に夷狄の危うきがあり、北に海外の賊を伺わねければならないので敵を防ぐ兵器としては弩が勝れている」とある。渤海使が本州北部に到着した最後の記録から一世紀近く経っているにもかかわらず、越後国は夷狄や海外の賊に対する備えが必要な地域というのである。越後は環日本海域のなかで異国と接する位置にあったのである。

古代東北史の研究では、一九八〇年代、北からの視座を重視する論著が多く見られるようになり、大陸や北海道地域と交流する蝦夷社会の多様な実態が明らかにされた。これは出羽—北方地域の広域圏に対応する。城柵や郡が設けられた地点よりも北の地域まで見据えて考察することによって、陸奥と出羽は王権にとって異なる意味をもっていたことも明らかになってきた。古代北日本の地域的特質は列島内での王権との関係だけではなく、東アジア世界との関係も合わせて見てゆく必要がある。大陸の地域を視野に入れた広域圏は、陸奥按察使支配下の広域圏と多賀城でリンクする。多賀城碑には「靺鞨国」からの里程が刻まれる。ヤマト王権下においてエミシの地へ向かう道（陸路）は陸奥に通じていた。コシ（越）北方は海路の拠点として掌握された。律令制下の北日本では陸奥国府を拠点とする広域行政機構が整備され、コシ（越後）—出羽—北方広域圏を包括する形で整備されたのである。

奥羽の初期貿易陶磁器

山口博之

はじめに

中国を産地とする陶磁器は、奥羽（東北地方）では古代に流通を開始する。古代奥羽に移入されたのは、越州窯系青磁（越州窯・中国浙江省。写真1）を中心とし、邢窯系白磁（邢窯・中国河北省。写真2）、稀に長沙窯系青磁を組成する陶磁器群である。

本稿では、奥羽の初期貿易陶磁器（古代の貿易陶磁器）の様相について、先行研究に学びながら集成し、特に出羽国の様相についていくつかを整理したい。まず奥羽の初期貿易陶磁器の先行研究を整理し、その具体的様相を出羽国（秋田県・山形県）の事例にさぐり、次にその視点を奥羽（必要に応じて国内外）に広げながら、初期貿易陶磁器の出現時期、器種、出土遺跡分布の傾向について整理を加えたい。

写真１　中国浙江省上林湖越州窯址

写真２　中国河北省邢窯址（右・張志忠先生）

一　奥羽の初期貿易陶磁器の様相

古代奥羽の初期貿易陶磁器の概要を把握すれば次のようになろう。奥羽の初期貿易陶磁器を通覧した先行研究には、亀井明徳（亀井一九八六）、土橋理子（奈良県立橿原考古学研究所付属博物館一九九三）、後藤秀一（後藤一九九四）、柳沢和明（柳沢一九九四）、田中広明（田中二〇〇二）、八重樫忠郎（八重樫二〇〇三）などの論考がある。

亀井明徳は初期貿易陶磁器の用語と概念を整理し、岩手県水沢市の古代鎮守府である胆沢城、古代陸奥国府である多賀城の二遺跡の事例を集成した。

土橋理子は、宮城県の多賀城、岩手県の胆沢城、徳丹城、秋田県の秋田城、鵜沼城、山形県の後田遺跡、六遺跡の青磁・白磁出土事例を報告している。

後藤秀一は東北地方出土の、宮城県の多賀城、山王遺跡、市川橋遺跡、新田遺跡、西手取遺跡、岩手県の胆沢城、徳丹城、山形県の後田遺跡、秋田県の秋田城、鵜沼城、福島県会津坂下町古屋敷遺跡、一一遺跡について初期貿易陶磁器の出土を報告している。さらにその組成は、白磁と青磁が多く黄釉褐彩水注は少ない。出土傾向は国府などの官衙遺跡での出土が多く、特に多賀城周辺に集中する。廃棄年代は九世紀代～十世紀代にかけての事例がある。などの重要な指摘を行った。

柳沢和明は、東北の施釉陶器を集成するに際して、初期貿易陶磁器をも取り扱っている。この中で、「施釉陶器には、灰釉陶器、緑釉陶器、越州窯系青磁、邢（州）窯系白磁、黄釉陶器、奈良三彩、があ」るとして、一四遺跡での出土を確認している。その器種は、越州窯系青磁に碗、皿、蓋、邢州窯系白磁に碗、皿、黄釉陶器には褐彩貼花文水注があり、褐釉陶器には壷があると報告している。

田中広明は関東地方を含め東国という視点から初期貿易陶磁器の出土遺跡の整理をしている。

八重樫忠郎はこれらの先行研究を踏まえながら、十二世紀末の奥州藤原氏にいたるまでの貿易陶磁器の様相について概説している。

国内の初期貿易陶磁器の研究は亀井明徳に負うところが大きく、この研究を基礎に施釉陶器の研究、古代から中世の貿易陶磁器研究の進展、さらには調査遺跡の集成が加えられ、出土様相の整理が図られている現状を見ることができる。また平泉遺跡群の調査も忘れてはならないことである。しかしながら、初期貿易陶磁器の出土遺跡数ならびに出土数量はあまりに少なく、この傾向性を普遍的なものとして理解するには広範な資料理解に立った初期貿易陶磁器の検討が必要となる。

二　出羽国における初期貿易陶磁器の出土遺跡

まず具体的な資料理解として、出羽国（特に現在の行政区分の秋田県・山形県）の出土事例を整理してみたい。なお普遍性を確保するために、古代陸奥出羽両国の初期貿易陶磁器の出土あるいは報告事例についても表に集成してある。

表　東北地方初期貿易陶磁器関係出土遺跡一覧

地域	遺跡名	青磁	白磁	青白磁	主な時期	その他	文献等
青森県	大仏遺跡			一	十世紀後～十一世紀	Ⅺ類、皿（住居跡）	1
	高舘遺跡		一		十二世紀代か	皿	2
	計		一	一			
秋田県	サシトリ台遺跡			一	十世紀代以降か	皿（住居跡）	3
	秋田城	一	二		九世紀中～後半	碗、皿、托、水注	4
	鵜沼城					皿→内村遺跡へ	5
	払田柵	六			十世紀初頭以前	皿	6
	内村遺跡	一			十世紀中～後半	皿	7
	小林遺跡	一			九世紀後半～十世紀前半	皿	8
	計	十	二	一			
山形県	城輪柵跡	α			九世紀前～十一世紀前	碗など	9
	堂の前遺跡	三			九世紀前～十世紀後	碗、坏、香炉蓋	10
	後田遺跡	七	一		九世紀～十世紀代	碗、香炉蓋	11
	境興野遺跡	一			九世紀後～十世紀後	碗（SK26からK-14と共伴）	12
	下長橋遺跡	四			十世紀前～十一世紀後	碗、壷	13
	東田遺跡	一				碗底部	14
	塔の腰遺跡		一			碗口縁部	15
	計	十六＋α	二				
岩手県	胆沢城	十一	七		九世紀前～十世紀中	碗、皿、坏、香炉／皿、椀	16
	徳丹城	一					17
	計	十二	七				
福島県	古屋敷遺跡	一			古代末の在地土器と共伴		18
	計	一					
宮城県	多賀城市多賀城政庁		一		十世紀中葉以降の十世紀代	輪花皿	19
	多賀城政庁北方	一	七				20
	多賀城大畑	六	三		承平四年（九三四）前後	碗、壷	21
	多賀城五万崎	五	二				22
	多賀城前	一	四				23
	山王遺跡・多賀前地区	六	二十二			黄釉4	24
	山王遺跡・千苅田地区	四	四		九世紀後半、九三四年前後	褐釉1	25

26	山王遺跡・八幡地区	一	一			
27	山王遺跡・東町裏地区	二	一			
28	市川橋遺跡37次	七	九			
29	新田遺跡・北寿福寺地区	一				
30	西沢遺跡	一				
31	高清水町西手取遺跡		二			碗（住居跡）
	計	三十四	五十六			
	合計	七十三＋α	六十七	二		

文献

1　木村高　一九九八「青森県の在地土器の編年について」『東北中世考古学会第四回大会資料』

2　八戸市教育委員会　二〇〇〇「人首沢遺跡・毛合清水（3）遺跡・大仏遺跡」『八戸市埋蔵文化財調査報告書』第八四集

3　能代市　一九九五「能代市史資料編」『考古』

4　秋田市　二〇〇一「秋田市史古代資料編」

伊藤武士　二〇〇七「秋田城跡と秋田平野出土の貿易陶磁―古代から中世前期を中心に―」『出羽の出土陶磁器―安東氏とその時代―』日本貿易陶磁研究集会秋田大会資料集）

5　土橋理子　一九九三「日本出土の古代中国陶磁」『貿易陶磁―奈良・平安の中国陶磁―』

6～8　高橋　学　二〇〇二「払田柵跡」『秋田県文化財調査報告書』第三四三集

高橋学他　二〇〇九「払田柵跡Ⅲ―長森地区【本編】【別編】―」『秋田県文化財調査報告書』第四八八集

9　小野忍氏のご教示による

10　野尻侃氏のご教示による

11　山形県教育委員会　一九八三「後田遺跡発掘調査報告書」『山形県埋蔵文化財調査報告書』第六四集、など

12　山形県教育委員会　一九八一「境興野遺跡発掘調査報告書」『山形県埋蔵文化財調査報告書』第四六集、など

13　山形県教育委員会　一九九一「下長橋遺跡発掘調査報告書」『山形県埋蔵文化財調査報告書』第一四五集、など

14　山形県教育委員会　一九九一「東田遺跡発掘調査報告書」『山形県埋蔵文化財調査報告書』第一六五集

15　山形県埋蔵文化財センター　一九九七「塔の腰遺跡」『山形県埋蔵文化財センター調査報告書』第五〇集

16　水沢市教育委員会　一九八四「岩手県水沢市佐倉河　胆沢城―昭和58年度発掘調査概報―」

伊藤博幸・佐久間賢・土沼章一　一九八四「胆沢城東方官衙南地区出土の施釉陶器」『考古学雑誌』第七〇号

17　土橋理子　一九九三「日本出土の古代中国陶磁」『貿易陶磁―奈良・平安の中国陶磁―』

18　吉田博行他　一九八九「大江古屋敷」会津坂下町教育委員会

19～31　柳沢和明　一九九四「東北の施釉陶器―陸奥を中心に―」『古代の土器研究会第三回シンポジューム資料』

また19～30の遺跡については、次の報告書で数量と器種をできる限り補足した

多賀城市教育委員会　一九九七「山王遺跡Ⅰ」『多賀城市文化財調査報告書』第四五集

宮城県教育委員会　一九九六「山王遺跡Ⅲ」『宮城県文化財調査報告書』第一七〇集

多賀城市教育委員会　一九九九「西沢遺跡」『多賀城市文化財調査報告書』第五三集

現在まで知ることのできた、初期貿易陶磁器の出土遺跡は、秋田県六遺跡、山形県七遺跡の合計一三遺跡を数える。秋田県では、サシトリ台遺跡、秋田城跡、鵜沼城、払田柵、内村遺跡、小林遺跡の六遺跡を数える。このうちサシトリ台遺跡の出土事例はやや年代が下がるようであり、さらに、土橋理子が触れた鵜沼城の出土事例には再考の余地があり、遺物自体の注記から「内村遺跡」出土とすることが適当であると確認されている（高橋他二〇〇九）。このため検討を加えるのは秋田城跡、払田柵、内村遺跡、小林遺跡の四遺跡とする。

このうち秋田城は著名な官衙遺跡であり説明を要しないであろうし、伊藤武士が秋田城の実態について最新の成果を盛り込みつつ概述している（伊藤武士二〇〇六）。払田柵についても同様であり、高橋学により最新の成果が報告されている（高橋学他二〇〇九）。秋田城は日本海側に位置し、払田柵は内陸部に位置している。内村遺跡、小林遺跡はやや状況が違っている。

山形県では城輪柵跡・堂の前遺跡・後田遺跡・境興野遺跡・下長橋遺跡・東田遺跡・塔の腰遺跡の七遺跡を数える。いずれも山形県の日本海側、庄内地方に位置する。

城輪柵跡は九世紀代の古代出羽国府と考定される遺跡であり、堂の前遺跡・後田遺跡の所在はこれに近接し・境興野遺跡はこれらからやや南に離れるものの、その立地からして、これらは深く関係するものと考えられる。下長橋遺跡・東田遺跡はこれらのさらに一〇㎞ほど北方遊佐町に所在する遺跡であり両者は近接する。塔の腰遺跡は城輪柵跡から約一〇㎞ほど南、鶴岡市の東部に位置する。遊佐町周辺、城輪柵跡周辺、鶴岡市周辺の大きく三つのブロックにまとまって存在する。

次に各遺跡の出土例と遺跡の様相について概説したい。

1　秋田県の事例

（1）　秋田城跡（伊藤二〇〇七）

・越州窯系青磁水注　一点
・邢窯系白磁皿　一点
・邢窯系白磁托　一点

秋田県秋田市に所在する。『続日本紀』天平五年（七三三）に出羽柵として記される古代官衙遺跡であり、日本最北の官衙遺跡である。初期貿易陶磁器は城内と城外南側から出土している。

越州窯系青磁水注破片は頸部から体部へかけての部位であり、体部と頸部の接合部に数条の調整痕を持つ。伊藤武士は、縦位の箆目が施されている「瓜割り型」の水注であるとする。推定南大路西側隣接地の竪穴住居跡埋土下層より、八世紀末〜九世紀初頭の須恵器・土師器甕と共伴して出土しているという。白磁皿は皿のⅠ類であり、元慶の乱（八七八）の焼土・炭化物層から出土している。白磁托は縁辺が輪花となるものである。

（2）　払田柵跡（高橋他二〇〇九）

・越州窯系青磁皿　六点

秋田県大仙市・美郷町本堂城回にある著名な官衙遺跡である。遺跡は長森と真山の二つの丘陵部とそれを囲繞する木柵列からなり、長森に主要な官衙が営まれている。越州窯系青磁は長森丘陵部西側の北側斜面中位〜下位部から出土している。

高橋学によれば、器形は全て皿であるが、輪花の皿になるものと底部から屈曲して口縁へと開く皿がある。輪花の皿は、第一二〇次調査Ａ２区の斜面中位表土層から出土し、九世紀第３四半期を中心とした時期である。その他は、第一二二次調査Ｃ区の斜面下位側ＳＫ一四九二Ｂ出土、ＳＫ一四九二Ｂは土取り穴と見られ、十和田ａ火山灰降下前に埋められている。さらに第一三五次調査J区の斜面中位遺物包含層から小片四点が出土している。

なお、火山灰の存在が初期貿易陶磁器廃棄年代の考定に深く関係することになるが、この火山灰の降下時期についてはいくつかの年代観が示されており、概略的であるが紹介する。十和田a火山灰は「扶桑略記」延喜十五年七月十三日条（九一五年八月二六日）に見える「出羽国言上雨灰高二寸諸郷農桑枯損之由」に関連するものとされている。井上雅孝は先行研究を整理し、火山灰の降下年代を九〇二年〜九三四年の間に考えることが「無難」であろうと見る（井上雅孝一九九六）。早川由紀夫・小山真人は、東北地方北部の火山灰の存在について、十和田湖と北朝鮮の白頭山に起源を求め「十和田湖の噴火クライマックスは九一五年八月一七日だったと思われる、白頭山の噴火クライマックスは九四七年二月七日で、噴火開始は九四六年十一月（あるいは九四四年二月）だったと思われる。」とし、火山灰の実年代を考定している。さらにこれ以外にも白頭山の活動の可能性を九三〇年、九三四年、九四四年に想定している（早川他二〇〇二）。井上の整理した火山灰と早川らの整理した火山灰が同一のものであるか、あるいは、再堆積であるのかどうかなどの整理は残るものの、早川らの指摘からすれば、少なくとも十世紀の半ばよりも新しくはならないと見ることはできよう。またこれらの年代の理解は、古記録、発掘調査の成果、理化学的年代測定とその基準が異なることを把握しておかなくてはならない。

払田柵跡第一二二次調査C区のSK一四九二Bは、十和田a火山灰降下前に埋められていることからすれば、十世紀半ば以前に初期貿易陶磁器はこの地に搬入されているという事実を示すことは重要である。

(3)　内村遺跡（高橋学より教示）

・越州窯系青磁皿　一点

秋田県仙北郡美郷町千屋にある。払田柵跡の南東約三㎞に位置する十世紀前半〜中頃の集落跡であり、払田柵の関連遺跡である。和鏡（瑞花双鳳八花鏡）、緑釉陶器（o－53・洛西）が出土している。

（4）小林遺跡（高橋学より教示）

・越州窯系青磁碗　一点

秋田県山本郡三種町鯉川（旧琴丘町）八郎潟東岸に立地する遺跡である。九世紀後半から十世紀前半代の集落・鉄生産遺跡と考えられている。東濃産の灰釉陶器碗も出土している。

2　山形県の事例

（1）城輪柵跡（山形県酒田市）（小野一九九八）

・越州窯系青磁碗など　複数

城輪柵跡は、山形県の日本海側酒田市の北東に位置する古代出羽国府跡と考えられる遺跡である。『日本三代實録』仁和三年（八八七）に、「国府在出羽郡井口地」と見え、この井口国府が当遺跡と考定され、昭和七年（一九三二）に「城輪柵跡」として国指定史跡に指定されている。

調査により、土師器や須恵器、瓦、緑釉・灰釉陶器等が出土し、この中には唐三彩緑釉絞胎陶枕をはじめとした初期貿易陶磁が複数存在する。調査の成果は整理の途上であり、初期貿易陶磁の出土位置や器種・数量など全体像を知ることは出来ない。遺構群は大きく四時期に分けられ、その年代は九世紀前半～十一世紀前半ととらえられている。越州窯青磁碗や唐三彩緑釉絞胎陶枕もこの時期に所属すると考えられる。

唐三彩緑釉絞胎陶枕は日本最北の出土例であり、井上喜久男が注目したものであった。本資料についてはいくつかの評価がありいまだ整理されてはいないが、井上喜久男は唐三彩陶枕であると見る（井上二〇〇一）。巽淳一郎は唐三彩「三彩陶枕片」であると見る（巽二〇〇二）。亀井明徳は宋代の緑釉絞胎枕であると見る（亀井二〇〇三）。なお、日本国内における唐三彩の出土事例からすれば、陶枕の出土が多い。陶枕が就寝時に用いる枕なのか、あるいは運筆を補助する腕枕なのかなども併せて興味深いところである。

(2)　堂の前遺跡（山形県酒田市）（尾形與典一九八〇、野尻侃他一九九八）

・　越州窯系青磁碗　一点

・　越州窯系青磁坏　一点

・　褐釉蓋（?）　一点

堂の前遺跡は、八幡町堂の前に所在し出羽国分寺と考定されている。出羽国府城輪柵跡に近接し、遺跡の北側一条地区を南北に二分する道は、そのまま城輪柵の東西軸線に結びつく。城輪柵跡と密接な関係を想定することができる。遺跡は、昭和四十八年度から調査が開始され、筏風の地業を行った基壇をはじめとし、掘立柱建物や礎石建物・溝跡・矢板列跡などの多くの遺構が確認され、東西二四〇m、南北二六五mの方形をなす囲繞施設が残され一九七八年に国指定史跡に指定されている。遺物は九～十世紀代の土師器や須恵器などが主体となる。越州窯系青磁の碗皿と褐釉蓋（?）は、第九次調査にともなって出土した。第九次調査は、指定地内を南北に細長いトレンチで縦断する。

越州窯系青磁碗は、口縁部の破片で碗のI類である。越州窯系青磁坏は底部から体部の破片であり、坏のI類である。特殊な器形として褐釉蓋がある。これは体部の下半と上半を欠いている。（?）としたのは、火中し釉薬は変質し部分的に残っているにすぎないため、施釉が青磁釉か褐釉かは判然としないためである。上部には筒状の突起が立ち、下半は緩やかに広がり、上段と下段には輪花状の貼り付けが巡る香炉の蓋であると考えられる。全体の形は、鴻臚館跡SK二五五出土の褐釉香炉蓋と近似する。このSK二五五土坑は九世紀中頃に営まれたものと考えられている

（鄭他一九九九）。なお、この香炉蓋の器形は特殊なものであり類例に乏しい。本来の器形は出土事例である筒状の突起を持つ蓋と、ワイングラス状の半球状の軸部が組み合わされるものであり、博山炉といわれる香炉であると考えられる。漢代からある銅器を原型とし、後代仏器に用いたものであり、さらに本来の器形を磁器で模倣したものと考えられる。日本での出土例は乏しい。

（3）後田遺跡（山形県酒田市）（山形県教委一九八三）

・越州窯系青磁香炉　二点（同一個体）
・越州窯系青磁碗　五点（底部一点・体部二点・口縁部二点）
・邢州窯系白磁碗　一点（体部一点）

後田遺跡は、八幡地区の西に位置し、先に述べた城輪柵と堂の前遺跡の中間付近、政所地区に所在する。地形は平坦地であり標高は約一〇mを測る。九世紀～十世紀にかけての遺物が出土し、十世紀代の三面庇を持つ六間×二間の掘立柱建物跡や土器の一括廃棄土抗などが検出されている。金箔あるいは金泥で装飾された灰釉陶器片が出土するなど、一般集落とは違った様相が認められる。国府・国分寺に近接する位置、政所という地名、さらには多量・多器種・多量の初期貿易陶磁器の存在から、この遺跡は国司館の可能性を想定しておきたい。

越州窯系青磁香炉は香炉蓋の底部から体部にかけての破片である。体部は透かしが施され優美である。復元底径は一二・七㎝となり、外底に目跡が付く。越州窯系青磁香炉の破片には加工されたような調整痕も残る。越州窯系青磁碗破片は五点出土したが、内三点は接合し残り一点の碗体部破片も同一個体である。碗のⅠ類である。

邢州窯系白磁碗は碗の体部の破片であり、白磁碗のⅠ類である。器壁は薄く、胎土は白色で堅緻である。加熱のためはじけた痕跡があり、縁辺には加工調整痕が直線的に残っている。

(4)　境興野遺跡（山形県酒田市）（山形県教委一九八一）

・越州窯系青磁碗　一点（体部破片）

境興野遺跡は酒田市境興野に所在し、北側約二㎞には城輪柵があり、堂の前遺跡・後田遺跡とも近接する。

越州窯系青磁碗は、ＳＫ二六土器一括廃棄土坑から、土師器・高台付き土師器・灰釉手付瓶（Ｋ－14）とともに出土した碗の体部である。この土坑の年代は、併存した土器の年代観などから、十世紀中葉以降と考えられる。この土坑の上層からは破砕された「瑞花鳳凰八稜鏡」の破片も得られている。この地域では十世紀以降にこうした一括廃棄土坑が出現する。

(5)　下長橋遺跡（山形県飽海郡遊佐町）（渋谷他一九八九）

・越州窯系青磁碗　二点（破片）

下長橋遺跡は、遊佐町小原田地区に所在し、八世紀後半～十一世紀代の官衙関連遺跡と考えられている。越州窯系青磁碗は一点がＳＸ一〇〇一土坑の覆土から出土した。他の一点は遺構外からの出土である。ＳＸ一〇〇一土坑は、不整形の大きな落ち込みである。土師器・内黒土器などが出土し十世紀中頃という。遺跡の付近には、平安時代中頃九世紀代の遺跡が集中している。

越州窯系青磁碗は碗の体部の破片であり碗Ⅰ類である。器壁は薄く、胎土は暗い灰色で堅緻である。

(6)　大　東　遺　跡（山形県飽海郡遊佐町）（斉藤他一九九一）

・越州窯系青磁碗　一点（底部破片）

大東遺跡は、遊佐町庄泉地区に所在する。東側五〇〇ｍには下長橋遺跡が所在する。二つの遺跡は深く関係するものであろう。

越州窯系青磁碗が一点出土している。報告書では、白磁碗として記載されている底部破片である。出土遺物の年代は十世紀前半～中頃を中心としているため、越州窯系青磁碗の廃棄時期も十世紀中頃ととらえられよう。

(7)　塔の腰遺跡（山形県鶴岡市）（水戸他一九九七）

・白磁碗　一点（口縁部破片）

塔の腰遺跡は、鶴岡市大字井岡に所在する。古代平安時代と中世鎌倉時代の複合遺跡である。古代の遺構としては畝跡を中心とした遺構が検出された。

白磁碗は、中世の道路側溝から出土している。報告書中には白磁Ⅱ類と分類されていたものであるが、胎土の堅緻さや口縁端部の形成の様相から、白磁碗Ⅰ類と見ることができる（山本信夫教示）。

以上出羽国の初期貿易陶磁器の出土状況を整理した。次に先行研究の成果に学びながら、視野を広げ、古代奥羽における初期貿易陶磁器の出現時期、初期貿易陶磁器の器種、出土遺跡・数量の傾向、初期貿易陶磁器の分布、の三点を整理したい。

3　初期貿易陶磁器の出現時期

初期貿易陶磁器の出現時期については、多賀城の降下火山灰の年代と伴出在地土器の年代からの考定、さらには胆沢城での伴出木簡の紀年、秋田城の伴出遺物の年代観などから廃棄年代が考定されている。当然のことながら出現年代は廃棄年代を遡ることになる。

（1）　陸奥国の様相

まず宮城県多賀城市の陸奥国府多賀城について、後藤秀一は山王遺跡の東西大路南側側溝で火山灰（十世紀の前半頃に降下したと考えられている灰白火山灰層）をはさんで、下から口縁部の玉縁断面に穴が開く白磁碗、上からは青磁碗の口縁部破片が出土し、九世紀代の在地土器を伴出する土坑からも白磁皿が出土していると整理し報告している（後藤一九九四）。同じく多賀城の事例について、古川一明はもっとも古く位置づけられるのは、火山灰の堆積以前、九世紀後葉の遺構から出土した白磁碗であるとする（古川他二〇〇六）。灰白火山灰層の下層から玉縁の白磁碗が出土するということからすれば、少なくとも九世紀代には出現すると見ることができる。

ついで岩手県奥州市の胆沢城の事例であるが、胆沢城は鎮守府として機能した城柵であり、坂上田村麻呂が延暦二一年（八〇二）に造ったとされる。胆沢城第四三次調査区北端地区では、第三a層から体部で強く屈曲し口縁部が外反し、口端は輪花となる白磁碗が出土し、第三b層では嘉祥元年（八四八年）の具注暦断簡とともに、越州窯系青磁碗口縁部と口縁部がやや外反する白磁碗が出土している。さらにその下層である第四層からは、蛇の目高台を持つ白磁碗が出土している（水沢市教委一九八四）。第三b層の共伴関係を積極的に評価すれば、胆沢城では九世紀半ばには、邢州窯系白磁と越州窯系青磁が出現するとみることができる。

陸奥国の様相としては多賀城では、九世紀後半には邢州窯系白磁碗が存在し、十世紀前半には、長沙窯系黄釉陶器の水注が存在する。胆沢城では九世紀半ばには、越州窯系青磁と邢州窯系白磁が存在すると整理することができる。

（2）　出羽国の様相

一方、出羽国の様相についてであるが、秋田県側では伊藤武士は秋田城の越州窯系青磁水注の廃棄年代について、共伴する須恵器坏、土師器甕の年代から八～九世紀初頭に位置づけられると考定している（伊藤二〇〇七）。次に払田柵の事例では、火山灰（十和田a火山灰）降下前に埋められているSK一四九二Bから越州窯系皿が出土している。

山形県側では境興野遺跡のSK二六土器一括廃棄土坑からは、九世紀前半K－14窯式の灰釉手付瓶と「瑞花鳳凰八稜鏡」の破片とともに出土している。この出土状況を積極的に評価すれば、初期貿易陶磁器の移入された年代は九世紀代であり、その廃棄は十世紀代と見ることもできる。

下長橋遺跡では越州窯系青磁碗が出土したSX一〇〇一土坑には、十世紀中頃の土師器・内黒土器などが共伴した。堂の前遺跡出土の越州窯系青磁坏内底の擦痕は長期に亘っての使用をうかがわせる。

またこの出羽国南半の庄内地方の遺跡出現の動向からすれば、八世紀第4四半期を中心とする時期から地域の経営が安定すると考えられる。官衙遺跡や集落遺跡が安定的に営まれるのは、九世紀以降であり第1～3四半期を中心とする時期である（山口二〇〇三）。これらのことを勘案すれば初期貿易陶磁器は、九世紀半ば前後に陸奥側と同時にこの地域には移入されてきたと想定しておきたい。

出羽国全体の様相としては、秋田城では八～九世紀初頭の青磁水注の出現を嚆矢とし、十世紀代まで確認することができるということになる。八～九世紀初頭の青磁の出現事例はやや古いとも思われ今後の資料の蓄積が必要であろう。

細かい検討はできないものの、奥羽では九世紀代半ばを中心とした時期に貿易陶磁器の流入が本格化すると見ることができる。しかしながらその出土数量は非常に少ない。

ここで日本への貿易陶磁器移入の様相に若干触れておきたい。中国ではすでに殷代中期に釉薬を用い、後漢代（AD二五～二二〇）には青磁の焼造が開始された。熹平四年（一七五）漢墓から出土した「越窑青瓷熏炉」などはその事例としてあげられるであろう（浙江省博物館編二〇〇〇）。白磁についても、邢窯では隋代には焼造を開始する。

中国の陶磁器の生産様相からすれば、国内の弥生時代や古墳時代の遺跡からも中国産陶磁器の出土事例が想定されるが、確実なものとしてはいまだ報告がない。

貿易陶磁器移入の初源的な事例としては七世紀の法隆寺献納宝物に含まれる越州窯系の青磁壺があげられる。亀井明徳は法隆寺伝来の青磁四耳壺（現在は東京国立博物館）は、六〇〇年代前半に焼造されたものが、六五〇年までにわが国に丁子香の容器として将来されたものであり、天平十九年（七四五）の法隆寺資材帳に載るものであるという（亀井一九八六）。さらに亀井明徳は、越州窯系陶磁器のアジア地域への輸出が積極化するのは八世紀後半頃からであり、日本への本格的移入は、八世紀中葉～九世紀中葉までに生産された玉壁高台から始まるという（亀井一九九五）。

次の平安時代に関わる様相として、百瀬正恒は畿内長岡京・平安京における初期貿易陶磁器の出土事例を整理し、八世紀末から九世紀第1四半期に越州窯青磁碗が一箇所から出土し、九世紀第2四半期になると徐々に出土量は増加し、青磁・白磁・長沙窯青磁が出現するもののまだ量的な飛躍はなく、九世紀第3四半期になると出土量が増加するとともに、器種構成も豊かになり国産の施釉陶器も多量に出現するという。さらに九世紀第4四半期には多くの例を知ることができるという（百瀬二〇〇二）。長岡京・平安京の傾向性は九世紀第3四半期から出土量が増加するというものであり、古代奥羽の初期貿易陶磁器の出土状況と重なる部分がある。

三　初期貿易陶磁器の器種

奥羽で出土する陶磁器は、越州窯系青磁には碗、皿、蓋、香炉、水注、邢窯系白磁の器種には碗、皿、托、長沙窯系青磁に水注がある。碗皿の供膳具が多数を占め、そのほかの器種である香炉や托、水注などは少ない。青磁白磁とも碗が主体を占め、その他の器種は少ない。越州窯系青磁の製品が多く、邢窯系白磁の製品は少ない。さらに少ないのは長沙窯系青磁の製品である。また香炉、水注、托などの特殊な器種が目立つ。

産地の総体としては越州窯系青磁、邢窯系白磁、長沙窯系青磁というセットを構成する。荒川正明はこうした組成を九世紀から十世紀前半にかけての、日本出土初期貿易陶磁器の標識的な組成と見ている（荒川一九九〇）。総体としての越州窯系青磁、邢窯系白磁、長沙窯系陶器というセットは、青磁、白磁の碗を中心としながら、九世紀後半〜十世紀半ばまでの約一〇〇年間に、官衙遺跡を中心として奥羽の中部から南部にかけて広がっている。この地域の初期貿易陶磁器の存在は日本国内の動向と傾向を同じくしていると見ることができる。

四　出土遺跡・数量の傾向

出土遺跡の傾向としては両地域とも国府など官衙関連の遺跡が中心となる。とくに多賀城周辺には集中している。緑釉陶器や灰釉陶器が共伴し、器種の共通性も知ることができる。しかしながら、緑釉陶器や灰釉陶器が多数出土する遺跡から必ず出土するとは言えない。緑釉陶器・灰釉陶器が持ち込まれる遺跡はそれ自体が一般的な集落遺跡と比較して官衙に関連するなどの特殊性をもつものと考えられるが、初期貿易陶磁器はそれよりも官衙的な性格が強い遺跡からより多く出土する傾向が強い。こうした傾向性はすでに亀井明徳が指摘し「北部九州出土遺跡が多く、中・南部九州では種子島までおよび、東は中国・四国地方の国衙・寺院、畿内の宮跡、貴族などの邸宅、寺社などから発見され、東国では城柵・国衙など」から出土するという（亀井一九九五）。

さらにその出土数量はあまりにも少ない。古川一明は、多賀城内出土遺物は整理箱で一〇、〇〇〇点を数えるが、貿易陶磁器はその中の一三〇点であると整理している（古川他二〇〇六）。田中広明は「灰釉陶器一〇〇〇点に緑釉陶器一〇〇点、初期貿易陶磁器一点という傾向で出土する感覚がある」と見る（田中二〇〇二）。表現はやや感覚的ではあるが、出羽国の出土傾向にもこうした感覚を感じる。

初期貿易陶磁器と器種組成が共通する、緑釉陶器または灰釉陶器が出土した遺跡は、山形県内で現在まで六〇ヵ所以上を数え、九世紀代には全県下で分布が展開する。九世紀代に施釉陶器が分布する庄内地方の遺跡は、中心的な官衙遺跡に重なり、これらは初期貿易陶磁器も併せて出土する傾向がある。施釉陶器は十世紀に入ると庄内地方に集中してくる。九世紀代は、山形県全体に集落遺跡や官衙関連遺跡が展開する時期でもあり、施釉陶器流入の背景には、律令政府の強い影響を読み取ることができる。初期貿易陶磁器も施釉陶器と時を同じくして流入してくるものと考えられよう。なお施釉陶器は官衙関連遺跡のみならず集落遺跡からも出土している。調査範囲外に官衙ブロック存在の可能性もあるが、集落遺跡に施釉陶器が存在する点は初期貿易陶磁器と相違する。

五　初期貿易陶磁器の分布

東北地方はこの時期の中国を産地とする貿易陶磁器のもっとも北の分布域を構成し、これよりも北の地域には、越州窯系青磁・邢窯系白磁を主とする初期貿易陶磁器は分布しない。最北となるのは出羽国側では秋田県秋田市周辺であり、陸奥側では岩手県盛岡市周辺であり、古代官衙や火葬墓の最北の分布域とほぼ重なる。陸奥側の分布は拠点的であり、出羽側の分布はこれに比べてやや拡散的である。

この様相を列島の中で検討すれば概略次のようになろう。北限はほぼ北緯40度ラインのこの地域であるが、日本列島での南限は、南西諸島の喜界島に所在する城久遺跡群関連地から越州窯系青磁が発見されている（澄田他二〇〇八）。亀井明徳は従来の分布域の南限を形成していた種子島からさらに南下する事例として、国内の分布を拡大する事例として注目し、さらには南島・北九州流通の実態について整理している（亀井二〇〇六）。

さて、北限の官衙遺跡である秋田城から、越州窯系青磁水注が出土していることを先述したが、南限の官衙関連遺

写真3　鹿児島県喜界島喜界町越州窯系青磁水注

跡である、鹿児島県喜界島喜界町の城久遺跡群の関連地からも越州窯系青磁水注が発見されている。ここは大宰府官人や九州の在地勢力によって担われた遺跡と考えられている。この越州窯系青磁水注は、百瀬正恒が二〇〇五年十一月二十五日の現地調査で確認したものであった。水注は注口と取手さらに口縁部の上端を欠くが、全体形を知ることができ、体部には陰花文を持つ優品である（写真3、百瀬正恒氏提供）。生産された年代は九世紀後半～十世紀である。興味深いことにこの水注は他のカメとともに「五つのカメ」という伝承に彩られ、地元の小野津八幡神社に伝来したものであるという（百瀬正恒より教示）。古代にこの地にもたらされたであろう青磁水注が現代まで守り伝えられたとは驚きを禁じえない。さらに、列島の越州窯系青磁出土地の南限と北限に共通して存在する器種が水注であるとは、これまた興味深いことである。両者の年代的な検討などはさらに深められなくてはならないが、器種としての水注が官衙あるいは官衙関連遺跡に必要とされ、そうした様相は列島全体に共通化していたものであったことを示すのではなかろうか。

奥羽の遺跡で出土する初期貿易陶磁器の器種は碗・皿などの日常品とは違う器種が存在することは先に触れたが、これは古代官衙で必要とされる特殊な器種であるためであろう。故に一〇〇〇km以上も離れた遠隔の地、列島の政治的両端で古代に共通の器種が存在していたと見ることができ、これはとりもなおさずこれからも検討を加えなくてはならない視点となろう。

まとめにかえて

古代奥羽において初期貿易陶磁器は九世紀中ごろから移入されはじめ、一般集落にはほとんど行き渡らず、ごく少量が官衙遺跡で使用されていた。そのほとんどは儀礼的な場で使用されていた可能性が高いのであろう。その儀礼（あるいは官人の生活様式）は中央に結びつきさらには中国へと結びついていた。故に中国を産地とする初期貿易陶磁器は古代におけるこの地の支配者層にとって必要とされるものであったと考えられる。こうした政治的必然性とともに、経済的必然性も評価しなくてはならない。

出土遺跡における廃棄年代は九世紀代～十一世紀代を中心とすると報告される事例が多く、おおむね平安時代の中国産の陶磁器と言い換えることができ、ごく少量が官衙遺跡を中心として分布している。

中国で生産された陶磁器は、焼造が開始された時期からやや間をおくものの、八～九世紀の唐代後期から十四～十五世紀には盛んに輸出され、東アフリカより東で出土する。遠くエジプトのカイロ郊外フスタート遺跡では、唐三彩・邢窯白磁・越州窯青磁などが大量に出土している。この陶磁器は海上交通によって運ばれたものであり、三上次男は中央アジアを行く陸路のシルクロードに対して、海上の東西交易である海の道を「陶磁の道」と呼んだ（三上一九六九）。東北地方はこの時期の中国を産地とする貿易陶磁器のもっとも東北の分布域を構成し、直接的な引力は非常に弱いのかも知れないが、中国との経済的結びつきもまた見られるのであった。

文　献

荒川正明　一九九〇「日本出土の古代～中世前期の貿易陶磁器」『月刊考古学ジャーナル』三四〇号

伊藤武士　二〇〇六「秋田城跡―最北の古代城柵―」『日本の遺跡』第一二巻
伊藤武士　二〇〇七「秋田城跡と秋田平野出土の貿易陶磁―古代から中世前期を中心に―」『出羽の出土陶磁器―安東氏とその時代―』日本貿易陶磁研究集会秋田大会資料集
井上喜久男　二〇〇一「東国官衙遺跡にみる三彩・緑釉陶器」『月刊考古学ジャーナル』四七五号
井上雅孝　一九九六「岩手県における古代末期から中世前期の土器様相素描」『中近世土器の基礎研究』XI
小野　忍　一九九八「国指定史跡城輪柵跡」
亀井明徳　一九八六a「日本出土の越州窯陶磁器の諸問題」『日本貿易陶磁史の諸問題』
亀井明徳　一九八六b「法隆寺伝世青磁四耳壺の請来をめぐって」『日本貿易陶磁史の研究』
亀井明徳　一九九五「日宋貿易の展開」『日本通史』第六巻
亀井明徳　二〇〇三「日本出土唐代鉛釉陶の研究」『日本考古学』第一六号
亀井明徳　二〇〇六「南島における喜界島の歴史的位置―〝五つのカメ〟伝説の実像―」『東アジアの古代文化』一二九号
後藤秀一　一九九四「東北地方における初期貿易陶磁の出土状況」『貿易陶磁研究』No.14
斉藤主税他　一九九一「東田遺跡発掘調査報告書」『山形県埋蔵文化財調査報告書』第一六五集
渋谷孝雄他　一九八九「下長橋遺跡発掘調査報告書」『山形県埋蔵文化財調査報告書』第一四五集
澄田直敏・野崎拓司　二〇〇八「喜界島城久遺跡群」『古代中世の境界領域―キカイガシマの世界―』
浙江省博物館編　二〇〇〇「浙江紀年瓷」
高橋学他　二〇〇九「払田柵跡Ⅲ―長森地区【本編】【別編】―」『秋田県文化財調査報告書』第四八八集
田中広明　二〇〇二「埼玉県中堀遺跡と古代東国の初期貿易陶磁器」『貿易陶磁研究』No.22
鄭国珍・栗建安・田中克子　一九九九「福州懐安窯貿易陶磁研究」『博多研究会誌』第七号
土橋理子　一九九三「貿易陶磁―奈良・平安時代の中国陶磁―」奈良県立橿原考古学研究所付属博物館
早川由紀夫・小山真人　二〇〇二「日本海をはさんで相次いで起こった2つの大噴火の年月日―十和田湖と白頭山―」『古代北奥の謎』校倉書房
古川一明他　二〇〇六「宮城県多賀城跡研究所年報」
三上次男　一九六九「陶磁の道」

水沢市教育委員会　一九八四「岩手県水沢市佐倉河胆沢城―昭和58年度発掘調査概報―」
水戸弘美他　一九九七「塔の腰遺跡」『山形県埋蔵文化財センター調査報告書』第五〇集
巽淳一郎編　二〇〇二「唐三彩関係文献目録」『埋蔵文化財ニュース』一〇九号
百瀬正恒　二〇〇二「長岡京・平安京の初期貿易陶磁器―その出土状況と共伴遺物の年代観―」『貿易陶磁研究』No.22
八重樫忠郎　二〇〇三「奥羽における輸入陶磁器の受容」『中世奥羽の土器陶磁器』高志書院
柳沢和明　一九九四「東北の施釉陶器―陸奥を中心に―」『古代の土器研究―律令的土器様式の西・東3施釉陶器―』古代の土器研究会第三回シンポジューム資料
山形県教育委員会　一九八一「境興野遺跡発掘調査報告書」『山形県埋蔵文化財調査報告書』第四六集
山形県教育委員会　一九八三「後田遺跡発掘調査報告書」『山形県埋蔵文化財調査報告書』第六四集
山口博之　二〇〇三「遊佐荘大楯遺跡の成立」『山形県埋蔵文化財センター紀要』第一号

古代北海道と東北地方の物流

鈴木琢也

はじめに

古代（奈良・平安時代）の北海道では、カマド付の竪穴住居や土師器の影響を受けた土器、鉄製品を使用するなど本州文化の影響を強く受けた擦文文化が展開する。この擦文文化の遺跡では、本州からの移入品が豊富に出土し、北海道と本州との活発な交流や交易がうかがわれる。

八〜九世紀は、この擦文文化の遺跡が北海道の石狩低地帯を中心に分布し、北海道のオホーツク海沿岸域にはオホーツク文化（五〜九世紀末）の遺跡が分布する（右代一九九三）。これらの遺跡からは、蕨手刀や刀子を代表とする本州産鉄製品が出土し、本州との交易が行われていたと考えられる。十〜十二世紀は、先のオホーツク文化が終焉を迎え、この文化にかわり擦文文化が北海道全域の河川河口域・中流域に拡散する（右代一九九九）。これらの遺跡からは本州産鉄製品や須恵器などが多く確認され、本州との間で活発な物流・交易が展開していた（鈴木二〇〇四・二〇〇五・二〇〇六c）。

一方、東北地方では、八〜九世紀にかけて律令国家の勢力拡大により北緯四〇度付近にまで城柵が設置され、その影響下で鉄生産や須恵器生産などが開始される。さらに十～十一世紀には、東北地方北部の青森県津軽地方、外浜・陸奥湾周辺地域、日本海沿岸域などで鉄製品・須恵器・塩などの生産に関わる遺跡が多くみられるようになり、これらの生産活動が活発化する（三浦一九九四）。

このように、八～十二世紀は東北地方で鉄製品や須恵器などの生産が活発に行われ、それらの製品の一部が日本海と太平洋を通じた物流・交易のルートにより北海道に移入されていく状況がうかがわれるのである。

ここでは、八～十二世紀の北海道と東北地方について、本州から北海道に移入された鉄製品や須恵器、銅鋺の物流の検討、さらには擦文土器の地域的な分布や特性の検討から、これらの地域間の物流の様相とそのルートを明らかにする。また、北海道から東北地方、さらには「都」へともたらされた交易品の状況を検討し、北海道と東北地方の物流・交易の背景について考察する。

一　本州から北海道への物流

考古学的にみると、本州から北海道へもたらされた品物として、鉄製品や須恵器、銅鋺があげられる。この鉄製品と須恵器、銅鋺の北海道における時空分布と、その特性を明らかにし、本州から北海道（擦文文化）への物流の展開とそのルートについて検討することとする。

1　鉄製品の時空分布とその特性

ここでは、八～十二世紀における竪穴住居址床面出土の鉄製品の時空分布とその特性について示すこととする。八～九世紀の鉄製品の分布は、日本海沿岸の北海道西部、石狩低地帯の河口域や下流域に集中し、種類も刀子、斧、

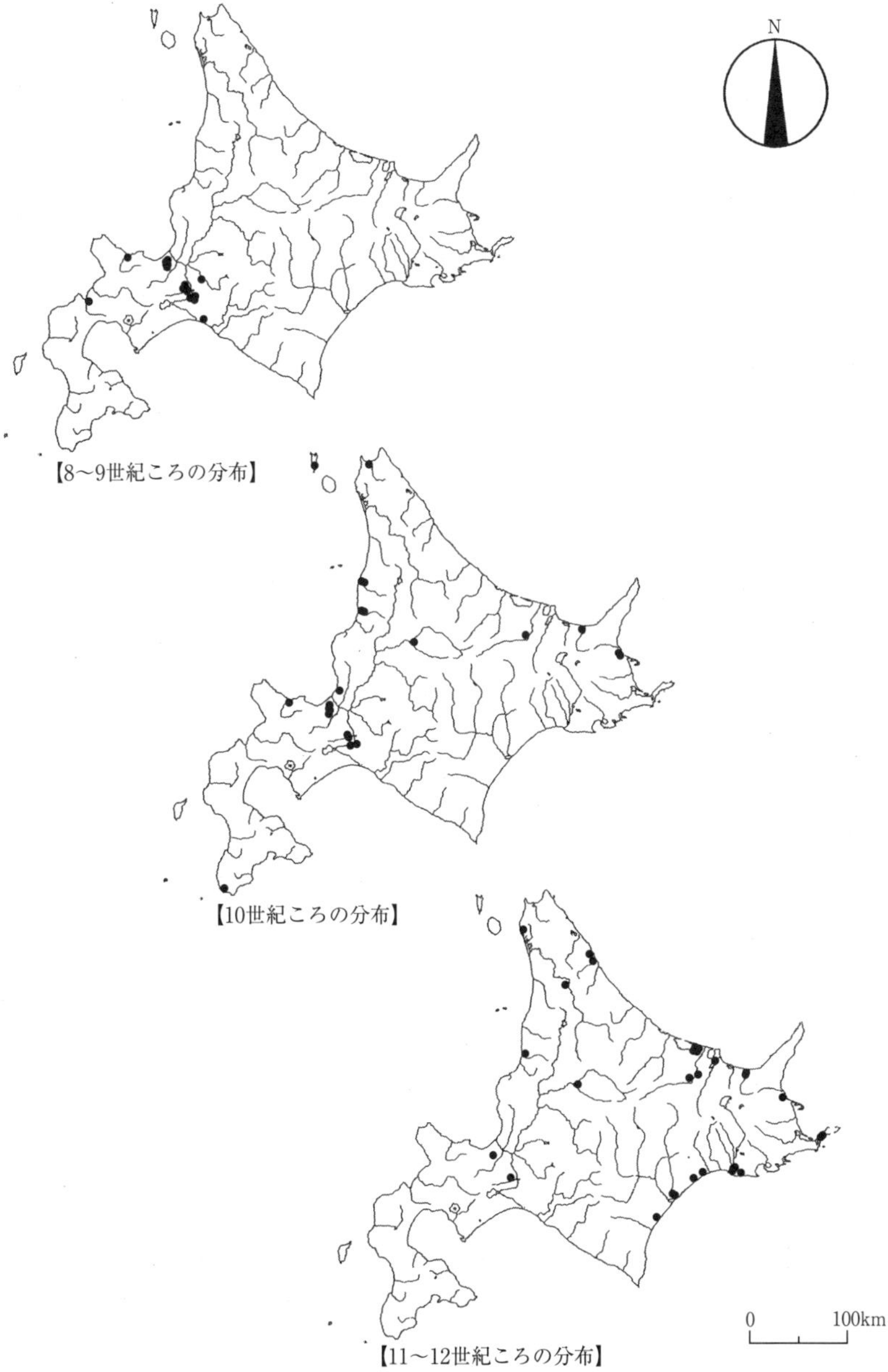

図1　鉄製品の時空分布（竪穴住居址出土）

鋤・鍬、鎌、釘、紡錘車など実用的な生活用具類のほか、武具類などが流入している（図1）。また、この時期には本州産蕨手刀の分布が石狩低地帯の擦文文化の遺跡と、オホーツク海沿岸域の枝幸町目梨泊遺跡、網走市モヨロ貝塚などオホーツク文化の遺跡にみられる。

十〜十二世紀になると、その分布は北海道のオホーツク海沿岸の河口域一帯や、太平洋沿岸の北海道南部〜東部を含む北海道全域の河口域や下流域、石狩川水系中流域（盆地）に拡がり、種類も、前代からの品に加えて新たに錐や針などの生活用具類、鉄製釣針や鈎状鉄製品などの鉄製漁労具類がみられ多様化する（図1）。この鉄製釣針や鈎状鉄製品の流入から、骨角製釣針・鈎などの漁労具類が本格的に鉄製品に置き換わったことが指摘できる（鈴木二〇〇五）。

このことは、十〜十二世紀に鉄製品の物流・交易が活発化したことを示すものである。さらに、十一世紀以降には、太平洋沿岸の北海道南部〜東部の河川河口域・下流域に鉄製品の分布がみられ、「日本海ルート」に加え、「太平洋ルート」による物流のルートが成立したことを指摘できる。

2　須恵器の時空分布とその特性

北海道から出土する須恵器は、これまでに約二二〇ヵ所の遺跡で確認され、青森県の五所川原須恵器窯跡群で生産された須恵器と、それよりも古い特性をもつ須恵器が出土している（鈴木二〇〇四）。この五所川原産須恵器の生産年代は十世紀ころである。また、それより古い須恵器の年代は八〜九世紀のものが多くみられ、秋田県秋田市・横手市および男鹿半島・八郎潟周辺の窯跡で生産されたと考えられるものがある。

八〜九世紀の須恵器の分布は、日本海沿岸の北海道西部、石狩低地帯の河口域や下流域に集中する（図2）。竪穴住居址床面から出土した須恵器の器種別出土数の割合をみると、坏六八％、蓋一〇％、長頸壺三％、中甕一九％で、坏の出土数が半数以上を占めている（鈴木二〇〇六ａ）。

五所川原産須恵器の流入する十世紀になると、分布域は前代からの地域に加えて、日本海沿岸の北海道北西部やオホーツク海沿岸の河口域、北海道中央部の石狩川水系中流域（盆地）に拡がる。さらに、北海道南部（日高地方）の新ひだか町（旧静内町）浦和入口遺跡・同ヌッカ遺跡・同営林署裏遺跡・同御園2遺跡・同春立海岸遺跡、北海道東部の豊頃町（大津村）旅来、釧路市幣舞遺跡など太平洋沿岸域にも五所川原産須恵器の分布がみられるようになる(註)（図2）。また器種別割合をみると、坏一三％、蓋〇％、長頸壺五〇％、中甕三七％と大きく変化し坏が大幅に減少する一方、長頸壺と中甕が大部分を占める（鈴木二〇〇六ａ）。

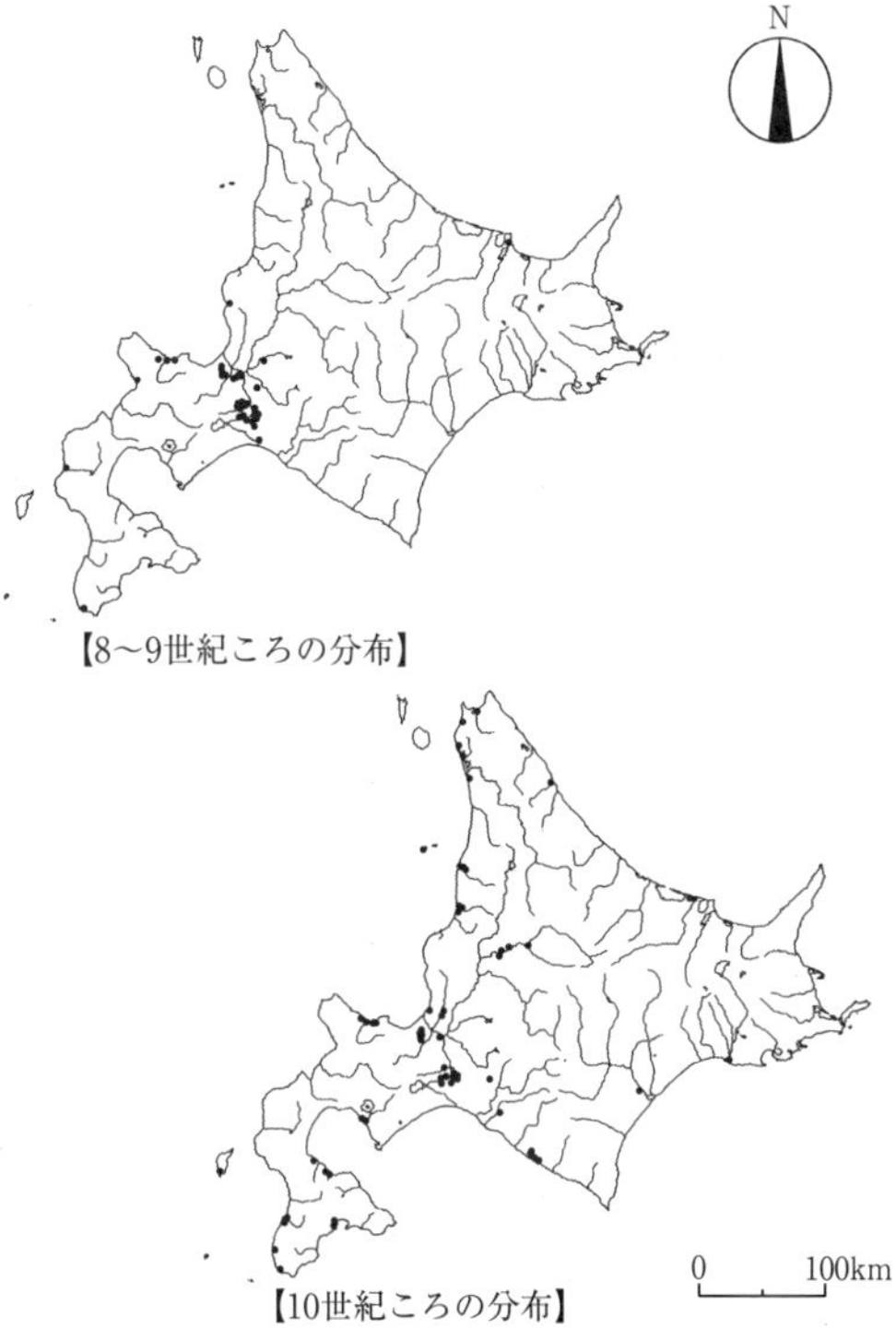

図２　須恵器の時空分布

以上のことから、須恵器の場合も十世紀を画期として、北海道全域の河口域・石狩川水系中流域に拡散することがわかる。鉄製品と同様、十世紀を画期とする物流・交易の活発化を指摘できる。また、十世紀ころから「日本海ルート」にやや遅れ、「太平洋ルート」による物流・交易が展開しはじめたことが示唆される。

しかしながら、北海道における須恵器の出土状況をみると、竪穴住居址に伴って出土する例が少なく、一遺跡あたり数点の破片しかみられない。しかも、器種は中甕と長頸壺にほぼ限定されていく（鈴木二〇〇六a）。したがって、特に十世紀を中心とする時期には、主要な交易品ではなく、鉄製品に伴い、酒類などを入れた容器として北海道に流入したものとみるのが適切であると考える。

3　銅鋺の分布とその特性

北海道から出土する本州産の銅鋺は、厚真町上幌内モイ遺跡、平取町カンカン2遺跡、同亜別遺跡、釧路市材木町5遺跡など太平洋沿岸の北海道南部～東部の河口域を中心に分布し、石狩低地帯の恵庭市カリンバ2遺跡からも出土している（図3）。これらの銅鋺は、擦文土器との供伴関係などから十～十二世紀の年代が考えられる。また、北海道の日本海沿岸域では、銅鋺の分布がみられない。

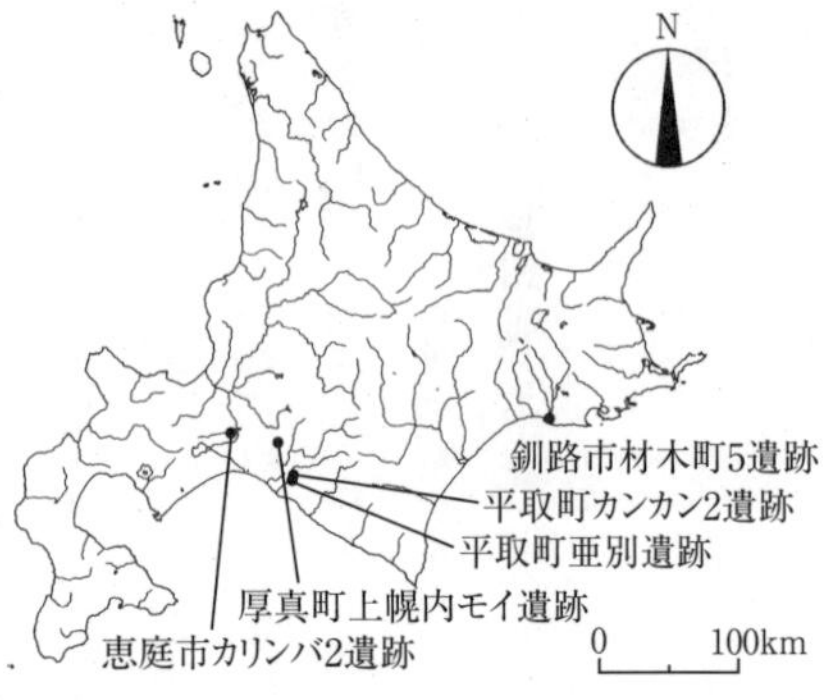

図3　銅鋺の分布（10～12世紀）

関根（二〇〇八）によると、東北地方北部・北海道から出土する銅鋺の多くは、銅についで錫を多く含む「左波理」であり、その分布は九世紀後半～十一世紀に東北地方北部の青森県外浜の河口域（青森市野木遺跡）、青森県津軽地方の岩木川水系中・下流域（青森市高屋敷館遺跡）、青森県東部の馬渕川水系河口域（八戸市林ノ前遺跡）、岩手県の北上川水系中流域（奥州市横枕Ⅱ遺跡）にみられ、北海道太平洋沿岸域にも分布するとされている。このことは、十～十二世紀に「太平洋ルート」による物流・交易が活発化したことを示すものと考えられる。

十～十二世紀は、この銅鋺の分布はもとより、須恵器や鉄製品の分布をみても「日本海ルート」に加え、「太平洋ルート」による物流・交易が活発化し、「日本海ルート」と「太平洋ルート」の二つのルートが成立すると考えられる。

二　擦文土器からみた交流・物流のルート

東北地方北部から出土する擦文土器は、土器の胎土などの特性から東北地方北部で製作されたものが多く、北海道で製作され移入されたものは少ないと考えられている。しかしながら、北海道と東北地方北部において、器形や文様などの特性が類似した擦文土器が出土する地域どうしは、交流関係や情報の共有が密接であったと考えられる。すなわち、北海道と東北地方北部において、同じ特性を示す擦文土器が出土する地域を検討することにより、交流や物流のルートを明らかにすることができる。

鈴木（二〇〇六b）は、擦文文化期の竪穴住居址床面から出土した擦文土器と須恵器の供伴関係や、擦文土器の特性の検討から八～十一世紀における擦文土器の分類と年代を示した（図4・表）。ここでは、この分類や年代をもとに北海道における擦文土器の地域的な分布と、斉藤淳（二〇〇二）による東北地方北部出土の擦文土器の分布を検討し、八～十一世紀における北海道と東北地方北部の交流や物流のルートを考察する。

1　八世紀後半～九世紀

八世紀後半～九世紀は、長胴甕形土器Ⅰ類、坏形土器Ⅰ類、球胴甕形土器、長胴甕形土器Ⅱ—A類、坏形土器Ⅱ—A類と秋田県域産と考えられる須恵器が供伴する（図4・表）。これらの土器は、北海道の石狩低地帯を中心に分布する。さらに、これらの土器は、秋田県の雄物川水系河口域・中流域と男鹿半島周辺などを中心に分布し、青森県の馬渕川水系と新田川水系中・下流域、岩木川水系中・下流域、宮城県～岩手県にかけての北上川水系中・下流域にも

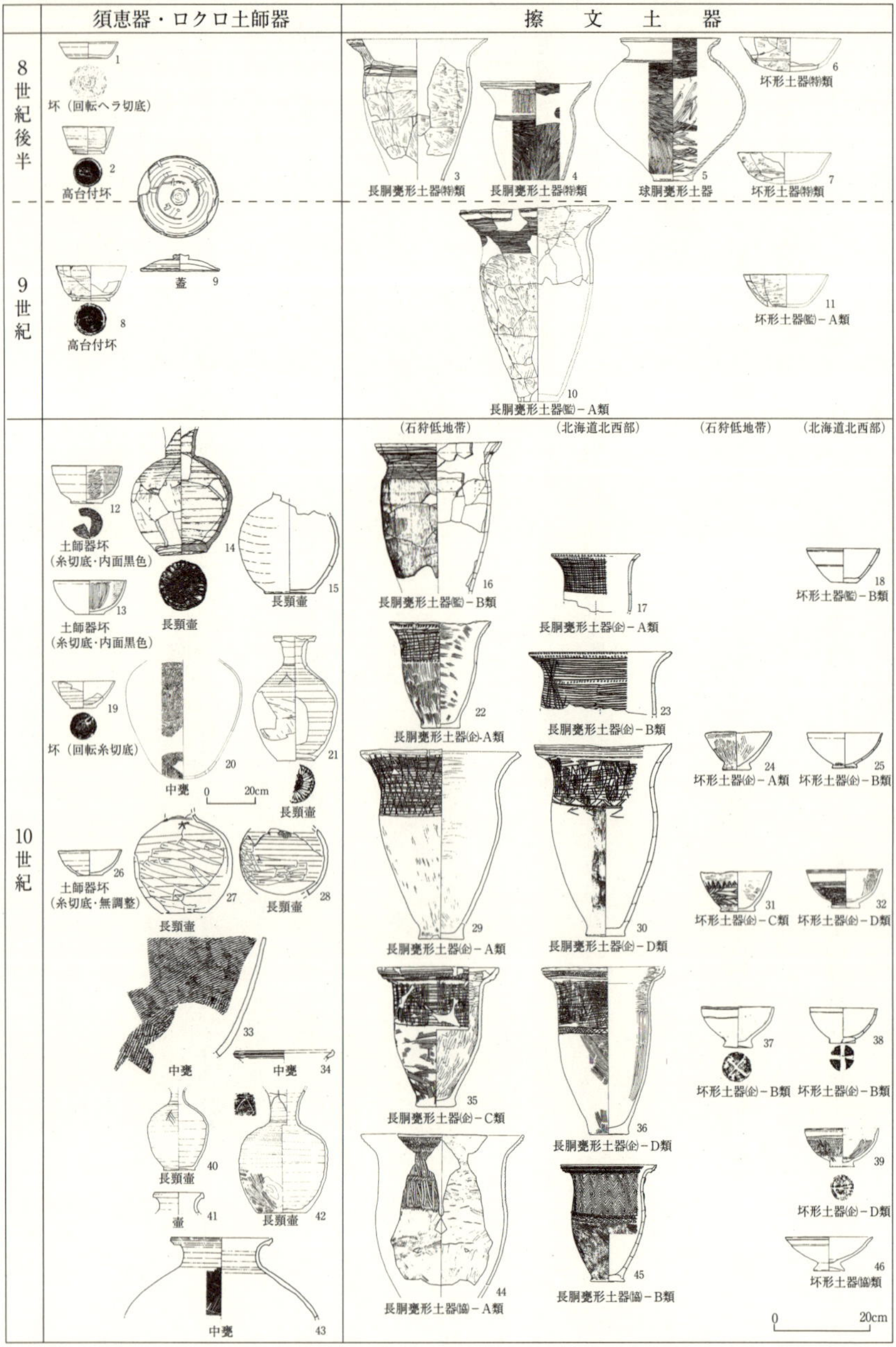

図4　北海道における擦文土器・須恵器・ロクロ土師器の供伴関係（遺跡名は118頁参照）

表　北海道における擦文土器・須恵器・ロクロ土師器の供伴関係と年代

擦文土器・須恵器・ロクロ土師器 ＼ 年代			8世紀	9世紀	10世紀	11世紀
擦文土器	8C後半～9Cの須恵器と供伴	長胴甕形土器Ⅰ類	━	━		
		坏形土器Ⅰ類	━	━		
		球胴甕形土器	━	━		
		長胴甕形土器Ⅱ－A類	━	━	━	
		坏形土器Ⅱ－A類	━	━	━	
	10C頃の五所川原産須恵器と供伴	長胴甕形土器Ⅱ－B類		━	━	
		坏形土器Ⅱ－B類		━	━	
		長胴甕形土器Ⅲ－A類		━	━	
		長胴甕形土器Ⅲ－B類		━	━	
		長胴甕形土器Ⅲ－C類			━	━
		長胴甕形土器Ⅲ－D類			━	━
		坏形土器Ⅲ－A類		━	━	━
		坏形土器Ⅲ－B類		━	━	━
		坏形土器Ⅲ－C類		━	━	━
		坏形土器Ⅲ－D類		━	━	━
		長胴甕形土器Ⅳ－A類			━	━
		長胴甕形土器Ⅳ－B類			━	━
		坏形土器Ⅳ類			━	━
須恵器	非五所川原産（8C後半～9C）	坏（ロクロ使用・回転ヘラ切底）	━	━		
		高台付坏	━	━		
		蓋	━	━		
		長頸壺	━	━	━	
		甕	━	━	━	
		坏（ロクロ使用・回転糸切底）	━	━	━	
	五所川原産	坏（ロクロ使用・回転糸切底）		━	━	
		長頸壺		━	━	━
		甕		━	━	━
		鉢		━	━	
ロクロ土師器		坏（回転糸切底・内面黒色処理ミガキ調整）		━	━	
		坏（回転糸切底・無調整）		━	━	━

わずかに分布する。

このことから、石狩低地帯と秋田県域（出羽国）を主体とする地域との間の交流や物流が展開していた状況がみられ、「日本海ルート」が主要であったことが示唆される。

2　十世紀ころ

十世紀ころは、長胴甕形土器Ⅱ―B類、坏形土器Ⅱ―B類、長胴甕形土器Ⅲ―A類、同Ⅲ―B類、同Ⅲ―C類、同Ⅲ―D類、坏形土器Ⅲ―A類、同Ⅲ―B類、同Ⅲ―C類、同Ⅲ―D類と青森県五所川原産須恵器が供伴する（図4・表）。これらの擦文土器は、日本海沿岸の北海道北西部・西部・石狩低地帯の河口域、北海道中央部の石狩川水系中流域に分布する。さらに青森県岩木川水系下流域・青森県日本海沿岸の河口域にも分布し、秋田県の米代川水系下流域にもわずかに分布がみられる。

このことから、日本海沿岸の北海道北西部・西部・石狩低地帯の河口域と、青森県岩木川水系下流域・青森県日本海沿岸の河口域を主体とする地域の間で交流や物流が展開していた状況が考えられ、「日本海ルート」が依然として主要であった。しかしながら、これらの擦文土器の分布は太平洋沿岸の北海道南部の河口域と青森県下北半島北部沿岸の河口域にもわずかにみられ、「太平洋ルート」による交流や物流も開始されたと考えられる。

3　十世紀末以降

十世紀末ころは、長胴甕形土器Ⅳ―A類、長胴甕形土器Ⅳ―B類、坏形土器Ⅳ類と青森県五所川原産須恵器が供伴する（図4・表）。さらに、十世紀末以降は、五所川原産須恵器との明確な供伴例がみられない「貼付囲繞帯（馬蹄形押捺文）を施した擦文土器」と、瀬川（二〇〇五）により擦文土器とも土師器とも異なる固有性を示すとされる「北海道南西部の土器」がある。

長胴甕形土器Ⅳ—A類、長胴甕形土器Ⅳ—B類は、日本海沿岸の北海道北西部・西部・石狩低地帯はもとより、オホーツク海沿岸の河口域を中心とする地域に拡がり、青森県岩木川水系下流域、青森県外浜・陸奥湾周辺地域にも分布する。「貼付囲繞帯（馬蹄形押捺文）を施した擦文土器」は、石狩低地帯と太平洋沿岸の北海道南部の河口域を中心に拡がり、青森県外浜・陸奥湾周辺地域にも分布する。「北海道南西部の土器」は、日本海沿岸の北海道南西部の河口域や奥尻島に分布し、青森県岩木川水系下流域と青森県日本海沿岸の河口域に分布する。

このことから、日本海沿岸の北海道北西部〜南西部、石狩低地帯、オホーツク海沿岸の河口域と、青森県岩木川水系下流域・青森県日本海沿岸の河口域を主体とする地域の間で「日本海ルート」による交流や物流が展開していた。また、太平洋沿岸の北海道南部の河口域と、青森県外浜・陸奥湾周辺地域との間で「太平洋ルート」による交流や物流が展開していたと考えられる。

三　物流の展開

本州から北海道に移入された鉄製品や須恵器、銅鋺の物流、さらには擦文土器の地域的な分布や特性を検討し、八〜十二世紀の北海道と東北地方の物流の様相やそのルートについて示してきた。これらの検討から、十世紀ころを画期として北海道と東北地方の物流が広範に展開していく状況がうかがわれる。

八世紀後半〜九世紀は、先に示した鉄製品や須恵器の分布が石狩低地帯を中心に集中する一方、本州との中間に位置する北海道南西部（渡島半島）での出土が希薄なことから、海路を利用し、石狩低地帯の河口域・下流域に交易品が移入されたことが想定される。その場合、北海道で出土する須恵器が秋田県域の窯で生産されたと考えられることから、主として石狩低地帯と秋田県域（出羽国）を主体とする地域の間の物流・交易が展開していたと考えられる。また、この時期は、蕨手刀の分布などから石狩低地帯の擦文文化集団が、本州とオホーツク文化集団の交易にも関わっていたと考えられる（右代一九九三、高畠二〇〇五）。

十〜十二世紀はオホーツク文化が終焉を迎え、擦文文化が石狩低地帯から新たに日本海沿岸域の北海道北西部〜オホーツク海沿岸域、太平洋沿岸域の北海道南部〜東部の河口域にまで拡散する。これらの遺跡からは本州産の鉄製品や須恵器、銅鋺などが確認され、北海道出土の須恵器の大部分が青森県五所川原産須恵器にかわる。さらに、この時期、青森県の岩木川水系下流域・日本海沿岸の河口域に北海道日本海沿岸の河口域と同様の特性を示す擦文土器が確認される。一方、青森県外浜・陸奥湾周辺地域に北海道太平洋沿岸の河口域と同様の特性を示す擦文土器の分布が確認される。

したがって、北海道の日本海沿岸〜オホ―ツク海沿岸、石狩低地帯の河口域と、青森県岩木川水系下流域・日本海沿岸の河口域を主体とする地域の間で「日本海ルート」による物流・交易が展開していたと考えられる。このことについて、瀬川（二〇〇五）は九世紀後葉に北海道南西部集団を媒介として底面刻印に象徴される日本海沿岸の交易体制が成立することを指摘している。さらに、銅鋺が北海道の太平洋沿岸域のみにみられ、鉄製品や五所川原産須恵器も太平洋沿岸域に流入していることから、北海道太平洋沿岸の河口域と、青森県外浜・陸奥湾周辺地域との間で「太平洋ルート」による物流・交易が展開していくことがうかがわれる。この物流・交易の活発化に連動するように、東北地方北部の青森県津軽地方、日本海沿岸域、外浜・陸奥湾周辺地域などでは、鉄製品・須恵器・塩などの生産に関わる遺跡がみられるようになり、これらの生産活動が活発化していくのである。

四　北海道から本州への交易品

『日本書紀』『延喜式』などの古代の記録には、「渡島蝦夷」「渡島狄」「粛慎」と呼ばれた北海道の人びとの交易・貢納品や、奥羽両国の「交易雑物」として扱われた北海道の産物が記されており、十世紀以降の王朝国家時代になると、貴族の日記や有職故実書などを通じて、この時代の北海道から本州社会へ入った品々を知ることができる（鈴木二〇〇六c）。これらの交易品の推移を、先の鉄製品や須恵器などの物流の画期と比較し、八～九世紀、十～十二世紀の時期ごとに整理する。

1　八～九世紀

八～九世紀において北海道から本州への交易品と考えられるものは、羆皮・葦鹿皮・独犴皮・索昆布・細昆布である。『続日本紀』霊亀元年（七一五）九月一日条によると、六位以下の官人が鞍や横刀の飾りに羆皮を用いることが禁止されている。『日本後紀』（弘仁元年〈八一〇〉九月二十八日条）では、大同二年（八〇七）に禁止された独射犴・葦鹿・羆の毛皮の使用を許す旨の記述がみられる。また、『延喜式』（巻四十一弾正台）によると、羆皮は障泥として使用され、五位以上の官人が使用するものとして位置づけられている。さらに、葦鹿皮・独犴皮・索昆布・細昆布は、『延喜式』（民部下・交易雑物条）に陸奥・出羽両国の「交易雑物」として記載され、北海道産の交易品であった可能性が強い。『類聚三代格』（巻十九・禁制事）所収の延暦二十一年（八〇二）六月二十四日太政官符では、王臣諸家が渡嶋狄と私的に毛皮を交易することが禁止されている。以上から、十世紀以前において、毛皮類が北海道の主要な交易品であり、王臣家による私的交易の対象にもなっていたことがうかがわれる。

2　十〜十二世紀

十〜十二世紀には、八〜九世紀の五品から羆皮・独犴皮・索昆布・細昆布の四品が消えて、水豹皮・鷲羽・粛慎羽・鷲尾・奥州貂裘が加わる。水豹皮は、『新儀式』（巻四・野行幸事）によると、野行幸に従う鷹飼の腹巻に指定され、『師遠年中行事』（正月条）によると、六位以上の官人が帯びる剣の鞘に指定されている。水豹は北海道東部やオホーツク海沿岸域に生息するアザラシで、その斑紋から名が付いたものであろう。鷲羽・粛慎羽は、『御禊行幸服飾部類』によると、堀川・鳥羽・後鳥羽天皇の大嘗会禊行幸の際に貴族の随身が帯びる胡籙に用いられている。鷲羽・粛慎羽は、北海道の主要交易品で、北海道北部や東部に飛来するオオワシやオジロワシの尾羽から採取したものであったと考えられる。特に粛慎羽とはサハリン、あるいは北海道に飛来するオオワシの羽をさす可能性もある。『御堂関白記』（長和四年〈一〇一五〉七月十五日条）にみられる「奥州貂裘」も北海道・サハリン産のクロテンの毛皮が奥州の交易品として都にもたらされたものと推測される。これらの交易品（毛皮類や鷲羽など）は、先の有職故実書などの記述から官位などによりその使用が定められており、貴族社会での身分標識となっていたことがわかる。

この時期は、これらの交易品が陸奥・出羽守や鎮守府将軍などから有力貴族への献上品となっている。たとえば、『御堂関白記』（長和元年〈一〇一二〉閏十月廿一日条）や『小右記』（長和三年〈一〇一四〉二月七日条）には、鎮守府将軍藤原兼光・平維良から藤原道長への献上品として鷲羽がみえるなど、十世紀以降、東北地方に派遣された陸奥・出羽守や鎮守府将軍などの軍事貴族がこれらの交易品を「都」の有力貴族への献上品としていた。しかも、『奥州後三年記』上には、陸奥守である源義家（軍事貴族）を清原真衡が饗応し、アザラシ（毛皮）を献上した記録もみられる。鎮守府・秋田城の在庁官人であり、在地の有力勢力である安倍氏・清原氏が軍事貴族とともに北海道方面との交易に関わっていたことがうかがわれる。

さらに、安倍氏・清原氏勢力の系譜を受け継ぐ平泉藤原氏の初代清衡は、『中尊寺供養願文』において、「出羽陸奥之土俗」（出羽国・陸奥国の人びと）だけではなく、「粛慎悒婁之海蛮」（北方の人びと）までが自分になびき従い、三十餘年の間、「羽毛歯革之贄」をとどこおりなく都に送ることができたと記している。『吾妻鏡』の寺塔已下注文には、二代藤原基衡から仏像の造立にあたった仏師雲慶への報酬として、東北地方の特産物である金や馬のほかに北海道の特産物と考えられる水豹皮や鷲羽が送られている。また、平泉藤原氏は、東北地方南部にあった摂関家荘園を管理し、年貢をまとめて都に送る役目を担っており、そのなかで大曾祢庄や遊佐庄の年貢の品目に砂金や布、馬などのほかに北海道の特産物であるアザラシの毛皮、鷲羽などがみられる（工藤二〇〇五）。このことから、平泉藤原氏が北海道方面との交易に関わっていたことがうかがわれる。

おわりに

古代における北海道（擦文文化）と本州の物流・交易は、十世紀ころを画期に活発化し、十～十二世紀にかけて隆盛をむかえる。この古代物流・交易隆盛の背景には、本州向けの交易品（毛皮類、鷲羽など）の獲得を目的とする擦文文化集団の北海道全域への拡散・定住があり、この擦文文化集団から毛皮類や鷲羽などが交易品として本州にもたらされたことが指摘できる。

しかも、十世紀以降には、東北地方に派遣された陸奥・出羽守や鎮守府将軍などの軍事貴族、在庁官人である安倍氏・清原氏、あるいは平泉藤原氏などの在地勢力が北海道との物流・交易に関わっていたと考えられる。また、これらの勢力の影響下で東北地方北部の在地集団が鉄製品、須恵器、塩などの生産にたずさわり、かつ、その物流・交易にも関わっていくものと推測される。すなわち、この古代物流・交易隆盛の背景には、擦文文化集団との交易を積極的に進め、「富」を蓄積して勢力を拡大する軍事貴族や東北地方の有力な勢力（安倍氏・清原氏・平泉藤原氏）の関与がうかがわれるのである。

近年、十二世紀の奥大道終点とされる外ヶ浜油川湊（現在の青森市周辺）に近接した地域で青森市新田（1）遺跡（十世紀後半〜十一世紀）が調査され、檜扇や律令祭祀的な遺物、仏像、荷札木簡が検出されている。しかも、この遺跡からは擦文土器も出土し、北海道（擦文文化）との関わりがあったとも考えられている。この新田（1）遺跡は、津軽海峡以北との交易・貢納を担う陸奥国府・鎮守府など中央国家側と関連する施設としての要素を持つとされ、この外浜の地域から奥六郡をへて陸奥国府・「都」へと通じる北方交易品の交易・貢進のための内陸交易ルートが存在していたことも想定されている（斉藤利男二〇〇六、三浦二〇〇六）。さらに、八重樫（二〇〇二）によると、十二世紀には「平泉型手づくねかわらけ」、「白磁四耳壺」「渥美刻画文壺」「常滑三筋文壺」の平泉セットが、平泉から青森県の外浜にいたる奥大道に沿って分布し、十二世紀には奥大道が整備されていたことが示されている。この平泉から外浜にいたる奥大道、あるいはそれ以前の時期の内陸交易ルートに続いて、北海道にいたる海上の物流・交易ルートが存在していたと考えられるのである。

擦文文化集団からの交易品である毛皮類や鷲羽は、「日本海ルート」、「太平洋ルート」などにより東北地方の有力な勢力（安倍氏・清原氏・平泉藤原氏）、軍事貴族などを経由し「都」にもたらされたものと考えられ、擦文文化集団は、この物流・交易を担う中で文化的・経済的に成熟していくとともに、本州物流経済の枠組みの中に取りこまれていくのである。

註

新ひだか町（旧静内町）浦和入口遺跡・ヌッカ遺跡・営林署裏遺跡・御園2遺跡・春立海岸遺跡出土の須恵器（静内町編一九七五）

は新ひだか町静内郷土館、豊頃町旅来出土須恵器（斎藤一九八五）は幕別町蝦夷文化考古館、釧路市幣舞遺跡出土の須恵器（石川編一九九九）は釧路市埋蔵文化財調査センターにおいて実見・観察したものである。

引用文献

石川郎編　一九九九『幣舞遺跡調査報告書Ⅳ』釧路市埋蔵文化財調査センター、一―二五四
右代啓視　一九九三「オホーツク文化の拡散と適応の背景」『地方史研究』第二四五号、五三―五九
右代啓視　一九九九「擦文文化の拡散と地域戦略」『北海道開拓記念館研究紀要』第二七号、二三―四四
工藤雅樹　二〇〇五『平泉への道―国府多賀城・胆沢鎮守府・平泉藤原氏―』雄山閣、一―二六二
斉藤　傑　一九八五「北海道出土須恵器地名表」『北海道考古学』第二一輯、北海道考古学会、一〇九―一一四
斉藤　淳　二〇〇二「本州における擦文土器の変遷と分布について」市川金丸先生古希を祝う会編『海と考古学とロマン』、二六七―二八三
斉藤利男　二〇〇六「北方世界のなかの平泉・衣川」『歴史評論』六七八号、二一―一六
静内町編　一九七五「遺跡及び遺物」『静内町史』一八―七三
鈴木琢也　二〇〇四「擦文文化期における須恵器の拡散」『北海道開拓記念館研究紀要』第三二号、二一―四六
鈴木琢也　二〇〇五「擦文文化における物流交易の展開とその特性」『北海道開拓記念館研究紀要』第三三号、五一―三〇
鈴木琢也　二〇〇六ａ「古代北海道における物流経済」氏家等編『アイヌ文化と北海道の中世社会』北海道出版企画センター、一九―三一
鈴木琢也　二〇〇六ｂ「擦文土器からみた北海道と東北地方北部の文化交流」『北方島文化研究』四号、北海道出版企画センター、一九―四二
鈴木琢也　二〇〇六ｃ「北日本における古代末期の北方交易―北方交易からみた平泉前史―」『歴史評論』六七八号、六〇―六九
瀬川拓郎　二〇〇五『アイヌ・エコシステムの考古学』北海道出版企画センター、一―二四五
関根達人　二〇〇八「平泉文化と北方交易（２）―擦文期の銅鋺をめぐって―」『平泉文化研究年報』八号、岩手県教育委員会、三三―五〇
高畠孝宗　二〇〇五「オホーツク文化における威信財の分布について」海交史研究会考古学論集刊行会編『海と考古学』、二三―四四

三浦圭介　一九九四「古代東北地方北部の生業にみる地域差」日本考古学協会編『北日本の考古学』、吉川弘文館、一四九―一七四
三浦圭介　二〇〇六「北奥の巨大防御製集落と交易・官衙類似遺跡―平泉誕生の前史―」『歴史評論』六七八号、七〇―八四
八重樫忠郎　二〇〇二「平泉藤原氏の支配領域」入間田宣夫・本澤慎輔編『平泉の世界』高志書院、一一二―一二六

図4　北海道における擦文土器・須恵器・ロクロ土師器の供伴関係の出土遺跡
1・4・5：千歳市丸子山遺跡　4号住居址、2・3・6・7：同末広遺跡　11号住居址、8・10・11：同末広遺跡　62号住居址、9：泊村ヘロカルウス遺跡　3号住居址、14・16：同K446遺跡　2号住居址、15・17・18・23：小平町高砂遺跡　BH50号住居址、19・21：札幌市K39遺跡長谷工地点　5号住居址、12・13・20：恵庭市中島松7遺跡　8号住居址、24・26・27・31：千歳市オサツ2遺跡　3号住居址、22・28・29：同オサツ2遺跡　6号住居址、35：札幌市K39遺跡6次　17号住居址、25・30・33：小平町高砂遺跡　AH79号住居址、32・34・36：苫前町香川6遺跡　16号住居址、39・40：同香川6遺跡　1号住居址、37・41・44：札幌市K36遺跡タカノ地点　4号住居址、42・46：苫前町香川6遺跡　20号住居址、38・43・45：小平町高砂遺跡　AH11号住居址

腰帯をつけた蝦夷

田中広明

はじめに

日本の古代社会で腰帯《ようたい》は、官人たちを象徴する絶好の装身具であった。そのため、腰帯の出土をもって、その出土遺跡を官衙やその関連遺跡とし、そこに官人がいたとする報告や論文が、数多く存在した。しかし、陸奥国の北半や北海道、あるいは西海道南部は、古代国家にとって、未編入の地であり、官衙やまして官人の居住する地ではなかった。にもかかわらず、腰帯の出土が、官衙や官人を連想させるため、その遺跡だけが周辺よりいち早く律令国家に編入されたのではないか、という結論を導く。これが、腰帯の魔力である。

墳墓（末期古墳）に腰帯を埋納した被葬者は、腰帯を身に着けていたことはまちがいない。腰帯を獲得した経緯をただちに明らかにすることはできないが、この腰帯をつけた被葬者が、多賀城や出羽国府、あるいは平城京で儀式、儀礼に臨んだと考えられる。しかし、それと被葬者が、古代国家の官人であったこととは、まったく別の問題である。

なぜならば、「位」のないいわゆる無位の人々も、公の場に出席する場合、官人たちの「朝服《ちょうふく》」にあたる「制服」を着用したからである。「衣服令」の規定では、無位の者たちも六位以下の官人同様、「烏油腰帯《くろつくりのようたい》」を着用することとなっていた。烏油腰帯は、革帯《かくたい》に銅製の金属金具を付け、全体に黒漆を塗った腰帯のことである。つまり、官人ではない蝦夷たちも烏油腰帯を付け、公の場に出席していたと考えられる。ただし、末期古墳に埋葬されるまでに「位」を賜い、官人となった蝦夷たちもいたであろう。また、立郡が済み、郡司や下級官人として編成された可能性もある。

そうした、複雑な入手の経緯と社会的背景を墳墓に納められた腰帯は、語っているのである。そこで、腰帯の出土する古墳や古墓から、古代国家の官人社会とはやや異なった蝦夷社会や、東国の「上毛野地域」（群馬県地域）社会からの視点で、古代社会を考えてみることとしたい。

なお、本論に入る前に腰帯出土の最北端の遺跡となる北海道余市町の大川遺跡について、若干の考察を行っておきたい。官衙や官人という枠組みと無縁の地域で腰帯が、担った役割を追求することで、腰帯のもつもうひとつの顔を浮き彫りにしたいからである(1)。それは、大川遺跡の腰帯が、北方世界の腰帯の本質を突いているからである。

一　北海道の腰帯

北海道余市町は、古くから海のオアシス、北方世界への玄関であった。余市町の海岸から出土する大陸の青磁や白磁、能登の珠洲焼などは、その交易の広がりと繁栄の証しである。ここにあげる大川遺跡は、中継基地、貿易港として栄えた余市の町をいまに伝える格好の遺跡である。

その大川遺跡から、二つの腰帯金具（図1）が出土した。この金具は、奈良・平安時代、官人がしめた革帯の飾りである。腰帯は、巡方《じゅんぽう》とよぶ方形の金具、丸鞆《まるとも》とよぶカマボコ形の金具を複数個配置し、先頭に鉸具《かこ》とよぶバックル、後尾に鉈尾《だび》という金具を付ける。大川遺跡からは、このうち巡方と丸鞆が一点ずつ出土した。

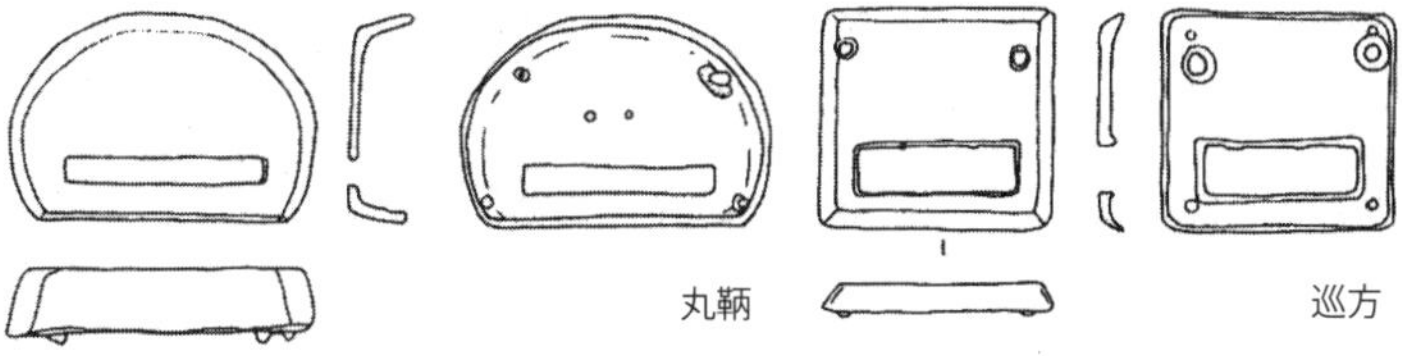

図1　大川遺跡の丸鞆と巡方

この腰帯は、古代日本の律令国家が、官人社会を序列化する手段として「衣服令」に則って用いられた装身具である。官人が、官人の衣装（朝服、制服）を身にまとい、官衙という舞台で個々の官人としての役割を演じるために、第一義の目的が達成されたのである。

だが、国家未編入の「化外《けがい》の地」に官衙はありえない。腰帯の出土は、化外の地の人々が、東北地方の城柵や畿内の宮都に出かけたか、城柵の官人が化外の地の人々と接触をもった証しである。そのとき、はじめて化外の地へもたらされるのである。その最北端の人々が、北海道余市の大川遺跡の人々だった。

大川遺跡の腰帯具を詳細に観察した結果、より複雑な背景がわかった。まず、巡方である。銅製の巡方で垂孔《すいこう》と呼ぶ長方形の透かし穴が、下半分にあけられている。垂孔は、「大孔」と呼ぶ形式で、奈良時代の前葉とすることができる。裏面には、裏金具をかしめるための脚鋲が四隅にある。ただし、鋲は欠かれ、入念に磨かれていた。そのうえ、右上隅と左上隅には、円形の孔があけられていた。これは、この巡方が、帯革から外され、ペンダントや頸飾り用の装飾品として用いられていたことを示す。

衝撃的な事実がわかった。表面に鍍金の痕跡が残っていたのである。「養老衣服令」によると、五位以上の官人は金銀装の腰帯、六位以下の官人は烏油腰帯（銅地黒漆塗り）とされ、この巡方が五位以上の官人が用いていた腰帯の飾りであることがわかる。

余市湾に住む人物が、大国の守クラスの人物と接触していた。それは、陸奥国守か、按察使、あるいは勅使等が考えられる。しかし、宮城県多賀城市にあった陸奥国府から国守が、北海道の余市湾へまで出かけたとは考えられない。大川遺跡の人物が、秋田城や多賀城へ出かけたか、陸奥国司が東北地方北部から北海道南部の港津などで接触したと考えたい。この金装の腰帯金具は、斉明天皇六年、阿部比羅夫が、北陸地方から船団を率いて津軽海峡を渡り、渡島の蝦夷と沈黙交易をおこなったことを想起させる。

ところで、秋田城、志波城という最北の城柵よりもさらに北の地域で複数個の腰帯具が、同一の遺跡から出土した事例はまずない。そもそも墓や埋納土壙等を除き、一般集落から腰帯具が出土する場合、わずか一、二点にとどまる。それは、腰帯の飾り金具は、官人を象徴する一方で、貨幣と同様、呪術的で対価的な存在であったかもしれない。大川遺跡の腰帯具は、秋田城や多賀城、志波城等の官人と接触した最北端の人々である。

また、大川遺跡で異なる型式の巡方と丸鞆が出土したことは、時期の異なる複数回の接触、位階、官位の異なる人物との接触があったことを示していよう。

二　東北地方の腰帯

東北地方は、奈良時代に入っても古墳が築かれた。いわゆる「末期古墳」である。横刀、蕨手刀、和同開珎、そして腰帯が、その副葬品として出土する。なかでも腰帯は、律令国家の官人が、各種の儀式や儀礼、政務にあたり腰に締めた表象具である。

その腰帯が、古墳から出土するということは、被葬者が、官人の衣装である朝服や制服を身にまとって埋葬されたか、曲げ物の筥に腰帯を納めて副葬したことを伝える。残念ながら、細かな出土状態を記録した事例が少なく、出土状態から装着したままか、埋納したのか、判断することは難しい。

ところで、腰帯の出土した東北地方の末期古墳は、二〇基に及ぶ（表1）。しかも、末期古墳すべてに腰帯が、副

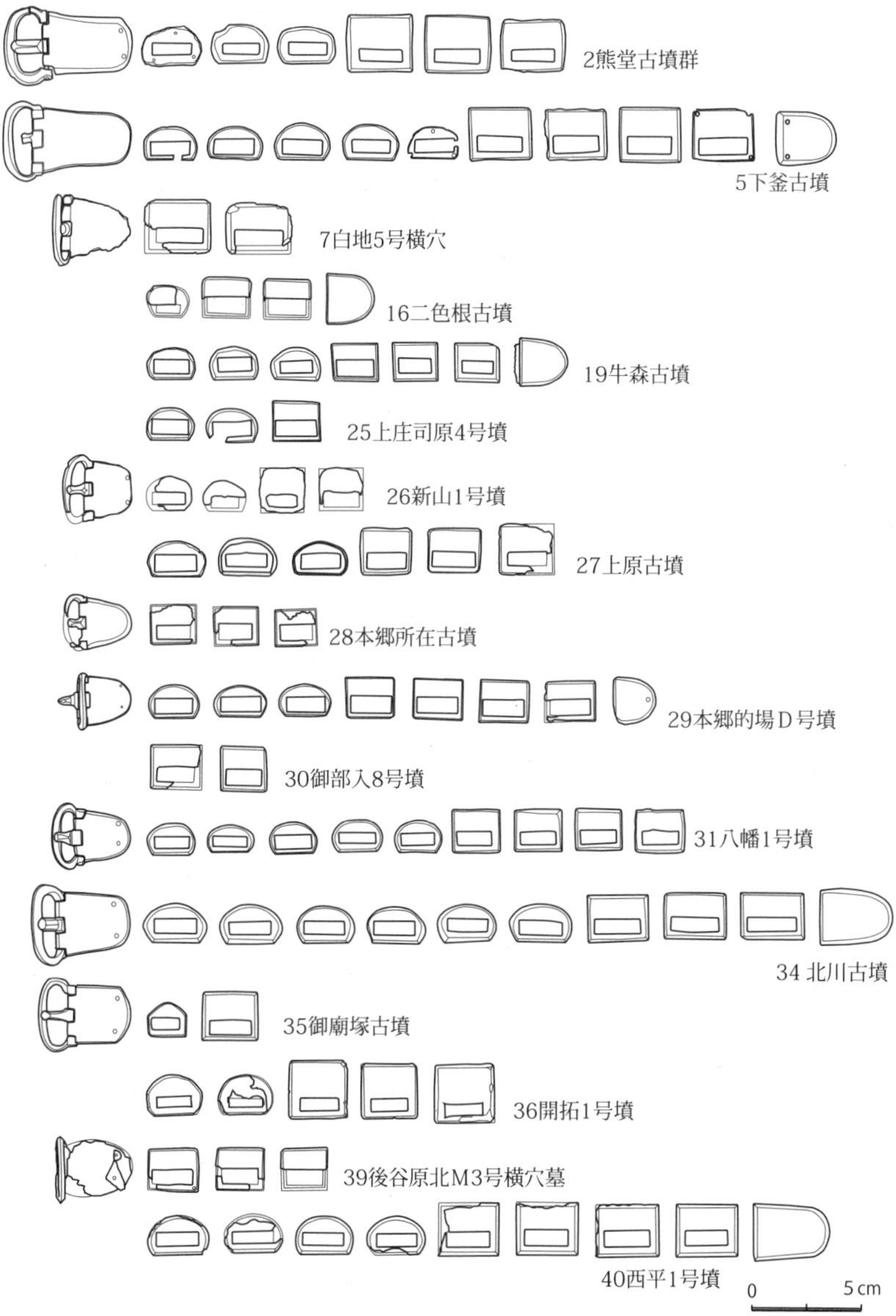

図2　古墳・古墓から出土した腰帯（1）

※本図は、各報告書、写真図版から表金具のみを集成し、再トレースを行った。なお、金具の並びは、鉸具、丸鞆、巡方、鉈尾の順番とした。また、表金具の欠失した資料については、裏金具で一部補った。(番号は、表1と一致)

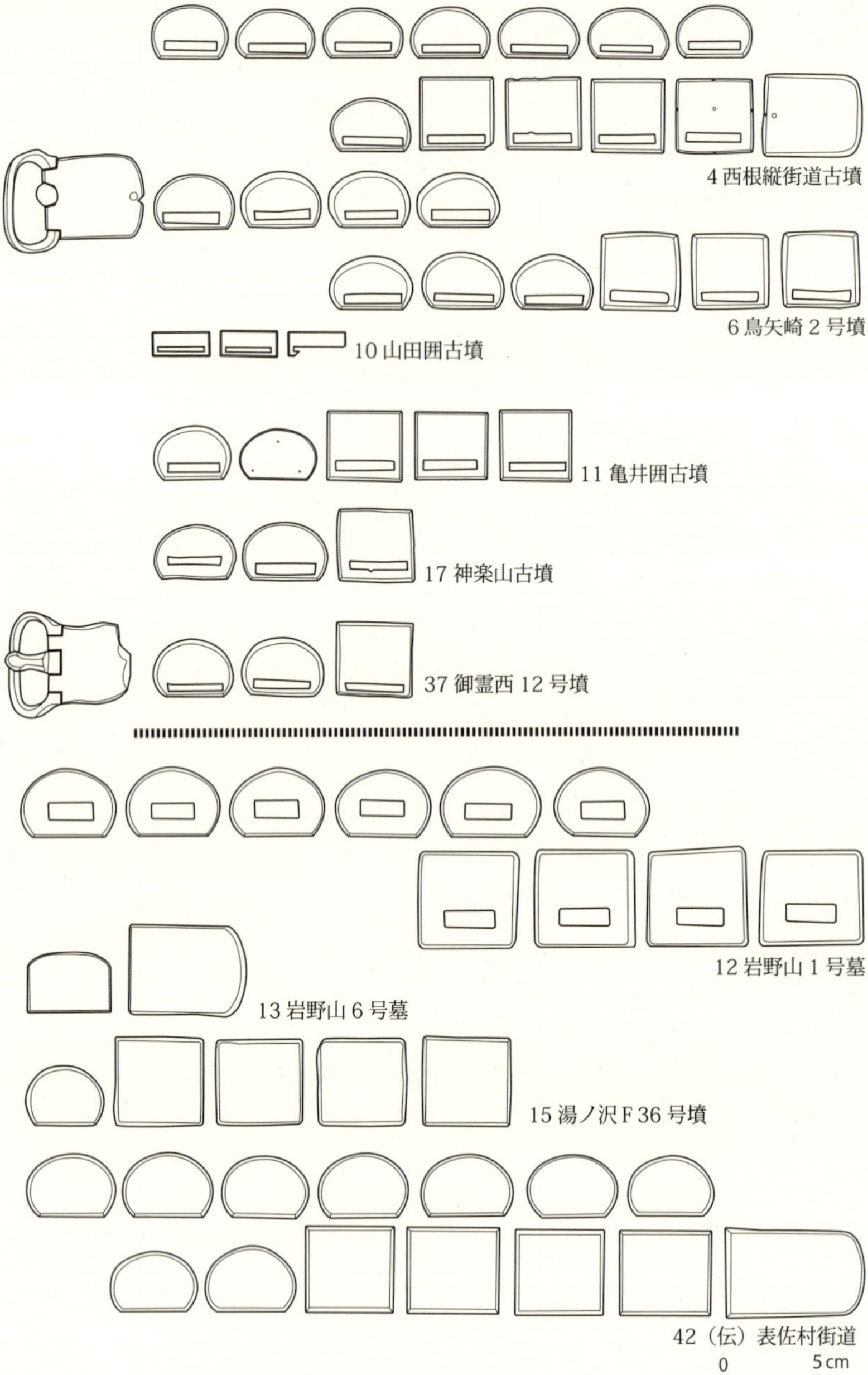

図 3　古墳・古墓から出土した腰帯（2）
※上段は金属製腰帯（細長孔）、下段は石製腰帯

葬されたわけではない。末期古墳は、いわゆる群集墳の形態を採るが、そのわずか二、三基に副葬されたに過ぎない。むしろ腰帯の出土しない古墳の方がはるかに多い。

次に、出土古墳の時期別傾向を考えたい。

八世紀前葉（垂孔型式「大孔」）の腰帯は、岩手県金ヶ崎町西根下釜古墳、同県熊堂古墳群、宮城県登米町白地五号横穴墓、山形県米沢市牛森古墳、同県南陽市二色根二号墳などから出土している。これらの古墳は、陸奥国胆沢郡、同国和我郡、同国登米郡、出羽国置賜郡などに集中する。

続く八世紀中葉（垂孔形式「小孔」）の腰帯を出土した古墳は、出羽国秋田郡にあたる秋田県秋田市湯ノ沢Ｆ十六号墓のみである。

さらに、八世紀後葉から九世紀初頭（垂孔形式「細長孔」）にかけては、岩手県金ヶ崎町西根縦街道古墳、宮城県大崎市亀井囲古墳、同県石巻市（旧桃生町）山田囲古墳、同県鳥矢崎二号墳、山形県南陽市神楽山古墳、同県同市中島平古墳などである。陸奥国胆沢郡、同国志田郡、同国桃生郡、同国栗原郡、出羽国置賜郡の古墳である。

九世紀以降（垂孔形式「無孔」）では、出羽国秋田郡の秋田県秋田市湯ノ沢Ｆ三六号墓、五城目町岩野山古墓などから出土がみられる。古墓については、後述したい。

なお、陸奥国胆沢郡、出羽国置賜郡、同国秋田郡では、大孔と細長孔の型式の腰帯が、両者とも出土する。これは、腰帯を身につけた人物が、一代限りではなかったことを裏付ける。古墳や古墓から腰帯が出土することは、その腰帯が、その古墳の被葬者の締めた腰帯であり、その被葬者は、腰帯を締め、衣服令に則った衣装を身に纏い、官衙へ出仕した官人であったか、衣装をまとって儀式に参加した「蝦夷」であった可能性が高い。

あるいは、国家の官人たちから贈与、買得で獲得した威信財であったのかもしれない。しかし、威信財であるならば、獲得された腰帯は、一代に限らず伝世されるはずである。けれども被葬者に副葬されたことを考えると、この腰帯は、他の衣服や冠帽、靴、横刀などとともに「一世」を限って使用され、埋葬されたと考えたい。それは、貴族の蔭位を認めつつも、子弟に官位を継承しない建て前で、古代国家が官位を個人に与えていたことに合致する。つまり、東北地方北部の人々も腰帯を通じた衣服令の理念は、理解されたと考えられる。

ところが、八世紀前葉の段階、陸奥国胆沢郡、同国和我郡の地域には、城柵は設置されていない。つまり、令制的な支配は及ばない地域である。にもかかわらず、この時期の腰帯が出土している。しかも完帯である。これは、この地域の蝦夷が、腰帯を賜与されたか、自備して多賀城や平城京などで行われた儀式に参加していたと考えたい。しかし、そのことと、蝦夷の住む地域が、令制的地域支配を全面的に受け、古代国家に編入されたこととは別である。いまだに、古代国家による陸奥北部の支配は、斑ら模様であったからである。

それが、八世紀後葉から九世紀初頭になると、秋田城と志波城を結んだラインまで、完帯の腰帯を出土する古墳が増加する。その詳細な分布をみると、陸奥国側では、いわゆる黒川以北一〇郡に集中する。これは、伊治公呰麻呂の乱や伊治城、桃生城の造営と廃絶といった混乱の中で、古代国家の官人として編成されていく蝦夷の実態を示していると考えたい。

つまり、税や労役といった王民の負担を享受しつつ、郡司や官人という地域における地位の国家的保障、あるいは官位の給付を受け、多賀城に限らず、平城京の朝賀に参列した蝦夷が、古代国家の官人として、衣服や腰帯を獲得していたことを示すと考えたい。

ここで注目すべきは、七世紀末の段階、すでに陸奥国あるいは評として古代国家の一部として編成されていた宮城県南部や福島県などの古墳からは、いっさい腰帯具が出土せず、また、隣接する下野や常陸、下総、上総などの東関東の諸国でも腰帯が出土しないことである。

この地域は、六世紀から七世紀にかけて、いわゆる小国造の設置された地域であり、令制的地域編成が積極的に推

表１　古墳・古墓から出土した腰帯（１）

	遺跡名	所在地	素材	鉸具	丸鞆	巡方	鉈尾	文献
1	丹後平29号墳	青森県八戸市根城	鉄	×	3	4	○	1
2	熊堂古墳群	岩手県花巻市上根子谷地	銅	○	3	3	3	2
3	熊堂古墳群	岩手県花巻市上根子谷地	石	○	×	1	×	2
4	縦街道古墳	岩手県胆沢郡金ヶ崎町西根	銅	×	8	4	○	3
5	下釜古墳	岩手県胆沢郡金ヶ崎町西根	銅	○	3 ?	2	○	3
6	鳥矢崎２号墳	宮城県栗原市栗駒鳥矢崎	銅	○	7	3	×	4
7	白地５号横穴	宮城県登米市中田町石森	銅	○	×	2	×	5
8	山根前２号横穴	宮城県登米市石越町	銅	○	×	×	×	6
9	山根前５号横穴	宮城県登米市石越町	銅	×	×	3	×	6
10	山田囲古墳	宮城県石巻市桃生町山田	銅	×	長３	×	×	7
11	亀井囲８号横穴	宮城県大崎市松山町金谷	銅	×	3	2	×	8
12	岩野山１号墓	秋田県南秋田郡五城目町大字上樋口	石	×	6	4	×	9
13	岩野山６号墓	秋田県南秋田郡五城目町大字上樋口	石	×	×	×	○	9
14	湯ノ沢 F16号墓	秋田県秋田市四ツ屋未戸松本	銅	×	1	4	×	10
15	湯ノ沢 F36号墓	秋田県秋田市四ツ屋未戸松本	石	×	1	4	×	10
16	二色根古墳	山形県南陽市梨郷村下巻	銅	×	1	3	○	11
17	神楽山古墳	山形県南陽市梨郷村下巻	銅	×	3	2	×	11
18	中島平古墳	山形県南陽市梨郷村下巻	銅	×	○	×	×	11
19	牛森古墳	山形県米沢市万世町牛森	銅	×	3	3	○	12
20	いしあい火葬墓	福島県大沼郡会津高田町	石	×	3	5	2	13
21	賀台山６号墳	茨城県鹿島郡神栖町賀	銅	×	1	×	×	14
22	椎名崎古墳群	千葉県千葉市緑区椎名崎	銅	×	2	4	×	15
23	秋塚11号墳	群馬県沼田市秋塚町字前原	銅	×	長１	×	×	16
24	奈良ソ号墳	群馬県沼田市奈良町	銅	×	×	1	○	17
25	上庄司原４号墳	群馬県勢多郡富士見村上庄司原	銅	×	1	1	×	18
26	新山１号墳	群馬県勢多郡宮城村馬場	銅	○	2	3	×	17
27	上原古墳	群馬県伊勢崎市三和町上原	銅	×	3	3	×	19
28	本郷所在古墳	群馬県群馬郡榛名町本郷	銅	○	×	3	×	20
29	本郷的場Ｄ号墳	群馬県群馬郡榛名町本郷的場	銅	○	3	4	○	21
30	御部入８号墳	群馬県高崎市乗附町	銅	×	×	2	×	17
31	八幡１号墳	群馬県高崎市八幡町字四之市	銅	○	5	4	×	22
32	八幡４号墳	群馬県高崎市八幡町字四之市	銅	×	長１	×	×	22
35	御廟塚古墳	群馬県富岡市黒川字三谷	銅	○	山１	1	×	17
36	開拓１号墳	埼玉県本庄市大字下野堂字開拓	銅	×	2	3	×	23
37	五霊西12号墳	長野県佐久市大字入沢	銅	○	2	1	×	24
38	安塚８号墳	長野県松本市新村	銅	×	1	×	×	25
39	後谷原北Ｍ３号横穴墓	神奈川県中郡大磯町大磯	銅	○	×	3	×	26
40	西平１号墳	静岡県富士市伝法東西平	銅	×	4	4	○	27
41	一色 D35号墳	静岡県富士市神戸	銅	×	×	×	○	−
42	（伝）表佐村街道出土	岐阜県不破郡垂井町	石	×	9	4	○	3
43	西野山古墓	京都府京都市山科区西野山岩ヶ谷	石	×	2	2	×	28
44	堀切10号横穴	京都府京田辺市大字薪小字堀切谷大欠	銅	○	1	2	○	29
45	岡本山古墓（Ａ区５号墓）	大阪府高槻市岡本町字東山	銅	○	×	×	×	30
46	岡本山古墓（Ｂ区１号墓）	大阪府高槻市岡本町字東山	石	○	7	5	○	30
47	打出親王塚古墳	兵庫県芦屋市打出	石	×	2	2	○	31
48	墓尾古墳群ＢⅠ区土壙	大阪府東大阪市上石切町	石	×	3	1	×	32
49	田辺７号墳	大阪府柏原市	銅	○	×	×	×	33
50	土師の里Ⅰ区１号墓	大阪府藤井寺市道明寺	石	×	7	2	×	34
51	伽山古墳	大阪府南河内郡太子町大字太子	銀	○	山６	4	○	35
52	高山火葬墓	奈良県香芝市穴虫	銅	×	1	1	×	36
53	久安寺モッテン墓地 SX１	奈良県生駒郡平群町久安寺	石	×	5	4	○	37
54	島ノ山１号墳	奈良県北葛城郡新庄町山田	石	×	×	1	×	38
56	巨勢山古墳群ミノ山支群５号墳	奈良県御所市朝日町	石	×	×	1	×	39
57	笹尾古墳	奈良県大和郡山市小泉町	石	×	×	3	×	40
58	平尾山１号墳	奈良県天理市石上	銅					41
58	的場池古墳	奈良県北葛城郡当麻町竹ノ内	石	×	2	2	×	42

59	清水谷遺跡群２次14地点火葬墓	奈良県高市郡高取町大字清水谷	銅					43
60	檜前大内陵	奈良県高市郡明日香村野口	石					44
61	平吉古墓	奈良県高市郡明日香村豊浦小字平吉	石	×	1	×	×	45
62	横枕火葬墓	奈良県桜井市笠字横枕	石	×	4	2	○	46
63	五津西久保山	奈良県宇陀郡大宇陀町五津	石					47
64	河合古墳	大阪府岸和田市	銅	×	9	3	○	48
65	御殿口古墳	京都府竹野郡弥栄町鳥取中地岡	石	×		×	×	49
66	天満１号墳	和歌山県有田郡吉備町天満	銅	×	1	1	×	50
67	宮内７号墳	鳥取県東伯郡東郷町	銅	×	×	1	×	51
68	高広横穴墓	島根県安来市黒井田	石	×	1	×	×	52
69	団原古墳	島根県松江市山代町	石	×	×	1	×	53
70	波来浜古墳	島根県江津市波来浜	銅	×	4	1	×	54
71	用木１号墳	岡山県赤磐郡山陽町川本	石	×	×	1	×	55
72	酒津山山腹遺跡	岡山県倉敷市酒津	石	×	山２、丸４	24	×	56
73	横見１号墳	岡山県新見市横見	石	×	×	1	×	57
74	藤ヶ迫３号墳	広島県東広島市八本松町飯田	石	×	×	1	×	58
75	権地古墓	広島県広島市安佐南区祇園町大字平原	石	×	6	1	×	59
76	見島古墳群	山口県萩市見島本村	銅	○	8	3	○	60
77	見島１号墳	山口県萩市見島本村	銅	○	6	6	×	60
78	見島16号墳	山口県萩市見島本村	石	×	4	1	○	60
79	見島56号墳	山口県萩市見島本村	石	×	4	2	○	61
80	見島154号墳	山口県萩市見島本村	銅	×	1	×	×	60
81	見島欠番古墳	山口県萩市見島本村	銅	×	2	1	×	60

進された地域である。八世紀初めまで古墳や横穴墓が、墓制として残るが、被葬者が、古代国家の官人として葬られることはなかったと考えたい。つまり、郡司や中央の下級官人となったからといって、その衣装のまま古墳に葬られるわけではなかったのである。

いっぽう、日本海側の陸奥国（のちの出羽国）置賜郡では、これと異なる。すでに持統天皇二年には、『日本書紀』同年三月春正月甲寅朔条に「陸奥国優嗜曇郡」とみられるように城柵や郡家等の遺跡は、確認されていないが、置賜地域に柵が建てられ、評の編成が進んでいた可能性が高い。ここの複数の古墳に腰帯が副葬されたのである。それは、いまだ斑ら模様の編成にとまっていた陸奥国北部とは、まったく異なっていた。

この置賜地域の古墳になぜ腰帯が、八世紀末まで副葬されたのであろうか。

その答えは、古墳の横穴式石室にあった。置賜地域では、良質な凝灰岩が産出する。この凝灰岩を切石に加工し、横穴式石室に積み上げる。また、その平面形は、いわゆる直線胴となる。このような特徴の横穴式石室は、関東地方、とくに群馬県の終末期古墳に型式学的な共通点を認めることができる。この型式の横穴式石室は、群馬県（上毛野国）では、後の郡領クラスの古墳に用いられることが多かった。そして、この石室は、六世紀末から八世紀初頭の古墳に用いられた。

山形県置賜地域では、上毛野地域の截石切組積石室墳の消滅期に前後して、切石積み石室が登場する。おそらく、上毛野地域からの技術的な移転が図られたためと考えられる。つまり、置賜地域の古墳被葬者たちは、葬送にあたって、上毛野地域の古墳被葬者たちの造墓にかかわる技術や、腰帯を副葬するという文化を導入したのであろう。

ところで七世紀、上毛野地域に権力基盤を持つ上毛野氏は、古代国家の東国経営にあたってリーダー的存在であった。置賜地域が、この上毛野地域と古墳の造墓を通じて交流のあったことは、まったく矛盾のないことである。そこで、関東地方、とくに上毛野地域の腰帯出土古墳について先に考察を進め、置賜地域とのかかわりについて、再び東北地方の腰帯に立ち戻ることとしたい。

三　「東国」の腰帯

腰帯を出土した古墳の分布を調べると、興味深いことがわかる（図4）。東北地方と関東地方、畿内、遠く離れて山口県、鹿児島県に集中し、北陸地方、美濃国、遠江国以西の国々および西日本では、腰帯を出土した古墳の報告例が少ない。また、前述したように陸奥国南部から関東東部の諸国からの報告例もない。

信濃国、そして駿河国、相模国、武蔵国、上野国など、関東山地西部の山麓地帯から太平洋岸の海浜部にかけての地域で腰帯を出土した古墳が確認できるのである。これは、あたかも東関東から陸奥南部の緩衝地帯を除いているようにみえる。

また、信濃、甲斐、そして駿河以東は、養老年間以前の「東国」の範囲である。この地域は、東北地方の城柵地帯

畿内中心部拡大

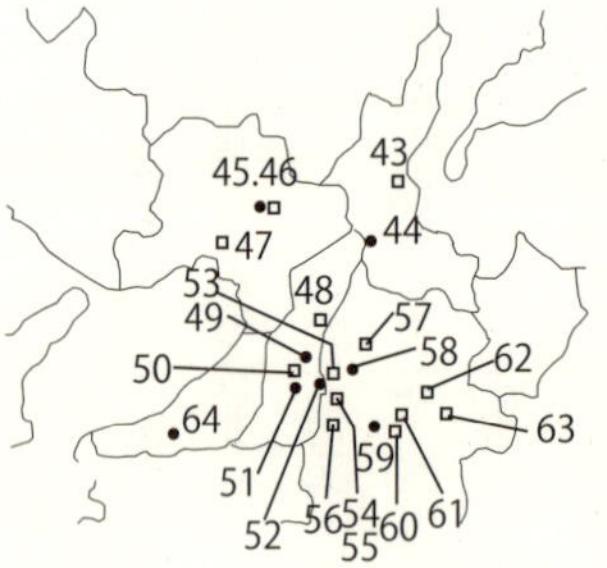

1丹後平29号墳
2熊堂古墳群
3熊堂古墳群
4縦街道古墳
5下釜古墳
6鳥矢崎2号墳
7白地5号横穴
8山根前2号横穴
9山根前5号横穴
10山田囲古墳
11亀井囲8号横穴
12岩野山1号墓
13岩野山6号墓
14湯ノ沢Ｆ16号墓
15湯ノ沢Ｆ36号墓
16二色根古墳
17神楽山古墳
18中島平古墳
19牛森古墳
20いしあい火葬墓
21賀台山6号墳
22椎名崎古墳群
23秋塚11号墳
24奈良ソ号墳
25上庄司原4号墳
26新山1号墳
27上原古墳
28本郷所在古墳
29本郷的場Ｄ号墳
30御部入8号墳
31八幡1号墳
32八幡4号墳
33名久田4号墳
34北川古墳
35御廟塚古墳
36開拓1号墳
37五霊西12号墳
38安塚8号墳
39後谷原北Ｍ3号
横穴墓
40西平1号墳
41一色D35号墳
42(伝)表佐村街道
43西野山古墓
44堀切10号横穴
45岡本山古墓
（Ａ区5号墓）
46岡本山古墓
（B区1号墓）
47打出親王塚古墳
48墓尾古墳群
ＢⅠ区土壙
49田辺7号墳
50土師の里
Ⅰ区1号墓
51伽山古墳
52高山火葬墓
53久安寺
モッテン墓地SX1
54島ノ山1号墳
56巨勢山古墳群
ミノ山支群5号墳
57笹尾古墳
58平尾山１号墳
58的場池古墳
59清水谷遺跡群
2次14地点火葬墓
60檜前大内陵
61平吉古墓
62横枕火葬墓
63五津西久保山
64河合古墳
65御殿口古墳
66天満1号墳
67宮内7号墳
68高広横穴墓
69団原古墳
70波来浜古墳
71用木1号墳
72酒津山山腹遺跡
73横見1号墳
74藤ヶ迫３号墳
75権地古墓
76見島古墳群
77見島1号墳
78見島16号墳
79見島56号墳
80見島154号墳
81見島矢番古墳
82片山18号墳
83篠振遺跡5号
火葬墓
84前田遺跡
85柿原古墳群
Ｄ地区7号墳
86西小原遺跡
87諏訪遺跡古墓
88新富2号
地下式横穴

図４　腰帯の出土した古墳・古墓の分布　　※●は金属製腰帯、□は石製腰帯をさす。

へ人々を供給した故郷であり、渡来人を含めた大規模な移住が行われたのもこの地域である。この地域の古墳で腰帯（完帯）[2]を出土した古墳は、一二基あり、時期別に記すと、以下のとおりである。

八世紀前葉（垂孔型式「大孔」）の腰帯を出土した古墳は、群馬県高崎市御部《おんべ》入《いり》八号墳、同市八幡中原一号墳、同市榛名本郷古墳、同市榛名的場D号墳、同県伊勢崎市上原古墳、同県富岡市御廟山古墳、同県桐生市新山一号墳、同県前橋市上庄司原四号墳、同県安中市北側古墳、同県中之条町名久田八号墳、埼玉県本庄市開拓一号墳、神奈川県大磯町後谷原北三号横穴、静岡県富士市西平一号墳などである。

続く八世紀中葉の事例はない。また、八世紀後葉から九世紀初頭（垂孔形式「細長孔」）の事例として、長野県佐久市臼田五霊西12号墳の一例に止まる。

つまり、五霊西十二号墳以外は、すべて八世紀前葉の腰帯なのである。この腰帯が出土した古墳は、神奈川県、静岡県を除くと、ほとんどが群馬県（上野）の事例となる。なお、一例だけ、埼玉県（武蔵）からの出土がある。この古墳（開拓一号墳）は、令制下の武蔵国賀美郡に属するが、古墳時代以来、群馬県南部の伊勢崎市（佐位郡）や藤岡市（緑埜郡）と積極的な交流があった地域であり、そうした歴史的背景から、武蔵国にありつつも古墳に腰帯を副葬したのだと考えられる。

以前、私は、この現象を群馬県に隣接する長野県佐久市の五霊西十二号墳を含め、八世紀前葉、官人の姿（服装）で埋葬される上毛野地域と共通した思考のなかでとらえようと考えた。それは、共通の墓（古墳）をつくり、共通の副葬品を納めることで結束されていた地域のまとまり（紐帯）と考えたからである。

長野県佐久地域や埼玉県北部を含む上毛野地域では、古墳時代後期、頸部に補強帯と呼ぶ凸帯を巡らせた須恵器の大甕（補強帯付大甕）が分布し、また、口縁部に複数の段を持つ土師器の食器（有段口縁坏）が同じ分布圏を描く。さらに奈良時代に入り、両者は消滅するが、古墓に蔵骨器として用いられた短頸壺（上野型短頸壺）も同じ分布圏をトレースする。これと、腰帯を古墳に埋納する事例が、共通の分布圏にあると考えたのである。

しかし、群馬県でもその北部、利根、吾妻地域は、有段口縁坏や補強帯付大甕などの消費は極めて限られ、上毛野地域の経済圏の枠外といえる。実は、この枠外の古墳、吾妻郡中之条町名久田八号墳からも腰帯が出土しているのである。名久田古墳群は、山間の小規模な群集墳であり、七世紀後葉から山間地の資源開発に伴って成立した集落を母体として形成された古墳群である。

ところで、上毛野地域の腰帯を出土した古墳は、意外にも名久田八号墳のような群集墳中の小規模古墳が多い。しかも山間地や山麓でも比較的高地に立地する古墳からの出土が多い。個々の古墳について、立地の説明は付け加えないが、腰帯を出土した古墳が、山間の高所や盆地の奥部など、比較的立地条件の悪い場所に立地せざるを得なかった背景には、遅れて開発に入った集団が、既存の集落の外縁地域に入植したためと考えたい。そして、彼らの営んだ古墳であるため、そのような立地となったのであろう。

つまり、腰帯を出土した古墳は、未開の山野に入植し、おそらく鉄生産や蚕糸、窯業などにかかわる開発を推進した集団の墳墓だったのである。七、八世紀、地域の開発に向けられたのが、渡来系の人々であり、上野国多胡郡、武蔵国高麗郡、新羅郡、下野国那須郡などは、彼らの移住と建郡が明確な事例である。

しかし、ここにあげた腰帯を出土した古墳は、かならずしも渡来系の集団や郡領クラスの古墳などではない(3)。むしろ集落の上位集団を被葬者とすべきような古墳である。古代国家の官人として、衣服制に基づく朝服を身に纏う被葬者としては、とても不釣り合いな古墳である。

このことは、古代国家が、前方後円墳の系譜につながるような大型古墳の被葬者、たとえば郡領や官人としただけではなく、こうした群集墳に葬られた人々までも、下級官人に組み込んだと考えられる。また、こうした群集墳に葬られる人々につながる人々が、壬申の乱や征夷などで功を挙げて、一代を限り上昇したとも考えられる。

しかし、山間の小古墳の被葬者が、個人の努力で位階を得、朝服を身にまとい儀式に参列したとはとても考えられない。仮にそうだとしたら、群馬県に集中する点や八世紀前葉に集中する点は理解できない。もっと他の地域にも、その後の古墳からも出土するはずである。

では、なぜか。それは、東国の腰帯出土古墳の被葬者が、陸奥国北部や出羽国置賜地方の腰帯出土古墳の被葬者たちと、密接にかかわっていたからと考えるのが理解しやすい。つまり彼らは、令制下の官人として位を得、衣服令に則った衣装をまとった俘囚たちであったと考えるのである。

そして、彼らが腰帯を獲得したのは、都城における朝賀などで腰帯が必要となったから、あるいは朝服、または制服を賜与されたからと理解したい。のちに『続日本紀』神護景雲三年（七六九）正月七日条の「蝦夷に緋袍を人ごとに一領を与える」とある記事は、このような考古学的な事例を反映しているのであろう。

おそらく、八世紀前葉、蝦夷たちを先導し、上京した人物は、上毛野氏であり、ふたたび陸奥国北部や出羽国置賜地方に帰った者たちのほか、上毛野氏の経済的政治的拠点であった上毛野国や、その周囲に移住し、俘囚となった者たちがいたことも考えられる。なお、『倭名類聚抄』によると、上野国西部の碓氷郡、甘楽郡、緑埜郡に俘囚郷をみることができる。

また、腰帯の出土古墳は、蕨手刀、和同開珎、横刀などを共存、または同一群集墳内にこれらを副葬する古墳が多くみられる。この点も陸奥国北部や出羽国置賜地域と、上毛野地域の古墳は共通する。副葬品、古墳の構造、規模などあらゆる点で共通点が多いのである。

そう考えると、長野県佐久市の五霊西十二号墳で八世紀末から九世紀初頭の腰帯が出土したことは、陸奥国北部や出羽国置賜地域との共通点で理解することができる。つまり、五霊西十二号墳を俘囚の墓とすることで、八世紀後半から九世紀初頭の腰帯を副葬していた東国唯一の古墳が理解できるのである。

すべての古墳出土の腰帯（完帯）を俘囚とかかわり考えるわけではないが、官人が、衣服制に則った衣装で埋葬されたとしたならば、美濃、遠江以西の東国、北陸地方、畿内、そして西日本各地の古墳でも腰帯を副葬した古墳がさらに発見されるはずである。にもかかわらず、銀装の腰帯を副葬した大阪の伽山古墳のほか、大阪府和泉市河合古墳、京都府堀切一号横穴などごくわずかな例が知られているにすぎない。なお、西日本では、山口県ジーコンボ古墳群を除き、完帯の腰帯は、鹿児島県新富二号地下式横穴から出土しているだけである。(4)(5)

四　古墓から出土する腰帯

古墳から系譜を引く群集墳や末期古墳などと異なり、奈良時代以降、仏教の影響を受けた火葬墓や蔵骨器などの新しい形式の墓が登場する。これらを総括して古墓と呼ぶが、この新しい形式の墓にも腰帯が、埋納、または副葬された。大阪府羽曳野市の伽山古墓や福岡県太宰府市の篠振古墓などでは、金属製の腰帯が出土したが、古墓から出土する腰帯の大半は、石製の腰帯（石帯）である。

それは、古墓に腰帯を埋納することが一般化するのが、平安時代に下るからである。元来、衣服令の精神は、五位を境とした人間集団の弁別にあった。五位以上と六位以下を金銀装腰帯と烏油腰帯（銅製）で区別する。それが、長岡京期以前の段階から石製腰帯の生産、使用が開始されると、大同年間に銅製腰帯の雑石製腰帯への転換を促す法が整備され、平安時代以降、石製腰帯が、官人の腰を飾るという歩みをたどる。

そして、石製腰帯を出土する古墓が、畿内、西日本を中心に造墓される。これは、平安時代の官人が、西日本と東日本では、異なった埋葬の考え方をもっていたこととなる。ただし、東日本にも石製腰帯を埋葬した古墓が、数例存在する。福島県会津美里町のいしあい火葬墓、秋田県秋田市の湯ノ沢F三六号墓、秋田県南秋田郡五城目町の岩野山一号墓と六号墓、そして岐阜県不破郡垂井町の表佐村街道の四遺跡五例である。

これらは、福島県や秋田県などに分布し、太平洋側は、岐阜県の一例だけである。事例がとても少なく、共通項を見出すことは難しいが、秋田県の二例は、秋田城に比較的近く、また岐阜県例は、美濃国府の近くからの出土であることを踏まえると、城柵や国府とかかわりの深い官人が、古墓の被葬者である可能性が高い。

しかし、国府の官人が、国府近郊の葬地に埋葬されるとき、必ず石製腰帯を付けていたならば、どこの国府近郊の官人葬地からも石製腰帯が、出土してもおかしくないはずである。しかし、そうした例がとても少なく、東日本では、この四例に尽きることを考えると、きわめて特殊な事例ということがいえる。

なかでも秋田県の事例は、秋田市の秋田城の近くに造墓された遺跡である。平安時代前期、元慶の乱などとかかわり成長し、官位を手にしたか、腰帯を下賜された蝦夷の墓とされる。両者とも単独墓ではなく、複数のこの点から下向した国司や城司、あるいは鎮守府の官人の墓とは考えられない。腰帯の出土した湯ノ沢F三六号墓や岩野山一・六号墓は、同一の墓域に同一の形式の墓を継続的に営む群集墓の一つであり、「家族」墓的な群を構成する古墓のひとつから石製腰帯が出土している。おそらく、在地に根付く蝦夷の墓と考えたい(6)。

なお、秋田市の湯ノ沢F古墓群は、金属製腰帯を出土した六号墓、石製腰帯を出土した三六号墓がある。同一古墓群内に金属製腰帯と石製腰帯を副葬する古墓があるのは、東日本では、稀有なことだが、西日本では、大阪府高槻市岡本山古墓群、山口県萩市ジーコンボ古墳群などにもみることができる。

元来、腰帯は、衣服令に則り、個人の一代（一世）に限って認められる装身具である。たとえ蔭位によって五位が保証される人物であっても、位を賜わる以前は、無位からのスタートであることを考えると、腰帯が、子弟に伝世されても儀式空間などで使用された可能性は低い。

このようなことから、秋田県の事例は、蝦夷が、特殊な事情のもとに獲得した装身具であり、岐阜県の事例は、美濃国へ下ったか、あるいは美濃国から出仕した官人の墓と、考えておくこととしたい。

ま と め

日本の古代国家は、大陸や半島の先進的な統治技術を学び、七世紀以来、次第にその体裁を整えていった。国家に奉仕する官人の社会も「色」による序列で構成された。衣服の色や装身具、持ち物の色も「衣服令」で細かく決められ、その秩序は、国内津々浦々まで浸透していた。

国家未編入の地域を含む陸奥国や出羽国は、城柵を築き、郡を立て、蝦夷たちと対立、懐柔を繰り返していた。そうしたなか、地域を代表して都に上った蝦夷たちは、官人の象徴である衣服を賜い、都の儀式に参加したことは、地域にとっても、かれらにとってもとても栄えあるできごとであったと考えられる。だからこそ、腰帯を獲得した蝦夷たちは、腰帯をつけて、あるいは副えて、末期古墳に埋葬されることを望んだのである。

このような陸奥や出羽の蝦夷たちの一方、上毛野地域では、八世紀前葉、腰帯の出土する小古墳がみられる。この古墳は、山麓の高所や、盆地の奥部などに展開した群集墳中の一古墳である。こうした地域は、七世紀末まで触手の伸びなかった地域であり、あらたに入植した人々によって開発された地域である。その入植者たちの一人が、腰帯を獲得していた。

この腰帯の持ち主が、末端の官人として組み込まれていたのか、征夷や壬申の乱などで「位」を獲得したのかは、明らかではない。しかし、この腰帯を埋納、または副葬、あるいは装着して葬るという行為は、いわゆる「上毛野地域」に限定された行為である。

地方の豪族は、七世紀以降、位を得て郡司や下級官人となっていたのであるから、どこの終末期古墳にも腰帯が服装されてもおかしくはないはずである。ところが、腰帯を埋葬する古墳は、関東地方以西では、上毛野地域に集中する。これは、上毛野地域と東北地方が、地域支配や東北経営といった点において、特殊な関係を構築し続けていたことが大きい。上毛野地域で出土した腰帯の一部は、東北地方から来た俘囚たちがしめていたのかもしれない。

ただし、上毛野地域の腰帯出土古墳のすべてが、蝦夷とかかわるともいえない。それは、古墳時代後期の大形前方後円墳を含む古墳群の古墳から、腰帯が出土する場合もあるからである。たとえば、高崎市八幡観音塚古墳や同市二子塚古墳などを含む八幡古墳群の一基、八幡一号墳からの出土、富岡市堂山稲荷古墳をふくむ郷戸古墳群の御廟塚古墳などである。両古墳の被葬者には、六世紀以来、伝統的な地域支配を続けた家の系譜が、脈々と続いており、かれらは、おそらく上野国片岡郡や甘楽郡の郡司、あるいは中央の下級官人となって、腰帯を獲得し、その姿で古墳に葬られたのであろう。

ところで、東北地方北部や北海道からも、しばしば腰帯が出土する。この古代国家に編成されていない地域では、墓から完帯の腰帯が出土したことはまったくない。巡方や丸鞆などが、一、二点集落から出土するだけである。最北端の腰帯が出土した遺跡として、北海道余市町の大川遺跡を紹介した。

文献史料からも道南地域の人々と、陸奥北部の人々が、盛んに交流していたことは明らかであるが、より奥地の余市町の人々と交流し、しかも大国の国司と交流のあった人物がいたことは、驚きであった。彼は、巡方を帯金具として持っていたのではなく、金色に輝くペンダントかブローチのような感覚で、あるいは威信財としてもっていたのである。

こうした腰帯に対する感覚は、腰帯が衣服制に則って作られた手工業製品であるという、第一義的な使用目的とは別に、当たり前なことであるが、官人たちにも装飾品に対する価値の感覚あり、それを与えられた人物にも同様の感覚があったと考えたい。大川遺跡の小さな腰帯は、大陸と列島を結ぶ結節点に当たり、このような交流の窓口に列島の王権が触手を伸ばしていた事実を語っていたのである。

註

（1）北海道の渡島半島や津軽海峡、さらに岩手、青森県北部に住む蝦夷たちは、一連の腰帯を付けて墓に葬られることはなかった。
（2）完帯にこだわるのは、被葬者が完帯を付けるということ、すなわち官人として官人の衣服をまとって古墳に葬られたことを示すからである。あるいは、完帯を筥や曲げ物などの容器に納めて副葬したとしても、それが官人の表象として意義を失わないからである。
（3）唯一、群馬県前橋市上庄司原4号墳は、完帯の腰帯が出土した截石切組積み石室の古墳である。前述したように截石切組積み石室は、上毛野地域の郡領クラスの古墳に用いられた型式の横穴式石室である。ただし、上庄司原古墳群は、赤城山南麓でも高所に営まれた古墳群であり、肥沃な平野地帯の古墳群ではない。また、完帯といっても巡方一点、丸鞆二点が出土したのに過ぎないことから、他の完帯出土古墳とは異なる。
（4）ジーコンボ古墳群についても、俘囚とのかかわりを考えられないだろうか。岩手県の江釣子古墳群や西根古墳群、熊堂古墳群などの末期古墳と共通する埋葬主体部、蕨手刀、和同開珎など共通点はとても多い。ジーコンボ古墳群は、防人の墓という考え方もある。しかし、東国一円にジーコンボ古墳群と共通した同時代の同型式の埋葬主体部が存在するかというと、その限りではない。
（5）新富二号地下式横穴の事例は、隼人の朝賀とかかわり考えることができよう。
（6）金属製腰帯を副葬した古墳のある北上川流域や宮城県北部、山形県置賜地方などでは、継続する末期古墳や古墓から石製腰帯の出土をみることはできない。九世紀に入り、国家の蝦夷政策は、大きく転換する。こうした歴史的背景が、古墓に石製腰帯を埋納する行為を停止させたと理解したい。

参考文献

青　森　県　二〇〇五『青森県史』「第2章第五節1．古代の交易と交流」（文献1）
秋田市教育委員会　一九八六『秋田市新都市開発整備事業関係埋蔵文化財発掘調査報告書』「湯ノ沢F遺跡」（文献10）
阿部義平　一九七六「銙帯と官位制について」『東北考古学の諸問題』
生江芳徳　一九七一「新編会津風土記にみるいしあい出土の遺物について」『福島考古』第一〇号（文献13）

石川恒太郎　一九七三『地下式古墳研究』
伊勢崎女子高校地歴部　一九六八『上原古墳発掘調査報告書』（文献19）
伊藤玄三　一九六八「末期古墳の年代について」『古代学』一四巻三・四号
伊藤玄三　一九八四「八世紀の銙帯に示される授位」『法政史学』第三六号
岩手県立博物館　一九九〇『岩手県熊堂古墳群・浮島古墳群発掘調査報告書』（文献2）
上野利明　一九七九「宅地造成工事に伴う墓尾古墳群隣接地の試掘調査」『調査会ニュース』No.一一・一二東大阪市遺跡保護調査会（文献32）
氏家和典　一九八〇「古墳時代と亀井囲横穴古墳」『松山町史』（文献8）
臼田町教育委員会　一九八八『御霊西一二号古墳』（文献24）
大阪府教育委員会　一九九〇『土師の里遺跡　盾塚・珠金塚・鞍塚古墳他発掘調査概要』（文献34）
大阪府教育委員会　一九八二『伽山遺跡発掘調査概要Ⅱ』（文献35）
岡垣町教育委員会　一九七八『片山古墳群』
岡山県教育委員会　一九七七『中国縦貫自動車道建設に伴う発掘調査』九（文献57）
亀田　博　一九八三「銙帯と石帯」『考古学論叢』関西大学考古学研究室
柏原市教育委員会　一九八七『田辺古墳群・墳墓群発掘調査概要』（文献33）
神奈川県立博物館　一九六九『後谷原北横穴群』神奈川県立博物館発掘調査報告書第三号（文献26）
神栖町台・台山遺跡調査会　一九八九『神栖町内遺跡発掘調査報告書』Ⅰ（文献14）
岸和田市　一九七九『岸和田市史』第一巻（文献48）
吉備町教育委員会　一九九四『天満一号墳（泣沢女の古墳）』（文献50）
京　都　府　一九二〇『京都府史蹟勝地調査会報告』第二冊（文献28）
京　都　府　一九二七『京都府史蹟勝地調査会報告』第八冊（文献49）
群馬県史編纂室　一九八一『群馬県史』資料編三（文献17）
（財）群馬県埋蔵文化財調査事業団　一九九〇『本郷的場古墳群』（文献21）
小井川和夫　一九九一「桃生町山田古墳群、矢本町矢本横穴群出土遺物」『東北歴史資料館研究紀要』第一六、一七巻（文献7）

江津市教育委員会　一九七三『波来浜遺跡発掘調査報告書』（文献54）
佐藤興治　一九八三「律令制の時代」『季刊考古学』第五号
山陽団地埋蔵文化財調査事務所　一九七五『用木古墳群』（文献55）
島根県教育委員会　一九八九『風土記の丘地内発掘調査報告書Ⅵ』（文献53）
島根県教育委員会　一九八四『高広遺跡発掘調査報告書』（文献52）
當麻町教育委員会　一九八二『的場池古墳群』（文献42）
高崎市教育委員会　一九八九『八幡遺跡』高崎市文化財調査報告書九一集（文献22）
高槻市教育委員会　一九八五『昭和56・57・58年度高槻市文化財年報』（文献30）
武田佐知子　一九八四『古代国家の形成と衣服制』
太宰府市教育委員会　一九八七『篠振遺跡』
田中広明　二〇〇三『地方の豪族と古代の官人』柏書房
田辺市教育委員会　一九八九『田辺町文化財調査報告書』第一一集（文献29）
（財）千葉県文化財センター　一九九六「県内出土青銅製品の集成」『研究紀要』一七（文献15）
鶴島俊彦　一九九五「古代」『須恵村誌』須恵村
帝室博物館　一九三七『天平地宝』（文献3）
東京国立博物館　一九八三『東京国立博物館目録』古墳遺物編　関東Ⅱ（文献20）
東　郷　町　一九八七『東郷町史』（文献51）
東北学院大学　一九七二「鳥矢崎古墳群発掘調査概報」『温故』七号（文献4）
富　岡　市　一九八七『富岡市史』自然編、原始・古代・中世編
中田町教育委員会　一九七八『白地横穴古墳群』（文献5）
奈良県教育委員会　一九五五『奈良県史跡名勝天然記念物調査抄報』五（文献46）
奈良県史編纂委員会　一九八九『奈良県史』第三巻（文献44）
奈良県内市町村埋蔵文化財技術担当者連絡協議会　一九九三『平成四年度奈良県内市町村埋蔵文化財発掘調査報告会資料』（文献43）
奈良県内市町村埋蔵文化財技術担当者連絡協議会　一九九五『平成六年度奈良県内市町村埋蔵文化財発掘調査報告会資料』（文献36）

奈良県内市町村埋蔵文化財技術担当者連絡協議会　一九九六『平成七年度奈良県内市町村埋蔵文化財発掘調査報告会資料』（文献41）
奈良県立橿原考古学研究所　一九八三『奈良県遺跡調査概報』一九八一年度（文献40）
奈良県立橿原考古学研究所　一九八四『奈良県遺跡調査概報』一九八三年度（文献39）
奈良県立橿原考古学研究所　一九九五『久安寺モッテン遺跡』（文献37）
奈良県立橿原考古学研究所　一九七九『奈良県遺跡調査概報』一九七八年度（文献47）
奈良県立橿原考古学研究所　一九九四『奈良県遺跡調査概報』一九九三年度（文献38）
奈良国立文化財研究所　一九七八『飛鳥藤原宮発掘調査概報』八「平吉遺跡の調査」（文献45）
奈良国立文化財研究所　二〇〇二『銙帯をめぐる諸問題』
奈良修介ほか　一九六一「秋田県南秋田郡五城目町岩野山古墳」『秋田考古学』第一九号（文献9）
西谷　正　一九九七「九州出土の銙帯・石帯地名表」『人類史研究』九
沼田市教育委員会　一九九〇『秋塚古墳群Ⅱ』（文献16）
広島県教育委員会　一九七一『広島県文化財調査報告』第九集（文献58）
広島市教育委員会　一九八四『九郎杖遺跡・権地遺跡発掘調査報告』（文献59）
福岡県教育委員会　一九九〇『九州横断自動車道関係埋蔵文化財調査報告』一九
富士市教育委員会　一九八三『西平第一号古墳』富士市埋蔵文化財調査報告書第一集（文献27）
富士見村教育委員会　一九九一『陣場・庄司原古墳群』（文献18）
本庄市遺跡調査会　一九九七『旭・小島古墳群　開拓一号墳』（文献23）
埋蔵文化財研究会　一九八三『古代・中世の墳墓について』
松本市教育委員会　一九七九『松本市新村安塚古墳群緊急発掘調査報告書』（文献25）
村川行弘　一九七九「親王塚・親王寺所蔵遺物の再検討」『考古学雑誌』六五巻三号（文献31）
山形県教育委員会　一九五三『山形県の古墳』山形県文化財調査報告第四集（文献11）
山口県教育委員会　一九六四『見島総合学術調査発掘調査報告書』（文献60）
山口県文化財愛護協会　一九八三『見島ジーコンボ古墳群』（文献61）
余市町教育委員会　一九九〇『一九八九年度大川遺跡発掘調査概報』

横穴談話会　一九七七『山根前横穴古墳群』（文献6）
米沢市教育委員会　一九七六『米沢市八幡原中核工業団地造成予定地内埋蔵文化財調査報告書』第二集（文献12）
脇本　裕　一九八一「倉敷市酒津山出土の石帯」『倉敷考古館研究集報』第一六号　倉敷考古館（文献56）

第Ⅱ部　土器を巡る諸問題

本州北端の刻書土器

――北方域の研究史と系譜――

利部　修

はじめに

十世紀の青森県域は、その前後の時期も含んで漢字や記号を記した刻書土器が多量に出土し全国的にも注目される地域である。それは、青森県域が日本列島の律令制下で繁栄した墨書土器に代って、刻書で記した刻書土器（土師器・須恵器）が主役を担ったことによる。刻書土器が墨書土器を大きく凌ぐ現象は、青森県域や北海道域では墨・硯・筆・紙等の文房具が普及していなかったことを示しており、漢字を使用する識字層が律令制下の地域に比べて極端に少なかったことを物語っている。

青森県域や北海道域は、中央政府が支配領域拡大の本拠地とした城柵設置地域の北方にあり、律令制下の直接的な支配の及ばない地域であった。しかし青森県域は同時に、秋田県の秋田城や払田柵跡、岩手県の胆沢城や志波城・徳丹城の支配領域と接する地域でもあり、北海道と比較すると律令制下の文物や精神文化を享受しやすい地理的環境にあったことも確かである。律令政府の北方支配戦略が、九世紀初頭以降懐柔政策に転換したことも、その後の交流を徐々に促進させることになった（笹山一九八〇）。

一方、北海道域では擦文土器が濃厚に分布し（大沼一九九六・中田一九九六）、その南域は岩手県や秋田県にまで達する。青森県域では多くの擦文土器が見つかっており（三浦一九九一）、北海道との関係の強さが推し量られる。北海道と青森県域は土師器・須恵器・擦文土器が混在するが、擦文土器が主体を占める北海道に対して、土師器・須恵器が主体を占めるのが青森県域である。つまり青森県域は、列島各地の土師器・須恵器を使用した文化と擦文土器を使用した文化の橋渡しを担った地域と言える。北海道全域に広がりのある須恵器と青森県域の集落から多量に出土する須恵器が、共に日本列島最北端とされる青森県五所川原窯跡群から供給されていることは、そのことを象徴している。特に、刻書を施した須恵器の多くはそれらの窯跡で生産されていた(1)。

本論では、以上の地理的・歴史的背景を基礎に据えて、本州北端における刻書土器の一系譜について論じるが、本州北端と北海道の刻書土器研究の推移を整理することも課題にしている。その際刻書土器を、文字・記号・絵画等を記した土器と定義するが、文様を主として同心円状に展開させる土器には沈（刻）線文土器の表記を用いたい。従って、刻書土器を土器の種類別に刻書土師器・刻書須恵器・刻書擦文土器等と表記する。

一　日本列島北域の刻書土器研究

一九三一年、新岡武彦は土器底部に記された形に、記号としての意義を見出した（新岡一九七七）。氏は土器底部記号・畚部記号（洞窟遺跡）・樺太出土土器文様とアイヌのイカシシロシ（髭揚箸や墓標等に刻んだ記号）の実測図を掲載し、古代文字論を展開する中で石器時代土器底部記号として触れている。しかし、土器底部に記された形は、図から判断して木葉痕の可能性がある。いずれにしても北海道・東北を通じて土器記号に着目した最初の論考であろう。刻書土器の記号が本格的に論じられるようになったのは、この後約三〇年を経た擦文土器においてである。

北方域刻書土器の研究は、主として青森県域中心の土師器・須恵器と北海道域中心の擦文土器とで独自に進められてきており、以下に一九六〇年代以降の研究を瞥見して両者を分けて記述する。年次順に解説し発掘調査報告書の簡易な考察等は基本的に取り上げない。

1　土師器・須恵器

一九七五年新谷武は「青森県前田野目砂田遺跡出土の篦書土器について」を発表した（新谷一九七五）。これを契機に、青森県域を中心にした刻書土器が注目されてきた。D二地点の須恵器窯跡から出土した四八点の刻書土器について一覧表を作成し、刻書を不安要素を含んだ文字（漢字）と記号に分けた解釈を示した。そして、中国古代の刻書土器資料や「×」が降魔招福を意味することを紹介し、窯跡資料を工人の印と解釈した。その後、須恵器窯跡・集落調査の増加と共に刻書土器が注目されていく契機になった。

一九八六年、佐伯有清は「刻字土器「夫」の意義」を発表した（佐伯一九八六）。土師器杯の「夷」の字について、「夷」と表記する場合のあること、またその右に膨らみのある三画目が、「佛」で「併」と表記されたように「一」で表記される例が知られることから、「夫」を「夷」の異体字と考えた。そして、国史の蝦夷関連記事から「夫」と刻字されているサクシュコトニ川遺跡出土の土師器は、そうした饗宴の場で用いられたものが、「渡島蝦夷」の手によって、「本郷」すなわち北海道に持ち帰られたのであろう。」とした。この後、小口雅史・宮宏明・鈴木靖民等の肯定論者が資料を追加したのに対して（小口一九九三・宮一九九六・鈴木一九九九）、荒木陽一郎・戸根貴之等は可能性を残しつつも否定的な立場をとった（荒木一九九〇・戸根一九九九）。

二〇〇一年、平川南は「夫」に関する一連の論考を総括して「青森市野木遺跡出土の「夫」墨書土器」を発表した

（平川二〇〇二）。野木遺跡の墨書土器「夫」の五点に言及して、「夷」と解釈する通説に再検討を行った。佐伯による先の論拠を整理して、土器に文字を記す本来的意義（①）、日本列島全体の墨書・刻書土器の流れの中の位置付け（②）、土器と瓦に記された文字の区別（③）、墨書と刻書は区別して論ずべき（④）、の四視点で論を進めた。この四つの視点は、日本列島の刻書土器研究の指針と言えるものであろう。古代列島の一般集落跡における墨書土器の広がりを「祭祀行為いわば神や仏への信仰として広がり」とする考えを前提に、「土器に御馳走を盛り、神や仏にたてまつるという行為そのものの説明として記された」ものと理解した。刻書の字形変化の差別化や製作者の識別表現記号の可能性を指摘した上で、刻書「夫」を「夷」と観るよりも「奉」の記号化された字形と解釈すべきと論じた。前年には、「夫」を中心にした研究発表会が実施されている（青森市教育委員会二〇〇〇）。

二〇〇三年、長内孝幸は「青森県内出土の刻書・墨書土器」を発表した（長内二〇〇三）。土師器・須恵器のうち、一部を除く二〇〇二年までの刻書や墨書を実測・拓本図で表現した資料集で、九三遺跡八四六点（刻書七二二点、墨書一二四点）が掲載されている。青森県出土刻書土器の実態が分布図も添えられて明らかになった労作である。氏は刻書「十」「×」が多く認められること、刻書「十」「×」「一」「＝」等画数の少ない類が工人の印に好都合であること、刻書の漢字は運筆が比較的しっかりしていること等を指摘した。

同年、藤原弘明は『五所川原須恵器窯跡群』の「ヘラ記号について」の項目で、五所川原須恵器窯跡群出土の刻書土器を総括した（藤原二〇〇三）。同書の刻書資料一八三点が実測図に表されているのみならず、拓本で客観的に観察できること、また集落出土資料を同定し得る窯跡資料である点において、生産と流通に関する基礎的文献である。氏は、窯ごとの刻書は多様であるが、縦に一～三条引いてあるものがどの時期を通じても多く認められるとした。また、刻書が記される位置と器種の関係を、杯は体部下半もしくは底部、鉢は頸部～体部、壺・甕は頸部～肩部とし、壺・甕は「MD七号窯までは頸部に記されるのが殆どであるが、MD三・一六号窯の時期になると頸部直下の体部に記される個体が優勢を占める」と述べている。

二〇〇八年、青森県が『青森県史資料編　古代二』を刊行した（青森県二〇〇八）。同書の「第Ⅰ部　青森県出土文字資料」・「第Ⅱ部　古代北方地域出土文字資料（二）」は、東北六県に新潟県と北海道の出土文字資料を加え集成したもので、遺跡ごとの墨書・刻書土器について釈文・記銘方法・器種・記銘部位と方向・時期・出土遺構の項目を揃え出典を添えた画期的な基礎文献である。まさに青森県内における積年に亘る発掘調査資料の蓄積が結実したものと言えよう。その中で、鐘江宏之は墨書・刻書土器について概観し「青森県域では平安時代に入ってから墨書土器や刻書土器が広く見られるようになり、八世紀までの段階では、まだ文字を墨書する技術が広まっていなかったと見られる。九世紀以降に、刻書の事例が大量に増えるのは、ヘラ記号の書かれる割合が多い五所川原窯産の須恵器が広く分布するようになった結果であろう。」と述べている。また、同書で藤原弘明は五所川原須恵器窯跡群の刻書土器について述べ、窯固有の漢字や記号を摘出している。前年には、平山明寿が「青森県の出土文字資料」を発表し、青森県の墨書・刻書土器の図を網羅しており（平山二〇〇七）、二〇〇〇年の後半には刻書土器研究の大きな進展が見られた。

以上の他にも、発掘調査資料で得られた刻書資料を墨書資料と共に報告書で纏め、遺跡ごとの解説や考察を行っている事例は多くみられる。

2　擦文土器

一九六〇年、桜井清彦は九点の資料を掲載してアイヌのイトクパやシロシとの関連を推定した（桜井一九六〇）。奥尻島青苗貝塚の調査で、擦文土器と骨角器に記された刻書記号を見出し、後に札幌西高校郷土研究部所蔵（昭和二十五年発見）の同遺跡資料（木村・斎藤一九五九）を確認し得られた成果であった。イトクパは「イナウの頭部や胴部に刻まれてその家の血統を示す大切な記号とされ、また日常品や矢、銛などに刻して家や個人の所有をあらわす記号とされている。」とし、イトクパは元来刻み目シロシは日本語の印であり、「その刻み目は神印ともなり所有印ともなったのであろう。そ初原的なものが、この擦文土器に刻された記号ではないだろうか。」と述べた。擦文土器の刻書記号とアイヌの記号の関係に初めて言及した論考である。

一九八六年、宇田川洋は「擦文文化の刻印記号」を発表した（宇田川一九八六）。刻書記号を「擦文土器の底部の底面に焼成前に刻まれた記号状あるいは時には絵画状のもの」と定義し、北海道の刻書記号を集成した。資料は土師器五点を加えた二六二点で、土師器四点を含む二五八点の底部が拓本や実測図で掲載されている。これらをⅠ：一本の直線が基本のもの、Ⅱ：×もしくは十形が基本のもの、Ⅲ：円形を基本とするもの、Ⅳ：星形を基本とするもの、Ⅴ：ジグザグ文を基本とするもの、Ⅵ：文字状のもの、Ⅶ：弧を組合わせたもの、Ⅷ：絵画的なもの、とⅠ～Ⅷまで大きく分類しさらに細分化した。資料の多い青苗貝塚（九四点）・高砂遺跡（八五点）・札前遺跡（五二点）の分類別項目の出現頻度を検討した結果、高砂遺跡でⅡａが飛び抜けて多い点、それぞれの遺跡でⅡ→Ⅰ→Ⅲ群の順で多かったことが確かめられた。そして年代を擦文前期後半～後期後半の九世紀後半～十二世紀位に想定し、北海道西部に偏在する点を強調した。底部記号を集成・分析し、以降の刻書擦文土器研究の基礎資料となった。

同年、松下亘は「擦文式土器の刻印について」を発表した（松下一九八六）。擦文土器一四遺跡の刻書資料を集成し、高砂遺跡・札前遺跡・青苗遺跡・豊富遺跡・その他の遺跡の模式図を示して対比した。九三種類の図から、直線で構成された四種類の刻書に注目している。二本の直線が直行する刻書、二本の直線が斜交する刻書、これらを合成したような刻書、斜交する二本の線に縦線を加えたような刻書、である。これらの遺跡ごとの出現率を表化し、四種類の刻書が高い出現率であること、高砂遺跡・札前遺跡・青苗遺跡で多く出土すること等を指摘した。また、二本の直線が斜交し四つの先端に返りが付く形を基本形に、バリエーションをもつ刻書（七種二〇点）が高砂遺跡で特徴的に出土することから「高砂パターン」を、直線の両端に単線による矢羽状の刻書が多様化したようなバリエーションを持つ刻書（四種一〇点）が青苗遺跡で特徴的に出土することから「青苗パターン」を、それぞれ提唱した。その他、高砂遺跡の刻書の推移、北海道・東北地方の土師器・須恵器底部の刻書記号との関連、分布の問題、刻書擦文土器の発生と刻書の意義等、多角的な分析視点で論述し、擦文土器の刻書を祭事に用いた記号と結論付けた。擦文土器刻書記号の発生を本州の刻書土師器・刻書須恵器と関連付けた点は重要である(2)。

一九八九年、瀬川拓郎は旭川市域の擦文時代の集落の分析から、サケの大量捕獲と雑穀栽培の食料生産を前提に、鉄関連遺構による専業的工人に関わる分業性を論じ、鍛冶工人を持つ集団とそうでない集団に社会的な格差が生じ徐々に集団間関係の変容を導いたとした。鉄製品を含む本州産品の需要の高まりが、北海道日本海沿岸の交易を活発にし、そこに日本海沿岸集団を想定した。そして、底面に刻書をもつ擦文土器が北海道の日本海側に濃い分布を示すのは、日本海沿岸集団が深く関係した結果であるとした（瀬川一九八九）。さらに「擦文時代に出現した日本海沿岸集団も、本州との活発な商品交換の基地であるにとどまらず、大陸・カラフトとの山丹交易の中継として成立した集団である」と指摘した。刻書土器を商品流通の交易に結びつけた新たな視点として注目される。

一九九四年、宇田川洋は擦文文化の土器底部にある刻書について論じ「北方地域の土器底部の刻印記号論」を発表した（宇田川一九九四）。前掲論文の分布域を、日本海岸北方地域・石狩川上流地域・石狩川下流域と千歳川流域さらに小樽や余市を加えた地域・日本海岸南方地域の四つの地域に分け、北海道西部日本海沿岸でも石狩湾を上陸した地域に遺跡数が多いと論じた。そして、北海道の資料集成を前提に日本海を挟んだ大陸沿岸地域にも目を注ぎ、九～十三世紀頃の女真文化から金代、十二世紀～後期青銅器時代の例を模式図で示し北海道との共通性を探った。また、中国における四世紀初頭～五世紀前半からの諸例を紹介し文字や記号の多様な在り方を諸論文と模式図を提示しながら論じた。さらに、フゴッペ洞窟資料と古代ルーン文字の近年の再評価から、擦文土器の底部にある刻書は、古代ルーン文字と直接結び付けられないが「直接に日本海を渡った文化交流があったと考えることもあながち無理とはいえない」と結んでいる。宇田川よって、北海道の資料が集成され（宇田川一九八六）、大陸の資料が多く提示されたことで、北海道と大陸との理解が大きく深まった。ただし本州島との関連はまだ希薄であった。

二〇〇四年、瀬川拓郎は「刻印記号の意味」を発表している（瀬川二〇〇四）。北海道日本海沿岸で底部にある刻書記号のうち、「二」「×」「+」あるいはこれにさらに直線を付加した放射状のモチーフを基本とし、そこから「かえし」や矢羽が加えられたモチーフに注目した。その結果、矢羽は四七資料のうち青苗遺跡・札前遺跡・静浦D遺跡の一四例が道南から、返しは高砂遺跡を中心に香川六遺跡を加えた三〇例が道北から出土しており、各々のモチーフで明瞭な地域差のあることを指摘した。さらにその中間地帯では末広遺跡・神居古潭B遺跡・余市町出土資料と三点の矢羽モチーフが確認でき、そこで大半を占めるのが道南で一般的な「+」「×」モチーフであるとした。また、擦文土器底部の刻書資料を十〜十一世紀と考え、道南の集団を緩衝にして「本州土師集団と擦文集団のあいだで行われた日本海交易」が展開したとした（瀬川一九九六）。これら、道北・道南の集団を日本海沿岸集団と呼称し、底部のモチーフは「アイヌが椀の底などに刻んだ家紋（イトクパ—）男系の祖印と同様な意味をもち、日本海沿岸集団の同祖関係を示す」と述べて、日本海交易の集団構造を論じた（瀬川二〇〇三）。

以上の他にも、青苗遺跡（奥尻町教育委員会一九八一）・高砂遺跡（小平町教育委員会一九八三）・札前遺跡（松前町教育委員会一九八五）等の刻書記号に関する基本資料やその他報告書の考察も多く認められる。

二　刻書「〼」の検討

青森県から多量に出土する刻書土器については、律令制下の墨書土器との関連で論じられることが多く、北海道の刻書擦文土器と関連させた論考は殆ど見られない。多くの研究は土師器・須恵器と擦文土器の各領域の中で独自に進められて来ているのが現状である。青森県産の須恵器が北海道に広く分布することや（山本一九八八・鈴木二〇〇四）、先の瀬川論文の交易関係にあるように、北方域における平安時代の土師器・須恵器と擦文土器の担い手は密接に関連していた。以下に、青森県から出土した刻書の一例を取り上げ、その出自と系譜を考察してみたい。

青森県出土の刻書土師器や刻書須恵器には、これより南の列島各地で律令制下に用いられた漢字・記号の他に、律令制下では認めがたい刻書類が多く存在している。[3] これらの刻書を仮にA種（出自が律令制下の文字）・B種（出自が律令制下の記号）・C種（出自が律令制下に属さない記号）と概念上区分しておきたい。B種には九字様記号や「井」等一部に呪術的記号の例も想定されている。また、当地方に多く認められる縦線が順次並列して数を増す、或いはそれに横線が交差する記号についてもB種に含められよう。C種は今のところ明確に論じられていないのが現状である。A種を除く類例をB種とC種に区分する作業が今後必要であるが、この観点から「㐅」の検討を行ってみたい。「㐅」は漢字の「父」と類似することから、これを漢字の「父」と解釈する立場がある。前掲長内論文においては、石上神社遺跡・山本遺跡・野木遺跡・朝日山（2）遺跡の刻書を「父」と理解しているし、隠川（2）外遺跡の資料にも疑問符を付けながら「父」と表記している（長内二〇〇三）。『新青森市史』の北林八州晴の記述でも蛍沢遺跡・山本遺跡、他も含めて「父」と理解した（北林二〇〇六）。『青森県史資料編　古代二』では、野木（1）遺跡の一資料を記号の可能性があるとしながら「父」と表記している以外は、すべて記号と解釈した表記を行っている（青森県二〇〇八）。ここでは隠川（2）外遺跡の例は取り上げていない。以下に漢字或いは記号「㐅」の類例を列挙し、漢字のA類か記号のB・C類かを検討する。

最新の解釈が盛り込まれている『青森県史資料編　古代二』には、釈文の欄に可能性を含め「父」もしくは「㐅」と解釈されている一二点の資料がある。この中の不確定要素のある資料を除いたのが、図1の1～9である。また、10～14は不確定要をもちながら可能性が示唆されている資料である。10は破損部分が多く特定できない。11は方向を

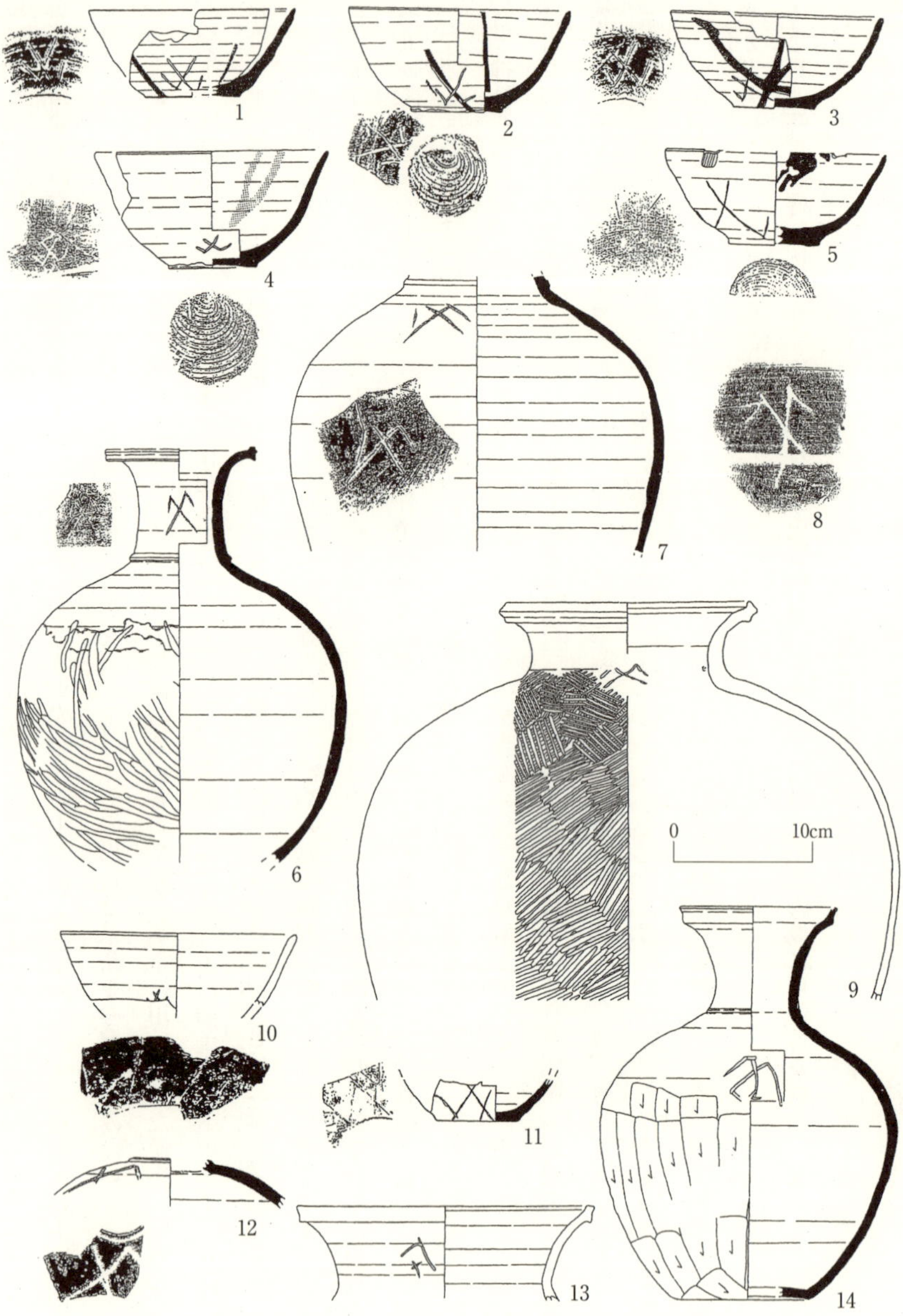
1
2
3
4
5
6
7
8
9
10
11
12
13
14
0
10cm

図1　「㐅」関連資料（1）

違えた斜線が連続していくようにも見える。12は上位左が破損し特定できない。13は角状の山形に「×」が付加されたように理解される。14は途切れた螺旋のようにも見える。以上10～14は、漢字「父」・記号「X̅」とは切り離して扱うべきと考える。以下、一四資料の出土遺跡名等を示した上で1～9について論じていきたい。

10は土師器と表記されているが、これを除くすべての資料が須恵器である。1・3・6は野木（1）遺跡（青森県埋蔵文化財調査センター一九九八・二〇〇〇）、2・4は朝日山（2）遺跡（青森県埋蔵文化財調査センター二〇〇一・二〇〇三）、5は山元（1）遺跡（青森県埋蔵文化財調査センター二〇〇五）、7は山本遺跡（青森県教育委員会一九八七）、8は新館城遺跡（平賀町教育委員会二〇〇三）、9は蛍沢遺跡（青森市教育委員会一九七九）である。また対象外の遺跡は、10の野木（1）遺跡（青森県埋蔵文化財調査センター一九九九）、11の山元（2）遺跡（青森県埋蔵文化財調査センター一九九五）、12の宮田館遺跡（青森市教育委員会二〇〇三）、13の石上神社遺跡（青森県教育委員会一九七七）、14の向田（35）遺跡（青森県埋蔵文化財調査センター二〇〇四）の資料である。1～5と10・11は杯、6・7・12・14は長頸瓶、8・9・13は甕である。

漢字或いは記号であることの前提として、「父」もしくは「X̅」とする他に、倒置の「X̅」が存在しないかの問題がある。漢字は上下が明瞭であるが、記号の場合は上下を常に意識する必要がある。器に刻まれた記号は、一般的に正位に置かれた場合の形を正式とする。しかし、皿や杯のように蓋として使用可能な器もあり、その場合正位とは上下逆に表現される。これを念頭におけば、図1の杯には倒置に使用した器の「X̅」が存在する可能性を考慮する必要がある。従って、「父」或いは「X̅」が、倒置されることの殆どない長頸瓶や甕に明瞭に示されており（6～9）、現段階では「X̅」の倒置を想定しないで杯は蓋として利用されたものと理解しておく。

「父」表記の特徴は、一画と二画が「ノ」と「丶」状の表記で短い線の曲線である（①）。三画と四画が「八」の二つを交差したように曲線が交わる（②）。三画・四画の上位先端が、一画・二画と各々中央辺りで接するような位置関係にある（③）。これに対して「X̅」表記の特徴は、「父」の一画・二画相当箇所は短い直線である（ア）。三画・

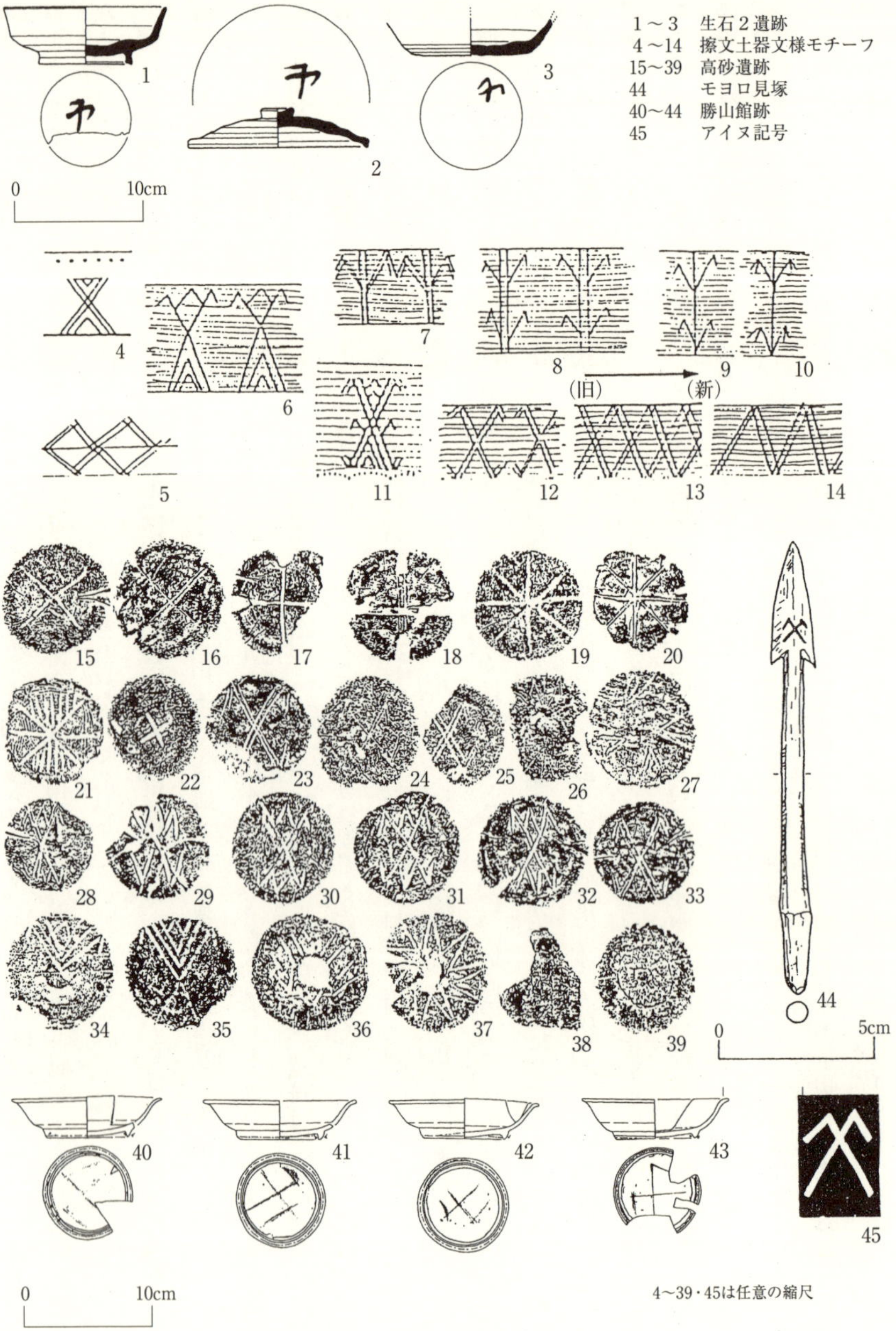
1～3　生石２遺跡
4～14　擦文土器文様モチーフ
15～39　高砂遺跡
44　モヨロ見塚
40～44　勝山館跡
45　アイヌ記号
0　10cm
(旧)　(新)
0　5cm
0　10cm
4～39・45は任意の縮尺

図２　「ㅅ」関連資料（２）

四画相当箇所も直線で交わる（イ）。三画・四画相当箇所の上位先端が、一画・二画相当箇所の先端で接する（ウ）。従って、①とア・②とイ・③とウの三点で比較すると明瞭な相違点がある。刻書は墨書と異なり曲線が表現しにくい、刻書を施した人物が厳密に表現していない等の要素があるにしても、これら三要素を注視した上で全体の表現を比較すべきであろう。この意味で、1～9は漢字「父」とはなり得ず「×」に返りが付加された何らかの記号と解すべきである。先の記号「╳」とは一組の返りが無いだけで類似しており、この点からも記号と解釈される。

では、平安時代の刻書「╳」が、墨書土器も含んで他の地域に見出すことができるであろうか。管見によるかぎり、刻書は1～9以外に類例を見出すことができないが墨書に類似の例がある。山形県生石2遺跡からは三点の土器（図2―1～3）が報告されているが、報告では「五」の記号と解釈されている（山形県教育委員会一九八七）。1～3は須恵器で、1は有台杯・2は蓋・3は杯である。これらを記号「╳」と想定すれば先のア～ウが該当し、しかも返りと想定される部分の左右とこれ以外でも先端が細く表現される部分がある。これより、漢字「父」とはなり得ず墨書の「╳」と解釈される。墨書「╳」は、他に類例を見出すことができないことから、律令制下で主体的に用いられた記号とは考えにくい。

以上より、刻書「╳」は出自が律令制下に属さない本州北方域で独自に考案された記号と考えられ、刻書C種と分類されよう。

三　刻書「╳」の出自と系譜

九点の刻書「╳」資料は、すべてが須恵器で五所川原市や青森市から出土しており、これらは十世紀代の資料である。一部は五所川原窯跡群の製品と指摘されているが、すべてが五所川原窯跡群の近傍から出土していることや、十世紀代五所川原産須恵器の殆どが刻書須恵器である点から、九点の資料は五所川原窯跡群の製品と考えられる。五所川原窯跡群の生産者に関しては、体部に非ロクロ削りのある東北北部型長頸瓶の分析（利部一九九七）から「蝦夷の系譜にある津軽地域の首長による主体的な操業と考えている」と述べたことがある（利部二〇〇一）。つまり、律令国家または王朝国家による直接的な介入があるとすれば、稚拙なロクロ回転技術を用いることはないと考えられ、東北北部型長頸瓶の量産実態そのものが精巧なロクロを保持していない郡制未施行地域の実情を反映しているものと理解した。以上のより刻書「X」の須恵器が津軽地方に集中的に出土し、その生産地とみられる五所川原窯跡群で生産され、本州北端より南で確認できないことから、やはり刻書「X」には本州北端域での出自が想定される。

刻書「X」と類似関係を示しているのが、高砂遺跡から多く出土した基本形が「×」の四先端に返りの付く擦文土器底部の記号「ⵣ」（松下の高砂パターン）である。これらを比較すると、「×」と上位（上下の一方）先端の返りが共通しており、かなりの類性が指摘できる。一方、これと関連して菊池徹夫は、擦文土器が土師器と続縄文土器との接触の結果生まれたことを前提に、擦文土器を特徴付けている「Y字紋・X字紋・鋸歯紋・斜格子紋など」の源流を北大式さらに後北式（手宮洞窟やフゴッペ洞窟の文様単位）に遡及させて擦文土器の文様モチーフの変遷（図2―4～14）を示した（菊池一九九七）。以下、菊池の擦文土器文様の変遷図を基に「X」と「ⵣ」の関係を検討してみたい。

6に注目したい。左右の文様は一見、「×」の上位に返りの付く「X」に、上位中央で逆V字文・下位中央で重畳（二畳）逆V字文の構成と観察される。しかし、右側は上位のV字に返りが付く文様（以下、返りV字文と呼称する。またこれを逆にした場合、逆返りV字文と呼称する。これらを返りV字系文様と総称する。）と下位の重畳逆V字文に分離している。一見直線の交差した「×」に思える交点部分が屈折し、直線で構成されていないこともこれを指示している。この観点で左側を観察すると、一見「×」に見える交点部分が仮想直線の二本とも交点で僅かに屈折しており、右側の様に上位の返りV字文と下位の重畳逆V字文が、各々の頂点で連結したものと理解できる。

12はどうであろう。上位の返りV字文と下位の逆返りV字文が頂点で連結しないで、その左右に縁取りを施したものである。11は、二組づつの斜行する直線で「×」を作り、上位の左右と下位の左右に二組の返りを施したもので、上位の返りV字文と下位の逆返りV字文を連結した様に表現している。このように返りV字系文様には、上位の返りV字文と下位の逆V字文が頂点で連結もしくは近接するA類型（6）と、上位の返りV字文と下位の逆返りV字文が頂点で連結もしくは近接するB類型（11・12）の二類型のあることを確認しておきたい。

ところで、高砂遺跡の擦文土器底部には、返りV字系文様と関連すると思われる記号がいくつか認められる。35は、上位の返りV字文と下位の逆V字文が接する様にあり、返りV字系文様のA類型に相当する。また、34は上位に返りV字文があり下位には頂点に接するモチーフがない[4]。上位返りV字文で下位に何もないパターンは新たなC類型として把握しておく[5]。次に、23～25・28～33の記号に注目したい。前者は「×」の上下に合わせて四つの返りをもち、後者はそれを基に上位や下位にV字或いは逆V字文（合わせてV字系文様と総称する。）を付加している。後者はあくまで「×」を基調にしたものである。「×」に四つの返りが付く記号は、上下の返りV字文と逆返りV字文が各頂点で連結したように見え、返りV字系文様が合理的に表現されたものと理解できる。つまり、高砂遺跡には、返りV字系文様のA類型（35）、B類型（23～25・28～33）、C類型（34）の、三つの類型が存在することが確認できる。これら三類型は、擦文土器に刻まれた文様を象徴化した記号と判断できる。そして、高砂遺跡では「×」・「＋」・「＊」（15～22）の存在も目に付く。これらを中心交差直線記号と総称しておくが、これらは青森県の刻書土器に多用される記号であり、先の返りV字文系記号のB類型（11・12）が「×」を基調に表現された背景には、この中心交差直線記号が大きく影響しているものと考えられる。

先の返りV字文系記号のB類型を、中心交差直線記号「×」を介した返りV字文と逆返りV字文の連結とする分析を踏まえれば、図1の「⋈」の記号も、図2―6のような返りV字文と逆V字文が個別に表現される手法から、

「×」を介して上下を連続的に表現した手法に転化したと考えられよう。「×」を採用する契機には、新谷が「×」に降魔招福の意味があると紹介したように、呪符としての特別な意味合いがあったものと推定している。(6) 従って、刻書「乂」は、律令あるいは王朝文化の影響を受けつつも擦文土器の文様を象徴的に表した記号の一つと認識され、「乂」を須恵器に刻んだ工人、延いては五所川原窯跡群の経営主体者と擦文土器文化の強いつながりが想定されよう。

以上の、擦文土器がもつ返りV字系文様モチーフの分析から須恵器の刻書「乂」に至る経過を辿ってきたが、もう一点擦文土器文様に関して付言しておきたい。図2—9は縦の直線に左右で各々枝状に延び先端が屈折し、両者が対を成す様に見られる。これらは、7・8で二本の直線の左右の在り方から、通常左右個別の文様と把握するのが一般的な理解であるが、9を直線文と返りV字文の合体と見てはどうであろうか。(7) 7は縦の直線と上下二つの返りV字文を各々二重の直線で、8は縦の直線のみ二重の直線で表現したと解釈するのである。枝状のモチーフ（返りV字系文様の左右）は単独で用いる場合もあるが、本来的には返りV字系文様から派生したものと考えられる。

さて、図1の「乂」は十世紀の資料であるが、それ以前九世紀の資料はどうであろう。管見では、九世紀の刻書資料は認められないが、唯一、前述した生石2遺跡出土の墨書資料は、須恵器の年代から九世紀と考えられる。「乂」の墨書は、律令制下での一般的な記号でないこと、刻書「乂」が青森県域で集中して出土することから、刻書「乂」が九世紀の郡制未施行地域ですでに使用されていた記号で、律令制下の有力者と蝦夷系首長との交流に際し律令制下内で書き記したものと想定しておきたい。

おわりに

本論では、青森県で多量に出土する刻書土器のうち「乂」を取り上げその系譜を検討した。「乂」の記号が、漢字の「父」と区別され須恵器に限定的に施されており、これらの須恵器をその特徴や分布域も考慮して本州最北端の五所川原窯跡群の製品であると想定した。次に、擦文土器底部に施した「⪥」との類似性を前提に、「⊠」は擦文土器文様の古い方の段階を引き継いだもので、返りV字系文様の頂点を上下に近接させる在り方を、呪符記号としての「×」を取り入れて表現したものと解釈した。つまり、出自が律令制下の刻書B種を基に続縄文文化の伝統をもつ刻書C種が作られたとする理解である。結果、「⊠」の記号は、擦文土器と強い繋がりのあることが確認でき、「⊠」が刻書された須恵器を生産したと想定される五所川原窯跡群の経営主体者（津軽地域の首長）も擦文文化を共有していたと想定できる。なお、本文で須恵器刻書記号と擦文刻書記号を仲介した返りV字系文やV字文・逆V字文等のモチーフは、続縄文文化の「仮装人像」や抽象化された「仮装人像」に見られる「V」・「V」・「Λ」のモチーフを記号化したものではないだろうか（宇田川一九九四）。

本項の終わりに、平安時代「⊠」のその後について触れておきたい（図2―40〜45）。管見では、明確な中世の資料は確認できないが、中世末葉以降の資料は僅かに確認できる。40〜43は、上ノ国町の勝山館跡から出土した白磁皿で、端反の特徴等から一六世紀とされる（上ノ国町教育委員会一九九九）。底部の「×」に二つの返りを書き記したもので、他に同様な破片が三点見られる。溝上位から出土したが中世には収まると考えられる。44は、網走市モヨロ貝塚の土坑墓から出土した北海道アイヌ文化期の資料である（宇田川一九九四）。骨鏃の先端に「⊠」の刻書記号が見られる。近世前半の土坑墓から同類のタイプが出土しており、その頃の時期が想定される。45は、アイヌの髭揚箆（酒箸）に刻まれた祖印の一つである。「灌酒して祖先の神を祭る際には、新しい髭箆の上へこれを刻んで拝する」習わしがあり、この資料も近世以降の類例である（杉山一九九二）。

これら中世以降の「⊠」の記号は、白磁の例を除けば直接アイヌに関連した記号であるし、白磁の例にしても勝山館跡の館主側とアイヌ側の交流の現れとも推定される。このように「⊠」はアイヌ文化に根付いている記号と評価できる。(8) 今後は、アイヌ祖印と擦文土器以外の土師・須恵器との関連を意識すべきである。

以上、本文では本州北端刻書土器の一記号について、須恵器と擦文土器の観点からその系譜を論じてみた。平安時代・擦文期における刻書について北方域の研究史を紐解くとき、両者を主体的に取り上げた例は松下論文（松下一九八六）くらいで他に見当たらない。その点、誤った思考をしていないかと危惧するが、十世紀の国家に属さない郡制未施行地域に列島最北端の須恵器窯跡が群として存在し、この地域から多くの擦文土器が出土する点からすれば、須恵器と擦文土器をむしろ積極的に関連付けて論じる視点も必要だろう。本州北端で多量に出土する意味不明な記号の個々について、さらに理解を進めていく研究が求められる。

註

(1) 刻書土器においては、土器焼成前の刻書行為は工人主導、土器焼成後の刻書行為は使用者主導と概ね理解される。前者の刻書を施す要因として、①製作者や製作工程上の都合に関わる場合、②依頼・注文に関わる場合が想定される。刻書土器の多くは土器製作と密接に関わり、このことが墨書土器との比較において大きく異なる点である。須恵器の刻書土器が十世紀青森県域に多量に発見される背景には、①・②に関わる五所川原窯跡群の存在が契機になったものと考えられる。

(2) 松下論文（一九八六）は、本州の土師器・須恵器と擦文土器の刻書を関連させて積極的に論じた最初の論文として評価できる。

(3) 山田雄正は高屋敷館遺跡の墨書土器と刻書土器について、各々文字を書くもの・文字または文字のようなものを書くもの（A）、記号を書くもの（B）と分けて考察している（山田二〇〇五）。

(4) 35・34の実際の天地は不明であるが、6の上下の例から、今のところ35をそれと同じように考えておきたい。また34は、35と同じく返りV字文内に二つの重畳するV字文と小さな逆V字文で構成されることから35と同じ上下関係を考えておきたい。

(5) 返りV字文の頂点に接するモチーフをもたず、返りV字文を僅かに横へずらして三重で表現した単独のモチーフが、美深町紋穂内遺跡の深鉢に認められる（宇田川一九七七）。これもC類型に分類しておく。

(6) 中心交差直線記号の「×」は、古来「悪霊を断ち切り自己の安全を守る呪符」と考えられており（岡田二〇〇七）、この呪符記号を取り込んで「⊠」を表現したものと考えられる。また「＋」も呪符としての霊験をもつとされる。擦文土器の底部刻書には基本的に呪符としての意味が込められ、祭祀・祖印としても用いられたものではないだろうか。これら呪符に関連した中心交差直線文については改めて論じることにしたい。

（7）直線文と返りV字系文様との合体とする視点は、同時にV字系文様でも用いられた可能性がある。直線の先端が三方向を示すいわゆる「鳥足型」（河野一九九九）は、直線の先端にV字文系モチーフが合体したものではないだろうか。そうであるならば、瀬川が擦文土器底部の刻書のうち、道北集団で象徴的な「外向型刻印」、道央・道南集団で象徴的な「内向型刻印」としたものは（瀬川二〇〇三）、交差直線文を主体にして底部の弧に対するV字系モチーフのそれぞれを表現したものではないだろうか。瀬川の「外向型刻印」に「×」「+」「＊」等の中心交差直線文が関わっていることは前述したが、「内向型刻印」の成立にも中心交差直線記号が大きく影響したものと考えられる。

（8）ただし、岐阜県大野郡有巣村の例では「〻」の記号が「デヤマ」と読まれ山から伐採する木材に刻まれたが、このような所有を意味する記号は全国的に用いられており（民俗学研究所一九五五）注意が必要である。なお、アイヌ文化を理解し、民俗学と考古学を融和させてその基層を擦文文化に求めたのは河野本道である（河野一九九九）。

参考文献

青森県　二〇〇八『青森県史資料編　古代二』
青森県教育委員会　一九七七『石上神社遺跡発掘調査報告書　県営圃場整備事業予定地内埋蔵文化財調査』
青森県教育委員会　一九八七『山本遺跡発掘調査報告書』
青森県埋蔵文化財調査センター　一九九五『山元（二）遺跡発掘調査報告書―浪岡バイパス建設事業に係る埋蔵文化財発掘調査報告書―』青森県教育委員会
青森県埋蔵文化財調査センター　一九九八『新町野遺跡・野木遺跡　青森中核工業団地整備事業に伴う遺跡発掘調査報告書』青森県教育委員会
青森県埋蔵文化財調査センター　一九九九『野木遺跡Ⅱ（第二分冊）青森中核工業団地整備事業に伴う遺跡発掘調査報告』青森県教育委員会
青森県埋蔵文化財調査センター　二〇〇〇『青森中核工業団地整備事業に伴う遺跡発掘調査報告　野木遺跡Ⅲ（第二分冊）』青森県教育委員会

青森県埋蔵文化財調査センター　二〇〇一『朝日山（2）遺跡　県道青森浪岡線道路改良事業に伴う遺跡発掘調査報告』青森県教育委員会
青森県埋蔵文化財調査センター　二〇〇三『朝日山（2）遺跡Ⅶ―県道青森浪岡線道路改良事業に伴う遺跡発掘調査報告書―』青森県教育委員会
青森県埋蔵文化財調査センター　二〇〇四『向田（35）遺跡（第一分冊）―国道二七九号有戸バイパス建設事業に伴う遺跡発掘調査報告―』青森県教育委員会
青森県埋蔵文化財調査センター　二〇〇五『山元（1）遺跡―国道七号浪岡バイパス建設事業に伴う遺跡発掘調査報告―』青森県教育委員会
青森市教育委員会　一九七九『青森市蛍沢遺跡発掘調査報告書』青森市蛍沢遺跡発掘調査団
青森市教育委員会　二〇〇〇『「縄文講座　北の古代文字世界」資料集』
青森市教育委員会　二〇〇三『市内遺跡発掘調査報告書一一』
荒木陽一郎　一九九〇「篦（墨）書土器「夫」字の考察」『考古学の世界』六　学習院考古会
宇田川洋　一九七七「七、擦文期」『北海道史研究』第一三号　北海道史研究会
宇田川洋　一九八六「擦文文化の刻印記号」『研究紀要』第五号　東京大学文学部考古学研究室
宇田川洋　一九九四「アイヌ自製品の研究―矢尻―」『研究紀要』第一二号　東京大学文学部考古学研究室
宇田川洋　一九九四「北方地域の土器底部の刻印記号論」『日本考古学』第一号　日本考古学協会
大沼忠春　一九九六「北海道の古代社会と文化―七〜九世紀―」『古代蝦夷の世界と交流一』名著出版
岡田保造　二〇〇七『魔よけ百科』　丸善株式会社
奥尻町教育委員会　一九八一『奥尻島青苗遺跡―山本台地・三浦地点の住宅建築に係わる記録保存の発掘調査報告―』
長内孝幸　二〇〇三「青森県内出土の刻書・墨書土器」『研究紀要』第六号　青森大学考古学研究所
小口雅史　一九九三「『夫』字篦（墨）書について」『海峡をつなぐ日本史』　三省堂
小平町教育委員会　一九八三『おびらたかさご［本文編］小平蘂川河川改修工事に伴う埋蔵文化財包蔵地発掘調査報告書』
利部　修　一九九七「平安時代東北の長頸瓶」『生産の考古学』　倉田芳郎先生古稀記念会
利部　修　二〇〇一「須恵器長頸瓶の系譜と流通―北日本における特質―」『日本考古学』第一二号　日本考古学協会

鐘江宏之　二〇〇八「青森県出土の文字資料」『青森県史資料編　古代二』　青森県
上ノ国町教育委員会　一九九九『史跡上之国勝山館跡XX―平成一〇年度発掘調査環境整備事業概報―』
菊池徹夫　一九九七「岩壁彫刻から土器紋様へ―渡嶋蝦夷の紋章―」『手宮洞窟シンポジウム　波濤を超えた交流―手宮洞窟と北東アジア―記録集』小樽市教育委員会
北林八洲晴　二〇〇六「第一節　出土文字資料」『新青森市史　資料編一』　青森市
木村英明・斎藤傑　一九五九「奥尻島、青苗貝塚出土の浅鉢の底について」『黒耀石』七
河野本道　一九九九『「アイヌ」―その再認識』　北海道出版企画センター
五所川原市教育委員会　二〇〇三『五所川原須恵器窯跡群』
佐伯有清　一九八六「Ⅳ―11「刻字土器「夫」の意義」『サクシュコトニ川遺跡　北海道大学構内で発掘された西暦九世紀代の原初的農耕集落「本文編」』　北海道大学
桜井清彦　一九六〇「擦文土器につけられた記号」『民間伝承』第二四巻第四号　六人社
笹山晴生　一九八〇「平安初期の政治改革」『日本歴史三』　岩波書店
新谷　武　一九七五「青森県前田野目砂田遺跡出土の篦書土器について」『北奥古代文化』第七号　北奥古代文化研究会
杉山寿栄男　一九九二『アイヌ文様』　北海道出版企画センター
鈴木琢也　二〇〇四「擦文文化期における須恵器の拡散」『北海道開拓記念館研究紀要』第三二号
鈴木靖民　一九九九「擦文期の北海道と東北北部の交流」『国史学』第一六九号　国史学会
瀬川拓郎　一九八九「擦文時代における食料生産・分業・交換」『考古学研究』第三六巻第二号
瀬川拓郎　一九九六「擦文文化の終焉―日本海沿岸集団の形成と日本海交易の展開―」『物質文化』六一　物質文化研究会
瀬川拓郎　二〇〇三「擦文時代の交易体制」『歴史評論』通巻六三九号　校倉書房
瀬川拓郎　二〇〇四「刻印記号の意味」『北方世界からの視点―ローカルからグローバル―』　北海道出版企画センター
中田裕香　一九九六「北海道の古代社会の展開と交流―一〇～一三世紀―」『古代蝦夷の世界と交流一』　名著出版
新岡武彦　一九七七「北海道古代文字論」『樺太・北海道の古文化二』　北海道出版企画センター
戸根貴之　一九九九「古代文字資料にみる蝦夷」『古代』第一〇六号
平賀町教育委員会　二〇〇三『新館城遺跡発掘調査報告書』

平川　南　二〇〇一「第五節　青森市野木遺跡出土の「夫」墨書土器」『野木遺跡発掘調査報告書Ⅱ（平安時代遺物・分析・総論編）』青森市教育委員会
平山明寿　二〇〇七「青森県の出土文字資料」『第五回　東北文字資料研究会資料第一分冊』東北芸術工科大学文化財保存修復研究センター
藤原弘明　二〇〇三「第二節　ヘラ記号について」『五所川原須恵器窯跡群』五所川原市教育委員会
藤原弘明　二〇〇八「五所川原須恵器窯跡群の概要」『青森県史資料編　古代二』青森県
松下　亘　一九八六「擦文式土器の刻印について」『物質文化』四七　物質文化研究会
松前町教育委員会　一九八五『札前　国道二二八号線改良拡幅工事に伴う緊急発掘調査報告書』
三浦圭介　一九九一「本州の擦文文化」『考古学ジャーナル』第三四一号　ニュー・サイエンス社
宮　宏明　一九九六「余市大川遺跡出土古代の文字資料をめぐって」『北奥古代文化』第二五号　北奥古代文化研究会
民俗学研究所　一九五五『総合日本民族語彙第一巻』平凡社
山形県教育委員会　一九八七『生石2遺跡発掘調査報告書（三）』
山田雄正　二〇〇五「二　墨書・刻書土器について」『高屋敷館遺跡Ⅲ』青森県教育委員会
山本哲也　一九八八「擦文文化に於ける須恵器について」『国学院大学考古学資料館紀要』第四集　国学院大学考古学資料館

平安時代におけるムシロ底土器の出現と展開

伊藤武士

はじめに

東北地方においては、ロクロ成形の土師器が、須恵器製作技術の導入とあいまって、陸奥国南部や一部の城柵官衙遺跡とその周辺部には八世紀中葉以降に導入される。それより北の地域でも、平安時代初期の八世紀末・九世紀初頭を画期として、ロクロ成形の土師器が導入される[1]（仲田一九九四、吾妻二〇〇四、八木二〇〇六）。さらにその後九世紀中頃にかけて、一般集落にもロクロ土師器の使用が拡大、普及していく。そうした中で、従来から使用されていた在地の非ロクロ土師器については、組成比率が低下するものの、途絶はせず、継続して一定量が生産、使用されることも明らかとなっている（伊藤一九九七、菅原二〇〇〇）。しかし、東北地方北半の平安時代初期における土師器生産の画期以降、その非ロクロ土師器の製作技術や形態にも変化が見られるようになる。形態的には坏の平底化に象徴されるロクロ土師器器形の影響があり、煮炊具を中心に底部にムシロ圧状圧痕を残す土器や底部が砂底状となる土器が新たに出現する（稲野一九九五、桜田一九九三）。

それら新たな非ロクロ土師器については、その出現時期や背景について考察がなされている。稲野彰子氏は、底部に織物や編物の繊維圧痕を残すいわゆるムシロ状圧痕を残す土器（以下ムシロ底土器とする）について集成と分類を行い、従来、大きく平安時代の土器として認識されていたその出現の時期について、九世紀初めに遡ることを指摘した(2)（稲野一九九五）。また、繊維圧痕の分類を行い、その種類により出現時期が異なり、分布の中心域が異なること、また、同じ種類であっても時期により分布の中心が異なることを指摘した。菅原祥夫氏は、ムシロ底土器を含む平安時代初期以降の非ロクロ土師器について「蝦夷系土器」ととらえ、それらには器形等においてロクロ土師器の影響が認められ、律令的土器様式の影響を受けた蝦夷により、手持ちケズリ調整を伴う須恵器長頸瓶と同様に（利部一九九七）、律令国家の支配領域内である「近夷郡」で生み出され、成立したという重要な指摘をしている（熊谷一九九二・菅原二〇〇〇）。

しかし、両氏の論考においては、その出現期資料の提示と、新たな非ロクロ土師器の器形および製作技術におけるロクロ土師器の影響についての具体的検討は行われていない。特にムシロ底土器については、砂底土器よりも出現がやや早いと考えられ、新たな非ロクロ土師器成立を考える上で重要といえる。そこで、小論では、ムシロ底土器の出現期と考えられる資料を抽出し、ロクロ土師器の影響について具体的検証を行い、新たな非ロクロ土師器出現の理由や背景、その意味などについても検討を加えていくこととする。またさらに、砂底土器の出現時期とムシロ底土器も含めた新たな非ロクロ土師器のその後展開とその背景についても言及してみたい。

一　ムシロ底土器の分布と時期――出現期資料の抽出

ムシロ底土器については、前述の稲野氏の論考において東北全域の資料集成がなされており、四〇遺跡での出土が報告されている（稲野一九九五）。その後の菅原氏の論考においては、東北北部を除く北緯四〇度以南について、追加報告がなされている（菅原二〇〇〇）。その後新たに増加した八八遺跡の資料の中から（表1）、地域編年に基づき器形や調整技法、伴出土器などから年代的検討を行い、各地域におけるムシロ底土器出現期に該当する資料として、①秋田県横手市会塚田中B遺跡、②山形県山形市境田C遺跡、③宮城県白石市青木遺跡、④岩手県花巻市大曲遺跡の出土資料を抽出した（図1）。

会塚田中B遺跡は出羽国北部の平鹿郡域に所在する集落遺跡、境田C遺跡は出羽国南部の最上郡域に所在する集落遺跡である。青木遺跡は陸奥国南部の刈田郡に所在する集落遺跡であり、大曲遺跡は陸奥国北部の稗貫郡域に所在する集落遺跡である。各地域の出現期資料は九世紀第2四半期から九世紀第3四半期に位置づけられ、それらはすべて北緯四〇度以南の律令支配地域に所在する遺跡であり、それ以北の地域で九世紀中葉より前に遡る資料は把握できなかった。前述の稲野氏の集成・論考においても、ムシロ底土器の出現期とされる九世紀前葉の資料は

表1　ムシロ底土器出土遺跡一覧

石神神社遺跡	青森県	高屋敷館遺跡	青森県	正願谷地遺跡	秋田県	細谷地遺跡	岩手県
大館森山遺跡	青森県	水木館遺跡	青森県	東里東遺跡	秋田県	堰向Ⅱ遺跡	岩手県
岩城山神社元宮跡	青森県	五輪野遺跡	青森県	上谷地遺跡	秋田県	高木中館遺跡	岩手県
常磐野遺跡	青森県	赤平(2)(3)遺跡	青森県	湯水沢遺跡	秋田県	佐内屋敷遺跡	宮城県
茶毘館遺跡	青森県	林ノ前遺跡	青森県	立沢遺跡	秋田県	中峯遺跡	宮城県
独狐遺跡	青森県	倉越(2)遺跡	青森県	原の内A遺跡	山形県	館山館遺跡	宮城県
大沼遺跡	青森県	坪毛沢(3)遺跡	青森県	木原遺跡	山形県	中田畑中遺跡	宮城県
砂沢平遺跡	青森県	岩ノ沢遺跡	青森県	小田島城跡	山形県	野田山遺跡	宮城県
古館遺跡	青森県	はりま館遺跡	秋田県	植木場一遺跡	山形県	陸奥国分尼寺跡	宮城県
永野遺跡	青森県	太田谷地館跡	秋田県	木ノ沢楯後遺跡	山形県	市川橋遺跡	宮城県
中里城跡遺跡Ⅰ	青森県	歌内遺跡	秋田県	高瀬山遺跡	山形県	小梁川遺跡	宮城県
宮田遺跡	青森県	上野遺跡	秋田県	境田B遺跡	山形県	小梁川東遺跡	宮城県
宇田野(2)遺跡	青森県	谷地中館遺跡	秋田県	境田C・C′遺跡	山形県	青木遺跡	宮城県
種里城跡	青森県	釈迦内中台Ⅰ遺跡	秋田県	境田D遺跡	山形県	清水遺跡	宮城県
蓬田大館遺跡	青森県	狼穴Ⅲ遺跡	秋田県	今塚遺跡	山形県	矢ノ戸遺跡	福島県
新田遺跡	青森県	樋口遺跡	秋田県	道田遺跡	山形県	柿内戸遺跡	福島県
朝日山遺跡	青森県	福田遺跡	秋田県	西町田下遺跡	山形県	獅子内遺跡	福島県
野木遺跡	青森県	長岡遺跡	秋田県	大曲遺跡	岩手県	東館遺跡	福島県
山下遺跡	青森県	会塚田中B遺跡	秋田県	下谷地遺A遺跡	岩手県	勝口前畑遺跡	福島県
切田前谷地遺跡	青森県	大見内遺跡	秋田県	金成遺跡	岩手県	正直C遺跡	福島県
野尻(2)(3)遺跡	青森県	館野遺跡	秋田県	森下遺跡	岩手県	三城潟家遺跡	福島県
山元(1)遺跡	青森県	八卦遺跡	秋田県	岩崎台地遺跡	岩手県	鍛冶屋遺跡	福島県

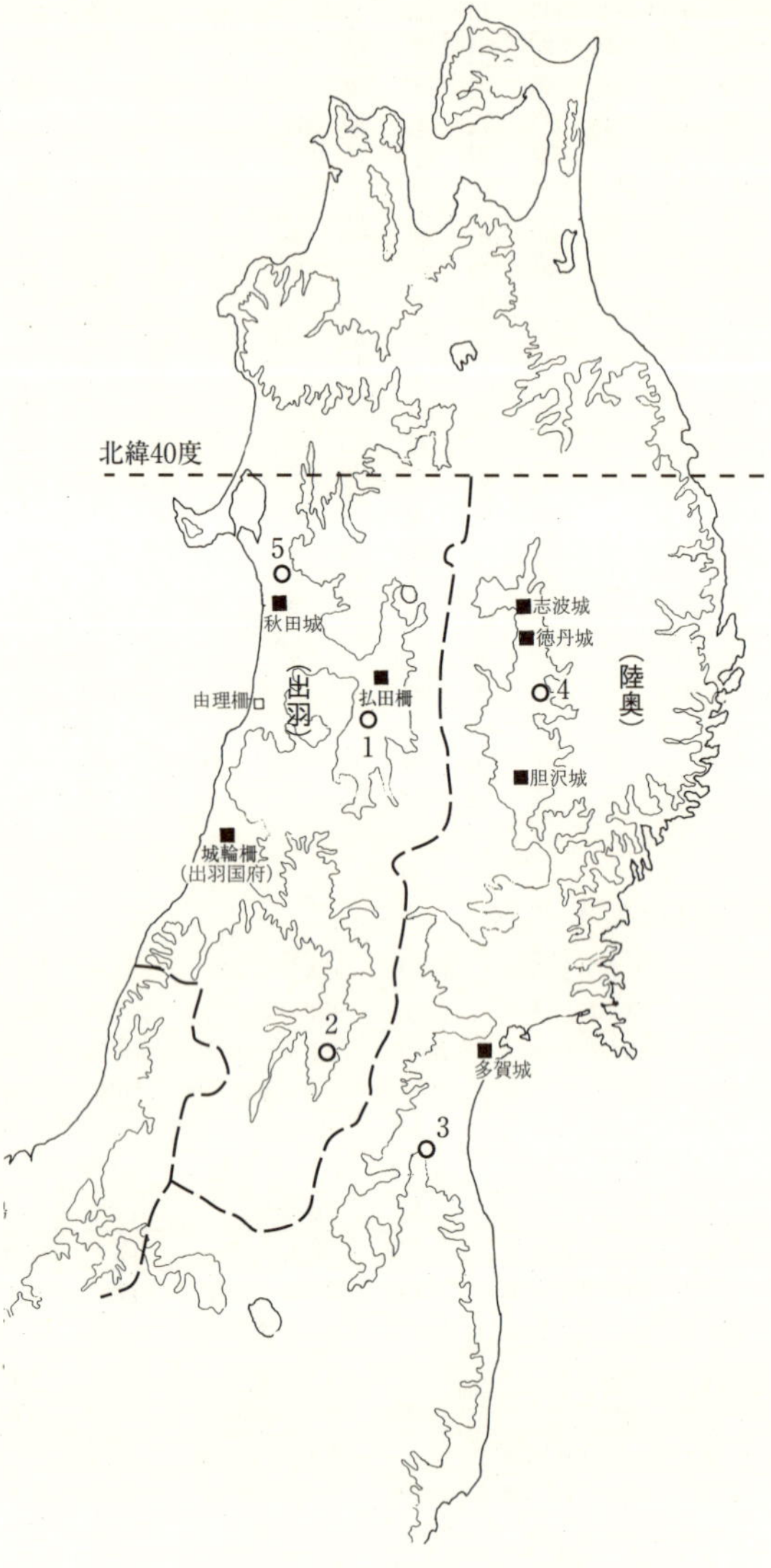

図1　ムシロ底土器出現期資料位置図

1：会塚田中B遺跡　2：境田C遺跡　3：青木遺跡　4：大曲遺跡　5：長岡遺跡

東北地方北部には分布せず、東北地方南半部に分布するとしており、大きくは一致している。

次にそれらの出土資料を対象として、年代的位置づけや、ムシロ底土器出現期におけるロクロ土師器の具体的影響について検討を加えていくこととする。

二　ムシロ底土器出現期資料の検討

1　会塚田中B遺跡出土資料（図2）

ＳＩ08竪穴住居跡よりムシロ底土器（ムシロ底の土師器）として坏一点、中型甕一点が出土する他、非ロクロ成形底部木葉痕の土師器長胴甕一点、須恵器坏一点、須恵器台付坏が一点、赤褐色土器坏が一点出土している。(3)

ムシロ底土器坏は、内面非黒色処理で、外面体部下端から上半にかけて手持ちケズリ調整を施す。底径比が大きく、口縁部にかけ直線的に立ち上がる深みのある器形である。出羽国北部に特徴的なロクロ土師器坏に明確に類似し、九世紀第2四半期に位置づけられる。供伴した須恵器や非ロクロ土師器甕の年代についても同様に九世紀第2四半期に位置づけられる。

出羽国北部では、八世紀末・九世紀初頭におけるロクロ土師器の本格的導入以降、酸化炎焼成・内面非黒色処理の土器いわゆる「赤褐色土器」が土師器の主体を占めていく。当初の坏類は須恵器との互換性を持たない独自の器形を呈し、ケズリの調整技法を伴うという特徴がある（伊藤二〇〇五）。このムシロ底土師器坏は、図3に示すようにその器形とケズリ調整を施す点が、秋田城跡土器編年で九世紀第2四半期に位置づけられるタイプの赤褐色土器坏Bや、払田柵跡の嘉祥二年（八五〇）の木簡伴出土器に類似している。そのことから、このムシロ底土器は、須恵器でなく出羽北部地域に特徴的なロクロ土師器の影響を受けていることを明確に示すムシロ底土器出現期資料といえる。

ムシロ底中型甕は、外面口縁部ナデ調整・体部刷毛目調整であるが、短胴形で底径が大きいなど器形的に赤褐色土器中型甕に類似する。また、底部木葉痕を残し、内外面に刷毛目調整を施す従来の在地タイプといえる土師器長胴甕

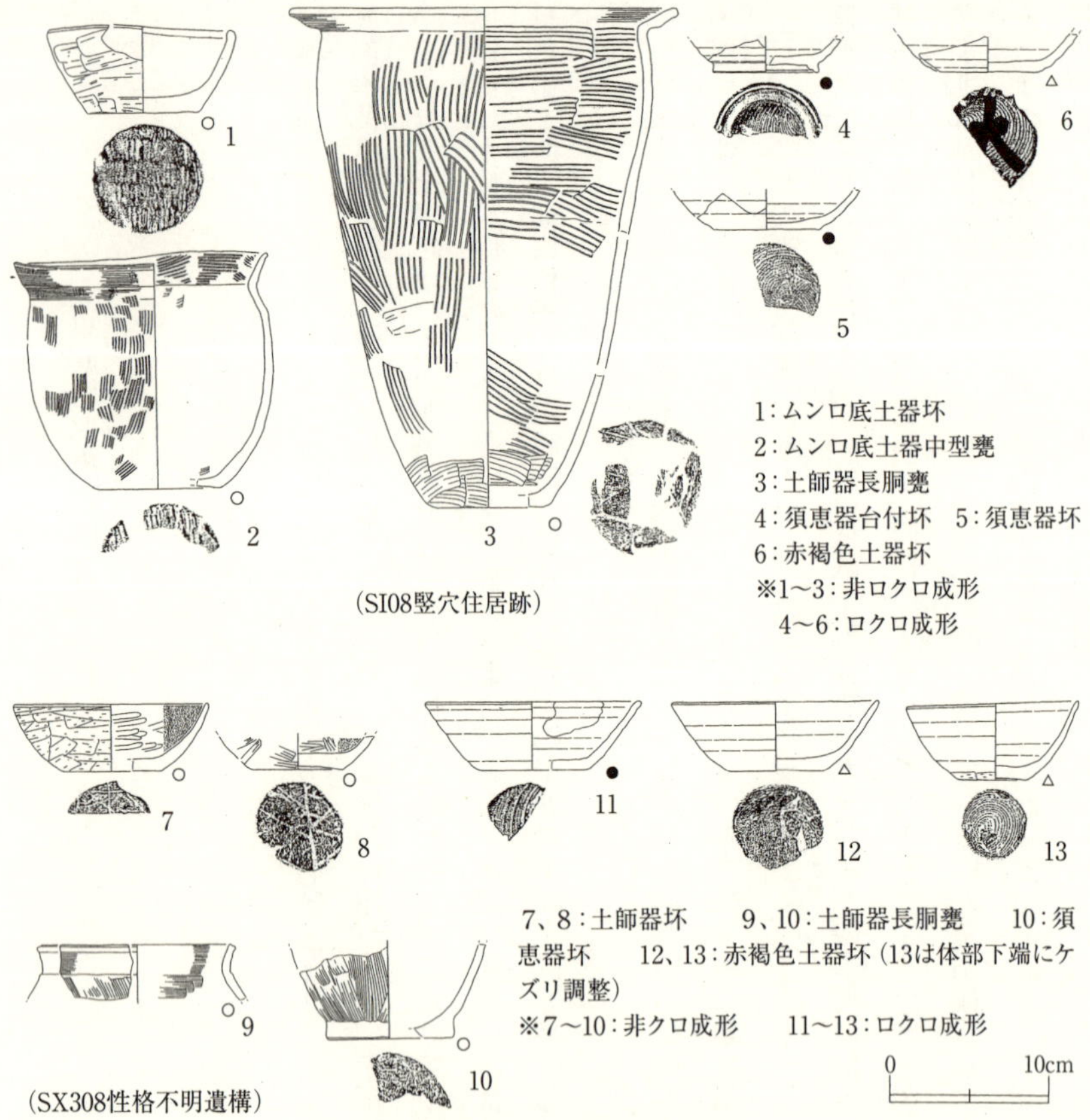

1：ムンロ底土器坏
2：ムンロ底土器中型甕
3：土師器長胴甕
4：須恵器台付坏　5：須恵器坏
6：赤褐色土器坏
※1～3：非ロクロ成形
4～6：ロクロ成形
7、8：土師器坏　9、10：土師器長胴甕　10：須恵器坏　12、13：赤褐色土器坏（13は体部下端にケズリ調整）
※7～10：非クロ成形　11～13：ロクロ成形

図2　会塚田中B遺跡出土資料

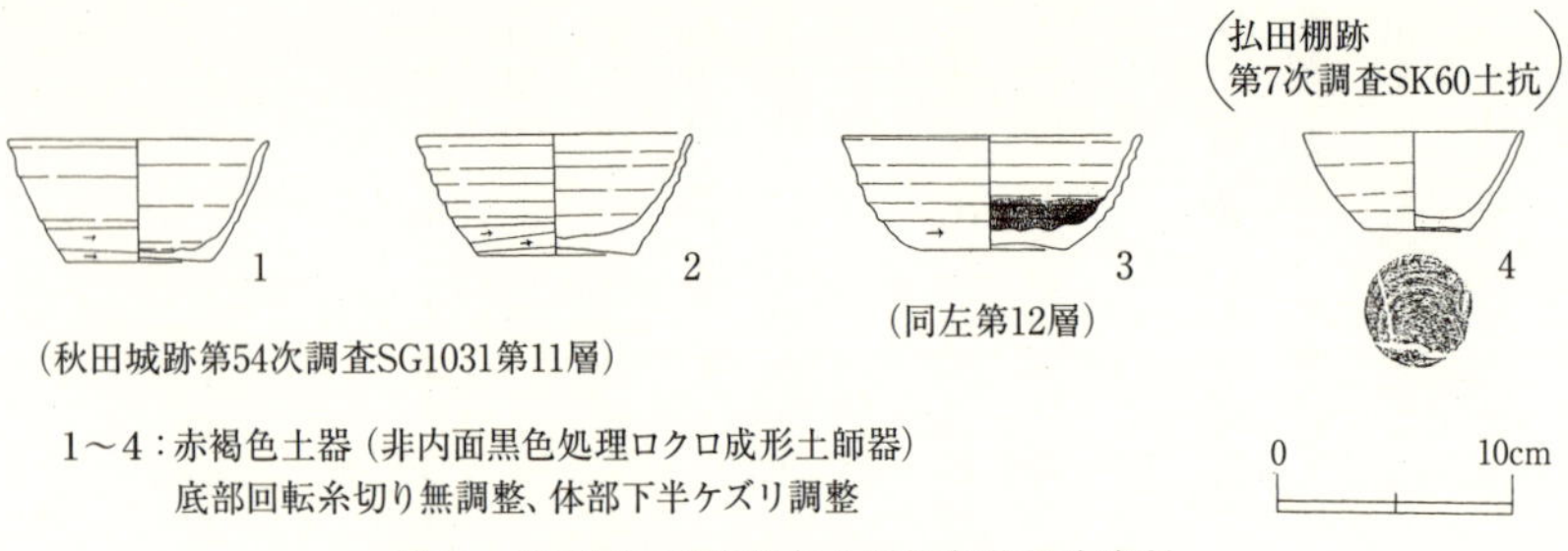

1～4：赤褐色土器（非内面黒色処理ロクロ成形土師器）
底部回転糸切り無調整、体部下半ケズリ調整

図3　出羽国北部赤褐色土器坏年代比定資料

一点が共伴し、煮炊具のセットを構成している点も注目される。このセット関係や調整技法の共通性からは、在地の非ロクロ土師器工人が、出現期のムシロ底土器を採用し、製作していることを示唆している。さらに集落内からは、非ロクロ土師器が出土する土器焼成遺構が検出されており、集落内での土器生産自体も確認されている。

また、同遺跡のSX308性格不明遺構からは、ほぼ同時期の赤褐色土器坏Bと、九世紀後半にはほとんど見られなくなる底部が平底化し木葉痕を残す埦形でない非ロクロ土師器坏とが供伴しており、九世紀第2四半期が非ロクロ土師器の変化の時期、その新旧の過渡期であることを示している。

会塚田中B遺跡は竪穴住居を主体とする在地系集落であるが、位置的に横手盆地における中核的な須恵器生産地である中山丘陵窯跡群に近接している。九世紀の前半段階に中山丘陵の須恵器窯付近ではロクロ土師器導の焼成・生産が確認されており、集落の非ロクロ工人が、ロクロ土師器の生産技術や器形の影響を受けやすい環境にあったと言える。また、その段階では、須恵器生産およびそれと緊密な関係にあったロクロ土師器生産は、律令国家体制（官）主導でおこなわれているが、当該住居をはじめとして集落内では墨書土器も出土しており、この集落自体、官との関係が強かったとも考えられる。

2　山形県山形市境田C遺跡出土資料（図4）

ムシロ底の土器としてB地区遺構外より坏一点、SK154・SK155・SK347土坑より小型甕一点が出土している。調査報告では遺構外出土の坏についても本来は土坑からの出土資料とされている。土坑からは、遺構重複のため各土坑ごとに出土遺物を分化できないものの、九世紀第1四半期から第3四半期に位置づけられる非ロクロ成形土師器長胴甕、赤焼土器坏、須恵器坏・台付坏・甕等が出土している。

ムシロ底土器坏は、内面ミガキ調整の黒色処理で、外面体部下端に手持ちケズリ調整を施す。底径比がやや大きく、底部から口縁部にかけて内湾気味に立ち上がる器形である。埦型器形で体部下端にケズリ調整を施す点などにロクロ土師器の影響が認められ、地域編年に基づけば、九世紀の第2四半期から第3四半期にかけての年代に位置づけられる（阿部他一九九九）。稲野氏の集成においては、九世紀初めとして最も古い出現期資料とされているが、その年代までは遡らない資料と考えられる。

八世紀末・九世紀初頭ロクロ土師器導入期における出羽国南半内陸部の村山・置賜地方の土器様相については、隣接する陸奥国の影響も受け、出羽北部とはやや異なっている。九世紀中葉までは内面非黒色処理の「赤焼土器」よりも内面黒色処理の土師器や須恵器が主体を占め、また、坏類は器形的にも須恵器との互換性を持つなど、前述の出羽北部とは相違している（阿部他一九九九）。そうした中で、このムシロ底土器坏は内面黒色処理でケズリ調整を施す深みのある器形であり、当該地域で主体的なロクロ土師器の影響を受け、その様相を反映しているとも考えられる。

ムシロ底土器小型甕は、体部内外面刷毛目調整、体部下半ケズリ調整である。器形と刷毛目調整は在地的であるが、ケズリ調整技法においてロクロ土師器の影響を受けていると考えられる。

境田C遺跡は河川の自然堤防上に立地する掘立柱建物を主体とする在地系集落であるが、周辺には今塚遺跡等の官衙関連遺跡が存在し、また、木簡が出土するなど、この集落自体が官との関係が強かったとも考えられる。やはり官主導でおこなわれたロクロ土師器の生産技術や器形の影響を受けやすい環境にあったと考えられる。

3　宮城県白石市青木遺跡出土資料（図5）

第11号竪穴住居跡よりムシロ底土器として小型甕一点が出土している他、非ロクロ成形の土師器長胴甕二点、ロクロ成形の内黒土師器坏四点、非内黒土器坏一点、長胴甕一点が出土している。

出土したムシロ底土器甕は外面に刷毛目調整を施す底部のみで、年代比定は困難であるが、供伴したロクロ土師器

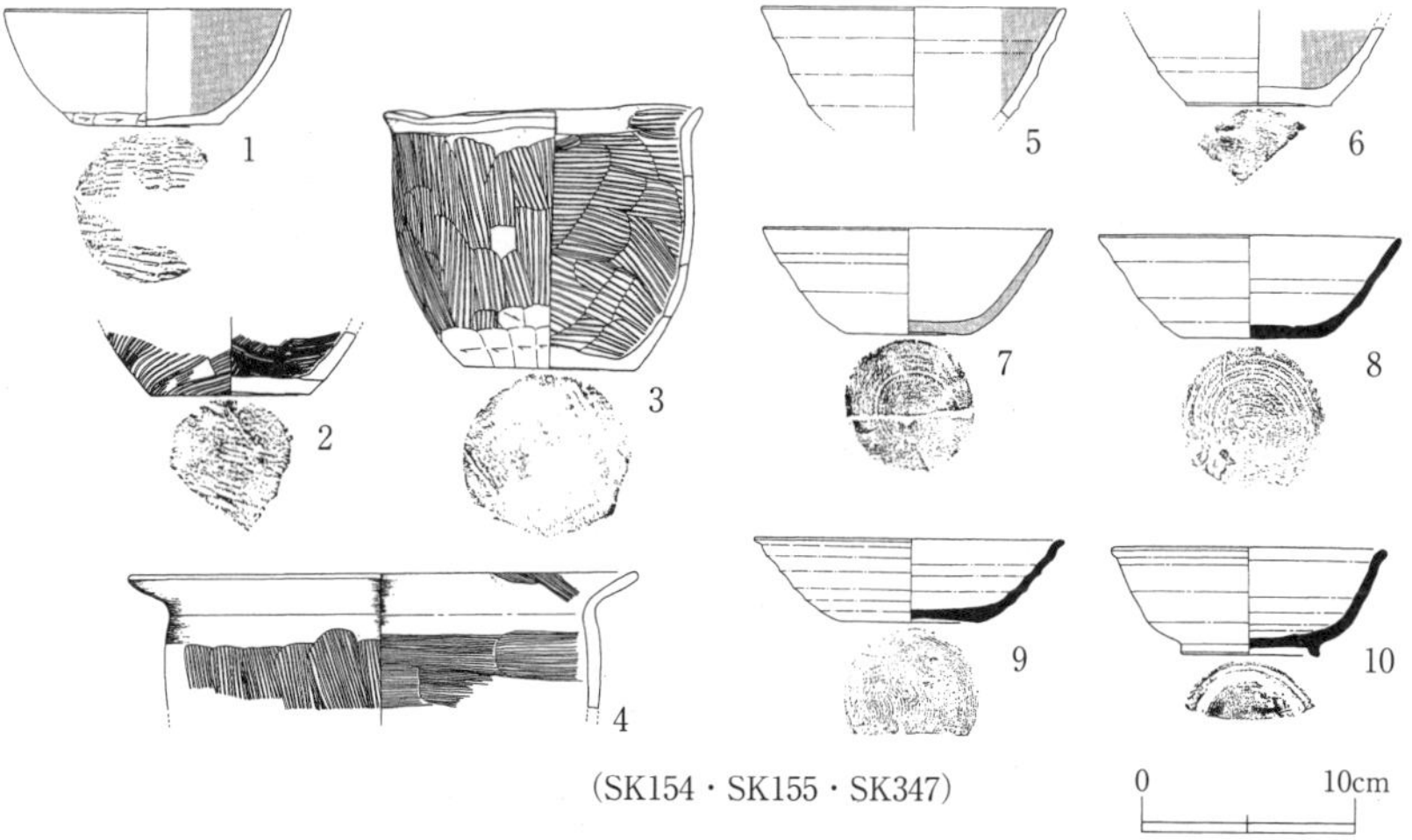

1：B地区遺構外　2〜10：SK154・SK155・SK347
1：ムシロ底土器坏　2、3：ムシロ底土器小型甕　4：土師器長胴甕　5、6：土師器坏
7：赤焼き土器坏　8、9：須恵器坏　10：須恵器台付坏

図4　境田C遺跡出土資料

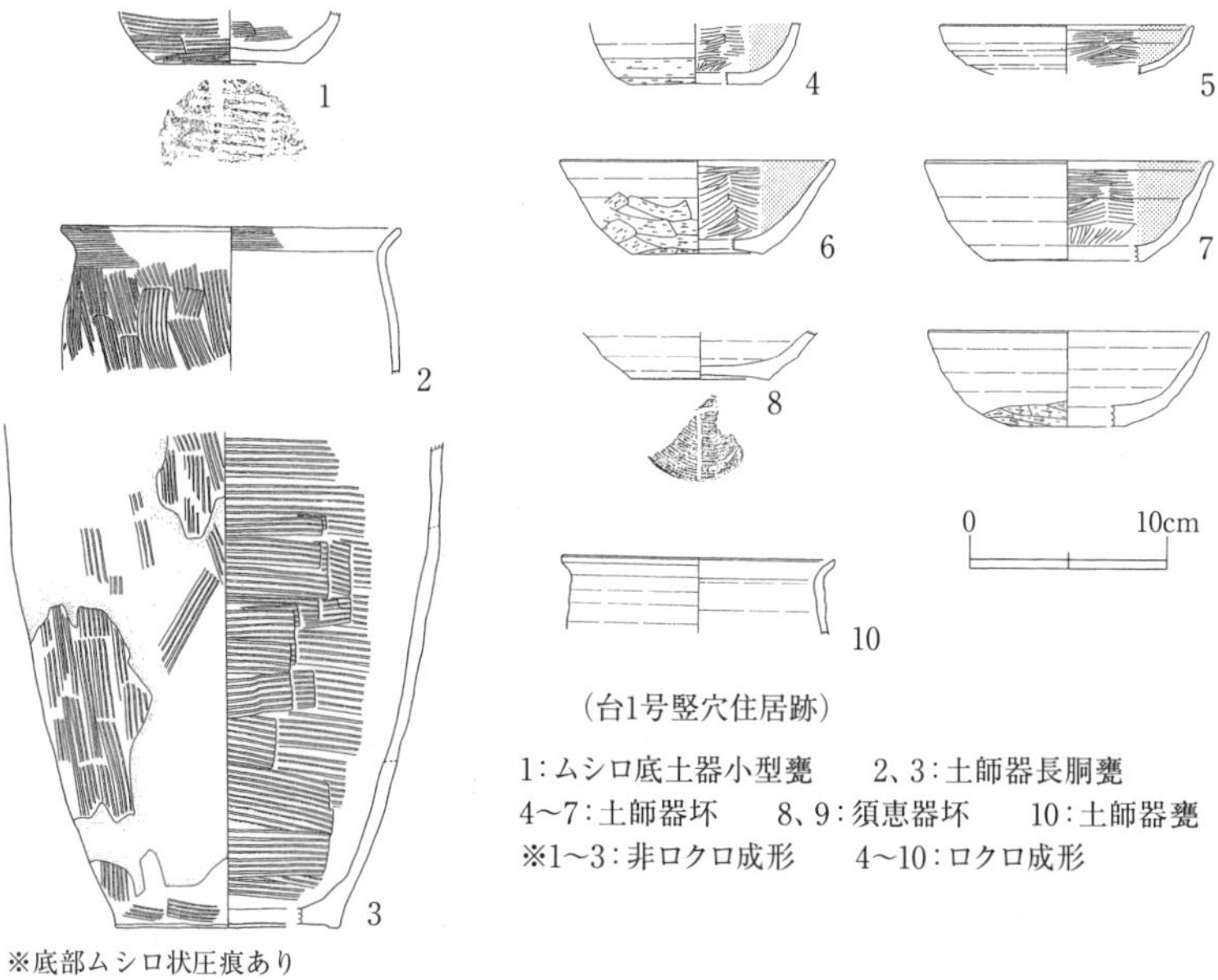

1：ムシロ底土器小型甕　2、3：土師器長胴甕
4〜7：土師器坏　8、9：須恵器坏　10：土師器甕
※1〜3：非ロクロ成形　4〜10：ロクロ成形

図5　青木遺跡出土資料

坏は、地域編年に基づけば、器形とケズリ調整などから九世紀中葉（九世紀第3四半期頃）に位置づけられる(4)（村田一九九四）。

供伴した非ロクロ土師器長胴甕は体部刷毛目調整で、当該期の陸奥国南部ではロクロ土師器甕が普及し、ケズリ調整を主体とするなか、やや異質な様相を示している。遺跡内においても、一般的なロクロ土師器甕出土住居の中に、非ロクロ土師器甕が出土する住居が混在している。陸奥国南部では特に古い段階のムシロ底土器の出土例でもあり、搬入または工人の移動も含め、出羽側など他地域から直接的影響を受け、生産されたものと考えられる。

4　岩手県花巻市大曲遺跡出土資料（図6）

DE65竪穴住居跡よりムシロ底土器として坏一点、長胴甕一点、中型甕二点、小型甕一点が出土している他、非ロクロ成形の土師器長胴甕九点（底部木葉痕一点、不明八点）、ロクロ成形の内黒土師器坏五点、台付坏一点、非内黒土器坏六点、台付坏一点が、長胴甕一点、中型甕二点が出土している。

ムシロ底土器坏は、内面非黒色処理で、外面体部下端から上半にかけて手持ちケズリ調整を施す。底径比がやや大きく底部から口縁部にかけてやや内湾気味に立ち上がる器形であり、器形からは、陸奥国北部のロクロ土師器影響を受けているとも考えられる。ムシロ底土器長胴甕は、体部外面に軽いケズリ調整、体部内面に刷毛目調整を施す。小型甕は体部内外面とも刷毛目調整である。ともに器形的にはロクロ土師器甕の影響があまり認められず、長胴甕のケズリ調整については、陸奥側（いわゆる陸奥型甕）の特徴とも考えられる。これらと供伴したロクロ成形の土師器坏などの年代から、調査報告では、九世紀後半の中葉に近い時期（九世紀第3四半期）に位置づけている。

陸奥北半のロクロ土師器導入について述べた八木光則氏の論考においては、陸奥国北部の城柵や稗貫郡も含めた一般集落へのロクロ土師器の拡大・普及期は八世紀末・九世紀初め以降とされている。この資料はそれより後段階であ

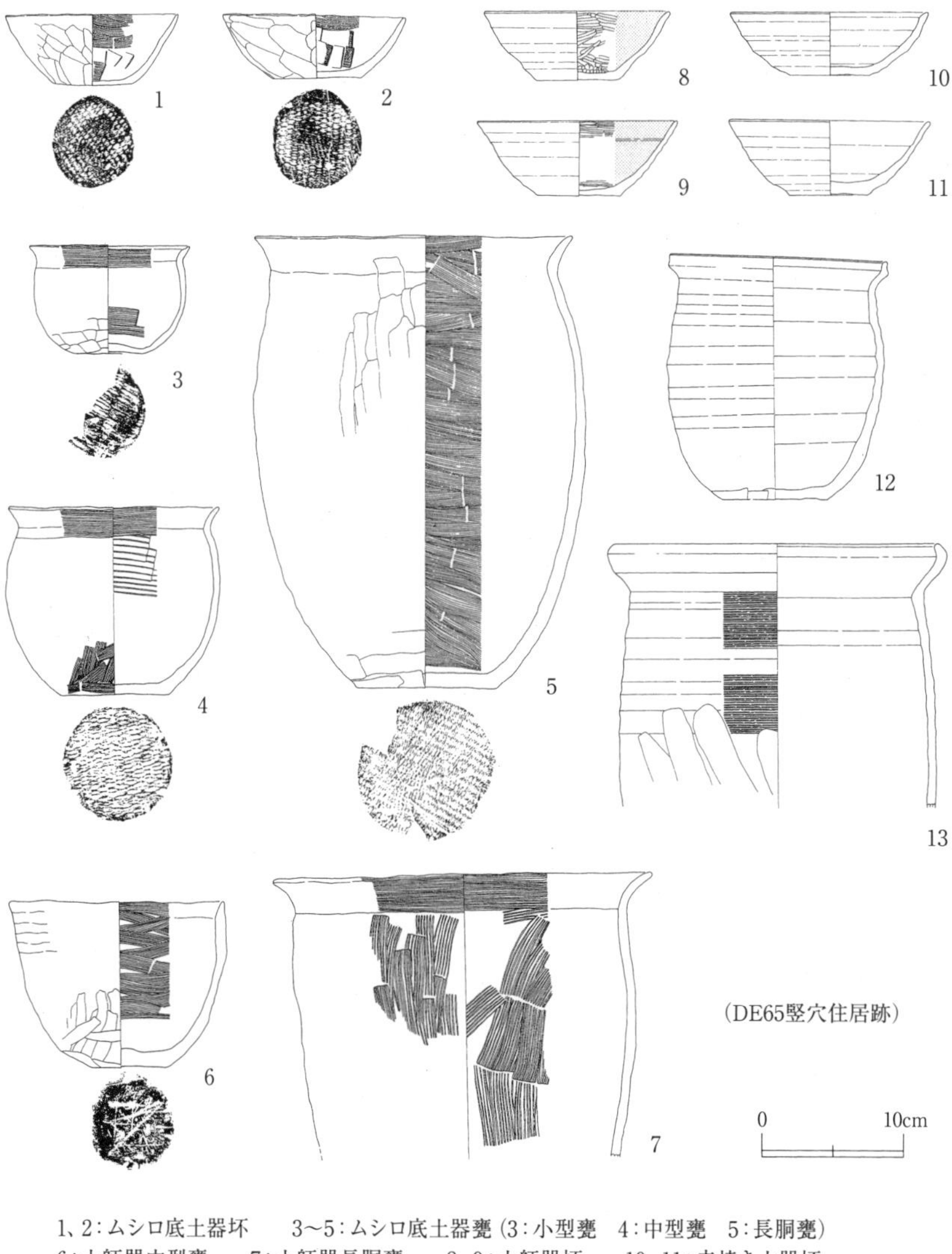

1、2：ムシロ底土器坏　3〜5：ムシロ底土器甕（3：小型甕　4：中型甕　5：長胴甕）
6：土師器中型甕　7：土師器長胴甕　8、9：土師器坏　10、11：赤焼き土器坏
12：赤焼き土器中型甕　13：赤焼き土器長胴甕
※1〜7：非ロクロ成形　8〜13：ロクロ成形

図6　大曲遺跡出土資料

り、非ロクロ土師器が最も後まで残る事例の一つされ、ムシロ底も特異な例とされている（八木二〇〇六）。供伴するロクロ成形土師器についても内黒に対し非内黒土器（赤焼土器）もほぼ同量出土するなど、その組成と様相は当該地域とやや異なっている点もある。陸奥国北部の近夷郡全体を見ても九世紀前半段階に遡る資料はなく、九世紀後半を含めてもムシロ底土器自体が他地域に比して少ないことも指摘されることから(5)、非ロクロ土師器を継続して生産するなか、出羽側など他地域からの影響を受け生産されている可能性も考えられる。

大曲遺跡は河岸段丘に立地する竪穴住居により構成される在地系集落の一部であるが、周辺には須恵器窯跡や官衙関連遺跡は存在しない。この集落自体、官との関係が強かったとは言えず、ロクロ土師器の影響によりムシロ底を生み出したとは考えがたい。非ロクロ土師器を後段階まで継続して使用するなど在地性を強く持つ状況の中、前述したように新しい非ロクロ土師器を他地域から受容した可能性が考えられる。

三　ムシロ底土器出現期の様相とロクロ土師器の影響

以上のムシロ底土器出現期資料の検討から、その出現時期は従来指摘されていた九世紀初頭より若干時期が下り、九世紀第2四半期頃であり、器種としては当初より坏と甕があること、また、ほとんどが「タタミ」タイプの繊維圧痕を残すムシロ底であることが明らかとなった(6)。現状で、ロクロ土師器の影響が明確で、坏類と甕類のセット関係が把握される最も古い資料は、会塚田中B遺跡と考えられる。同遺跡は律令国家支配領域の北辺部に近い「近夷郡」に所在する集落であり、冒頭に述べた菅原氏の指摘を裏付けることとなった。現時点で確実に把握される各地域の出現時期は、出羽北部では九世紀第2四半期頃で、その後時期差を置かず出羽国南部や陸奥南部に拡大し、陸奥国北部でも九世紀第3四半期以降には出土が認められる。その出現時期は、各地域におけるロクロ土師器の導入期ではなく、

「一般集落への拡大・普及期」にあたっていることも把握された。

ムシロ底土器出現期における ロクロ土師器の具体的影響としては、特に坏類に明確である。会塚田中B遺跡出土坏の場合、須恵器ではなくロクロ土師器に特徴的な形態や調整技法が認められ、官衙に主体的に供給される段階およびタイプのロクロ土師器に類似していることが指摘される。今回の資料の検討において、そのように「官衙のロクロ土師器坏」および「ロクロ土師器工人」と接触し、その影響を受けたことを、端的かつ明らかに裏付ける資料が把握された意味は大きいといえる。また、境田C遺跡出土坏などの事例をふまえれば、器形や内面黒色処理の有無などがその地域で主体を占めるロクロ土師器坏に類似し、その影響を受けているとも考えられる。

甕類についてみた場合は、ほとんどが小型甕と中型甕であり、その短胴・平底の基本形態や、口縁部の形態および口縁端部のつくりなどにロクロ土師器甕の影響が認められる。しかしその調整技法については、出羽国側では刷毛目調整を主体にするなど、在地性を帯びる点が指摘される。

また、出現期資料においては、少なからず従来の底部木葉痕の非ロクロ土師器が供伴している点も注目される。そしてそれらの調整技法は、基本的にムシロ底土器と共通している。それらは、出現当初の過渡的段階の資料であることを示唆するとともに、従来からの在地非ロクロ工人がムシロ底土器を採用し、その製作に携わっていることを示していると考えられる。

それらのことを踏まえると、ムシロ底の土器は、従来一般集落内で小規模かつ家内手工業的に非ロクロ土師器を生産していた在地の工人が、当該地域における律令支配の進展に伴い、官主導のロクロ土師器生産・供給やその工人との接触を通じ、その影響を受け製作したものと考えられる。

四　ムシロ底土器の出現理由とその背景

次に、なぜムシロ底を採用したかという基本的な問題点にも検討を加えたい。

まず、製作技術面から見ると、土器底部にムシロを敷くのは、基本的には、従来の非ロクロ土師器の底部木葉痕に示される木葉の使用と同様に、製作後に製作台（回転台）と土器の「離れ」良くするためと考えられる。

坏類に限ってみれば、東北地方の土師器は表杉ノ入式段階になり、ロクロ土師器導入による平底化に加え、在地系譜の非ロクロ土師器坏についても平底化が認められる（図2―7・8）。そのようなロクロ土師器の影響による坏形態の平底化の過程、回転台上の坏製作過程において、木葉に代わり新たに平らなムシロ底を採用したと考えられる。非ロクロ甕類については、平安時代初期以降、底径が大きくなる傾向があり、木葉を数枚重ねる事例も認められる。ムシロをその底部大型化に対応できる素材として採用したとも考えられる。

大量生産を前提としたロクロ土師器の影響による「生産性向上」「製作の効率化」への指向も考えられる。ムシロ自体は木葉よりも耐久性があり、再利用も可能な素材であることから、製作台（回転台）にムシロを固定し連続して利用する可能性や、坏類や小型の甕については、ムシロに密着させた土器またはムシロ自体を回転させることにより、回転台にかわり、簡易に回転を得て土器製作を行う可能性も考えられる。

最も大きな理由として、意匠的な要素が考えられる。稲野氏は当該期の東北地方各地における「タタミ」の使用開始がムシロ底の出現と関係する可能性を指摘している[(7)]（稲野一九九五）。出現期の主体をなすのが、従来東北の蝦夷文化には無い編物の「タタミ」タイプの繊維圧痕であることをふまえれば、新たに蝦夷社会、集落の中に律令制とともに浸透していく律令的文化の要素として「タタミ」が認識され、それが新たな意匠として採用されたと考えられるのである。

ムシロ底土器出現の理由と背景をまとめれば、平安時代初めの「近夷郡」において、官主導のロクロ土師器の生産と流通が一般の集落に十分な供給量を持たず、また、集落においても生産体制が整わない段階において、供膳具と特に煮炊具の需要を補完するために、ロクロ土師器の形態・技法的な影響を受け、律令体制がもたらした新たな文化、意匠として、製作の効率化への指向のもと採用したのがムシロ底の土器と考えられる。言い換えれば、ムシロ底土器のような新たな非ロクロ土師器は、律令体制と律令的文化の蝦夷社会への拡大と浸透を受け、在地の蝦夷系工人が新たに生み出した「蝦夷系土器」と位置付けられ、その出現は、蝦夷社会内部の変化を象徴するものと考えられる。

五　ムシロ底土器と砂底土器の展開について

前述したとおり、ムシロ底土器は九世紀第2四半期頃に出羽国北部の近夷郡に出現し、時期を置かず出羽国南部や陸奥国南部など南に広がりを持つ。そしてやや時期差を持ち陸奥国北部に広がりを持つようになる。今回抽出した陸奥南部の青木遺跡は出羽北部からは距離があり、時期差もあまりないが、その状況は菅原氏の指摘のように近夷郡から移動した蝦夷の移民（移配）により生じた可能性が高い。ムシロ底土器は、その後九世紀後半以降には北緯四〇度以北の蝦夷居住地域へも広がりを持つようになる。一方で、九世紀中葉段階のうちには、同じく近夷郡で砂底土器が出現し、やはり北緯四〇度以北の蝦夷居住地域へ分布の中心を持ち、広がりを持つようになると考えられる(8)（桜田一九九三）。

砂底土器出現期の資料の一つとして、出羽国北部の秋田郡域に所在する長岡遺跡出土資料があげられる（図4）。長岡遺跡は官衙出先機関が存在する可能性も含め官の影響を強く受けた集落で、九世紀中葉を中心とした時期にムロ

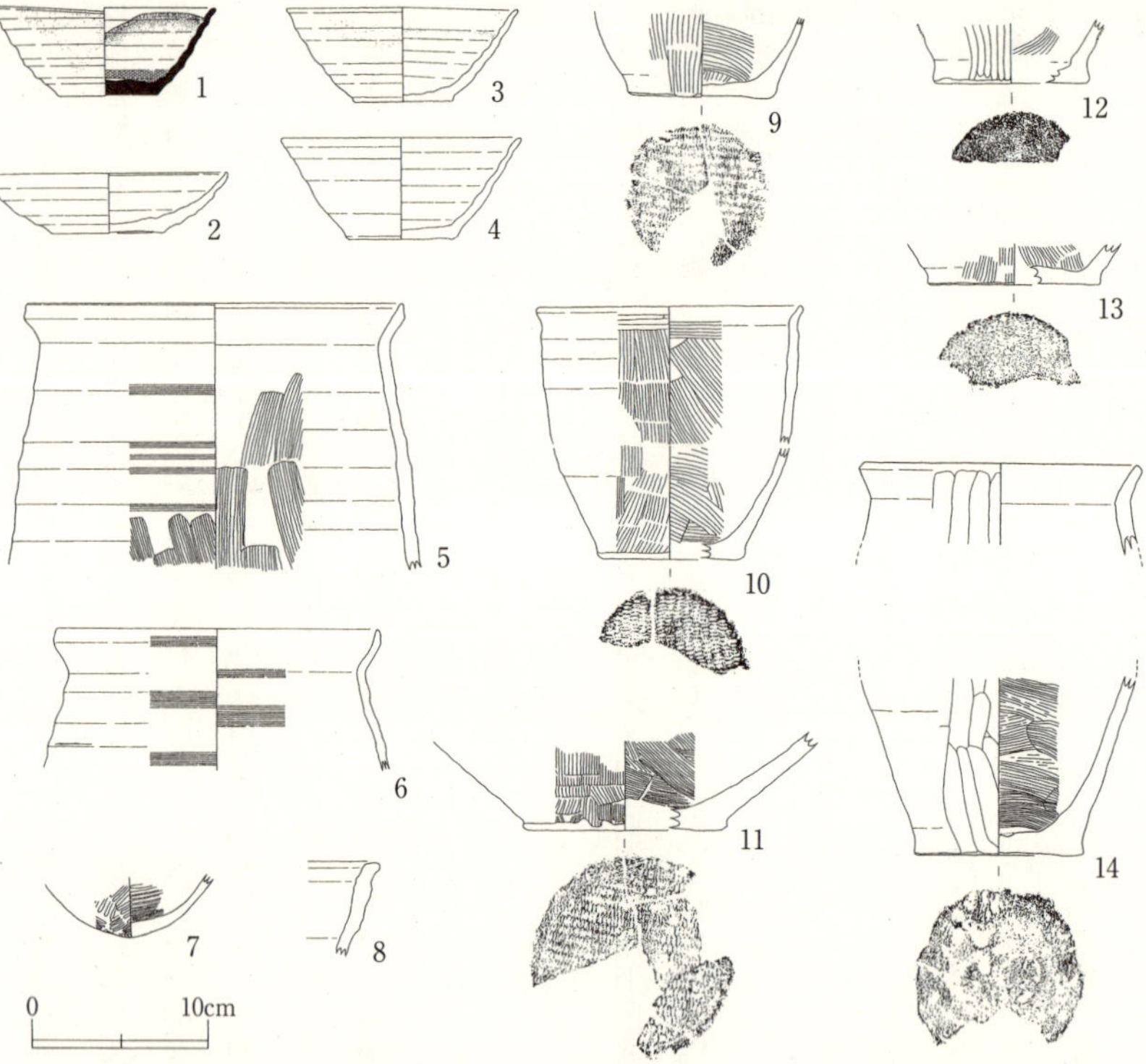

1：須恵器坏　2〜4：赤褐色土器坏　5〜7：赤褐色土器甕　8：赤褐色土器鍋
9・10：ムシロ底土器甕　11：ムシロ底土器鍋　12〜14：砂底土器甕
※9〜14非ロクロ成形

（1〜9・11〜14：B区Ⅴ層　10：B区Ⅳ層）

図7　長岡遺跡出土資料

底土器と出現期の砂底土器が供伴して出土している。また、ムシロ底土器には、新たなロクロ土師器の器種である鍋が加わっており、この段階においてもロクロ土師器の影響、それを補完する意図が明確に認められる。砂底土器は甕類のみが認められ、器形的には、口縁部形態などにやはりロクロ土師器の影響を受けている。砂底土器についても、前述したように集落内で家内手工業的に非ロクロ土師器を生産していた在地の蝦夷系工人が生み出したものと考えられる。砂底土器を含めた新たなロクロ土師器が、九世紀後半から十世紀にかけ北緯四〇度以北の蝦夷居住地域へ広がりを持つようになる背景については、従来あまり検討されていないが、近年の北緯四〇度以北地域における九世紀後半以降の集落の急増と展開について研究をふまえれば（小松一九九六、伊藤二〇〇二、宇田川二〇〇五）、元慶二年（八七八）の元慶の乱より前の出羽国から北の奥地への逃亡民の存在や、元慶の乱後に展開する開発を目的とした計画集落への住民の再編と新たな移動が大きく関係していると推察される。

ムシロ底がその出現から南へ、その後北へも広がりの方向性を持ったのに対し、砂底土器が南でなく北へ広がりの方向性を持ったのは、ムシロ底が内国的な律令側文化の要素である「タタミ」を新たな意匠としたものであるのに対し、それとは異なる蝦夷的・在地的な価値観のもと、それにはこだわらずより簡易に「離れ」を得る技法として採用され、そのより「蝦夷的」と言っていい性格から、近夷郡からの人の移動に伴い、律令支配域外の蝦夷居住地域に広く受け入れられたためと考えられる。また、ムシロ底土器が北へ広がる段階で、主体を占めるのがタタミ状タイプではなく、従来から蝦夷文化圏に存在するアンギン状やスダレ状タイプとなることにも、同様の理由が考えられよう（稲野一九九五）。

結びにかえて

小論では、ムシロ底土器出現期資料の検討を通じ、平安時代初期の東北地方における律令支配進展やそれに伴う蝦夷社会への文化的影響や、ロクロ土師器導入という新たな土器生産技術および生産・供給体制が、蝦夷社会の在地土器生産と土器様相に与えた変化を象徴するものとして、新たな非ロクロ土師器の出現が位置づけられると考えた。今回は抽出した一部出現期資料に限定した検討であり、砂底土器も含めたさらなる資料集成と詳細な検討に基づく「新たな非ロクロ土師器」の体系的研究を今後の課題としていきたい。

註

(1)　本論では轆轤成形による土師器をロクロ土師器、非轆轤成形による土師器をロクロ土師器と呼称する。

(2)　底部に織物・編物の繊維圧痕を有する土器については、調査機関や研究者により呼称が異なる。稲野氏はその繊維圧痕を織物であるタタミ状、アンギン状、スダレ・タワラ状の3種に分類にしているが、通常の総称として「ムシロ底」を用いている。古代の底部圧痕として最も出現が古いとされるタタミ状タイプについて、古代にタタミがムシロと呼ばれるとされており、本論の主たる対象がその出現期資料であることも考慮し、本論でも総称として「ムシロ底土器」の用語を用いることとする。

(3)　ロクロ成形、酸化炎焼成、内面非黒色処理の土師器については各調査機関で用語が異なるが、本論では出羽北部については「赤褐色土器」、南部については「赤焼土器」を用いる。秋田城跡出土土器編年で赤褐色土器坏のうち、ケズリ調整を伴うものを坏B、伴わないものを坏Aとしている。なお、出羽北部のロクロ土師器導入期においては、秋田城跡など城柵官衙では、八世紀第4四半期から甕類の導入が若干先行する。

(4)　村田氏のご教示による。

(5)　岩手県花巻市の高木中館遺跡の調査報告考察において、最新の集成と年代的位置付けが示されている。その出現時期と分布ふまえると、陸奥国北部の近夷郡についてはムシロ底土器の出現地域とはならないと考えられる。

(6)　ロクロ土師器を主体とする表杉ノ入式の成立は、律令的土器様式の東北的展開と捉えられており（坂井一九九四）、その律令的土器様式は、供膳具の坏が重要な構成要素である。ムシロ底土器に当初から坏が存在することは、それ自体、律令的土器様式、ロクロ土師器の影響を受けていることを示唆している。

(7)　「タタミ」には床をもつものと、畳表のみのものも含むとしている。

(8)　櫻田氏の集成においては、奈良時代後半の資料が僅少であるが存在するとしているが、器形などで明確にロクロ土師器の影響を受け新たに成立する砂底土器については、出現年代が大きく下ると考えられる。また、平安時代のものが大多数を占めるが、時期は十世紀初頭以降、分布は北緯四〇度以北から北緯四一度までを中心とすると指摘している。

発掘調査報告書

横手市教育委員会　二〇〇七『会塚田中B遺跡』横手市文化財調査報告第七集
山形県教育委員会　一九八二『境田C遺跡発掘調査報告書』山形県文化財調査報告書第六二集

宮城県教育委員会　一九八〇「青木遺跡」『東北自動車道遺跡調査報告書』宮城県文化財調査報告書第七一集
岩手県教育委員会　一九七九「大曲遺跡」『東北新幹線関係埋蔵文化財調査報告書』岩手県文化財調査報告書第三四集
秋田市市教育委員会　二〇〇二『長岡遺跡』下新城西地区県営担い手育成基盤整備事業に伴う緊急発掘調査報告書
（財）岩手県文化振興事業団埋蔵文化財センター　二〇〇六『高木中館遺跡・下通遺跡発掘調査報告書』

引用参考文献

仲田茂司　一九九四「東北地方におけるロクロ土師器の受容とその背景」『考古学雑誌』第七九巻第三号
吾妻俊典　二〇〇四「多賀城とその周辺におけるロクロ土師器の普及開始年代」『宮城考古学』六
八木光則　二〇〇六「陸奥北半における轆轤土師器の導入」『陶磁器の社会史』桂書房
伊藤武士　一九九七「出羽における一〇・一一世紀の土器様相」『北陸古代土器研究』第七号
菅原祥夫　二〇〇〇「平安時代における蝦夷系土器の南下―蝦夷の移住をめぐって―」『阿部正光君追悼集』
稲野彰子　一九九五「いわゆるムシロ底について」『北上市立博物館研究報告』第一〇号
櫻田　隆　一九九三「『砂底』土器考」『翔古論聚―久保哲三追悼論集』
利部　修　一九九七「平安時代東北の長頸瓶」『生産の考古学』倉田芳朗郎先生古稀記念会
熊谷公男　一九九二「平安初期における征夷の終焉と蝦夷支配の変質」『東北文化研究所紀要』二四
伊藤武士　二〇〇五「秋田城跡の発掘成果」『第三一回古代城柵官衙遺跡検討会資料』
阿部明彦・水戸弘美　一九九九「山形県の古代土器編年」『第二五回古代城柵官衙遺跡検討会資料』
小松正夫　一九九六「元慶の乱期における出羽国の蝦夷社会」『古代蝦夷の世界と交流　古代王権と交流1』名著出版
伊藤武士　二〇〇二「出羽国北半の土器生産体制と土師器焼成について」『第四回東北古代土器研究会青森大会資料』
宇田川浩一　二〇〇五「元慶の乱前後の集落と生業」『第三一回古代城柵官衙遺跡検討会資料』
村田晃一　一九九四「土器からみた官衙の終末」『古代官衙の終末をめぐる諸問題』東日本埋蔵文化財研究会

ケズリのある赤い坏

——古代秋田郡域の赤褐色土器坏B——

神田和彦

はじめに

東北地方における古代の土器には、須恵器・土師器とは異なる赤褐色を呈する土器の一群がある。これらは、ロクロ成形・酸化炎焼成・黒色処理を施さないという特徴をもつ土師質の土器であり、秋田市教育委員会では、「赤褐色土器」と呼称している(1)。このような須恵器・土師器とは異なる土器の一群(以下、本稿では「赤褐色土器」と呼ぶ)については、古代東北地方において、出羽国の大部分では九世紀第1～2四半期に普及するが、陸奥国側では九世紀第3四半期以降に徐々に増加するものの、依然、須恵器が多数を占め、土師器も一定量保持するという地域差がみられる(八木二〇〇六b)。このような地域性から「赤褐色土器」は、古代出羽国の物質文化を特徴づける遺物の一つであるといえる。秋田市教育委員会では、このような「赤褐色土器」の坏を、底部から体部下半にケズリ調整を施すものを「坏B」、無調整のものを「坏A」とし、2種に細分している(小松一九七六等)。しかし、赤褐色土器の坏を二種類に細分しているものの、その製作技術の違いが何を意味しているのかについては依然判然としていない。そこで本稿

において は、秋田郡域の古代集落遺跡における「赤褐色土器坏B」の出土状況等の検討から、当該遺物の性格について考えてみたい。また、「赤褐色土器坏B」についての考察を通して、赤褐色土器坏の出現期における製作背景について予察を試みる。

一　研究の動向および分析の視点と方法について

1　「赤褐色土器坏B」をめぐる研究の動向

秋田城跡の調査において、「赤褐色土器」の用語が使用されるのは、昭和五十年度の概報からである（秋田市教委一九七六）。当該年度の第一七次調査においては、須恵器・土師器とは異なる土器が多数出土したことから、これらを「赤褐色土器」と呼んだ。当該年度の概報において、「赤褐色土器」はロクロ成形の坏にのみ用いられ、「須恵器・内黒土師器以外の土器」とされ、「酸化炎焼成を最終目的としたもので、色調は明褐色、灰褐色、茶褐色等を呈する」ものである。また、「二次調整を施さないものを赤褐色土器A、体部下端および底部回転、手持ちへラケズリを施したものを赤褐色土器B」と二種に細分している。そして、須恵器・土師器・赤褐色土器A・Bのそれぞれの層位的比率を検討した。その結果、(ア)新しくなると須恵器から赤褐色土器Aへ量的な転換点がある、(イ)赤褐色土器はA・Bともに最下層から出土するが、下層ではB、上層ではAの量的比率が高い、ことを示した。

今日では、酸化炎焼成で成形にロクロを使用し、黒色処理をおこなわない土師質の土器を「赤褐色土器」と総称している。確認される赤褐色土器の器種としては、坏、台付坏、蓋、皿、台付皿、甕、鍋、脚付き鍋、甑、鉢などがある。そして、坏については、無調整のものを坏A、底部から体部下半にかけてケズリ調整をおこなうものを坏Bとし、細分している（伊藤二〇〇一）。秋田市教育委員会では原則としてこの定義に基づいて、古代の赤褐色土器の報告をおこなっている。

こうした赤褐色土器「坏Ｂ」の認識は、これまで主として編年研究に利用されてきた。例えば、秋田城における土器編年では、赤褐色土器坏Ｂは九世紀前半に特徴的にみられる土器として、年代指標の一つとして注目されている（小松ほか一九九七、伊藤二〇〇一、小松二〇〇一）。

2　分析の視点と方法

以上のように、秋田市教育委員会では、「赤褐色土器」の坏を二種に細分し、逐一報告をおこなっているが、他の機関では、必ずしも明確な細分をおこなっているわけではない。例えば同じ秋田県内においても、調査機関によっては、このような「赤褐色土器」を「土師器」で一括して取い、必ずしも「ケズリの有無」について着目しない場合もある。この種の土器を何と呼称するかは様々な議論があるが、少なくとも赤褐色土器坏Ｂにみられるケズリ調整を認識する利点は、年代指標の一つとして利用できることである。しかし、赤褐色土器にケズリを施すという調整技術は、一体何を示すのであろうか。本稿においては、「赤褐色土器坏Ｂ」という分類を積極的に認めるという立場から、次のような分析をおこない、赤褐色土器坏Ｂの性格について考察をおこない、赤褐色土器坏の出現期における製作背景について予察を試みたい。

分析1　赤褐色土器の坏について、秋田城における層位的出土事例をもとに整理をおこない、赤褐色土器坏Ｂの編年的位置づけと系統関係について確認する。特に本稿では、平成元年・二年度の第五四次調査で外郭東門西側隣接地で発見された築地構築時の粘土採掘穴（ＳＧ１０３１）からの資料（以下、「秋田城ＳＧ１０３１資料」と呼ぶ）を中心に用いる（秋田市教委一九九〇、一九九一）。この秋田城ＳＧ１０３１資料は、秋田郡域における土器編年の基準と

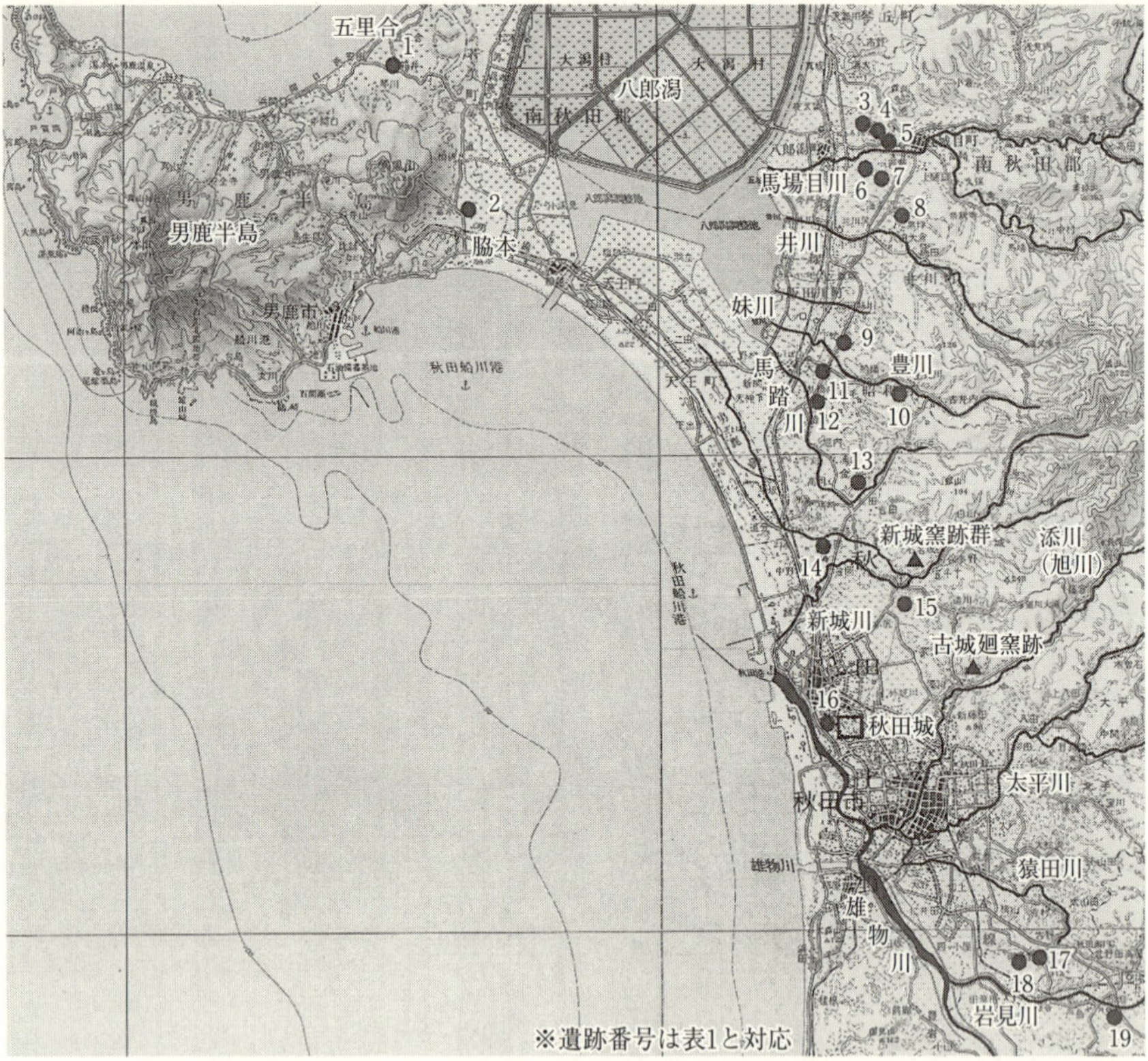

図1　秋田郡域における9世紀前半の集落遺跡位置図（S＝1／200,000）

なっており、八世紀第2四半期〜十世紀中葉までの土器が、木簡や漆紙文書などの紀年名資料と共に出土しており、四半世紀ごとの編年が可能である（小松ほか一九九七、伊藤一九九七）。なお、九世紀初頭の出現期赤褐色土器坏を理解する上では、秋田城ＳＧ１０３１資料のみでは不足する部分があるので、秋田城第六二次調査の沼沢地に面する緩斜面における堆積層資料の第一四層出土資料を援用する（秋田市教委一九九六）。

分析2　秋田郡域において、赤褐色土器坏Bが出土する遺跡と出土しない遺跡の性格を対比し、当該遺物の流通傾向を把握する。なお、「秋田郡域」とは、秋田平野を中心として、南は岩見川流域、北は男鹿半島および馬場目川流域周辺までの、現在の行政区分でいうところの秋田市、男鹿市および旧南秋田郡（五城目町・八郎潟町・井川町・潟上市）とする（新野一九六八、高橋一九七五）。このような秋田郡域の地域には、古代（奈良・平安時代）の所謂「周知の遺跡」は、三三二カ所存在しており（秋田市教委二〇〇二、秋田県教委二〇〇四）、古代集落遺跡の分布は河川水系を単位として、地域的なまとまりを捉えることが可能である（神田二〇〇五、二〇〇七）。この中で、発掘調査等によって遺跡の内容が分かり、赤褐色土器坏Ｂがみられる九世紀前半に、集落が存続していた一九遺跡の出土資料を検討する（図１）。

分析３　出現期赤褐色土器関連資料として、山形県西谷地遺跡および秋田城の出土事例を取り上げる。

二　分析の結果

１　編年的位置づけ・系統関係

赤褐色土器坏Ｂの編年的位置づけと系統関係について、秋田城ＳＧ１０３１資料を中心にして整理する（図２）。そもそも赤褐色土器は、秋田「出羽柵」創建期である八世紀第２四半期から、丸底砲弾型長胴甕などの甕類がみられるのが始まりである。しかしこの時期、量的にはまだ少数であり、搬入品である可能性が高い。その後、八世紀第４四半期からは、大型の丸底砲弾型長胴甕と小型の平底甕のセット関係が成立し、現地での生産開始が認められるようになる。このことから、秋田城ＳＧ１０３１資料からは明確な出土はないが、八世紀第４四半期頃から、赤褐色土器坏が生産されている可能性は高い。

秋田城ＳＧ１０３１資料において、赤褐色土器の坏類が明確に出土するのは、九世紀第１四半期からである。特に九世紀初頭の資料としては、ＳＧ１０３１第一六層資料、六二次調査第一四層資料がある。この出現期に限ってみる

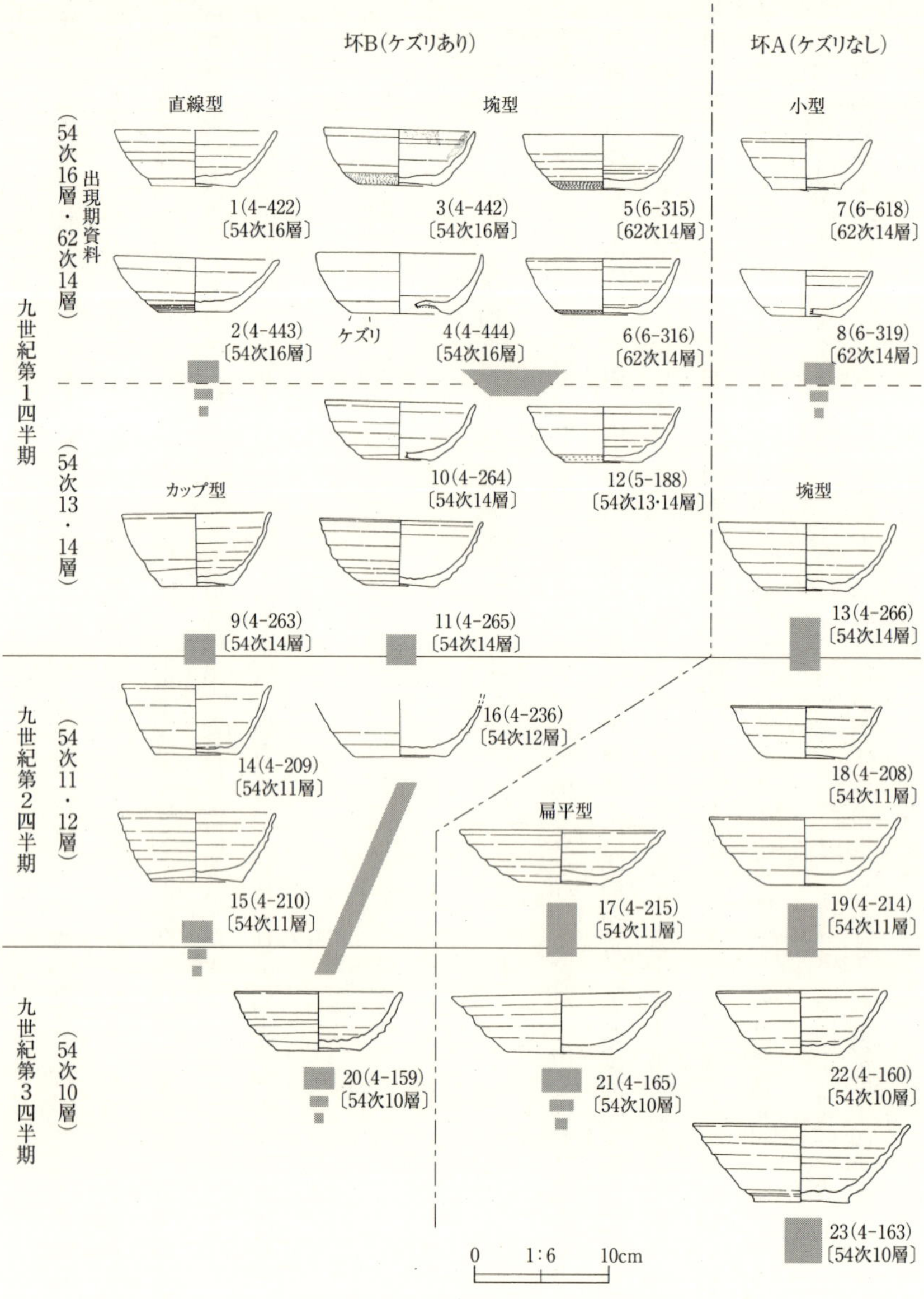
坏B(ケズリあり)
坏A(ケズリなし)
直線型
埦型
小型
(54次16層・62次14層)出現期資料
九世紀第1四半期
(54次13・14層)
カップ型
埦型
1(4-422)〔54次16層〕
3(4-442)〔54次16層〕
5(6-315)〔62次14層〕
7(6-618)〔62次14層〕
2(4-443)〔54次16層〕
ケズリ
4(4-444)〔54次16層〕
6(6-316)〔62次14層〕
8(6-319)〔62次14層〕
10(4-264)〔54次14層〕
12(5-188)〔54次13·14層〕
9(4-263)〔54次14層〕
11(4-265)〔54次14層〕
13(4-266)〔54次14層〕
九世紀第2四半期
(54次11・12層)
16(4-236)〔54次12層〕
14(4-209)〔54次11層〕
18(4-208)〔54次11層〕
扁平型
15(4-210)〔54次11層〕
17(4-215)〔54次11層〕
19(4-214)〔54次11層〕
九世紀第3四半期
(54次10層)
20(4-159)〔54次10層〕
21(4-165)〔54次10層〕
22(4-160)〔54次10層〕
23(4-163)〔54次10層〕
0　1:6　10cm

図2　赤褐色土器坏の編年・系統関係

と、坏は、体部下半から底部にかけてケズリ調整をおこなう坏Bとおこなわない坏Aの両者がみられるが、坏Bが主体を占める（図2―1～8）。坏Bのケズリ調整は、底部と体部下半に及ぶもの（同図4）と、底部のケズリがおこなわれず体部下半のみのもの（同図1～3・5・6）がみられる。坏Bの形態は、同時期の須恵器と比較し小振りであり、やや深い埦状を呈する「埦型」と、外形が直線的に開く「直線型」の二タイプの器形がある。一方、坏Aは坏Bに比べ、小型である（同図7・8）。坏A・Bともに、内面はナデにより平滑に仕上げる。九世紀第1四半期でもやや後半に相当するSG1031第一三・一四層資料では、坏Bに、外傾度が小さい「カップ型」がみられるが（同図9）、大部分は「埦型」である（同図10～12）。一方坏Aは、小型のタイプではなく、法量が大きくなり、器形は坏Bの「埦型」に類似する（同図13）。

九世紀第2四半期になると坏A・Bともにみられるが、赤褐色土器坏の出土量が増加し、須恵器に匹敵するようになる（図2―14～19）。坏Bのケズリ調整は、底部に及ぶものはみられなくなり、体部下端のみになる。また、坏Bの形態的特徴は、前段階で主体となっていた「埦型」（同図16）と、「カップ型」（同図14・15）がみられる。一方坏Aは、坏Bに比べ法量が大きくなり、前段階と同様な「埦型」（同図18・19）と、器高が低く口径・底径が大きい「扁平型」（同図17）がみられる。また、当該期から坏Aの「埦型」は、小型（同図18）と大型（同図19）の二分化がみられるようになる。

九世紀第3四半期には、ケズリ調整を施す坏Bはほとんどみられなくなり、ほぼ坏Aのみで構成されるようになる（図2―20～23）。坏Aは、内面を平滑に仕上げるものがほどんどなくなり、全体的に法量が大きくなる。「埦型」が主体を占めるが（同図22～23）、前段階でみられた「扁平型」（同図21）もこの段階までみられる。また、坏Aで「埦型」のものは、小型（同図22）と大型（同図23）への二分化が定着し、以後顕著になっていく。なお、この時期の後半期頃から皿がみられるようになる（伊藤二〇〇一）。

以上のように、赤褐色土器の変遷の中で、坏Bは九世紀前半に特徴的に認められる出土遺物であるが、九世紀第1四半期には「埦型」が主流であり、その後増加していく坏Aの基本的な器形となっていく。このようなことから、赤褐色土器の出現と普及過程を考える場合、赤褐色土器坏Bの理解が非常に重要になっていることがわかる。

2　秋田郡域での出土状況

次に、秋田郡域での集落遺跡における赤褐色土器坏Bの出土状況について検討する。表1は、九世紀前半に集落が存続していた遺跡の一覧表である。当該期に集落が存続し、発掘調査等で詳細が把握されているものは一九遺跡ある。このうち、赤褐色土器坏Bが出土している遺跡とその点数は、三十刈Ⅱ遺跡（一点）、中谷地遺跡（五点）、長岡遺跡（三点）、片野Ⅰ遺跡（一点）、深田沢遺跡（二点）、松木台Ⅲ遺跡（河辺松木台Ⅲ遺跡）（一〇点）である（図3）。注目されるのは、赤褐色土器坏Bが出土する遺跡は秋田郡域内で遍在していることである。すなわち赤褐色土器坏Bが出土する遺跡の性格を遺構等から検討すると、いずれも掘立柱建物跡が一定数みられる特徴があり、各地域において「官」の影響が強い遺跡で出土している傾向がある。

男鹿半島では、三十刈Ⅱ遺跡で赤褐色土器坏Bが出土しており、竪穴住居八軒に対して、掘立柱建物跡が五棟検出されている。掘立柱建物跡が一定数認められ、当該地域では、「官」の影響が強い集落である(2)（図4）。馬場目川流域では、中谷地遺跡で赤褐色土器坏Bの出土がみられるが、掘立柱建物跡九棟のみで構成されており、河川跡から木製祭祀具が出土するなど、「官」の影響が強い遺跡である（図5）。その他、馬場目川流域では、同時期に大きな集落遺跡として、開防遺跡があるが、掘立柱建物跡も一定数存在するものの、鍛冶炉や炭窯などの生産遺構もあり、どちらかというと生産遺跡と集落遺跡の複合的な性格をもつ遺跡である。このような開防遺跡をはじめ、その他の遺跡では赤褐色土器坏Bの出土はみられない。井川・豊川・馬踏川流域では、いずれも竪穴住居が主体となる集落遺跡が多く

表1　秋田郡域における9世紀前半の古代集落遺跡一覧

No.	遺跡名	種別	時期	規模・構成				赤褐色土器坏B	特徴的遺物	地域
				掘立	竪穴	掘+竪	その他			
1	三十刈Ⅱ遺跡	集落	9C①～③	5	8		柱列3、土坑3、焼土4	1	土錘	男鹿半島(五里合)
2	脇本埋没家屋(小谷地遺跡)	集落	5C、9C	3			井戸1	0	墨書、祭祀、土錘	男鹿半島(脇本)
3	北遺跡	集落?	9C①～10C中				土坑3	0		馬場目川流域
4	開防遺跡	集落・生産・火葬墓	8C中～10C後	25	6		柱列8、竪穴状5、鍛冶炉4、製鉄捨場1、炭窯7、土器埋設7、井戸2、土坑141、溝42、焼土21、Pit	0	砂底A、ムシロ、土錘	
5	貝保遺跡	集落・生産	9C②～10C前	1			柱列2、井戸1、土坑5、溝4、鍛冶炉1、焼土3、Pit	0	耳皿	
6	石崎遺跡	郡衙?	9C②～④				柱根、柵列、櫓跡?	0	墨書	
7	中谷地遺跡	郡衙?	8C中～9C③	9			柱列9、土坑27、捨場1、溝2、河川跡3	5	墨書、祭祀、削瓶	
8	越雄遺跡	集落	9C①～③		2		土坑2、溝2、焼土1	0	土錘	井川流域
9	西野遺跡	集落・生産	8C④～9C③	2	16		竪穴状1、鍛冶炉1、土坑20、溝5、焼土2、Pit	0	墨書	豊川水系
10	羽白目遺跡	集落?・生産?	9C				竪穴状、空堀、望烽跡	0	瓦	
11	元木山根Ⅱ遺跡	集落	9C①～②	1	3		土坑16、溝2	0		
12	大平遺跡	集落・生産・火葬墓?	8C中～9C②	1	6		竪穴状2、炭窯(半地下式)2、土坑17、土器埋設1、焼土1、溝3、Pit	0		馬踏川流域
13	待入Ⅲ遺跡	集落?	9C①～④				井戸4	0	墨書、土錘	
14	長岡遺跡	集落	8C中～9C④	8			柱列1、溝8、井戸1、土坑12、河川跡1、Pit	3	墨書、祭祀、ムシロ、砂底B、瓦	新城川流域
15	片野Ⅰ遺跡	集落	8C④～9C②		2			1	墨書	
16	後城遺跡	集落	8C②～9C②	33			柱列1	0	瓦	秋田城周辺
17	深田沢遺跡	集落	8C末～9C③	7	5	1	竪穴状3、土坑22	2	墨書	岩見川流域
18	下堤C遺跡	集落	8C末～10C中		31		竪穴状8、土坑49、方形溝状遺構1	0	墨書、砂底B	
19	松木台Ⅲ遺跡(河辺松木台Ⅲ遺跡)	集落・生産?	9C②～10C前		5		柱列1、土坑23、焼土9、Pit	10	砂底B	

(凡例)

時期：8C中＝8世紀中葉、9C①＝9世紀第1四半期、9C②＝9世紀第2四半期、9C③＝9世紀第3四半期、9C④＝9世紀第4四半期

規模・構成：掘立＝掘立柱建物跡、竪穴＝竪穴住居跡、掘＋竪＝掘立柱建物跡と竪穴住居跡が併列するもの、竪穴状＝竪穴状遺構

特徴的遺物　墨書＝墨書土器、祭祀＝祭祀関係遺物、ムシロ＝底部ムシロ痕土器、砂底A＝底部砂底土器、砂底B＝底部木葉痕＋砂底の土器、削瓶＝胴部外面に手持ちヘラ削りのある長頸瓶（東北北部型長頸瓶）

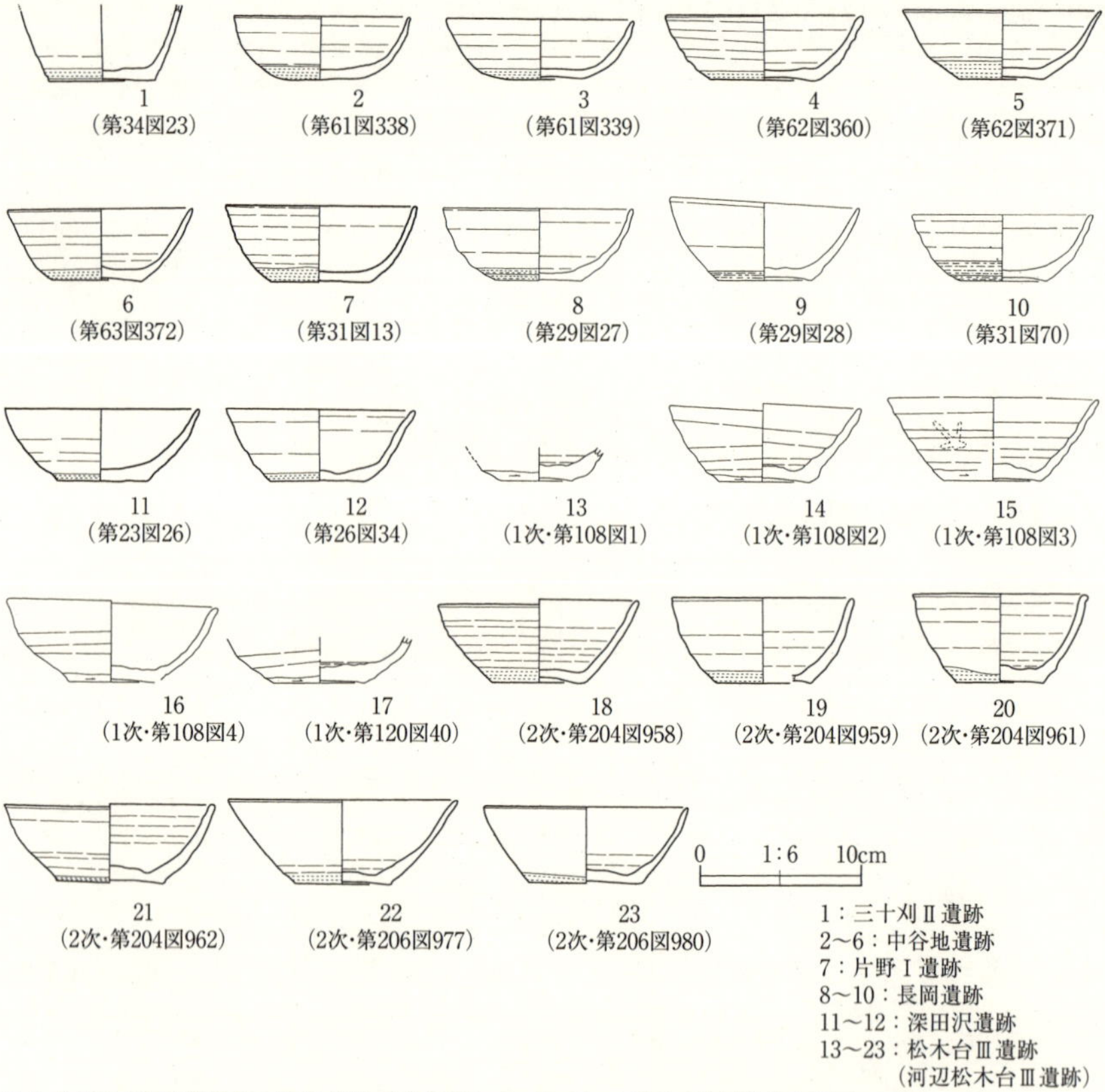

※（　）内は各調査報告書の図版・遺物番号を示す。8～10・13～17以外は各報告書実測図に加筆し、再トレースした。

図3　古代秋田郡域における集落遺跡出土の赤褐色土器坏B

赤褐色土器坏Bの出土はない。

新城川流域では、長岡遺跡と片野Ⅰ遺跡で赤褐色土器坏Bの出土がみられる。特に長岡遺跡では、掘立柱建物跡のみで構成され、木製祭祀具・瓦の出土などがあり、「官」の影響が強い遺跡である[3]（図6）。岩見川流域では、深田沢遺跡と松木台Ⅲ遺跡（河辺松木台Ⅲ遺跡）で赤褐色土器坏Bの出土がみられる。特に深田沢遺跡では、竪穴住居跡五軒に対し掘立柱建物跡七棟が検出され、当該地域においては「官」の影響が強い遺跡である（図7）。同じ地域の下堤C遺跡は、竪穴住居のみで構成される大規模な集落遺跡であるが、赤褐色土器坏Bの出土はみられ

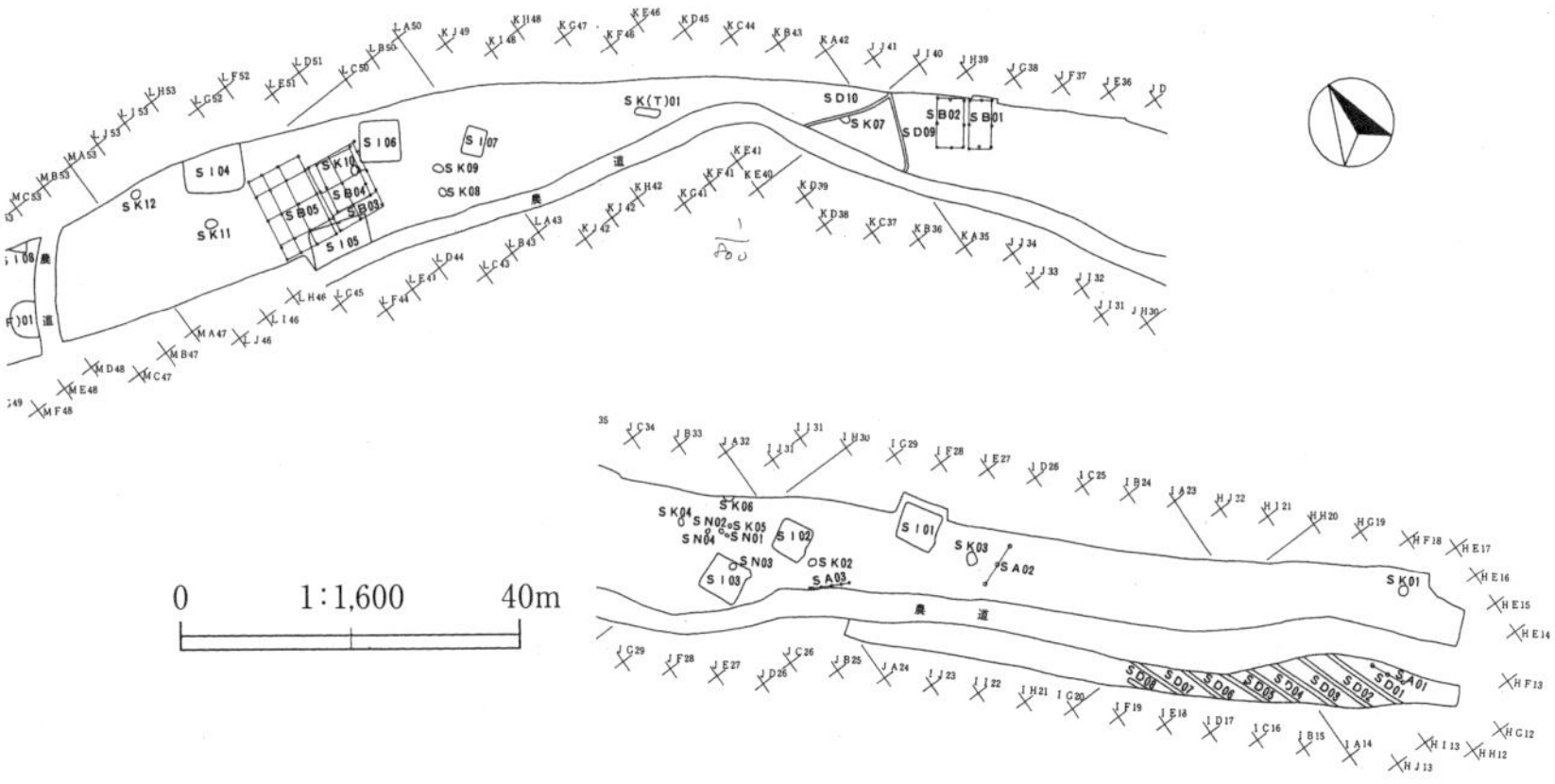

図4　三十刈Ⅱ遺跡遺構配置図

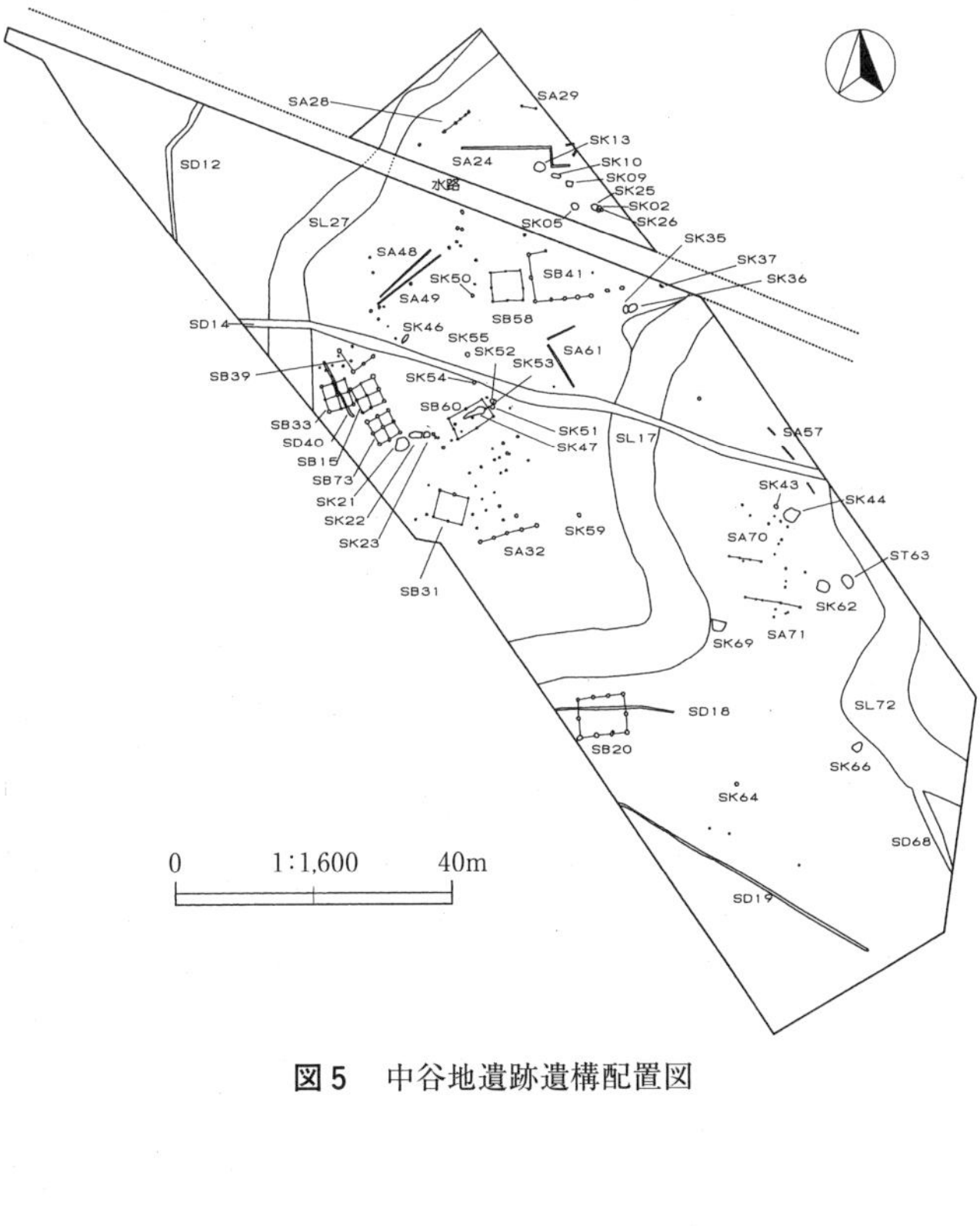

図5　中谷地遺跡遺構配置図

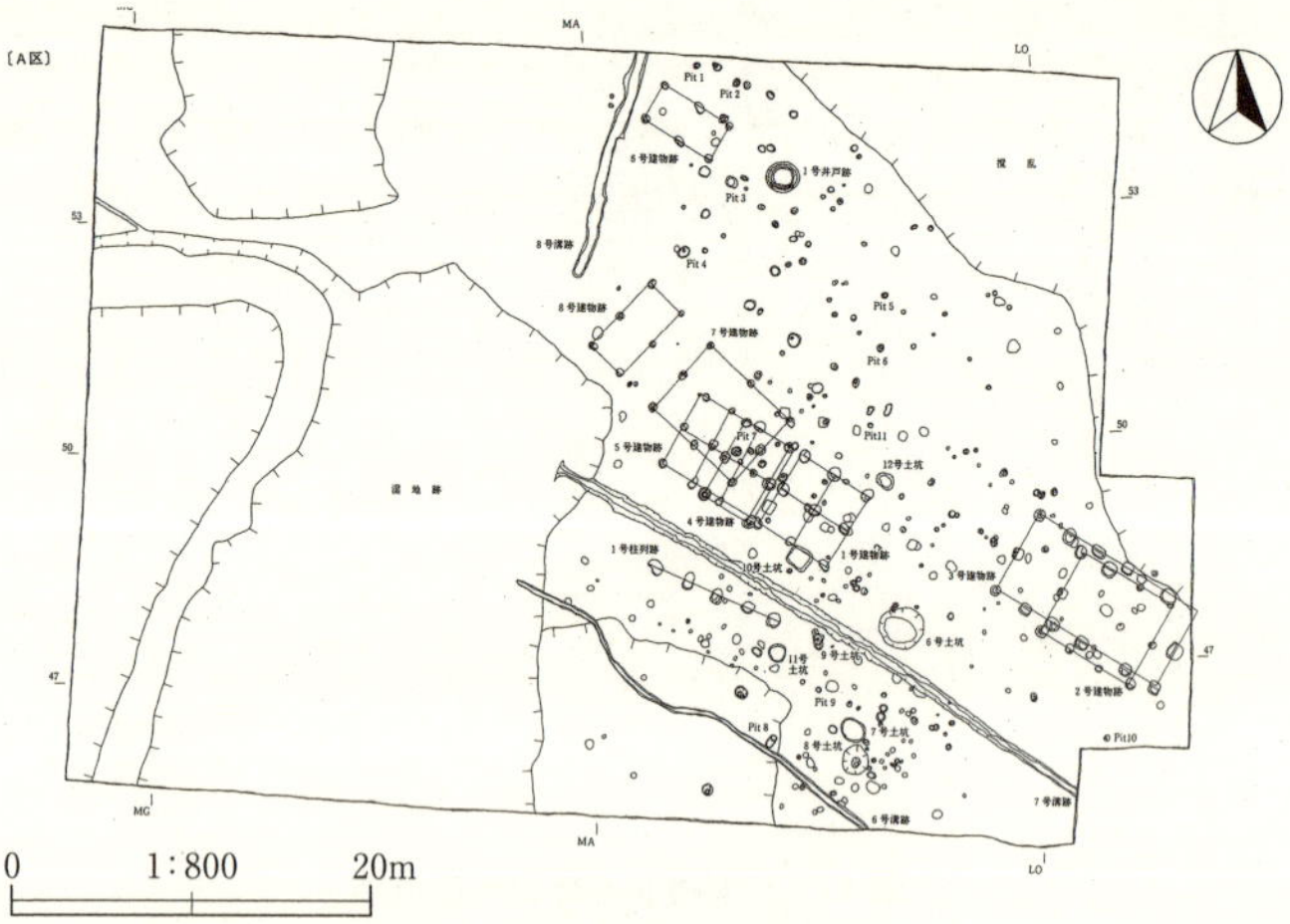

図6　長岡遺跡遺構配置図

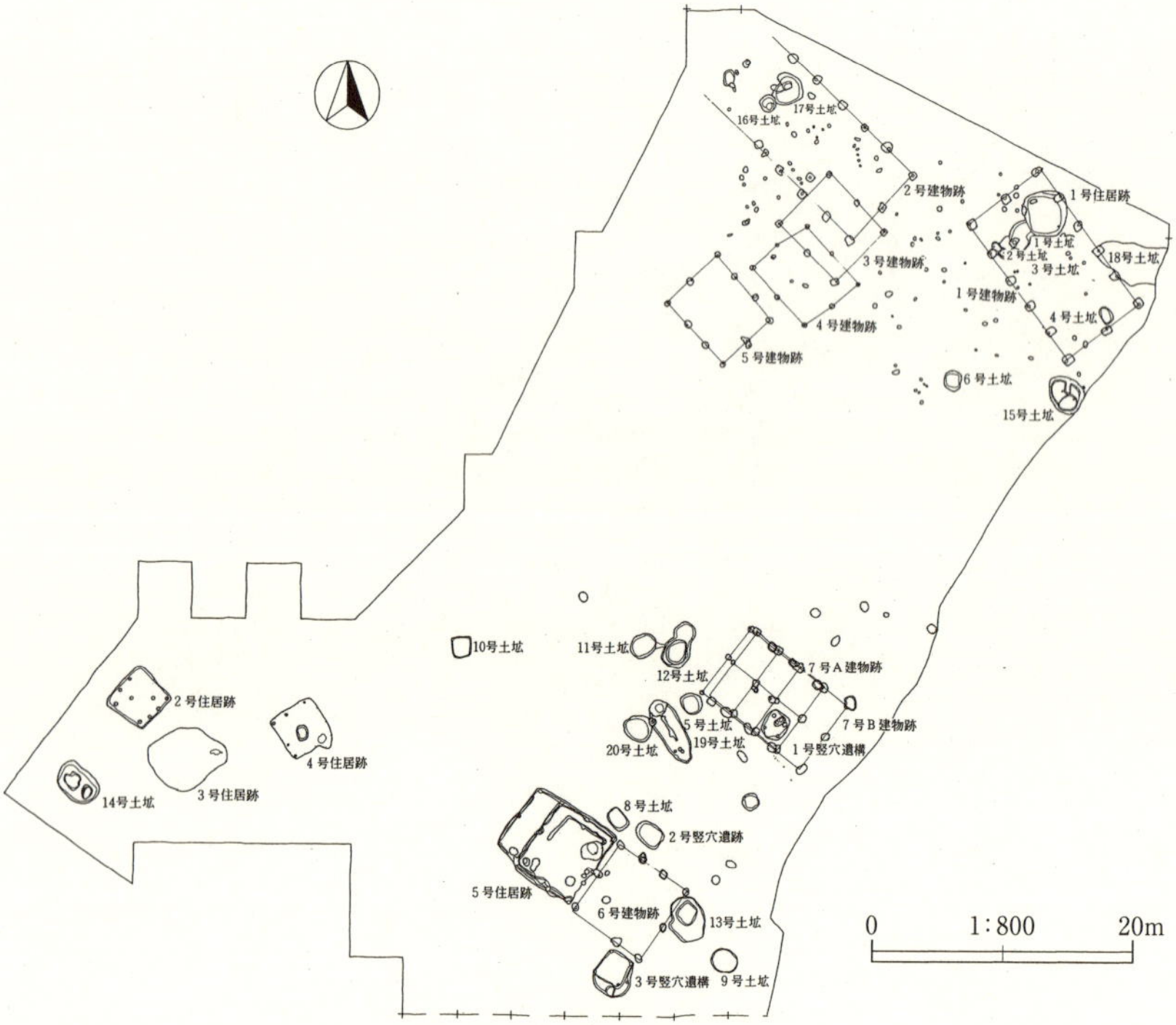

図7　深田沢遺跡遺構配置図

ない。なお、松木台Ⅲ遺跡（河辺松木台Ⅲ遺跡）は、竪穴住居跡のみで構成される遺跡ではあるが、赤褐色土器坏Ｂがまとまって出土している。(4)

以上のように、九世紀前半期の秋田郡域の集落遺跡では、河川水系を単位とする地域的なまとまりの中で、官的な機能を担う中核的な遺跡において、赤褐色土器坏Ｂが出土する傾向があるといえる。このような出土パターンは赤褐色土器坏Ｂの集落への流通傾向を示すものであり、当該遺物の性格を把握する上で重要である。

三　出現期赤褐色土器坏関連資料

1　山形県西谷地遺跡の出土事例

山形県の庄内平野に所在する西谷地遺跡では、八世紀第３四半期の年代が与えられる赤褐色土器の一群が出土しており、秋田郡域のものより年代的に先行する資料である。西谷地遺跡は、山形県鶴岡市に所在し、庄内平野西端の庄内砂丘に接する低地に立地している。ほ場整備事業に伴い平成五〜七年度の三次にわたる発掘調査がおこなわれ、主に古代・中世の複合遺跡であることが判明した（山形県埋文センター一九九四、一九九五、一九九六）。主体となるのは古代の遺構で、八世紀後半から九世紀前半までの遺物が出土し、掘立柱建物跡二九棟、竪穴住居六軒、井戸跡、溝跡、土坑などが検出されている。中でも注目されるのが、三次調査において出土した土坑に廃棄された赤褐色土器坏を含む一括資料である（図８）。特にＳＫ９００、ＳＫ１８００出土資料においては、須恵器・土師器・赤褐色土器のセットが確認される。両遺構資料の須恵器は、坏・台付坏・蓋等が出土しており（同図１〜４・16〜22）、その特徴は秋田城ＳＧ１０３１資料の上位木炭層（四七層）〜四五・四六層を中心とした須恵器に類似し、年代は八世紀第３四半期

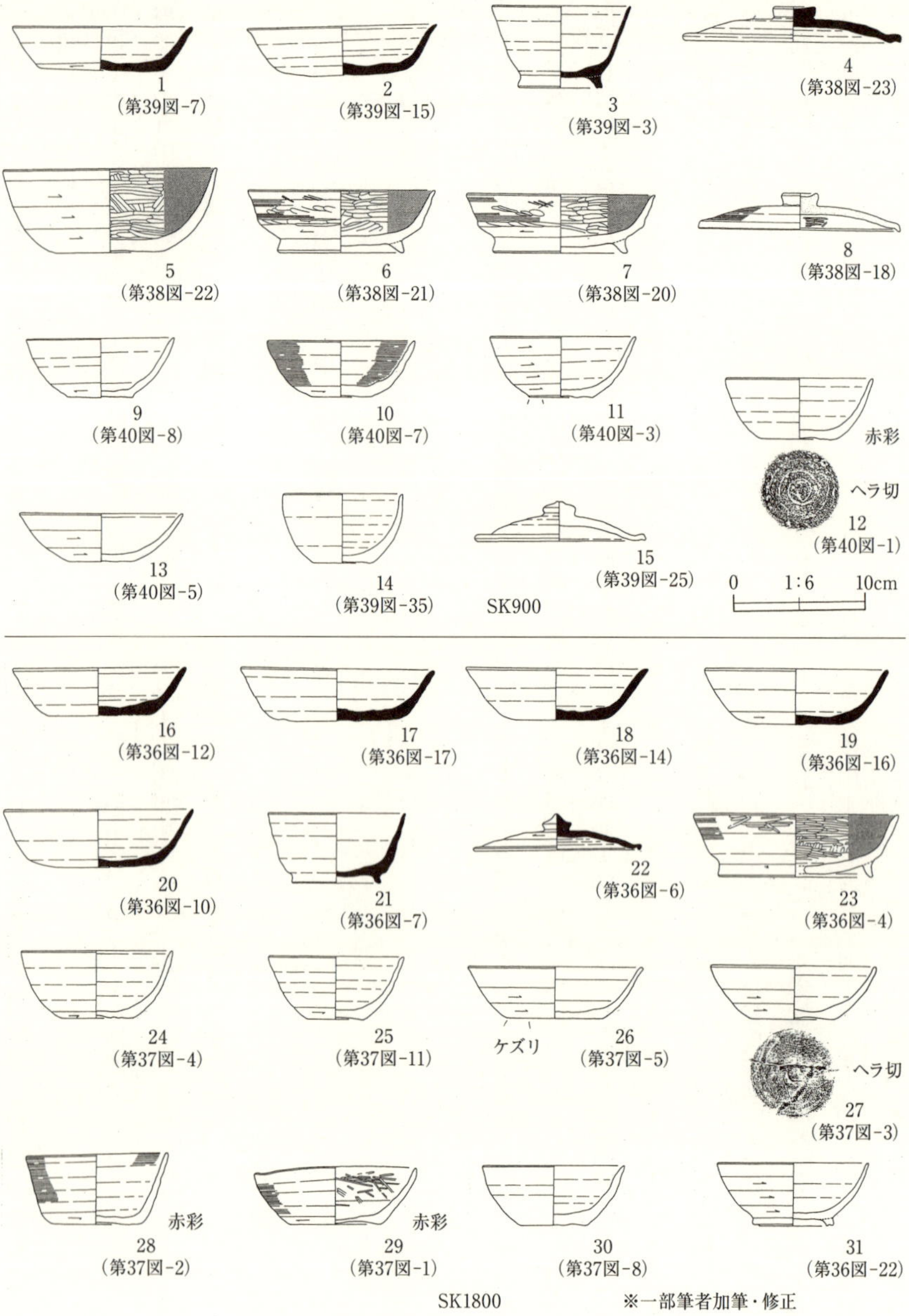

図8　西谷地遺跡出土遺物（SK900、SK1800）

に相当するものと考えられる。なお、これら須恵器は白色を呈するものが多い。こうした須恵器に、内面黒色処理を施した丁寧なつくりである土師器の埦・稜埦・蓋等が伴う（同図5〜8・23）。それに加え、赤褐色土器の坏、台付坏、蓋等が伴う。赤褐色土器坏は、底部や体部にケズリを施す坏Bが多い（同図9〜11・13・24〜29）。特に体部へのケズリ調整は、体部下半のみならず、体部上半にまで及ぶようなものもある（同図11・13・26・27）。一方で、ケズリ調整をおこなわない赤褐色土器坏Aも量的には少ないが散見される（同図12・14・30）。いずれも赤褐色土器の内面は平滑に仕上げられ、丁寧なつくりになっている。中には、赤褐色土器には通常みられないが、土師器のように内面にヘラミガキが施される場合もある（同図29）。さらに、秋田郡域では類例のない、底部切り離しが「回転ヘラ切り」での「埦型」の赤褐色土器があり（同図12・27）、須恵器の製作技術と共通する部分がみられる。また、特に注目されるのが、赤彩を施す赤褐色土器である（同図12・28・29）。この赤彩は「成形後に酸化鉄を多く含む粘土を回転させながら刷毛塗りの後に九〇〇度程度で焼成し赤く発色させたもの」であり、意図的に土器の赤い色調を強調させている。

このように、西谷地遺跡SK９００・SK１８００の各遺構からは、須恵器・土師器・赤褐色土器がセットをなして出土しているが、その色彩を見ると、須恵器＝白、土師器（内面）＝黒、赤褐色土器＝赤、といった組み合わせになり、報告書でも指摘されているが、「祭祀的な」意味を感じさせる（山形県埋文センター一九九六）。これらの土器で具体的にどのような祭祀をおこなったかは不明であるが、赤褐色土器は、わざわざ赤彩を施すものもあるように、土器を赤く発色させて焼成することに、意味があったと考えられる。

2　秋田城の出土事例

秋田城でも、赤彩を施す赤褐色土器坏Bの出土例がある[5]（図9）（秋田市教委一九八七）。44次調査のSX８８４からの出土で、体部下端にのみケズリ調整を施す赤褐色土器坏Bであるが、内外面の全面に赤彩が施されている。赤彩の塗布状況が西谷地遺跡の例と類似しており、当該資料も成形後に赤彩を塗布し、焼成したものと考えられる。

また、秋田城跡出土資料の中には、「還元炎焼成の赤褐色土器坏B」がごくまれにみられる（図10）（秋田市教委一九七六、一九九一、二〇〇七）。図10―1・3は、体部下半から底部にかけて、同図2は体部下半のみにケズリ調整が施され、底部切り離しは回転糸切りである。成形方法としては完全に赤褐色土器坏Bであるが、還元炎で焼成してしまった偶発的な資料である。

さらに、秋田城SG1031資料において九世紀第1四半期の出現期赤褐色土器坏に形態が類似する須恵器の一群がある[6]（図11）。この須恵器の一群は、いずれも底部切り離しは回転ヘラ切りで、色調は浅黄橙（10YR8／3～4）・にぶい黄橙色（10YR7／3～4）を呈し、「生焼けの須恵器」のような焼成状況である（同図1～5）。これらは、ケズリ調整は施さないが、一般的な須恵器と比べ小型で

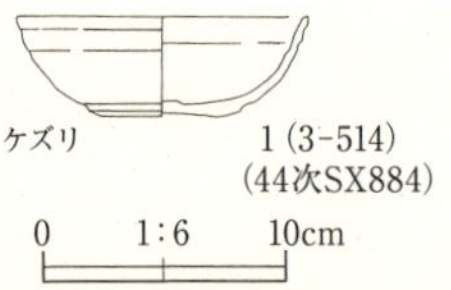

図9　赤彩のある
赤褐色土器坏B

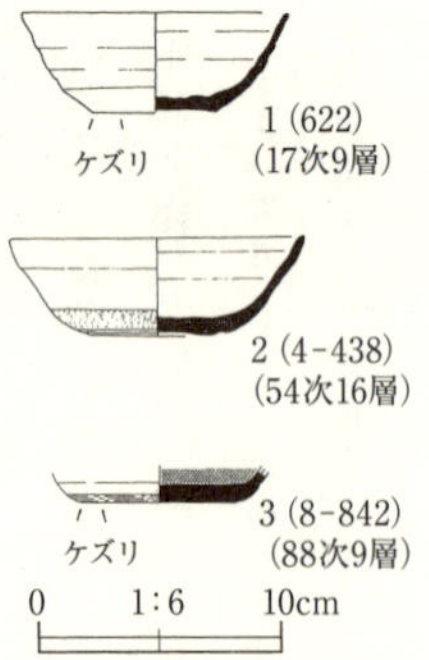

図10　還元炎焼成の
赤褐色土器坏B

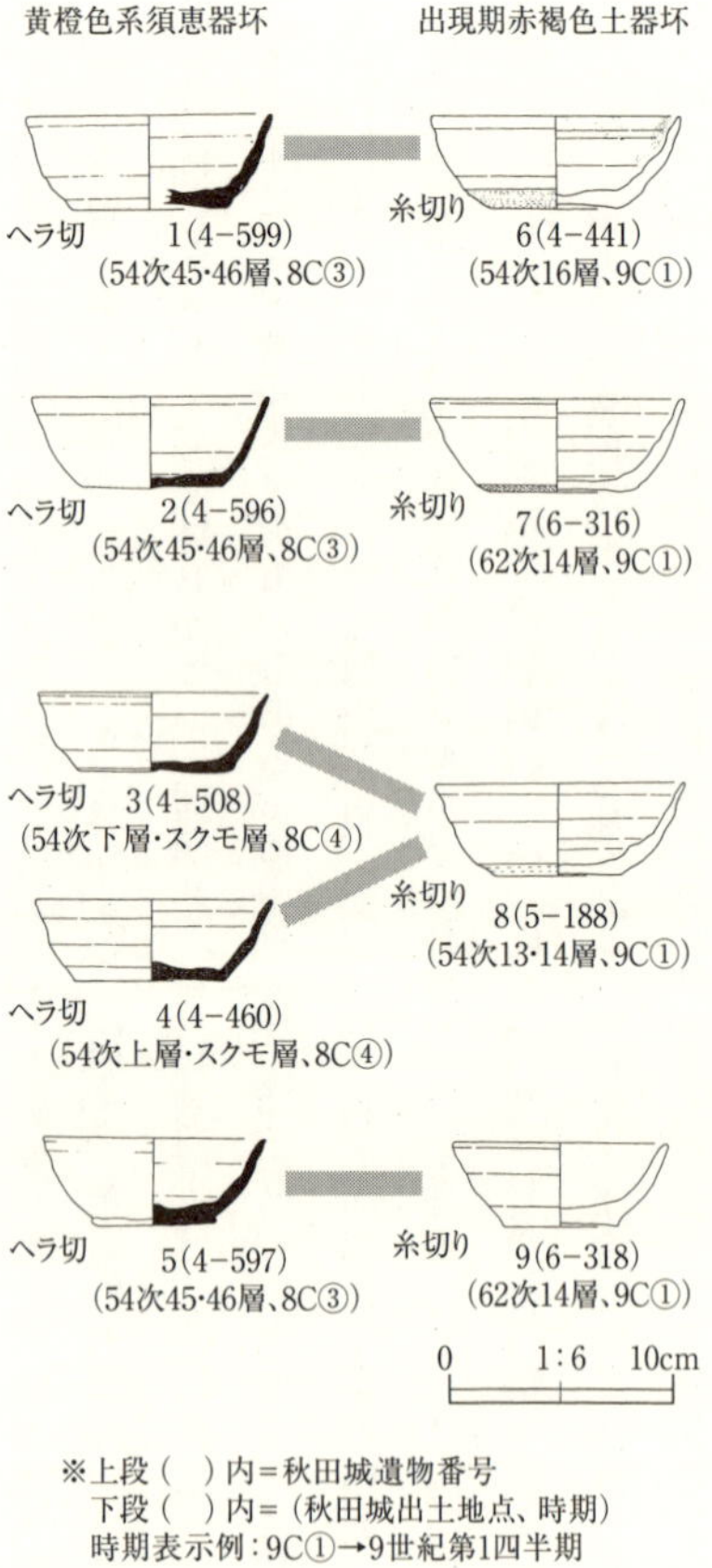

※上段（　）内＝秋田城遺物番号
下段（　）内＝（秋田城出土地点、時期）
時期表示例：9C①→9世紀第1四半期

図11　黄橙色系須恵器坏と出現期
赤褐色土器坏

ある。形態的には九世紀第1四半期の出現期赤褐色土器に類似する（同図6～9）。本稿ではこうした須恵器の一群を「黄橙色系須恵器坏」と仮称しておく。こうした「黄橙色系須恵器坏」の一群は、出土層位がSG1031の45・46層、下層スクモ層、上層スクモ層で、八世紀第3四半期～第4四半期に比定され、出現期赤褐色土器よりも先行していることから、須恵器から赤褐色土器への影響が確認できる資料である。

三　考　察

1　赤褐色土器坏Bの性格

以上の分析から、赤褐色土器坏Bの性格について考察する。

赤褐色土器坏Bにみられる底部や体部下半へのケズリ調整は、編年的には九世紀前半に特徴的な調整技術である。こうした調整技術の有無は、編年的指標としては利便性の高いものである。また、赤褐色土器坏Bは、秋田郡域における集落遺跡では、各河川単位での地域的なまとまりの中で、「官」の影響が強い遺跡で出土する傾向にあることが指摘できた。

九世紀前半期の赤褐色土器坏は、ケズリ調整がみられる坏Bが多いというだけでなく、内面を平滑に仕上げる場合が多い。すなわち赤褐色土器坏Bにみられるケズリ調整は、それが「精製品」であることを示す特徴の一つであると考えられる。その一方で、九世紀第3四半期以降になるとケズリ調整はほとんど見られなくなり、同時に内面を平滑に仕上げるものがほとんどなくなる。これは「精製品」としての赤褐色土器が生産されなくなったことを示すものと考えられる。秋田郡域の集落遺跡で、赤褐色土器坏Bが「官」の影響が強い遺跡で出土する傾向にあるのは、こうした「精製品」は、「官」とのつながりの中で流通する製品であったからであると考えられる。したがって赤褐色土器坏Bが多くみられる九世紀初頭と、坏Bが認められなくなり粗雑な作りになる九世紀後半では、当該遺物の性格が大きく異なっている可能性がある。

2　出現期赤褐色土器坏の製作背景（予察）

では、赤褐色土器坏Bのような「精製品」は、何のために生産されたものなのであろうか。これまでみてきた分析結果をふまえながら、赤褐色土器坏Bが大半を占める出現期赤褐色土器の製作背景について予察を試みたい。

そもそも出羽国における赤褐色土器坏の出現は、八世紀末から九世紀初頭にかけて汎東日本的に普及するロクロ土師器坏の影響と密接な関わりがあると考えられる（吾妻二〇〇四、八木二〇〇六a）。特に、陸奥国南部では、普及開始期のロクロ土師器坏には、底部から体部下端にケズリ調整をおこなうことが多いことが指摘されている（吾妻二〇〇四）。秋田郡域における赤褐色土器坏Bのケズリ調整は、このような陸奥国における普及開始期のロクロ土師器坏のケズリ調整と同様の性格を有する調整技術であると考えられる。しかし、出羽国における赤褐色土器坏の特徴としては、内面黒色処理をせずに土器全体が「赤い」ということであろう。

西谷地遺跡では、八世紀第3四半期の赤褐色土器がみられ、須恵器・土師器・赤褐色土器がセットで出土しており、色彩は須恵器＝白、土師器（内面）＝黒、赤褐色土器＝赤、といった組み合わせになり、非日常的な使用目的がうかがわれた。出現期赤褐色土器坏は、わざわざ赤彩を施すものもあり、「赤い坏」を一定量必要とする何らかの理由があったことが想定される。現段階では、なぜ「赤い坏」が必要とされたのか不明であるが、西谷地遺跡の例からは非日常的な使用を目的として製作され始めた可能性が考えられる。また、秋田城でも赤彩を施す赤褐色土器坏Bが出土することから、秋田郡域でも同様に非日常的な使用目的があったことがうかがわれる。しかし、秋田城および秋田郡域の集落遺跡において、赤褐色土器坏Bが出土する地点は、祭祀的な場所とは限らないため、使用方法は必ずしも非日常的なものに限定されないと考えられる。おそらく、非日常的な使用目的があったのは、九世紀初頭の出現期赤褐色土器坏などに限定されるだろう。

赤褐色土器坏の生産は、八世紀末から九世紀初頭の汎東日本的に普及するロクロ土師器坏の生産動向と対応するものと考えられるが、出現期赤褐色土器坏の製作は、須恵器製作から一定の影響を受けていることがわかる。例えば、秋田城で出土する出現期赤褐色土器坏は、「黄橙色系須恵器坏」と形態的類似がみられ、また、八世紀第3四半期の西谷地遺跡の赤褐色土器では底部切り離しに回転ヘラ切りの技法がみられた。また、出現期赤褐色土器の生産場所を考えると、秋田城でごくたまに出土する「還元炎焼成の赤褐色土器坏B」の存在から、須恵器窯の周辺で赤褐色土器坏Bが製作されていた可能性が示唆される。すなわち、こうした資料は、還元炎焼成をおこなう須恵器窯の近くで赤褐色土器が製作されていて、本来は酸化炎焼成をおこなう平窯にいれるべきところを、須恵器窯に入れ還元炎焼成してしまったものではないだろうか。こういった状況が起こるには、還元炎焼成をおこなう須恵器窯と、酸化炎焼成をおこなう平窯が併存する生産地が必要である。このような条件をもつ生産遺跡は、今のところ、横手盆地の中山丘陵に立地する郷士館窯跡があげられる（図12）（横手市教委一九七六、一九九九、島田二〇〇七）。郷士館窯跡では、丘陵の斜面部に須恵器窯の窖窯一基があり、西側の緩斜面には、平窯八基と工人の工房と考えられる竪穴住居跡二軒が検出されている。出土土器の年代は、九世紀前葉～中葉である（伊藤二〇〇二）。「還元炎焼成の赤褐色土器坏B」はこのような条件の生産遺跡でしか起こりえないだろう。九世紀前半の秋田郡域では、郷士館窯跡のような生産遺跡は今のところ発見されていないが、秋田城に須恵器や瓦を供給していた添川（旭川）流域の古城廻窯跡、新城窯跡群の谷地Ⅱ遺跡から、還元炎焼成された赤褐色土器の丸底砲弾型長胴甕が出土している（図13）（秋田市史古代部会一九九七、伊藤一九九八ａ）。また、この他、新城窯跡群の大沢窯跡Ⅱで赤褐色土器片が一定量出土している（伊藤一九九八ａ）。これらの

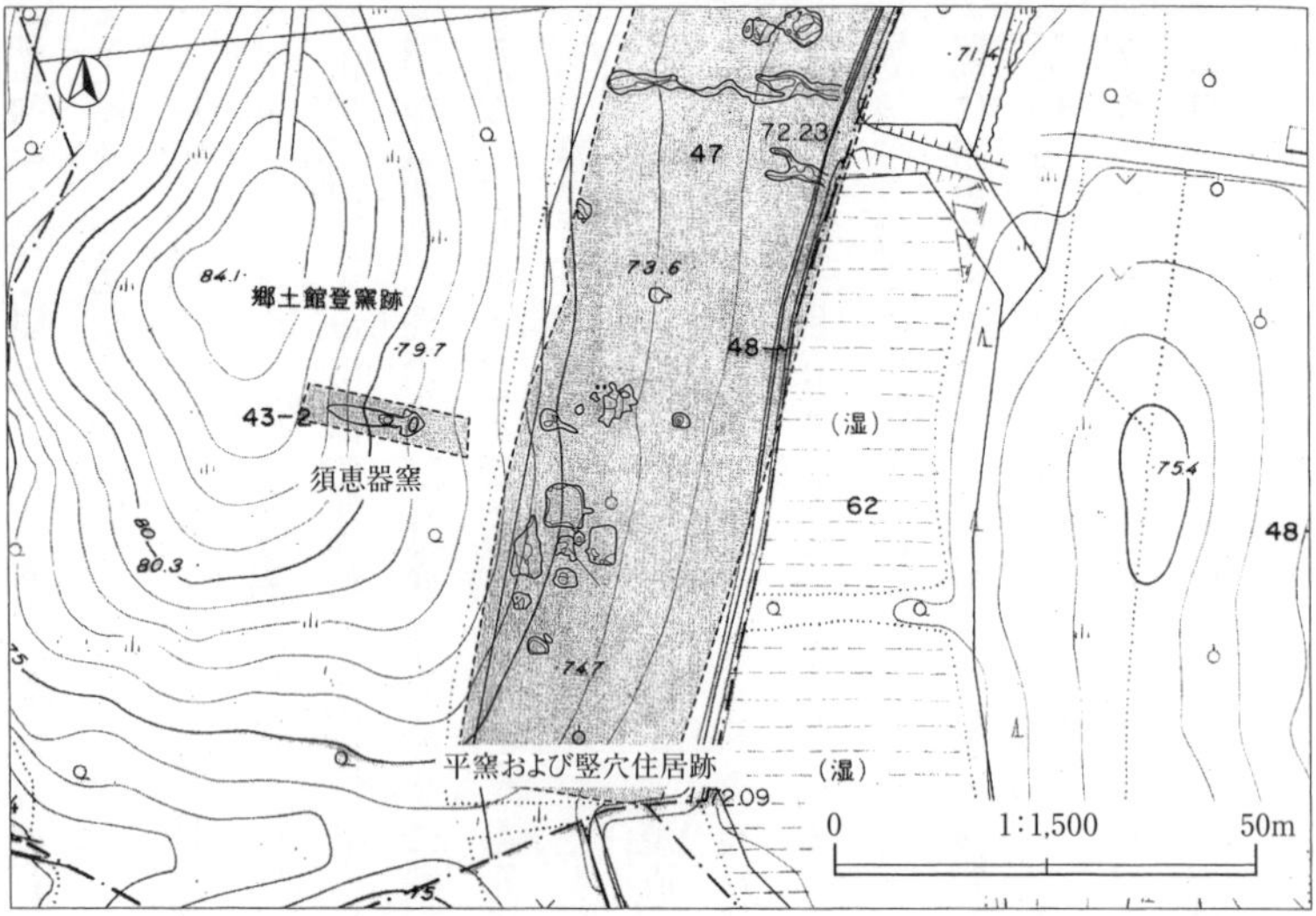

図12　郷土館窯跡遺構配置図（島田2007に加筆）

ことから、九世紀前半の秋田郡域においても郷土館窯跡のように須恵器窯と平窯が併存し、須恵器と赤褐色土器の両方を生産していた遺跡が存在する可能性は十分にあるだろう。

以上のようなことから、秋田郡域における出現期赤褐色土器坏は、須恵器生産地との関係が多分に認められ、赤褐色土器の導入については、「官」が主体となっておこなっていた可能性が高い。

赤褐色土器坏が出現する九世紀初頭は、秋田郡域では律令国家の支配が八郎潟周辺域まで一気に広がる時期でもある（神田二〇〇五・二〇〇七）。このような秋田郡域の拡大とともに、日常供膳具としての坏の需要増に伴い、赤褐色土器の坏は、当初の非日常的な「赤い坏」としての性格は失われ、日常供膳具として集落へ普及していったと考えられる。このことが明確になるのが、赤褐色土器の出土量が増加する九世紀第2～3四半期頃であり、この時期になると須恵器坏にも埦型のものが出現し、赤褐色土器と須恵器の器種に互換性がみられるようになる。そして、赤褐色土器坏は須恵器坏を量的に凌駕するようになる。このような九世紀後半の赤褐色土器の普及の背景は、おそらく平窯による酸化炎焼成という共通

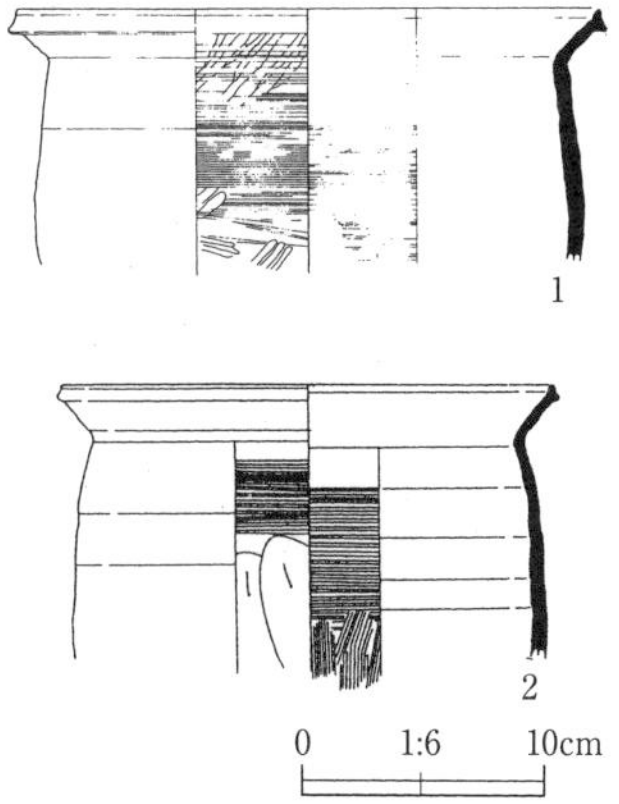

1 古城廻窯跡出土　　2 谷地Ⅱ遺跡出土

図13　還元炎焼成の赤褐色土器甕

の焼成方法を介して、土着の土師器生産と結びつき、急速に拡大していったものと考えられる。宇田川浩一氏は秋田県北部の赤褐色土器の表面には黒斑が認められるものが多く、土器の色数は秋田城から遠ざかるにつれ多くなる傾向にあり、秋田城の影響が及ぶようになる元慶の乱以降では、土器の色数の差は解消されていき、焼成温度の管理技術が普及していく過程を見いだした（宇田川二〇〇五）。このような現象は、赤褐色土器の生産は律令国家の影響を受けながら地域住民が担っていたことを示すものであるが、赤褐色土器普及の背景には、土着の土師器焼成技術との結びつきがあったことを示唆しているのではないだろうか。

おわりに

本稿では、古代秋田郡域における「赤褐色土器坏B」の分析から次のようなことを指摘した。

①ケズリ調整のある赤褐色土器坏Bは、秋田郡域では九世紀前半に特徴的にみられる遺物であり、年代的指標になるが、集落遺跡では「官」の影響が強い遺跡で出土する傾向にある。

②赤褐色土器坏Bにみられるケズリ調整は、「精製品」であることを示す一つの指標となり得る。

③出現期赤褐色土器坏は、土師質で酸化炎焼成の「赤い坏」であることに意味があり、非日常的な使用を目的として生産され始めた可能性がある。

④赤褐色土器坏Bにみられるケズリ調整は、普及開始期のロクロ土師器坏にみられるケズリ調整と同様のものと

考えられるが、出羽国の出現期赤褐色土器坏は、須恵器生産地との関わりもみられ、「官」の主導で導入された可能性が高い。

⑤秋田郡域では、赤褐色土器坏は九世紀第2～3四半期以後は、須恵器坏と互換性をもつようになり、日常供膳具として急速に普及し、須恵器坏を量的に凌駕するようになる。このような集落遺跡への普及の背景には、平窯による酸化炎焼成という共通の焼成方法を介して、土着の土師器生産と結びつきがあった可能性が高い。

なお、本稿では赤褐色土器と内面黒色処理をおこなう土師器との対比が不十分であり、出羽国南半部（山形県）の様相も一部のものしか扱えなかった。また、出現期赤褐色土器坏の「非日常的な使用目的」が具体的には何なのか、依然不明な点がある。今後の課題としたい。

註

（1）「赤褐色土器」と類似の土器を、秋田県では「土師器」に含め、山形県では「赤焼土器」、志波城（盛岡市）では「あかやき土器」もしくは「赤焼土器」、胆沢城（奥州市）では「土師質土器」もしくは「須恵系土器」、宮城県では「赤焼土器」、多賀城跡調査研究所では「須恵系土器」と呼ばれており、各地域の年代幅や地域差、認識によって異なった呼ばれ方をしている（小井川一九八四）。

（2）この他当該地域では、「官」の影響が強い遺跡として脇本埋没家屋（小谷地遺跡）があるが、赤褐色土器については十分な検討ができなかった。今後の課題である。

（3）秋田城跡に隣接する後城遺跡は、掘立柱建物跡のみで構成される「官」の影響が強い遺跡ではあるが、出土する土器のほとんどが須恵器であり、赤褐色土器の出土自体が非常に少ない。このように後城遺跡は非常に特殊な遺跡であるため、ここで述べるような傾向をとらえることができない。

（4）松木台Ⅲ遺跡（河辺松木台Ⅲ遺跡）の赤褐色土器坏Bは底部切り離しが必ず静止糸切りであり、秋田郡域の中で少し異質な点がある。

（5）このことについては、小松正夫氏からご教示をいただいた。

（6）　この見解について、伊藤武士氏が既に指摘しており（伊藤一九九八b）、同氏より多大なご教示をいただいた。

引用文献

秋田県教育委員会　二〇〇三『秋田県遺跡地図（男鹿・南秋田地区版）』
秋田市教育委員会　一九七六『秋田城跡　昭和五〇年度　秋田城跡発掘調査概報』
秋田市教育委員会　一九八七『秋田城跡　昭和六一年度　秋田城跡発掘調査概報』
秋田市教育委員会　一九九〇『秋田城跡　平成元年度　秋田城跡発掘調査概報』
秋田市教育委員会　一九九一『秋田城跡　平成二年度　秋田城跡発掘調査概報』
秋田市教育委員会　一九九六『秋田城跡　平成七年度　秋田城跡発掘調査概報』
秋田市教育委員会　二〇〇二『秋田県秋田市　遺跡詳細分布調査報告書―改訂版―』
秋田市教育委員会　二〇〇七『秋田城跡　秋田城跡調査事務所年報二〇〇六』
秋田市史古代部会　一九九七『古城廻窯跡発掘調査報告書』秋田市
吾妻俊典　二〇〇四「多賀城とその周辺におけるロクロ土師器の普及開始年代」『宮城考古学』6
伊藤武士　一九九七「出羽における10・11世紀の土器様相」『北陸古代土器研究』7
伊藤武士　一九九八ａ「秋田城周辺須恵器窯の動向」『秋田考古学』46
伊藤武士　一九九八ｂ「赤褐色土器坏（ロクロ土師器坏）出現期関係資料」『第2回古代東北土器研究会』
伊藤武士　二〇〇一「第3節　出土遺物　赤褐色土器」『秋田市史第七巻古代史料編』秋田市
伊藤武士　二〇〇二「古代出羽国北半の土師器生産体制と土師器焼成遺構について」『第4回古代東北土器研究会』
宇田川浩一　二〇〇五「元慶の乱前後の集落と生業―米代川流域と旧八郎潟湖東北岸の違い―」（『第31回古代城柵官衙遺跡検討会資料集』
神田和彦　二〇〇五「秋田平野周辺における集落の様相」『第31回古代城柵官衙遺跡検討会資料集』
神田和彦　二〇〇七「元慶の乱と古代地域社会―秋田平野における古代集落遺跡の分析を中心として―」『考古学談叢』、東北大学大学院文学研究科考古学研究室　須藤隆先生退任記念論文集刊行会
小井川和夫　一九八四「いわゆる赤焼土器について」『東北歴史資料館研究紀要』一〇

小松正夫　一九七六「Ｖ考察　（３）出土土器について」『秋田城跡　昭和五〇年度秋田城跡発掘調査概報』秋田市教育委員会
小松正夫　二〇〇一「九　秋田城跡出土土器の編年」『秋田市史第七巻古代史料編』秋田市
小松正夫・日野久・西谷隆・伊藤武士　一九九七「秋田城跡出土土器と周辺窯の須恵器編年（試案）」『蝦夷・律令国家・日本海―シンポジウムⅡ・資料集』日本考古学協会一九九七年度秋田大会
島田祐悦　二〇〇七「郷士館窯跡」『横手市史　資料編　考古』横手市
高橋富雄ほか　一九七五『石崎遺跡発掘調査報告書第一～第三回合報』五城目町教育委員会・石崎遺跡発掘調査団
新野直吉　一九六八「元慶の乱」『秋大史学』一五
八木光則　二〇〇六ａ「陸奥北半における轆轤土師器の導入」『陶磁器の社会史』吉岡康暢先生古希記念論集刊行会
八木光則　二〇〇六ｂ「北奥羽の赤焼土器」『坂詰秀一先生古稀記念論文集　考古学の諸相Ⅱ』坂詰秀一先生古稀記念会
山形県埋蔵文化財センター　一九九四『西谷地遺跡発掘調査報告書』
山形県埋蔵文化財センター　一九九五『西谷地遺跡第二次・西ノ川遺跡発掘調査報告書』
山形県埋蔵文化財センター　一九九六『西谷地遺跡第三次発掘調査報告書』
横手市教育委員会　一九七六『郷士館窯跡』横手市教育委員会
横手市教育委員会　一九九九『郷士館窯跡第三次　～赤坂総合公園予定地内造成事業に係る埋蔵文化財発掘調査概報～』

なお、本稿で扱った集落遺跡の発掘調査報告書等については割愛した。神田二〇〇七を参照していただきたい。

〔コラム〕

城柵における中下級官人の痕跡

鐘江宏之

奈良・平安時代の陸奥・出羽に関わる人びとに関する網羅的な概観を示した研究として、大塚徳郎『みちのくの古代史　―都人と現地人―』（刀水書房一九八四）がある。この研究の中では、中央からやってきた人びとについても、文献史料を基にして豊富に事例が取り上げられている。しかし、六国史等の記載では五位以上の官人の動向が中心になってしまうこともあり、伝存の文献からでは長官・次官クラスまでの言及にとどまらざるを得ない。文献史料の限界を超えるものとして、出土文字資料は人びとの動きにどのような知見を与えてくれるだろうか。

漆紙文書に記されたり木簡の署名などに見える官人名のほかにも、墨書土器の中に人名を記していると考えられるものがある。墨書土器の中から、中央から派遣された官人名と考えられるものをどのように見出していくかという点について、ここでは、城柵官衙遺跡から見つかったものを数例を取り上げて、城柵官衙の中下級官人についての検討素材を紹介してみることにしたい。

胆沢城跡から、「上毛野朝臣」「廣世」と記した墨書土器が出土している。上毛野朝臣廣世という人物は現在残る文献史料上には知られないが、国史には天安二年（八五八）から貞観十一年（八六九）にかけて、音博士の任にあったり、『貞観格』撰進に加わるなどの活躍をした、上毛野朝臣永世という人物が知られる。名前の類似から、縁者の可能性を考慮するならば、廣世がこの前後の時期の人物である可能性も考えられる。上毛野朝臣氏は胆沢城の経営された九世紀ごろには、女官として三位にまで昇った滋子を除けば、男官では五位までの者しか知られず、貴族としては中下級の範囲にとどまっていた。

八世紀段階では、上毛野朝臣氏の中から陸奥守や陸奥按察使、さらには持節征夷副将軍などに任じられた人物の例がある。さらに古くは、祖先がヤマト王権から蝦夷征討に派遣された伝承を持っており（『日本書紀』景行天皇五十六年八月条）、そうした伝統を受けて東北経営に携わった氏族として位置づけられていただろう。九世紀でもこうした伝統意識を背景として陸奥国に派遣された者が、胆沢城の経営に関わったと考えられる。廣世は陸奥守のような長官クラスの者ではないと思われるが、そうした中下級官人が、陸奥国の中心であった多賀城から出先の城柵官衙に派遣されていたことを物語る資料だろう。

この事例のような氏姓と個人名の両方を記した城柵遺跡出土の墨書土器は、このほかには知られていない。しかし、氏姓を記した墨書土器としては、筆者が『青森県史資料編古代2出土文字資料』（二〇〇八）の編集作業に関わる中で、二点ほど気づいたものがあるので、以下に紹介しておきたい。

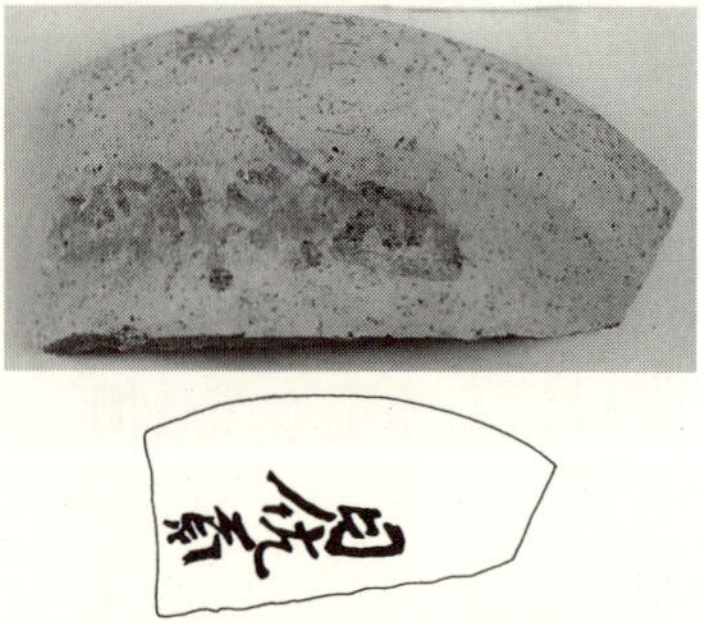

図1　秋田城跡出土墨書須恵器
写真提供：秋田市教育委員会

一つは、秋田城跡外郭東門南東側の整地に伴う遺物包含層から出土した須恵器の坏で、体部外面に横位の墨書があり、『平成元年度秋田城跡発掘調査概報』（一九九〇）では、「月佐貢」と釈読されていたものである（図1）。『青森県史』編さんに関わる調査として秋田城跡調査事務所で実見した際に、「日佐首」と釈読できるのではないかと考え、『青森県史』ではその釈文案を備考として記しておいた。また、すでにこの知見

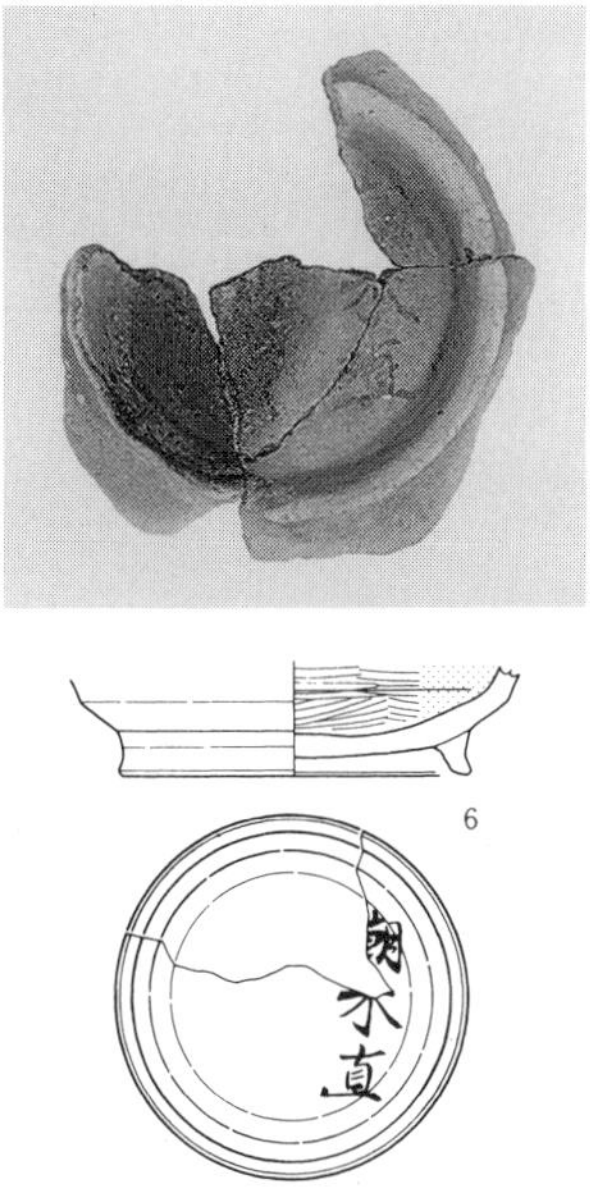

図2　東山遺跡出土の墨書土器
写真提供：東北歴史博物館

を踏まえて、『秋田市史第一巻先史・古代通史編』（二〇〇四）では、奈良時代に中央で内匠寮所属の銅鉄工として活躍していた曰佐首智久麻呂という人物が知られること（天平勝宝二年〈七五〇〉五月二十五日造東大寺司移、『大日本古文書』三―四〇三頁）など、主に中央に活躍の場を持っていた渡来系氏族であることを記しておいた。中央の中下級官人を輩出していた氏族とみてよいだろう。

もう一つは、陸奥国賀美郡家と考えられている東山遺跡の郭内で、館・厨が想定される付近の整地層から出土した、九世紀前期の土師器の台付坏である。『東山遺跡Ⅳ』（多賀城関連遺跡発掘調査報告書第15冊、一九九〇）では「朝□直」（図2）と釈読されているが、残画からみて「朝来直」の可能性が高いと考えられる。『青森県史』では、そのことを備考欄に記している。朝来直氏は、但馬国朝来郡朝来郷の地名に由来する氏姓名とみられている（佐伯有清『新撰姓氏録の研究』考証編三、吉川弘文館、一九八二）。『続日本紀』養老五年（七二一）正月庚午条に、当時の東宮であった首親王（のちの聖武天皇）に近侍するよう命じられた学者・知識人たち十六人の中に、従五位下の朝来直賀須夜という人物が知られる。他にこの氏姓の者は知られていないが、学問に精通した家柄であったとすれば、その一族も官人として活躍し、六国史などには登場しない六位以下の中下級官人を何人かは輩出した可能性が高いだろう。

秋田城や東山遺跡にいたとみられる曰佐首氏・朝来直氏は、どちらも陸奥国に分布する氏族ではなく、中下級官人として中央から派遣されてきた者である。陸奥・出羽国内にあって、仮に国司四等官の中で考えるならば、掾・目クラスと推定される。こうしたクラスの官人が、東山遺跡のような出先の城柵施設へと派遣されていたのだろう。

こうした墨書土器においては、胆沢城跡の事例のように氏姓名をすべて記している場合もあるが、秋田城跡や東山遺跡の事例のように氏姓のみしか記されない場合のあることが興味深い。個々の各官衙の中にあっては、中央からやってきた氏姓の者の場合、同じ氏姓の者がほかにおらず、氏姓のみ記せばそれで特定の人物を指すことになるのかもしれない。今後も城柵官衙遺跡において同様の事例が見つかる可能性があるだろう。中央から派遣された中下級官人たちの氏姓のみが記されている場合があることを踏まえて、そうした釈文を広く想定しながら検討していく必要がある。

清原氏城館・大鳥井山遺跡のロクロ土師器

島田祐悦

はじめに

大鳥井山遺跡は、秋田県南部に広がる横手盆地の中部東縁に位置し、横手市大鳥町・新坂町に所在する清原氏の城館跡である（図1）。遺跡は、西・南・北の三方を河川に限られた大鳥井山と小吉山からなる二つの独立丘陵に立地する。前九年合戦の経過を述べた『陸奥話記』には、「(安倍）正任は初め（清原）光頼が子、字は大鳥山太郎頼遠の許に隠る」という記述がある。地元ではこの「大鳥山」とは大鳥井山周辺のことであるとされ、清原光頼・頼遠の根拠地であったと考えられてきた。横手市教育委員会による一一次にわたる発掘調査の結果、遺跡は主要部を大規模な土塁・空堀が二重に巡る、防御性が高いことがわかった。出土遺物の大部分を占めるロクロ土師器の年代は十世紀後半から十一世紀末であり、前九年合戦や後三年合戦と同時期の遺跡であることが確認された。この時代は古代から中世にいたる過渡期でもあるが、全国的に見ても遺跡数が最も少なくなる時期であり、遺物様相も断片的にしかわかっていないのが実情であろう。そのような中で大鳥井山遺跡は十世紀後半から十一世紀に至るまで、継続してその場が使用され続けたという稀な遺跡であり、ロクロ土師器（赤褐色土器・赤焼土器などともいう）など約七〇〇点の遺物が

図1　遺跡位置図

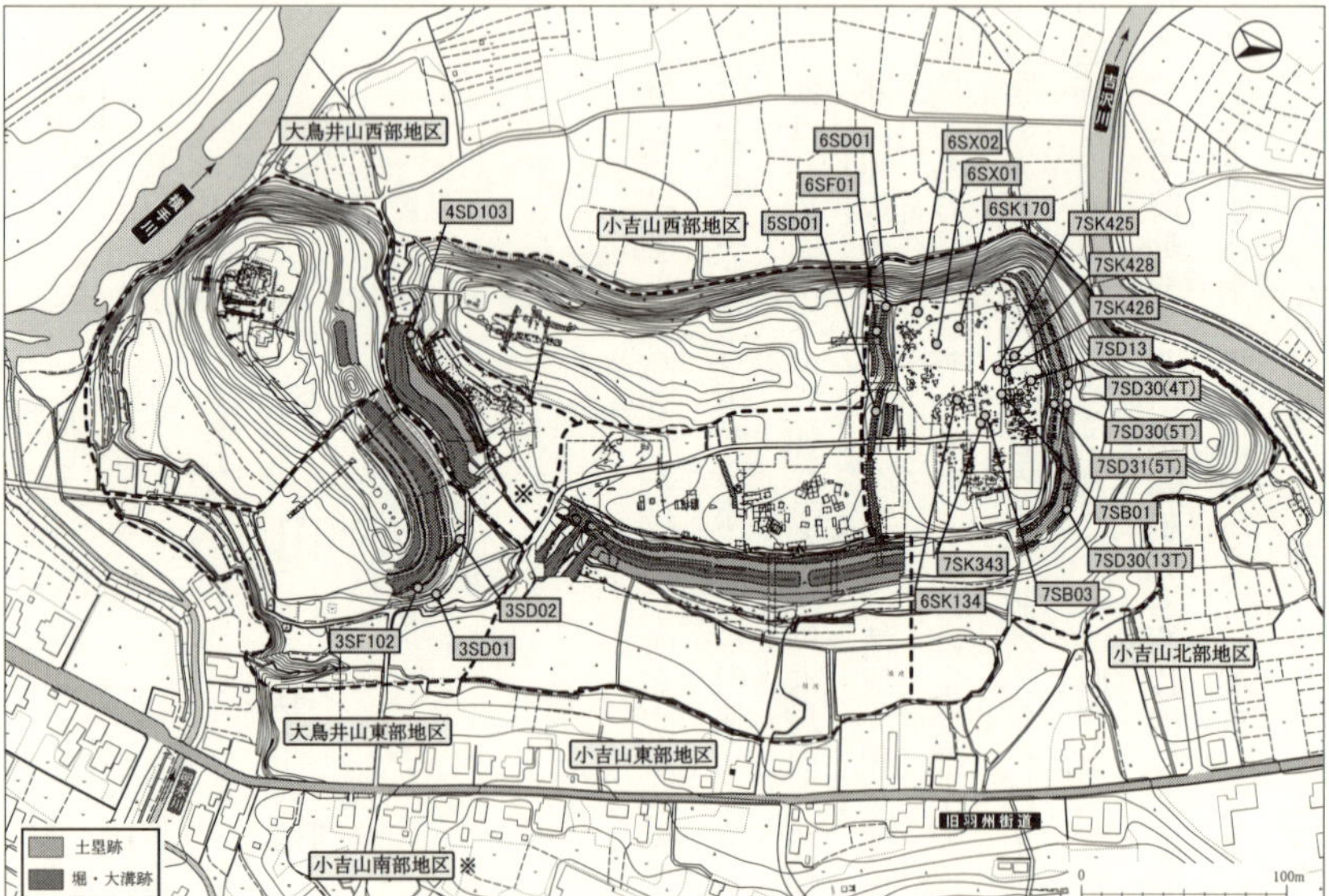

図2　遺跡地形図および出土地点図

出土している。

二〇〇九年に刊行した大鳥井山遺跡の報告書（以下報告書）では、基準資料をもとに、大きく三期における編年案を提示したが、堀跡など層位的に不明な遺構もある。反対に遺構外資料ではあるが、同一グリッド内で比較的まとまっているものもある。また、破片資料のため全体像は推定できないが、部位による推定復元が可能な器種もある。今回の報告は、大鳥井山遺跡で出土した遺物から数少ない十世紀から十一世紀の遺物の様相を一考するものである。

一　大鳥井山遺跡のロクロ土師器

報告書でも述べたように、約七〇〇点の資料を整理していく過程において、次の器種分類に凡その基準として、まとめることが現状では最良と判断した。

A類　小型坏（小皿）　口径が一一cm未満、底径が六cm未満のもの。
B類　坏（埦）　口径が一一cm以上、底径が六cm以上のもの。
C類　小型高台坏（小皿）・小型柱状高台坏（小皿）　口径が一一cm未満、底径が六cm未満のもの。
D類　高台坏（埦）・柱状高台坏（埦）　口径が一一cm以上、底径が六cm以上のもの。
E類　内黒小型高台坏（小皿）　口径が一一cm未満、底径が六cm未満のもの。
F類　内黒高台坏（埦）　口径が一一cm以上、底径が六cm以上のもの。
G類　甕類　ロクロ調整と非ロクロ調整の別がある。小型と大型に分けられる。（G類は今回の比較検討からはずす。）

坏類（A～F）類は、坏身が浅いものと深いものに分けられる。九世紀より出羽の坏は、身の浅いものと深いものに分かれる傾向が見られるのに対し、陸奥側は身の浅いものが主流と思われる。本遺跡内においては、十世紀後半から十一世紀にかけても、その傾向が引き続き継続する様相を見せる。

Ａ・Ｂ類、Ｃ・Ｄ類、Ｅ・Ｆ類は、それぞれの大小関係にあり、Ａ・Ｂ類が祭祀（儀式）用に選択された器種といえ、中世以降の小皿と埦という名称となる。現在まで東北地方の十一世紀から十二世紀の遺跡を概観すると、Ａ・Ｂ類の出土例が多い傾向が見られ、本遺跡での遺構内出土遺物を観察すると、Ａ～Ｆ類の６種類で推移する傾向が見られる。これは本来の供膳具の器種組成であり、その中から選択された土器が祭祀に使用されたものと思われる。Ｃ・Ｄ類の高台坏と柱状高台坏は、成形が異なるものであるが、外見上のプロポーションは同じであるため、同一機能を果たしていた可能性はある。Ｅ・Ｆ類については、Ｆ類の方が圧倒的に多いのに対し、Ｅ類は非常に少ない。Ｆ類については古代的な高台坏（埦）が、十一世紀段階になると灰釉陶器などを模して作った可能性もある。Ｅ類については白磁碗の技法である削り出しのものや、瓦質土器の可能性があるものもあり、これらは比較的丁寧に作られている傾向があるので、今後検討が必要であろう。

二　土器の出土地点について

大鳥井山遺跡から出土している遺物は、八割以上が小吉山北部平坦面及び堀跡からであり、他は小吉山東部の堀跡、南部の堀跡、大鳥井山東部の大溝跡など、遺跡内東側の標高の低い箇所から確認されている（図２）。小吉山北部平坦面においては、北側と南西側で特に遺物の集中が見られ、前者は土坑に伴うもの、後者は遺構に伴わず、一箇所に集中して出土している。また堀跡からの出土は、全面調査した小吉山東部よりも、トレンチ（以下Ｔ）調査を行った小吉山北部がはるかに多い。さらに北側の堀跡は二重であるが、斜面下位よりの堀跡（７ＳＤ30）からの出土が多く、上位の堀跡（7SD31）は少ない。後者は堀が掘り直されていることが要因かもしれない。一方、小吉山西部や大鳥井山西部の丘陵部においては、調査面積も考慮に入れなければならないが、出土量は極めて少ないことから、遺跡において、小吉山北部が主要空間であった可能性が高いと思われる。

三　大鳥井山遺跡の基準資料

報告書において、十世紀後半から十一世紀の基準資料を提示した。土坑などにおいては一括性が高いと思われるが、7SD30堀跡出土のものが圧倒的に多く、比較的まとまった資料も見出せるので、それらを基準資料とした。しかし堀跡の資料の中には、開口期間によるものなのか比較的時期差がある一群もあるので、今回は、報告書で提示した資料以外の遺物も取り上げ再検討を行いたいと思う。

1　十世紀後半の様相

6SX02土器集中区、6SK170土坑が基準資料であるが、遺跡内における遺構数としては少ないものである（図3）。十世紀後半の出土遺物は、現在のところ小吉山北部でしか確認されていない。

6SX02土器集中区の遺物は、小吉山北部平坦面の南西側、遺構に伴わず一カ所から集中して出土したものである。2は、皿型で古代的な器種と言える。坏が小型（3・4・6）と大型（9・10）に分かれ、法量分化が認められるが、小型はまだ不定形といえる。また小型の（5・7）は、高台が柱状を呈するものである。内黒高台坏も内外面ミガキを施し、器厚も薄い。また坏身も深く、いわゆる出羽特有の埦形といえる。並行資料として、7SD30（4T）堀跡出土の小型坏（小皿・33〜35）や6遺構外―11の坏があり、胎土・焼成からこの段階のものと推定される。7SD30

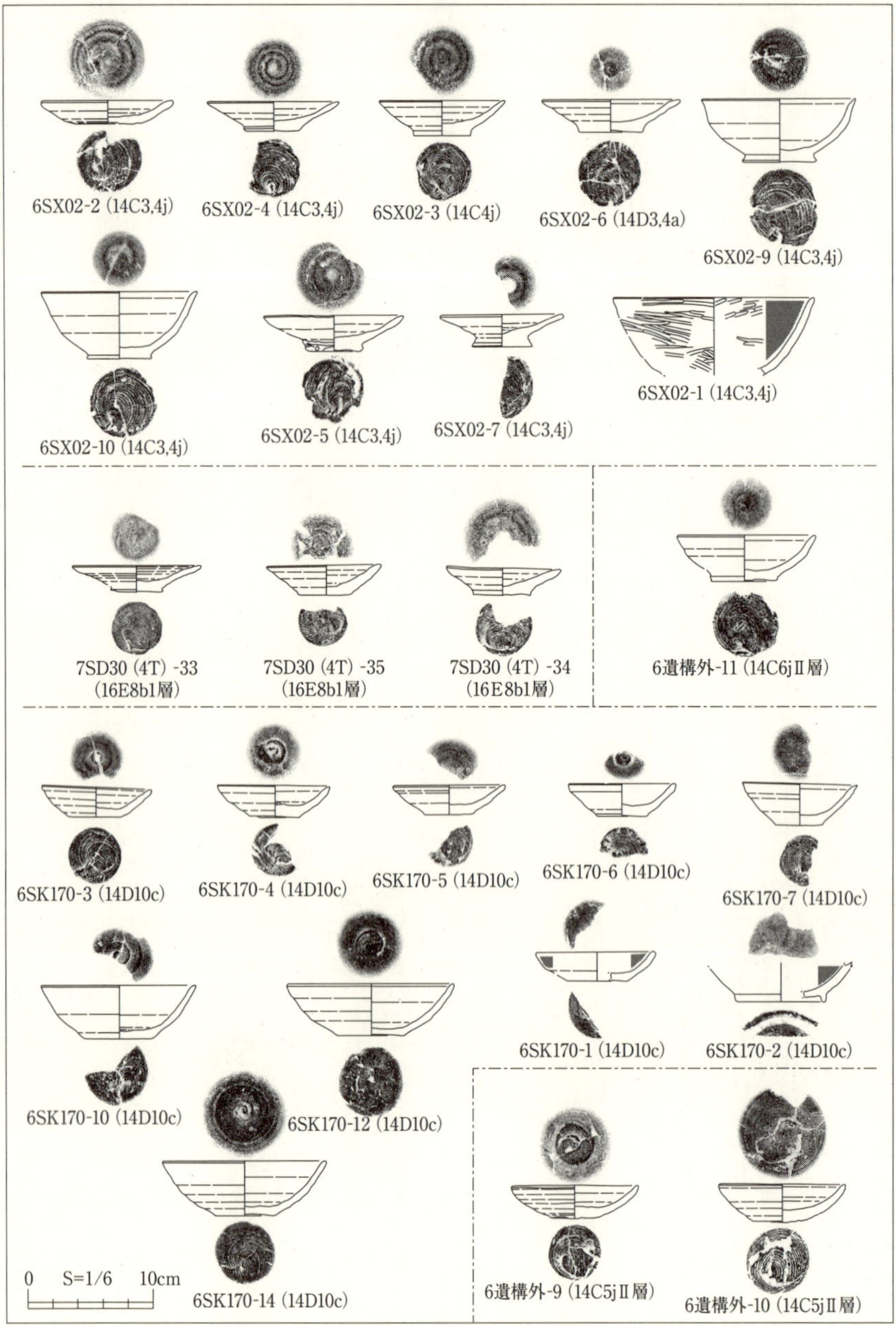

図3　10世紀後半の様相

（4T）堀跡出土の遺物は十一世紀末葉の基準資料として後述している。出土層位が不明であるため詳細を述べることはできないが、堀跡からまとまって出土しているため、この堀跡が十世紀後半から開口していた可能性を示す資料といえる。

6SK170土坑の遺物も小吉山北部平坦面の南西側出土である。未使用の土器の占める割合が高いことから、祭祀土坑の可能性がある。器種としては小型坏（小皿）、坏（埦）、内黒高台坏（埦）の3種類が認められ上記で示したA・B・F類に対応しやすくなることから、古代から中世的な様相を示すのであろう。A・B類は器厚が薄く、口縁部の面取りを行うことやF類は依然として古代的な内黒高台坏（埦）の様相を呈している。A類に内面黒色処理したものがある（1）。土器内面が渦状なことや、胎土・焼成より6遺構外—9・10も同時期と考えられる。

これら十世紀後半の土器群は、遺跡周辺の古代城柵官衙遺跡である払田柵跡や、秋田城跡出土の土器と共通点があり、在庁官人としての清原氏との出自とも関係がありそうである。

2　十一世紀前葉の様相

十一世紀前葉から中葉までは、遺跡内における土器の出土量が多いことが指摘できるが、遺構内出土の完形のものが少ないことや、堀跡出土のものは時間幅を想定する必要がある。しかし、ひとつのまとまりの可能性があるため、便宜的に分けて様相を捉えてみたい。十一世紀前葉は、7SK428土坑、6SX01土器集中区が代表的な遺構である（図4）。同時代の遺物も小吉山北部を中心として出土しているものと思われる。

7SK428土坑の遺物は、小吉山北部平坦面の北側、長径一・八m、短径一・二mの土坑より出土したものである。A類は身の深いもの（3）、浅いもの（4）がある。B類は全体像がわかるものはないが、底部が厚くなってきている。身の深いもの（9・10）、浅いもの（11）と想定される。C類は8と13である。全体像は不明であるが、前者は柱

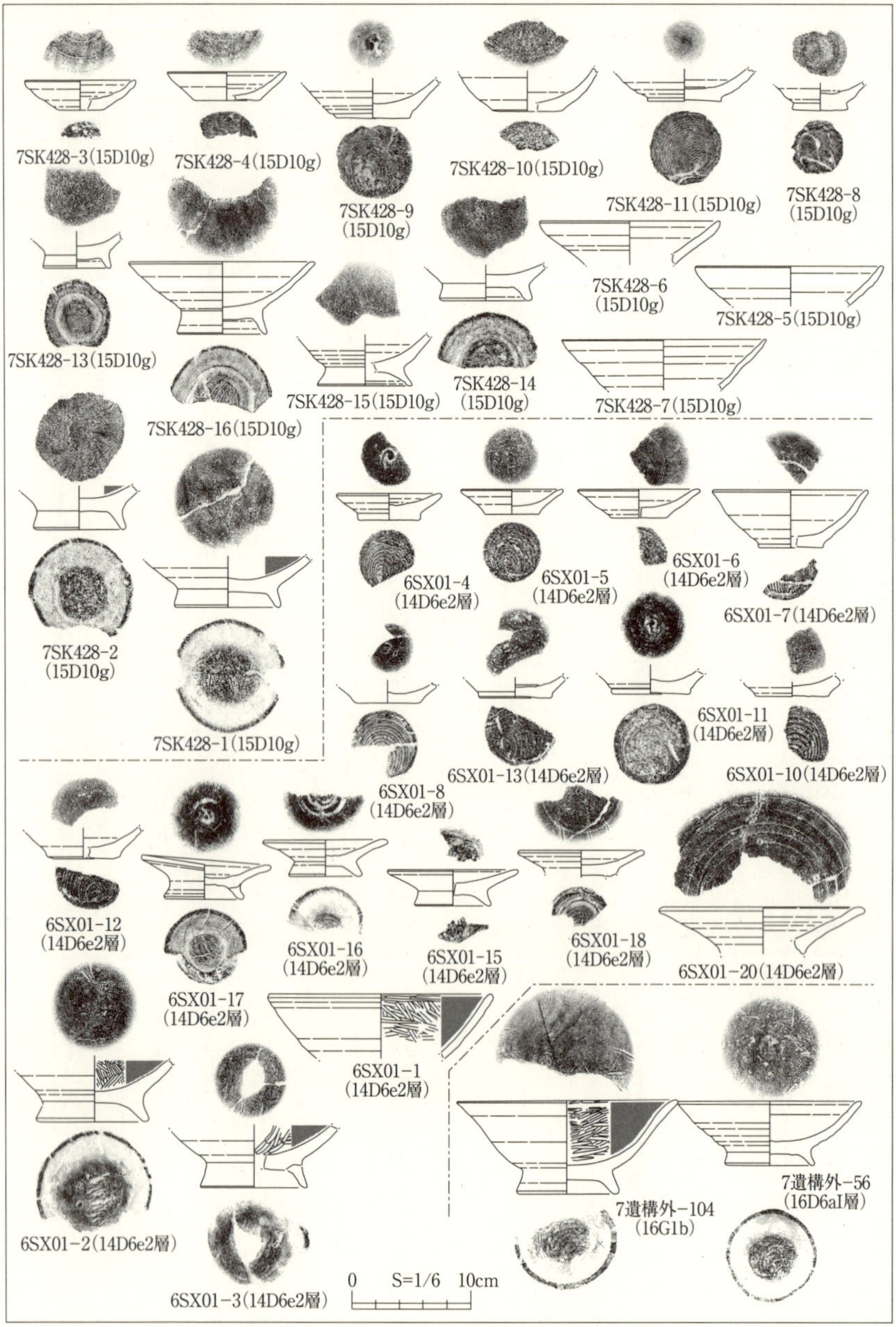

図４　11世紀前葉の様相

状高台、後者は高台で外面上では同一形態であるため、同様の用途をもっているものと思われる。D類の16は、C類の13と大小の相似形と考えられる。F類もD類とほぼ同じ形態であり、16と2は、高台の断面形が足高で身の底部から外反して接しているが、やや足が短いものもある。いずれも高台の貼り付けは軽く撫でられていることが類似しているため、同じ工人によって作られた可能性が高いと思われる。

6SX01土器集中区は、小吉山北部平坦面の南西側、遺構に伴わず一カ所から集中して出土したものである。A・B・C・D・F類を確認することができる。胎土・焼成などにより、5と7、6と15、11と17は同一工人によって作られた可能性が高いと思われる。A類は身の浅いもの（4～6）、B類は身の深いもの（7）しか確認できないが、本来は両方あったのであろう。C類は、身の浅い同一器形（15～18）であり、D類も法量を大きくしたもの（20）であると推定される。底部の作り方から、7遺構外―56も同時期の可能性がある。F類（1～3）は、器厚が厚くなり、前代と作りが大きく異なっており、灰釉陶器などを模して作った可能性もある。遺構内から完形のものは出土していないが、7遺構外―104などのような器形であろう。

これら十一世紀前葉の土器群は、遺跡周辺では確認できず、陸奥の多賀城跡や長者ヶ原廃寺跡との共通点がある。しかし大鳥井山遺跡の坏は、身の浅いものと深いものがあるのに対し、陸奥側では浅いものが主流である。

3　十一世紀中葉の様相

7SD30（5T）堀跡、3SD01大溝跡、3SD02大溝跡、3SF102土塁跡、7SD30（13T）堀跡が基準資料である（図5～7）。遺物量が最も充実している時期であるが、堀跡や大溝跡出土のものが大半を占める。比較的にまとまった一群であるが、これらは時間差も考慮しなければならないことから、一括取り上げの可能性が高い資料を提示し再検討してみる。

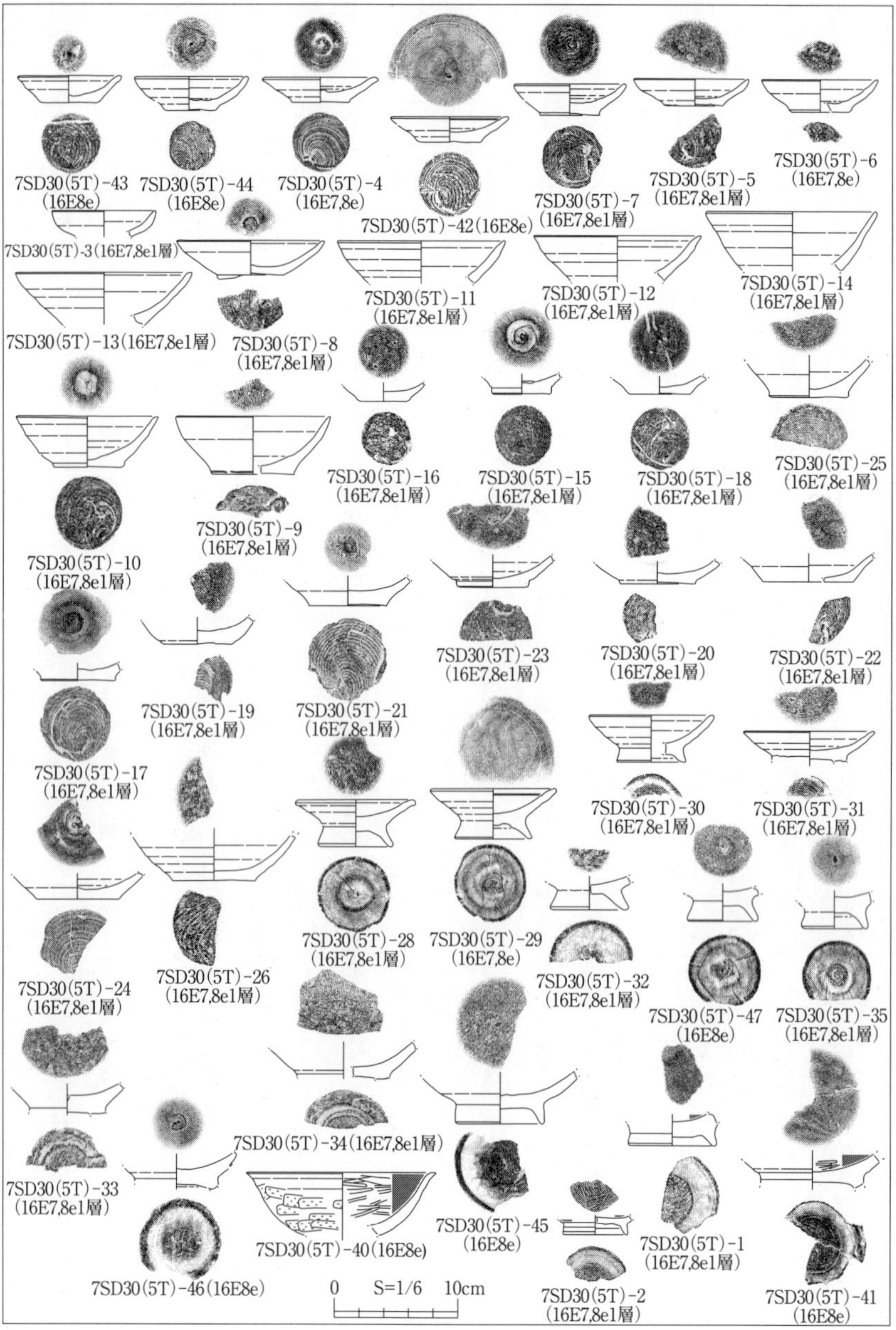

図5　11世紀中葉の様相（1）

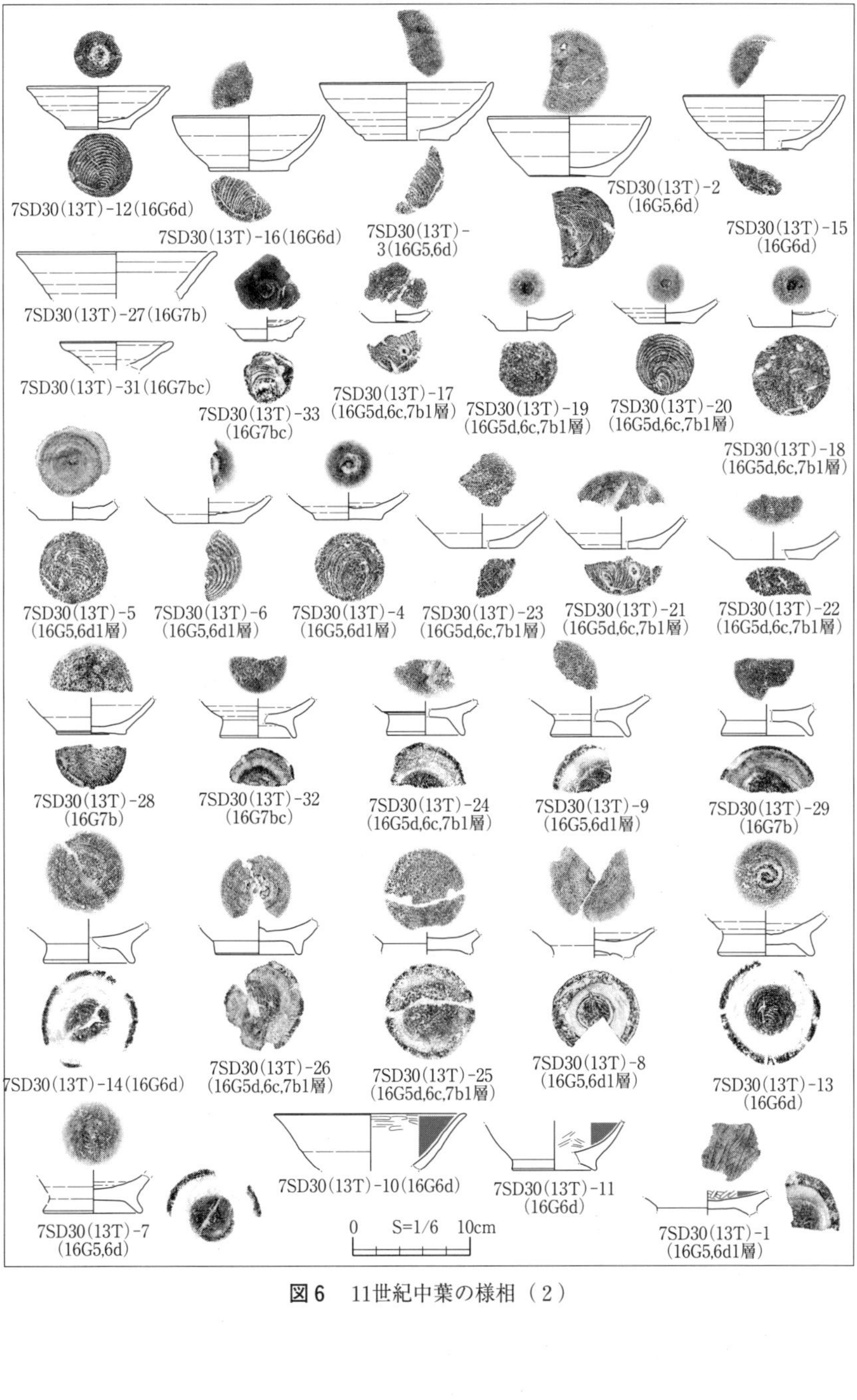

図６　11世紀中葉の様相（２）

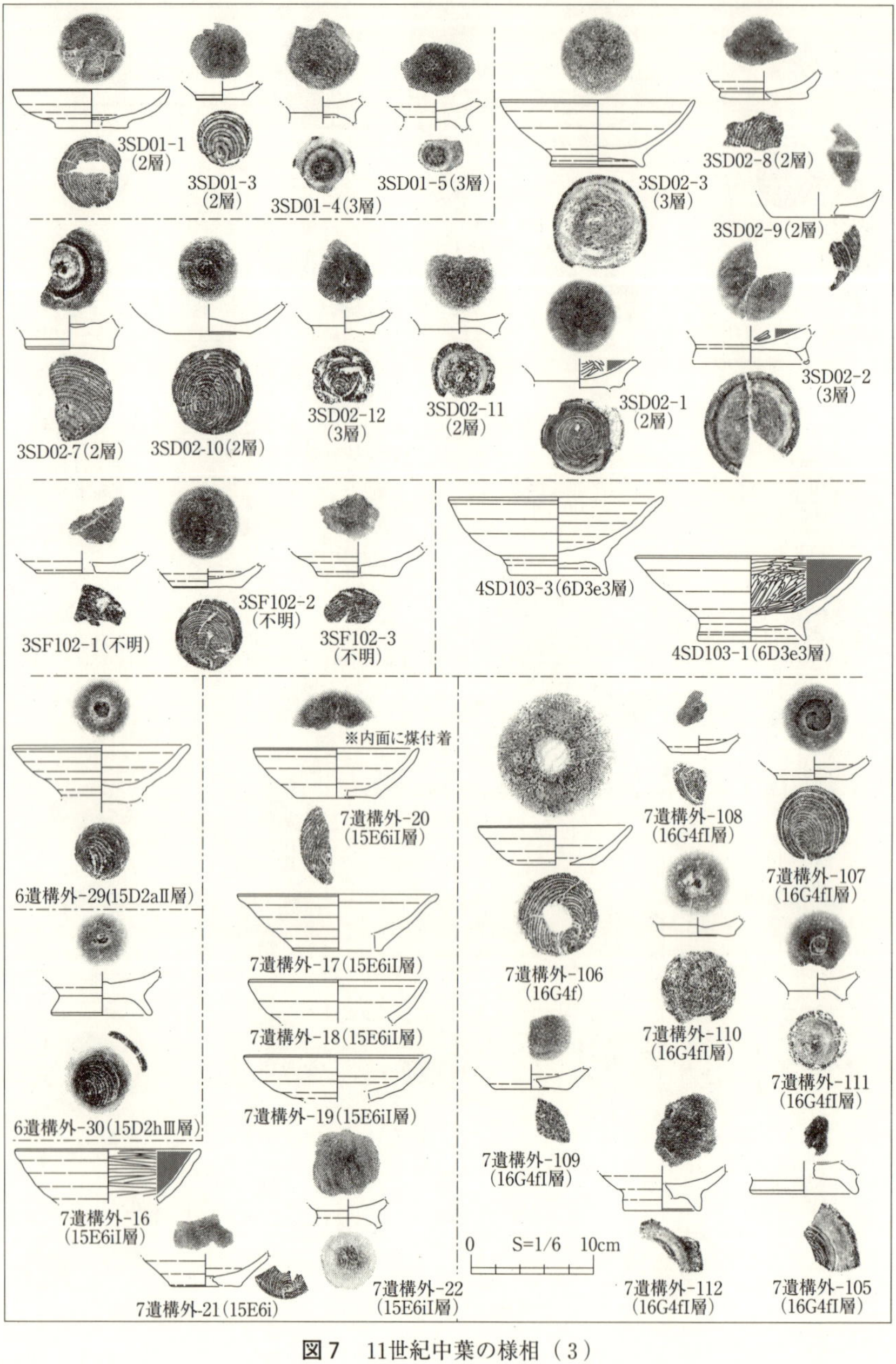

図7　11世紀中葉の様相（3）

７ＳＤ30（５Ｔ）堀跡は、小吉山北部北側の斜面下位よりで、堀が途切れる土橋付近東側から出土したもの、７ＳＤ30（13Ｔ）堀跡は、小吉山北部東側の斜面下位よりで、堀が途切れる土橋付近北側から出土したものである。時代的特徴を見出せるＡ類において、十世紀後半や十一世紀末葉と推定されるものが非常に少ないことから、一括性の高いものと推定した。Ａ～Ｆ類全てを確認することができる遺構である。Ｂ類は最も大きい一群で全体的な特徴として、底部が厚くなっていることや、Ｃ・Ｄ類の高台の断面形が底部から外反して接しているもの、やや内側に垂直ぎみに接することなどが挙げられる。これら遺構からは、全体像がわかるものはないが、４ＳＤ103―３や６遺構外―29・30などの器形が推定される。４ＳＤ103―３とＦ類の４ＳＤ103―１は、同一工人によって作られた可能性もある。Ｂ類は身の深いもの（５Ｔ―９・10、13Ｔ―２・３・15・16）や浅いもの（５Ｔ―８）がある。Ｆ類（５Ｔ―40、13Ｔ―１・10・11）は、口縁端部で外反し、高台が短くなっている。Ａ類の５Ｔ―42とＣ類の５Ｔ―29は土器内面に沈線を施し、胎土・焼成などから、同一工人によって作られた可能性が高いと思われる。

３ＳＤ01大溝跡、３ＳＤ02大溝跡、３ＳＦ102土塁跡の出土遺物は、ほぼ同時期と考えていいだろう。前二遺構は、方形区画の同一遺構と思われ、それを後者が覆っている。前者はＡ類（３ＳＤ01―３）・Ｂ類（３ＳＤ01―１、３ＳＤ02―10）・Ｃ類（３ＳＤ01―４・５、３ＳＤ02―11・12）・Ｄ類（３ＳＤ02―３・７）・Ｆ類（３ＳＤ02―１・２）などである。Ｂ類の底部は、擬似高台状であり、３ＳＦ102―３もほぼ同様の形を示す。また３ＳＤ02―７は、柱状高台でＢ類の中では遺跡内で一点しか確認されていない。Ｃ類は破片資料のみであるが、７ＳＤ30（５Ｔ）堀跡出土とほぼ同形と推測される。遺構外資料であるが、７遺構外（15Ｅ６ｉ）や７遺構外（16Ｇ４ｆ）なども一括性が高く、これらと同様の土器構成で法量の大きい一群である。

これら十一世紀中葉の土器群は、遺跡周辺では確認できず、出羽南半の境興野遺跡、陸奥の多賀城跡・宮ノ北遺跡・鳥海柵跡《とのみのさくあと》・大釜館遺跡などがある。前九年合戦当時の資料といえるであろう。

4　十一世紀後葉の様相

十一世紀後葉と思われるのが、小吉山北部平坦面の中央、長径二・九m、短径一・九mの楕円土坑であるSK134より出土したものである（図8・9）。法量がやや縮小し、坏身の中央部で屈曲し、器厚が厚くなる傾向がある。A・B・D・F類はあるが、C類は確認されていない。B類は、口径一一㎝前後のもの（9・10・13）と口径一三㎝前後のもの（11）があり、坏類は、小・中・大と三種類の大きさが認められる。B類の（18）とD類の（19）は胎土・焼成より、同一工人によって作られた可能性が高いと思われる。

7SD31（5T）堀跡は、小吉山北部北側の斜面上位で新旧二時期の変遷があり、新段階の一括性が高い出土遺物と想定される。A・B類とも坏身の中央部で屈曲する傾向をもっている。A類には、身の深いもの（3）、浅いもの（1・2・4）がある。

6SF01土塁跡と1・5・6SD01堀跡は、堀の排土で土塁を構築したと思われるため同時期の遺構と考えることができる。6SK134土坑のように、坏が小・中・大を構成していると思われる。6SF01土塁跡出土遺物は、A類が二点あり、法量に差がある。また1は、6SK134―7と胎土・焼成が類似しているものである。6SD01堀跡出土はA・B・C・D・F類が確認され、A・B類は、小（2）・中（3）・大（4）の法量差がある。C類（5）は柱状高台である。

7SK343は長径一・八m、短径一・五mの円形土坑である。A類のみ出土し、底部の厚いもの（2）と身の浅いもの（1）がある。7SD13溝跡は、小吉山北部平坦面北側の7SB01掘立柱建物跡と並行に走る溝跡である。A～F類全て確認される。A類の（5・6）は6SK134よりやや扁平になっている。B類は法量に中・大がある。C類は7SD30（5T）堀跡と類似すると想定される。D・E・F類の特徴としては、高台が低くなる傾向が見受けられる。

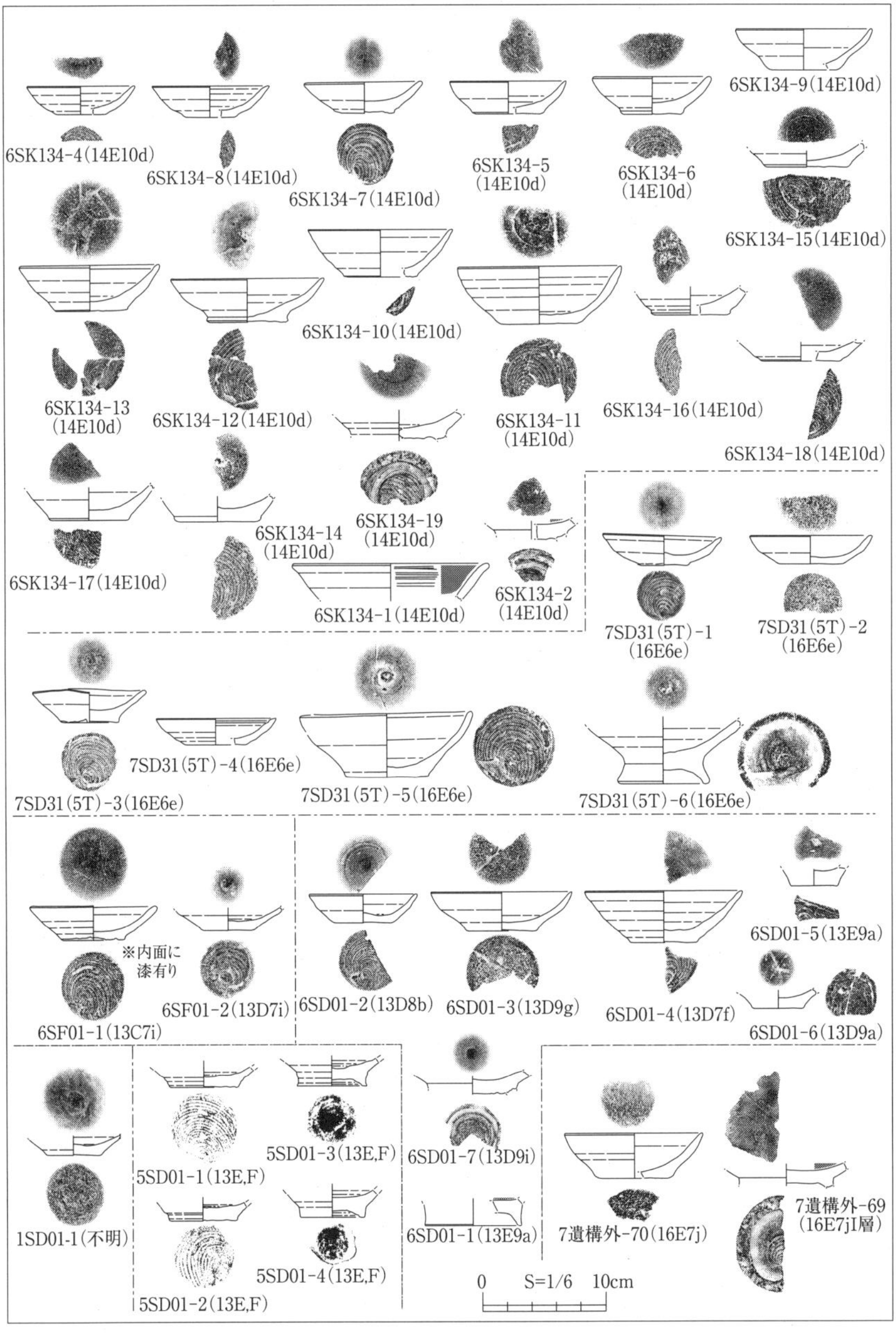

図８　11世紀後葉の様相（１）

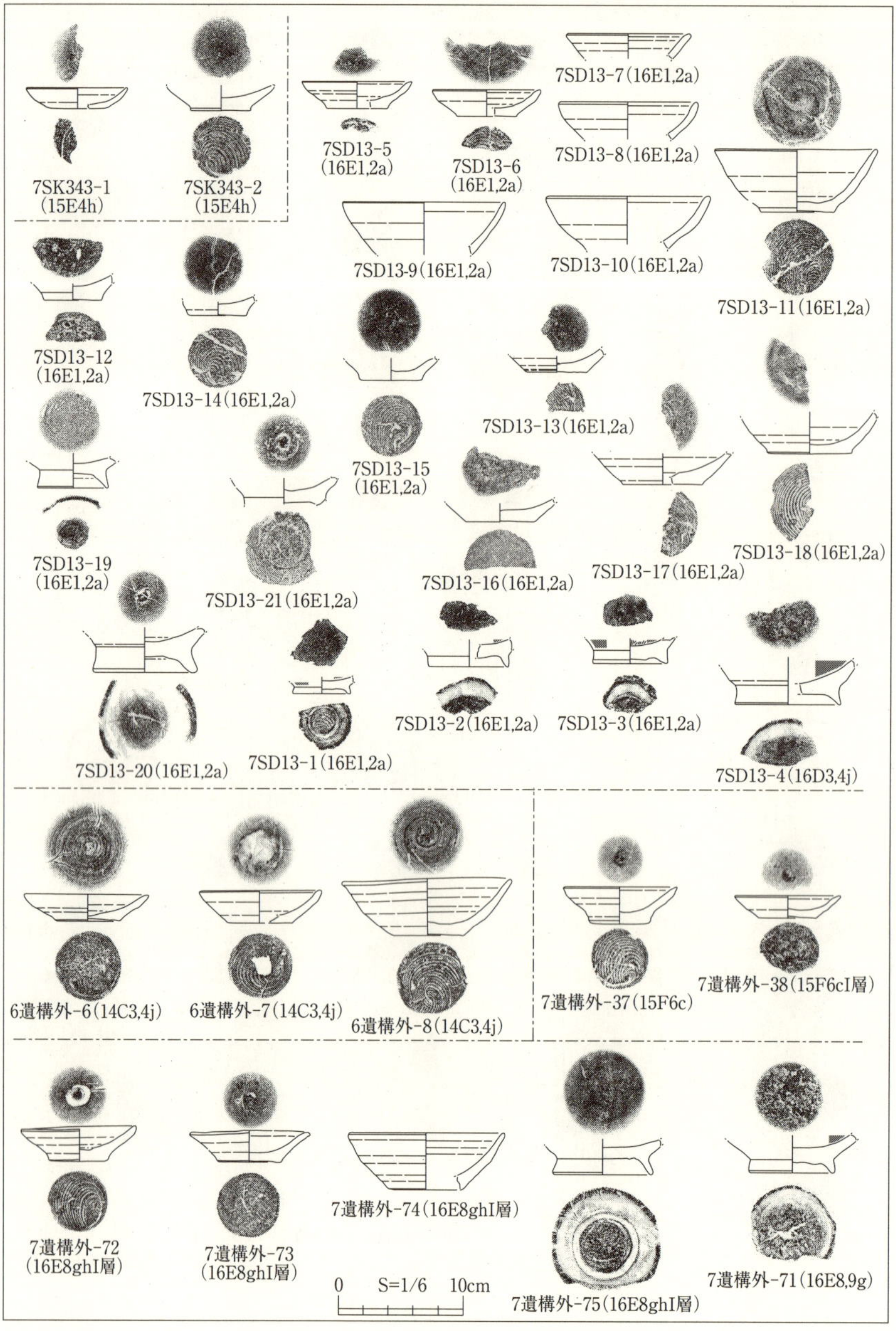

図9　11世紀後葉の様相（2）

同時期との一括性が高いとされる遺構外資料として、7遺構外（16E7・j）、6遺構外（14C3・4・j）、7遺構外（15F6c）、7遺構外（16E8・9gh）などがある。

これら十一世紀後葉の土器群は、遺跡周辺では秋田平野の虚空蔵大台滝遺跡などの清原氏関連と想定される遺跡から出土している。前九年合戦から後三年合戦に至る時期の資料であろう。

5　十一世紀末葉の様相

7SB01掘立柱建物跡、7SB03掘立柱建物跡、7SK426土坑、7SD30（4T）掘跡が基準資料である（図10・11）。前三者は一括性が高いもので、後者は長期間掘跡が開口していたと考えられるものである。今回追加した同時期との一括性が高いとされる遺構外資料として、7遺構外（16E7・8cdI層）、1遺構外（13G）などがある。

7SB01掘立柱建物跡は小吉山北部で検出され、その遺物は、4つの柱穴掘形（SK364・SK519・SK368B・SK334）より出土しているため、ほぼ同時期と考えて差し支えなかろう。A類はSK364で確認できる。1は非常に扁平で小振りになっていることが、この時期を推定する根拠である。2・4は前代のSK134土坑とも連続性が感じられる。5・6に関しては前代と1を結ぶ土器の可能性もある。7SB01掘立柱建物跡と同時存在と推定される7SB03掘立柱建物跡の二つの柱穴掘形（SK342・SK397）よりA類（SK342―1・2、SK397―1）・B類（SK397―2・3）・D類（SK397―4）が出土している。SK342―1・2は、7SB01（SK364―5）に類似している。

7SK426は、小吉山北部平坦面の北側、径一・一m前後の不整土坑である。A類（5・6）・B類（7）・E類（2・3）・F類（1・4）が確認される。ここでの特徴としては、E類が2点あることで、底部の形態は異なるが、いずれも削り出し高台で、内外面に黒色処理を施していることである。

この他、A類（法量が小さく、扁平なもの）が含まれる遺構として、7SK425、7遺構外（16E7・8cdI層）、1

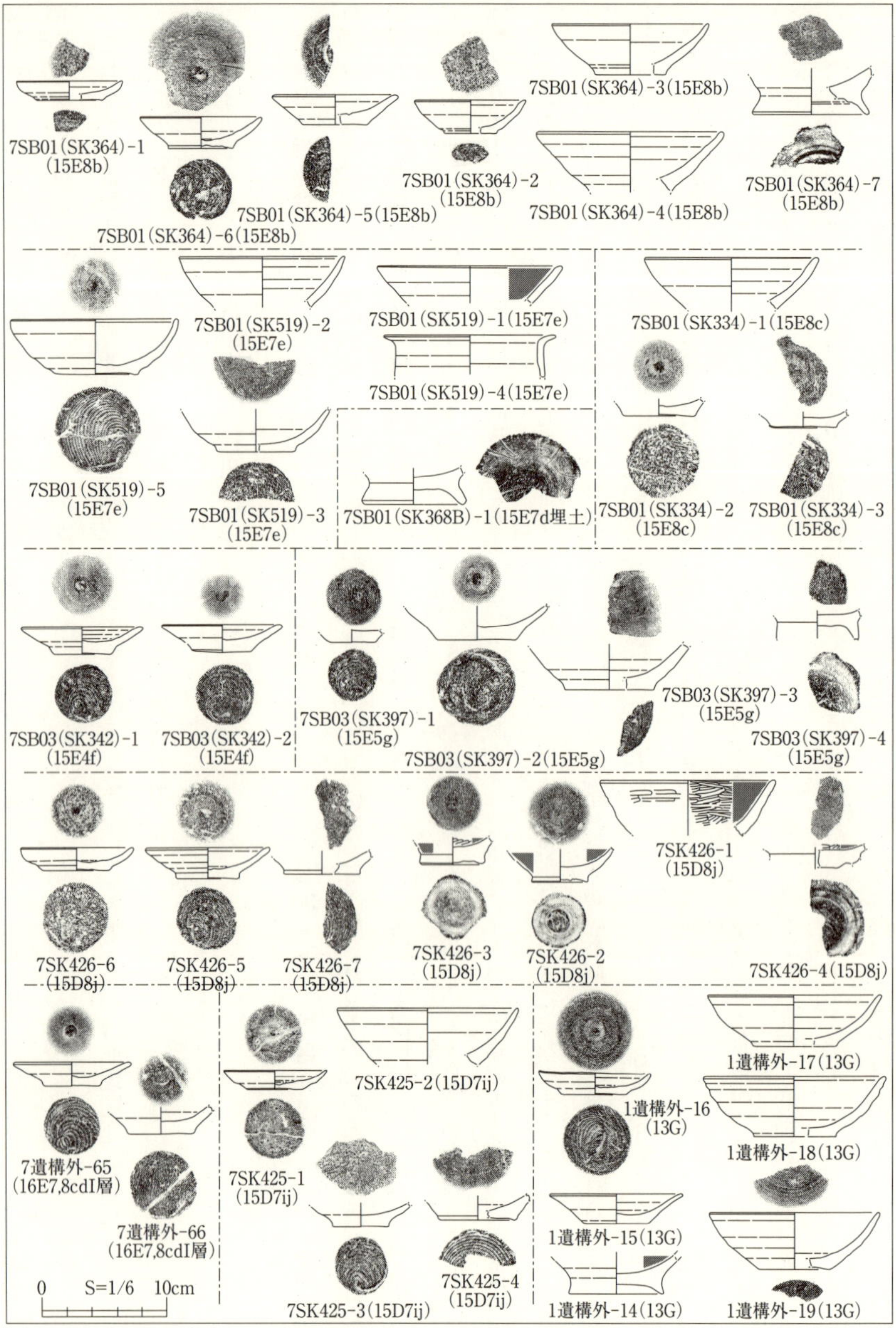

図10　11世紀末葉の様相（1）

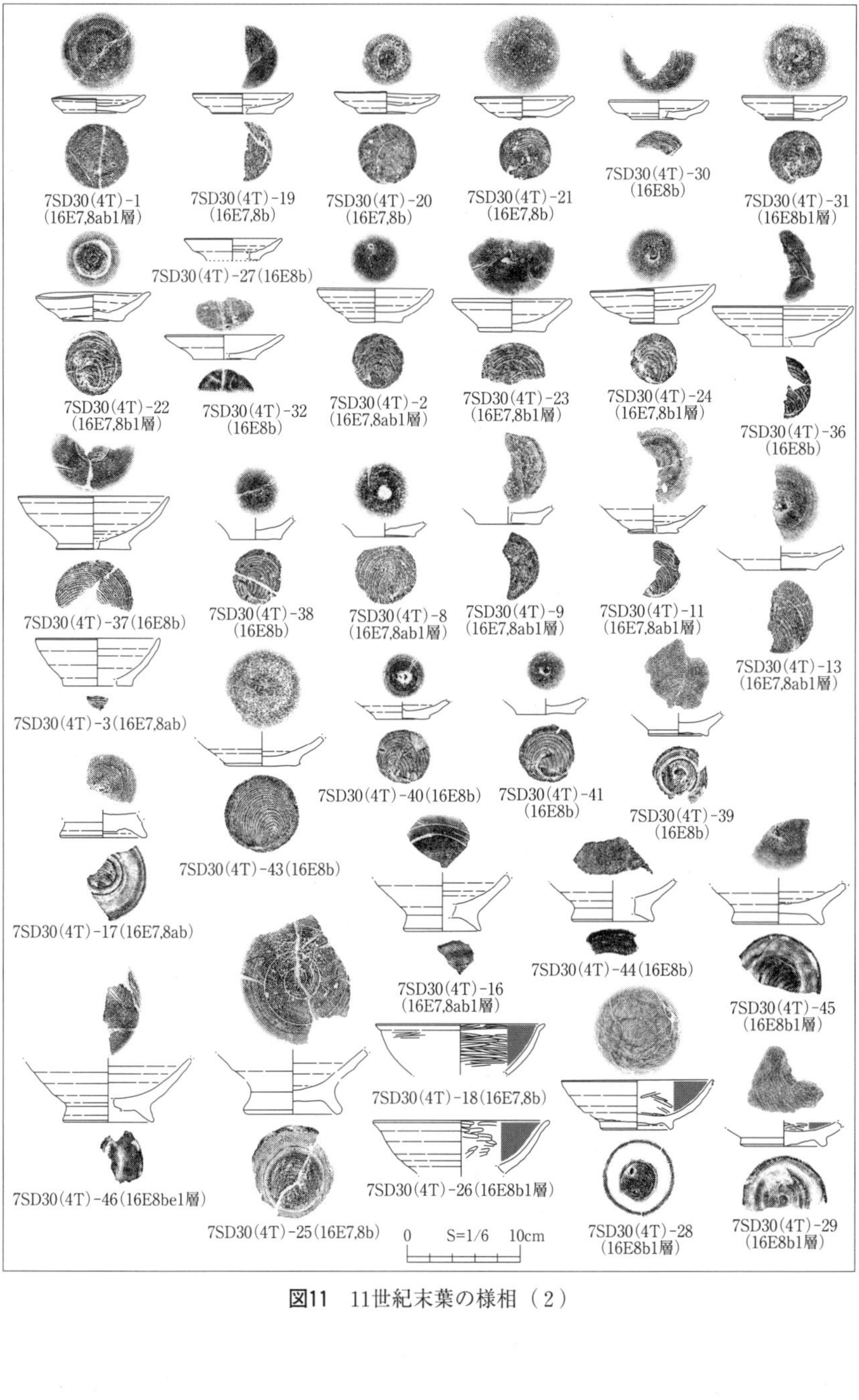

図11　11世紀末葉の様相（2）

遺構外（13G）がある。

後述する7SD30（4T）と土器組成を推定するための大まかな特徴を見てみると、次のようになる。

①A類の法量が縮小するのに対し、B類は前代と比べてあまり変化が見られない。これらは、いわゆる小皿と埦という組み合わせが明確化する時期と思われる。

②C類は、高台を持つものは確認されなくなるが、柱状高台状のものは確認される。

③D類は、高台が短くなるという傾向がある。

④E類は非常に丁寧な作りで、削り出し高台など特殊なものである。

⑤F類は、B・D類の坏身と似ており、口縁部から底部にかけて器厚が厚いものである。

以上のことから、7SD30（4T）堀跡出土資料を検討してみると、A類は、法量が小さく身の浅いもの（1・19・20・21・30・31・27）と、身は浅いが口縁部が外反するもの（32）。B類は、法量に中・大とあり、口縁部から底部にかけて器厚が厚いもの（36・37・3）がある。また、A類の1とB類の37は土器の外面に布状のようなもので撫でた跡がある。C類は、高台が短いもの（39）がある。D類は、高台が短くなるという傾向は見られるが、時代的特徴として明確なものはまだ見出せていない。32と同じ胎土を有するもの（45・46）や高台が非常に短いもの（17）などがこの一群に該当するのかもしれない。E類は、この遺構では確認されていない。F類は、口縁部が玉縁状のもの（18・26）や高台が短く、坏身の底部が地面に接するもの（29）などが、現在のところこの時期と推定されるものである。

これら十一世紀末葉の土器群は、陸奥の多賀城跡などがある。後三年合戦前後の資料といえるであろう。

おわりに

今回の一考は、報告書で示した基準資料をもとに、新たに一括性の高い資料を用いて検討を加えたが、未解決の部分は少なくない。特にロクロ土師器のD類がどのように形態を変化させていったか、C類が遺跡内でどのような役割や消長を持っているのか、そしてE類は特殊な土器としてどのような位置付けにあるのかなどである。今後、さらに資料の検討を加えていく必要はあるが、十世紀後半から十一世紀末葉の土器様相については、ひとつの遺跡内において土器変遷を行うことが可能であり、今までの基準資料に追加提示できたと思われる。

参考文献

横手市　二〇〇六『横手市史　史料編　古代・中世』

横手市教育委員会　二〇〇九『大鳥井山遺跡―第9次・第10次・第11次調査―』横手市文化財調査報告第12集

第Ⅲ部　集落・宗教・城柵

北方における要害遺跡
——特に気候変動との対応——

右代啓視

はじめに

北方の要害遺跡については、これまで多くの研究視点を提示してきた。このなかで右代（二〇〇五・二〇〇七・二〇〇九a・b・c）は、要害遺跡とは何かという用語の設定、その意味や概念規定を明確にしてきた。さらに、要害内集落、壕・塁壁内集落、北海道型防御性集落、北海道型環壕集落、本州系古防御性集落の用語を設定し、時期的な違い、地域的な違い、立地条件の違い、構築した文化集団の違い、さらには構造的な技術差などを比較し、日本列島の北部域にくらす人間集団の文化的な交流や接触について、考古学的なアプローチから明らかにしようと、この研究を進めてきている。特に、地域の文化集団が北方世界でどのように位置づけられ、あるいは役割を果たしてきたのかを探るもので、北方文化の構造的な解明について検討するものである。

ここでは、これまで進めてきた要害遺跡研究について、その研究視点のなかでも、過去の気候変動（古環境の変化）との対応について示すとともに、これから展開する研究視点の重要性について述べることとする。

一　古環境と先史文化の対応の視点

日本列島は北太平洋地域に北から南に細長くのびる弧状列島であり、北海道の北にサハリン、東に千島列島、西に大陸と接し、九州北部に朝鮮半島、さらに南には南西諸島へとつづく地形となっている。この弧状列島に囲まれる海は、オホーツク海、日本海、東シナ海がある。現在の生物地理区分では、北から亜寒帯～冷温帯～中間温帯～暖温帯～亜熱帯と区分されている。このように北と南の地域では、環境が大きく違う。

更新世最後のヤンガードリアス期（Younger Dryas time）以降、10^3年あるいは10^2年オーダーでみると温暖期と寒冷期が繰り返されてきたことが明らかになってきている。この環境の変化は、縄文時代のヒプシサーマル（縄文海進期）に代表されるように、これ以降の弥生時代、古墳時代、歴史時代においても人にあたえた影響は大きく、文化や生業は勿論、人の移動や交流においても密接な関係があったことがうかがわれる。特に、現在の亜寒帯～冷温帯に位置する中緯度地域は、古環境の変化が地形や地質、遺跡などから読みとることができ、また北海道は流氷が接岸する特殊な環境をもつ地域である。

過去二〇〇〇年間の環境変化は、これまで弥生海進期（B.C.六〇〇～紀元前後）、古墳末海進期（六世紀前後）、平安海進期〈オホーツク海進期〉（八～一〇世紀）と三つの高海水準期の存在が明らかになり、その間の寒冷期についても指摘されるようになってきている（赤松・右代一九九二・一九九五、赤松・石橋・斉藤・山田・右代一九九八、荒川・山崎一九九八）。その海水面変動は弥生海進期で現在より海水面が＋一・五～二m、気温が＋二～三℃上昇し、古墳末海進期で海水面が＋一m前後、平安海進期で海水面が＋二m弱、年平均気温が＋二～三℃であったとしている（表1）。また、平安海進期には、八世紀と十世紀に二回の温暖のピークがあった。これは、ヨーロッパ北部および中部で確認さ

表1　環境変化と先史文化（右代2000）

年代	温暖と寒冷の環境変化		関連事項	北海道の先史文化
			海水面+1.5～2m、年平均気温+2～3℃	
200	弥生海進期	warm	声門自然貝殻層	続縄文文化
100			サハリン鈴谷貝塚最下層	(B.C.2c～A.C.6c)
B.C.／A.D.				鈴谷文化
100	弥生小海退	cool		(B.C.7c～A.C.6c)
200	小海進期	warm		
300	古墳寒冷期	cool		
400				サハリン・オホーツク文化（5c～12c）
500	古墳末海進期	warm	海水面+1m前後（掘株神社遺跡旧汀線堆積物）	北海道・オホーツク文化（5c～9c）
600	寒　冷	cool		擦文文化
700	平安海進期	warm	オホーツク海進期 海水面+2m弱、年平均気温+2～3℃	（7c～12c）
800	9世紀末の寒冷	cool		アンフェルツェフォ
900	平安海進期	warm	サハリン・ブッセ湖・多来加湖産マガキ	ベロカーメンナヤ　トビニタイ（擦文）
1,000				（9c末～12c）
1,100	寒冷期	cool	サロマ湖（淡水生の珪藻繁栄）	
1,200				
1,300				アイヌ文化
1,400	小温暖期	warm	キムアネップ崎産マガキ	
1,500			サロマ湖（海生の珪藻繁栄）	ウバトマナイチャシ
1,600	小氷期	cool	サロマ湖（淡水生の珪藻繁栄）	
1,700				
1,800				

れた七～八世紀と十世紀の中世海進期あるいは気候最良期（Little Climatiu Optimun）と一致する環境下であったことが理解できる（赤松・右代一九九五）。さらに、平安海進期には、オホーツク文化や擦文文化の貝塚から出土するマガキ（*Crassostrea gigas*）やウネナシトマヤガイ（*Trapezium liratum*）などに代表される「温暖水系種」の貝類が中緯度地域まで拡散していることから、対馬海流（暖流）はサハリンのテルペニエ湾（Zal. Terpeniya）まで達し、冬季の

北海道オホーツク海沿岸域には流氷が接岸しなかったとしている（右代一九九九）。また、嶋田・村山・中村・青木・長谷川（一九九九）は、オホーツク海南西部知床沖ピストンコアから産出した珪藻群集の分析から、高生産指標種および海氷指標種が優先するなかに温暖種（*F.doliosus*）がパルス状に産出することに注目し、その存在から対馬暖流がオホーツク海に流入していたことを指摘し、温暖種の産出年代と、その温暖期が良く符合している。

これ以降の海水面変動については、十二〜十四世紀の寒冷期、十五〜十六世紀の小温暖期、十七〜十八世紀の小氷期の存在が明らかになってきた（赤松・右代二〇〇〇）。これは、大陸やサハリンを含めた日本海とオホーツク海に産出する温暖水系種の貝類の時空的分布を明らかにすることで小温暖期の存在を指摘し、北海道における歴史時代のマーカー・テフラ（Ko－d、Ko－c2、Ta－a）などの検討から寒冷期、小氷期の存在が明らかになった。

このような古環境の変化と先史文化を比較すると、表一に示すように先史文化の移行期に寒冷期が位置していることと、各文化の隆盛期には温暖期が位置している。具体的には、北海道の続縄文文化やサハリンの鈴谷文化の時期に弥生海進期と小海進期の影響がみられ、その各時期に文化圏の拡大がみられる。古墳末海進期では、オホーツク文化が北海道まで分布圏を拡げ、さらに平安海進期では北海道特有のオホーツク文化が成立する。この文化は海進の影響を受け、海岸部の湖沼から湖沼へと拡散した集団でもある。また、九世紀末の寒冷期の影響もあり北海道オホーツク文化は終焉を迎え、一部はサハリンへ移動し、北海道東部では擦文文化に吸収される（右代・赤松一九九五、右代一九九七）。

一方、続縄文文化から擦文文化へ移行するが、この文化も古墳末海進期〜平安海進期の影響を受けている。特に擦文文化の集団は、二つの温暖なピークをもつ平安海進期が反映したことがうかがえ、八世紀では石狩低地帯、十・十一世紀ではほぼ北海道全域に文化圏を急速に拡げている。この集団の移動パターンは、拠点をつくりながら河口から河口へ移動する集団と河口から内陸・盆地へと移動する集団と生業的な役割分担が確立していたことがうかがえる（右代一九九九b）。モンゴロイド最後の移動とされるオホーツク文化、バイキングの移動に匹敵する擦文文化からも環境と文化は密接にかかわっていたことが理解される（右代一九九九c）。

しかも、寒冷期の引き金となるものの一つの要因に、火山活動がありその証拠となるものにテフラがある。この時期の北海道における広域テフラは、古い順に白頭山火山灰（B-Tm／九四六年噴火）、摩周-b（Ma-b／約九七〇年噴火）、駒ケ岳-d（Ko-d／一六四〇年噴火）、有珠-b（Us-b／一六六三年噴火）、樽前-b（Ta-b／一六六七年噴火）、駒ケ岳-c_2（Ko-c_2／一六九四年噴火）、樽前-a（Ta-a／一七三九年噴火）、駒ケ岳-c_1（Ko-c_1／一八五六年噴火）などが知られている（赤松・右代二〇〇〇）。これらの広域テフラは、表一で示した寒冷期に良く対応している。動物・植物相はもとより、人に与える打撃が大きかったとことがうかがえる。

これらの環境変化と文化は、北海道だけの地域的な現象でなく、地球規模の現象としてとらえられる。したがって、要害遺跡についても各時期の文化や成立過程においても間接的に影響を与えているものである。例えば、十五〜十六世紀の温暖期はチャシの北海道全域に拡がり、志苔館に代表される北海道南部の十二館の出現などがみられる。さらに、十七〜十八世紀における小氷期の環境悪化は和人とアイヌ民族間、アイヌ民族同士の抗争や対立などがあげられる。

このように、古環境と先史文化については、要害遺跡を研究する上でも重要な視点である。

二　要害遺跡の分類と時空分布の視点

要害遺跡を諸地域ごとに示すと、東北地方北部では、環壕集落、防御性集落、高地性集落、城柵、官衙、中世城館があげられる。北海道では、北海道型防御性集落、北海道型環壕集落、本州系古防御性集落、要害内集落、チャシ、館があげられる。サハリンでは、要害内集落、壕・塁壁内集落、土城、衛、チャシがあげられる。千島列島・カムチャツカ半島では、オストローグ、ユルトビッシャ、チャシがあげられる。ほぼ同時期の北東アジア地域には山城、平城の要害遺跡があり、ロシアではガラディッチェ、中国では古城、山城と呼び、靺鞨、渤海、金、女真、パクロフカ文化（アムール女真）などの時期にみられる（右代二〇〇〇）。

これらの要害遺跡をサハリン、北海道、東北地方、千島列島・カムチャツカの地域ごとに時空分布をみると、その地域的な特性があり次のような傾向がみられる（表2、図1）。

⑴　サハリン

要害内集落（三～八世紀ころ）、壕・塁壁内集落（九～十二世紀ころ）と鈴谷文化期～オホーツク文化期にみられる。さらに、北海道の文化区分からみるとアイヌ文化期に土城（十三～十六世紀ころ）、衛（十五世紀）、チャシ（十三～十六世紀ころ）などがみられる。これらは、北東アジアの歴史的な要因が強く反映していることがうかがわれる。

すなわち、サハリンでは、自然地形を要害として利用した集落が鈴谷文化期に存在した可能性があり、三世紀の小海進期と対応するものと考えられる。北海道北部にでも同様な現象がみられる。オホーツク文化の十～十一世紀では、壕・塁壁内集落が出現し、平安海進期の十世紀のピークに対応する。土城は十三世紀～十六世紀に築造されたものと考えられるが、サハリンに拡がる十五世紀の明の勢力と十五～十六世紀の小温暖期が関連するものと推測される。チャシも同様に十三～十六世紀に中心をもつと考えられる。

⑵　北　海　道

サハリンにみられる要害内集落が北部～東部域でみられるが、壕・塁壁内集落については今のところ確認されていない。また、土城や衛についての要害遺跡は確認されていない。擦文文化期には北海道型防御性集落（十～十一世紀）、

表2　要害遺跡の時空分布（右代2005）

地　域	要害遺跡の分類名	北海道の文化区分	年　代	主な遺跡
サハリン	要害内集落	鈴谷文化期〜オホーツク文化期	3〜8世紀	コブリシュカ、ザミライローヴァ・ゴローヴァなど
	壕・塁壁内集落	オホーツク文化期	9〜12世紀	ベロカーメン、アンフェルツエフォⅡなど
	土城	アイヌ文化期	13〜16世紀	自主土城、亜港の土城、馬群潭土城など
	チャシ		13〜16世紀	南貝塚北チャシ、麻内チャシなど
	（衛）		15世紀	波羅河衛、兀列河衛、嚢哈児衛
北海道	要害内集落	鈴谷文化期〜オホーツク文化期	3〜8世紀	オンコロマナイ、川尻北チャシ、弁天島など
	北海道型防御性集落	擦文文化期	10〜11世紀	川尻南チャシなど
	北海道型環壕集落		10〜11世紀	ワシリ、小茂内、原口館など
	本州系古防御性集落		7〜8世紀	丸子山
	チャシ	アイヌ文化期	13〜18世紀	フシココタンチャシ、ユオイチャシなど
	館		14世紀末〜	志海苔館、勝山館など
東北地方	（城柵）・（官衙）	擦文文化期	7〜9世紀	志波城、徳丹城、秋田城、払田柵など
	防御性集落・高地性集落		10〜11世紀	小飼沢山遺跡、唐川城など
	環壕集落		10〜11世紀	高屋敷遺跡、蓬田大館など
	中世城館	アイヌ文化期	12〜16世紀	浪岡城、（福島城）など
千島列島・カムチャツカ半島	チャシ	アイヌ文化期	17〜18世紀	アマナ、金比羅山チャシ、チルラトイなど
	オストローグ、ユルトビッシャ		17〜18世紀	カムチャッカ川左岸、シプンスキー岬など

北海道型環壕集落（十〜十一世紀）がみられ、本州系古防御性集落も七〜八世紀ころに出現する。これは類例が少ないものの、確実に存在している。また、当然ではあるが、本州の城柵や官衙についても存在しない。その後のアイヌ文化期では、チャシ（十三〜十八世紀ころ）はもとより、館（十四世紀末以降）が出現する。

　したがって、北東アジア、サハリン、カムチャツカ、千島列島、本州東北部などの画期にチャシの起源が求められ、北方のオホーツク文化、南方の東北地方北部からの影響をうけながら擦文文化のなかでチャシ的な要素が萌芽し成立したものと考えられる。これを初期とし、前期は十三〜十四世紀とし本州とサハリンを意識した関係にあり、中期は十五〜十六世紀とし北海道全域にチャシが拡がり、後期は十七〜十八世紀とし北海道南部と東部域さらに千島列島を意識した関係にあったことがうかがわれる。

(3)　東北地方

城柵・官衙（七〜九世紀）が北緯四〇度付近まで築造されていることは良く知られており、それ以降、北部域では防御性集落（十〜十一世紀）、環壕集落（十〜十一世紀）、高地性集落（十〜十一世紀）が、北海道の擦文文化に平行して出現する。さらに、アイヌ文化期になると中世城館（十二〜十六世紀）などが出現し、北海道、あるいは北方域とのかかわりが注目される。

東北地方との関係では、七〜九世紀にかけ城柵が北緯四〇度付近まで拡がり、一方、七〜八世紀段階では土師器をもった集団が石狩低地帯まで進出し、壕や土塁をもたない要塞的な集落が出現する。平安海進期の八世紀のピークと対応している。十世紀ころになると東北地方北部では環壕集落が出現し、北海道南西部に影響を及ぼす。北海道北西部からオホーツク海沿岸域では、自然地形を要害として利用した集落がみられるようになる。これらは、平安海進期の十世紀のピークに対応している。

(4)　千島列島・カムチャツカ半島

アイヌ文化期のチャシが十七〜十八世紀に千島列島南部から北部に分布が拡がる。一方、同時期にオストローグ、ユルトビッシャなどとされる要害遺跡がカムチャツカ半島東部域を中心に分布がみられる。これは、イテルメン（カムチャダル）やコリヤークなどの民族が築造した要害遺跡である。カムチャツカのオストローグなどの防塞をもつ集落と、千島列島および北海道東部チャシについては、十七～十八世紀ころに強い関連性がうかがえ、北海道南部とのかかわりが強くなる。

これらの要害遺跡の時空分布や特性から、北海道島が古代～中世にかけてかかわりをもっていた地域は、本州の東北地方北部、サハリンから大陸につながる地域であり、深く関わっていたことを指摘できる。さらに、近世以降は千島列島からカムチャツカ半島へつながる地域とのかかわりが強くなることも指摘できる。これは、弧状列島の北部に位置する北海道島の地勢的な現れであり、古環境の変化や環境資源が反映された結果でもある（図1）。

（5）　大陸（北東アジア域）

北東アジアの地域の山城・平城は、渤海（六九八～九二六年）段階で牡丹江流域に中心がみられ、綏芬川流域からピョートル大帝湾北西岸に分布が拡がり、平安海進期の八世紀のピークに対応している。女真文化（九～十三世紀）・金朝（一一一五～一二三四年）段階では、ピョートル大帝湾からハンカ湖にいたる河川流域に中心がみられ沿海地方の日本海沿岸域、ウスリー川流域に分布が拡がる。パクロフカ文化（九～十三世紀）段階では、アムール川下流域のウルミ川やクール川流域やヴォロニー湖周辺域に点在する。これらは、平安海進期の十世紀のピークに対応し、アムール川河口まで分布を拡げた可能性があり、オホーツク海北岸域の十～十三世紀とされるアタルガン期にもみられる。山城や平城は、領地支配として戦略的に造営されたものと考えられる。しかも、アムール川下流域は、元朝（一二七一～一三六八年）、明朝（一三六八～一六四四）、清朝（一六四四～一九一二）をつうじ、勢力圏であったことも史料などで知られている。

このように、北方域の要害遺跡を地域的な分類と時空分布をみることで、古環境との関係や歴史的な背景についてもより明確に知ることができる（図1）。

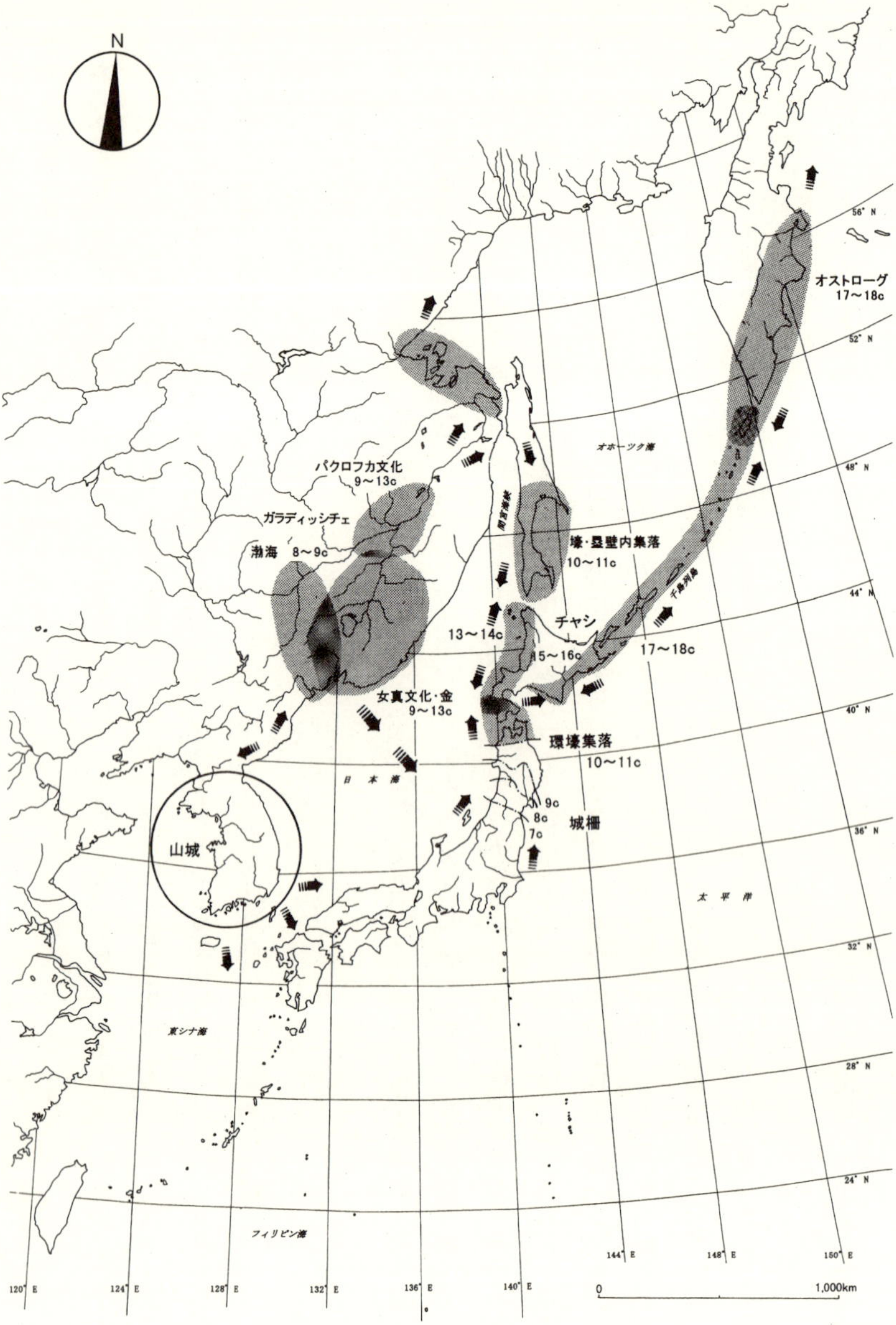

図1　要害遺跡の時空分布関係図

三　課題と新たな研究視点

これまで要害遺跡の研究を進めてきたなかで、現存するチャシコツの測量調査を実施し、十数カ所を数えるまでになった。北海道北部（利尻町（右代・鈴木ほか二〇〇七）・稚内（右代・鈴木ほか二〇〇四・二〇〇五・二〇〇六・二〇〇七・二〇〇八）・枝幸町（右代・小林ほか一九九八・二〇〇〇））、天塩川水系（中川町（右代・鈴木・松田ほか二〇〇五））、石狩川水系（浦臼町（鈴木・右代・村上二〇〇七・二〇〇八））、北海道東部（根室市（鈴木・右代・村上二〇〇九））、北海道南部（新冠町（鈴木・右代・村上二〇一〇））である。これらを実施することで、アイヌ文化期だけではなく、擦文文化、オホーツク文化の時期まで遡る要害遺跡が存在することが明らかになってきている。

さらにサハリンでは、すでに確認されているチャシがオホーツク文化に遡るものや鈴谷文化の要害内集落、新たな土城などの要害遺跡が確認されている（右代・小林・小林・Shubina 一九九八、右代二〇〇〇）。千島列島については、ここ数年北方四島の国後島でチャシを含めた遺跡調査を実施している。これは「ビザなし交流」の学術訪問団を組織し、国後島郷土博物館と共同で実施している。戦後初めての学術調査である（右代・鈴木・村上・スコヴァチツィーナ二〇〇七）。この調査のなかで国後島のニキショロ湖金比羅山チャシは、ほぼ発見当初のまま現存していることを確認した（右代・鈴木・村上二〇一〇）。このほかにもチャシを含めた遺跡を六〇カ所確認し、旧石器時代から縄文時代、続縄文時代、オホーツク文化期、擦文文化期、アイヌ文化期に及んでいる。

これらのことから、測量調査の継続的な実施、さらに戦後未調査である千島列島（特に北方四島）の調査が要害遺跡の全貌を知るため重要となってくる。

また、七〜八世紀ころ、江別古墳群、ウサクマイ遺跡、ユカンボシ遺跡などに代表される東北地方の終末期古墳を

写真１　ニキショロ湖金比羅山チャシ

造った集団が石狩低地帯にまで拡がりをみせている。この終末期古墳の集団と関連する集落として千歳市丸子山遺跡があげられる。自然地形（最終氷期後期、約二万一〇〇〇〜二万八〇〇〇年前に形成された標高約二三mの古砂丘）を利用した壕や土塁をもたない集落であり、この特殊な立地は防御的かつ内陸の拠点的な役割をもっていた要害遺跡であるとことを指摘した（右代一九九九b・二〇〇〇）。これは唯一の例であるが、これを本州系古防御性集落としたものである。東北地方において、防御性集落や環壕集落、高地性集落などより古い段階の要害遺跡としたものであり、類例の発見が今後の課題でもある。

すなわち、要害遺跡の測量調査や千島列島の調査などから、課題解明を進めることが重要であり、新たな進展をうむであろう。

おわりに

これまで進めてきた要害遺跡研究は、チャシの成立過程から終焉にいたるまでを明らかにすることに主眼をもって進めてきたが、ここでは、この研究のなかで過去の気候変動（古環境の変化）との対応について、特に示した。要害遺跡の分類と時空分布では、より具体的な気候変動との対応について示した。この要害遺跡の研究は、まだ多くの課題やフィールド調査が必要であり、その全貌を探る重要性は、蝦夷（エミシ・エゾ）、アイヌ文化の実態にせまるもので、終焉の先史文化や社会構造についても明確にすることが重要である。なぜならばこの要害遺跡の変遷は、北海道のみならず、本州や大陸側の社会変動とも連動していることにも気づくものであり、当時の政治・経済的な動向が影響し、これまで示してきた各地域の要害遺跡をもつ集団が連鎖しているのである。しかも、気候変動についても間接的な要因として影響していたことは、先に示したとおりである。

引用文献

赤松守雄・右代啓視　一九九二「北海道および南サハリンの中世温暖期についての一考察」『北の歴史・文化交流研究事業中間報告』北海道開拓記念館、九一―一〇八頁
赤松守雄・右代啓視　一九九五「オホーツク文化遺跡の立地とその背景」『北の歴史・文化交流研究事業研究報告』北海道開拓記念館、一九―四四頁
赤松守雄・右代啓視　二〇〇〇「北方諸地域における一〇世紀以降の温暖期の存在とその意義」『北の文化交流史研究事業研究報告』北海道開拓記念館、三―一四頁
赤松守雄・石橋孝夫・斉藤文紀・山田悟郎・右代啓視　一九九八「北方諸地域における歴史時代の環境復元」『北の文化交流史研究事業中間報告』北海道開拓記念館、一五三―一六二頁
荒川忠宏・山崎理子　一九九八「宗谷海峡沿岸における約二五〇〇年前の自然貝殻層と古環境」『第四紀研究』三七―五、四一九―四二七頁
右代啓視　一九九三「オホーツク文化の拡散と適応の背景」『地方史研究』第二四五号、五三―五九頁
右代啓視　一九九七「オホーツク文化集団の移動パターン」『生産と考古学―倉田芳郎先生古希記念―』同成社、一八五―一九四頁
右代啓視　一九九九ａ「先史文化の時代」『稚内市史』稚内市史編纂室、五八―一〇八頁
右代啓視　一九九九ｂ「擦文文化の拡散と地域戦略」『北海道開拓記念館研究紀要』北海道開拓記念館、二三―四四頁
右代啓視　一九九九ｃ「平安海進期のオホーツク・擦文文化」『季刊河川レビュー』一〇七、新公論社、一〇四―一一五頁
右代啓視　二〇〇〇「北東アジアにおけるチャシの起源と位置づけ」『北の文化交流史研究事業研究報告』北海道開拓記念館、三五―六八頁

右代啓視　二〇〇一「チャシの起源とその成立過程について—北と南の文化からの視点—」『第五二回特別展、知られざる中世の北海道—チャシと館の謎にせまる—』北海道開拓記念館、六—一一頁

右代啓視　二〇〇四ａ「中世アイヌ文化の北方交流」『第四五回歴博フォーラム・中世の湊町—行き交う人々と商品—』国立歴史民俗博物館、三三—四三頁

右代啓視　二〇〇四ｂ「北海道における防御性・環壕集落—北と南からの視点—」『アイヌ文化の成立—宇田川洋先生華甲記念論集—』北海道出版企画センター、三五五—三七二頁

右代啓視　二〇〇四ｃ「日本列島北部における古代・中世の要害遺跡の研究」『歴史読本』第四九巻、第一二号、二三五—二三七

右代啓視　二〇〇五「北方諸地域における古代・中世の要害遺跡」『北海道開拓記念館研究紀要』第三三号、北海道開拓記念館、三一—四六頁

右代啓視　二〇〇七「チャシ以前の防御的機能をもった遺跡について」『北東アジア交流史研究』塙書房、一〇七—一二三頁

右代啓視　二〇〇九ａ「北方の要害遺跡について—アイヌ文化期のチャシ研究の方向—」『駒澤考古』第三四号、二九—三八頁

右代啓視　二〇〇九ｂ「北方世界における要害遺跡研究の視点」『物質文化史学論聚—加藤晋平先生喜寿記念論集—』北海道出版企画センター、二一五—二三〇頁

右代啓視　二〇〇九ｃ「北海道の要害遺跡」天野哲也・池田榮史・臼杵勲編『中世東アジアの周縁世界』同成社、二一三—二三七頁

右代啓視・赤松守雄　一九九五「オホーツク文化遺跡の分布とその特性」『北の歴史・文化交流研究事業研究報告』北海道開拓記念館、一五七—一七九頁

右代啓視・小林幸雄・小林孝二・Shubina, O. A.　一九九八「サハリン州ベロカーメンナヤチャシの考古学的調査」『北の文化交流史研究事業中間報告』北海道開拓記念館、二三—四二頁

右代啓視・小林幸雄・山田悟郎・小林孝二・為岡　進・水島未記　一九九八「枝幸町ウバトマナイチャシ第一次発掘調査概報」『北の文化交流史研究事業中間報告』北海道開拓記念館、六九—八八頁

右代啓視・小林幸雄・山田悟郎・村上孝一・為岡　進　二〇〇〇「枝幸町ウバトマナイチャシ第二次発掘調査概報」『北海道開拓記念館調査報告』第三九号、七三—九四頁

右代啓視・鈴木琢也・村上孝一・スコヴァチツィーナ、Ｖ・Ｍ　二〇〇七「国後島の遺跡—古釜布郷土博物館所蔵資料調査より—」『北方の資源をめぐる先住者と移住者の近現代史—２００５‐０７年度調査報告—』北海道開拓記念館、一六一—一八二頁

右代啓視・鈴木琢也・村上孝一　二〇一〇「国後島における先史文化とその資源利用」『北方の資源をめぐる先住者と移住者の近現代史の研究報告』北海道開拓記念館、一二五—一四〇頁

右代啓視・鈴木琢也・山田悟郎・平川善祥・村上孝一・添田雄二・為岡　進　二〇〇四「稚内市増幌チャシの地形測量調査報告」『北海道開拓記念館調査報告』第四三号、六七—七八頁

右代啓視・鈴木琢也・山田悟郎・平川善祥・村上孝一・添田雄二・為岡　進　二〇〇五「稚内市増幌川口二号チャシの地形測量調査報告」『北海道開拓記念館調査報告』第四四号、八七—一〇四頁

右代啓視・鈴木琢也・松田敏孝・矢島弘章　二〇〇五「中川町共和チャシの地形測量調査報告」『自然誌の研究—中川町自然誌博物館紀要』第七号、一二三—一三二頁

右代啓視・鈴木琢也・山田悟郎・平川善祥・村上孝一・添田雄二　二〇〇六「稚内市泊岸一号・二号チャシの地形測量調査報告」『北海道開拓記念館調査報告』第四五号、八七—一〇六頁

右代啓視・鈴木琢也・山田悟郎・平川善祥・村上孝一　二〇〇七「礼文町沼の沢チャシの地形測量調査報告」『北海道開拓記念館調査報告』第四六号、六九—八二頁

右代啓視・鈴木琢也・山田悟郎・平川善祥・村上孝一・森田知忠・清水昌樹・春日拓也　二〇〇八「稚内市サンナイ遺跡の地形測量調査報告」『北海道開拓記念館調査報告』第四七号、三九—五八頁

嶋田智恵子・村山雅史・中村俊夫・青木かおり・長谷川四郎　一九九九「オホーツク海南西部における完新世の古環境—珪藻化石分析から—」『名古屋大学加速器質量分析計業績報告書』X、名古屋大学年代測定資料研究センター、一七六—一八三頁

鈴木琢也・右代啓視・村上孝一　二〇〇七「浦臼町晩生内二号チャシの地形測量調査報告」『北海道開拓記念館調査報告』第四七号、一五—二八頁

鈴木琢也・右代啓視・村上孝一　二〇〇八「浦臼町晩生内一号チャシの地形測量調査報告」『北海道開拓記念館調査報告』第四八号、一七—二八頁

鈴木琢也・右代啓視・村上孝一　二〇〇九「根室市別当賀一号チャシ・別当賀六竪穴の地形測量調査報告」『北海道開拓記念館調査報告』第四九号、二三—三八頁

鈴木琢也・右代啓視・村上孝一・新川剛生　二〇一〇「新冠町明和チャシ・万世チャシの地形測量調査報告」『北海道開拓記念館調査報告』第五〇号、一—四頁

「埋没家屋」再考
——男鹿市小谷地遺跡を中心に——

五十嵐　祐介

はじめに

現代の建築物は木造を中心に、鉄、コンクリート、ガラスなど様々な材質の集合体によって構築されており、今後数百年間埋没しても、自然に還元されない物質が多くを占める。しかし、縄文時代からおおよそ近世に至るまで、建築物は木材を中心とした自然素材のみで構築され、経年変化と伴にそれらの多くが腐食し、失われていく。そのため寺社などを除く大部分の建築物は、埋没し、発掘調査によってその基礎部分のみが明らかとなるにすぎない。

そのような中で、遺跡が土壌中に水分を多く含有する低湿地などに立地する場合など、木材の腐食が進まず、発掘調査によって多量の木製品や建築部材などが出土する。例えば鳥取県青谷上寺地遺跡では弥生時代を中心とした木製品、建築部材などが多量に出土しており、その成果や分析など（鳥取県埋蔵文化財センター二〇〇八・二〇〇九）は、これまで不明であった建築構造を分析する上で非常に有益な情報を提供する。

秋田県内では近世期に菅江真澄などによって、古代の家屋が露出した記録が残されている。これらは「埋没家屋」

と呼称され、現代においても注目を集めている。またこれまで近世の「記録」として残っていた「埋没家屋」が実際に遺跡から発見されたというものが、秋田県内における「埋没家屋」遺跡であり、その一つに男鹿市小谷地遺跡（脇本埋没家屋）がある。本論では、この小谷地遺跡を中心に男鹿半島のいわゆる「埋没家屋」を再検証し、その位置付けを明確にすることを目的とする。

一　「埋没家屋」とは何か

菅江真澄の描いた「埋没家屋」（秋田県立博物館・菅江真澄資料センター2005）

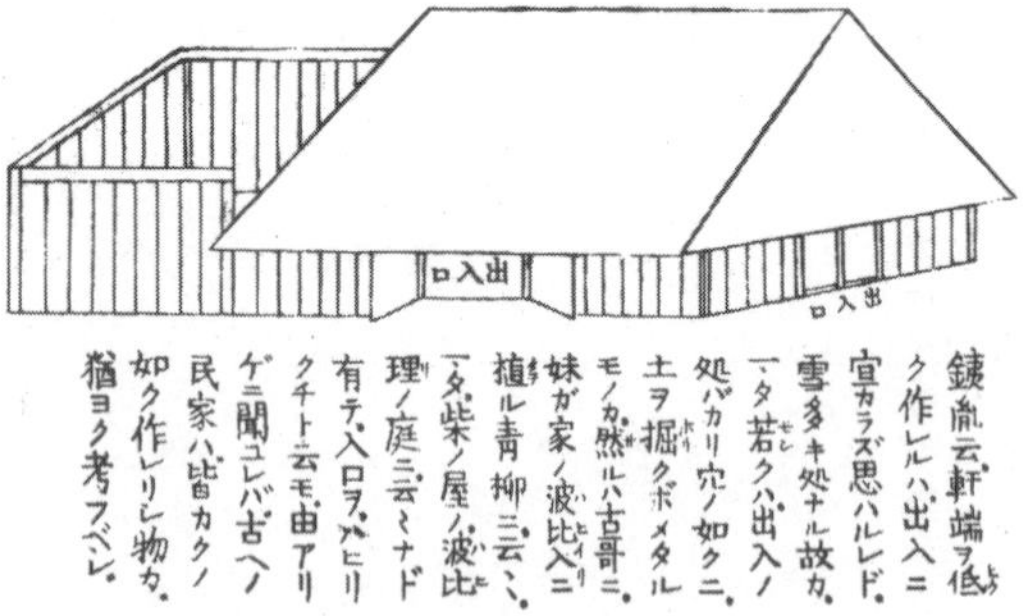

平田厚胤の描いた「埋没家屋」（平田厚胤全集刊行会編2001）

図1　近世史料における「埋没家屋」

「埋没家屋」とは最も端的に述べるならば、九一五年に起こった十和田火山の噴火によるシラスによって、米代川流域で埋没した古代の家屋が、江戸時代以降、洪水などによる崖崩れや工事などによってほぼ原形を保ったまま現れたものと言える。近世期の「埋没家屋」関連記事についてはこれまで多くの論考で取り上げられており、菅江真澄（『菅江真澄翁画』）・黒沢道形（『秋田千年瓦』）・平田篤胤（『皇国度制考』）などによるものが知られている。特にこの三者のものは一八一七年に小勝田村（北秋田市脇神字小ケ田と想定）付近の崖崩れの際に発見されたものとされる。

菅江真澄の記載は図絵も伴っており、梯子を設置する壁立の竪穴建物となっている。建物形態にも非常に注目すべき点が多いが、これは菅江真澄が実見したものではなく、聞き取りによって描いたものであることが想定されている。しかし、平田篤胤の記載については、実見した岡見知康の証言をもとにスケッチを含めて記載されたと推定され、その内容はより具体的なものとなっている（図1）。さらに近年、長崎七左衛門という肝煎の「文化十四年丑六月洪水記録」という文書が、前三者をしのぐ信憑性と具体性によって注目されている（長岐一九九三・荒谷二〇〇九）。

また実際に発掘調査された例として米代川流域の北秋田市胡桃館遺跡がある。胡桃館遺跡は昭和四二年から三ヵ年に渡って発掘調査され、四棟の建物跡が検出されている。中でも板校倉のものが二棟あり、建物下部の壁材や土居がそのままの状態で検出されている（北秋田市教育委員会二〇〇八）。同じく米代川流域にあたる大館市道目木遺跡でも床板材、壁板材、窓枠材などが出土している。さらにこの道目木遺跡の出土スギ板は年輪年代測定で、九一二年の伐採という年代が明らかとなっている（光谷二〇〇七）。

二　男鹿半島の「埋没家屋」と小谷地遺跡

男鹿半島は秋田県のほぼ中央部に位置し、本州から日本海に約二五㎞突き出した秋田県唯一の半島である。かつては独立した島であったが、雄物川・米代川の両河川が運ぶ土砂や、北東季節風がもたらす飛砂などの影響により形成された砂州によって、約二〇〇〇年前には旧八郎潟を包み込む形で本州と繋がり現在の半島となったと推測される。

男鹿半島ではこれまで七ヵ所のいわゆる「埋没家屋」の存在が提示されている（表1）。これら七カ所の遺跡はい

表1　男鹿半島の「埋没家屋」

	所在地	名（呼）称	位置・特色など	出土遺物
1	南秋田郡琴浜村福川大堤	大堤遺跡	八郎潟西岸沼地	矢板・家屋構材
2	南秋田郡琴浜村角間崎	角間崎遺跡	八郎潟西岸水田	柵木・須恵器
4	男鹿市脇本富永・野田	野田遺跡	八郎潟西岸水田	矢板・木材
5	男鹿市脇本富永・大倉	大倉遺跡	八郎潟西岸水田	墨書須恵器
6	男鹿市脇本富永・小谷地	小谷地遺跡	八郎潟西岸水田	須恵器・土師器・青磁・木器 家屋矢板・井戸・田下駄
7	男鹿市飯森安藤家宅地	飯森遺跡	八郎潟西岸畑地	木器・漆器椀・小木馬等
8	男鹿市脇本浦田	浦田遺跡	八郎潟西岸水田	矢板

※奈良・豊島1967『秋田県の考古学』p223の一覧表より関係箇所のみ抜粋
※原点の表タイトルは「(へ）埋没家屋（平安～鎌倉時代)」

ずれも旧八郎潟西側の低地に位置し、古代から中世に位置づけられるようで、木材や木製品、土師器、須恵器が出土している（奈良・豊島一九六七）。前章で示した定義とは異なるものの、この論考が提示された当時、男鹿半島においては、木材や木製品が出土している遺跡を「埋没家屋」として捉えている。また大量の墨書土器が出土している小谷地遺跡の発掘調査が既に行われていることもあり、大倉遺跡のように「墨書須恵器」が出土している遺跡も「埋没家屋」として取り上げられていることが考えられる。これらの遺跡の中で、発掘調査が行われている遺跡は小谷地遺跡のみであり、他の遺跡については出土遺物なども不明な点が多い。そこで本論ではこの小谷地遺跡を中心に取り上げ、男鹿半島のいわゆる「埋没家屋」について再検証していくこととする。

小谷地遺跡は、JR男鹿線脇本駅より県道能代男鹿線を約八〇〇m北上した男鹿市脇本富永字小谷地に所在する。地形的には北西側にそびえる標高三五四・八mの寒風山の裾野に位置し、遺跡周辺一帯は標高約一〇mの低地帯で、東側へゆるやかに傾斜しながら旧八郎潟へ至る。現況は県道に沿って宅地化され、それに伴い旧水田面に盛土造成された畑地が確認される。さらに東側は広大な水田地帯となっており、戦後以降、ほ場整備が数度行われ水路や農道が整備されている。そのため旧地形の把握は非常に難しい（図2）。

遺跡の発見は、一九五九年の耕地整理に伴う水路掘削工事中に「埋没家屋」の一部が確認されたことに端を発する（磯村一九六一）。その後、一九六一年の斎藤

図2　小谷地遺跡と周辺の遺跡（国土地理院発行25,000分の1地形図『寒風山』・『船越』に加筆）

忠氏などによる現地視察において平安時代の「埋没家屋」であることが推定されるに至り、一九六四から六六年（第一次から第三次）には秋田県教育委員会により、一九八一年（第四次）には男鹿市教育委員会による発掘調査が実施された。また二〇〇九年には秋田県教育委員会により県道敷設工事に伴う発掘調査が行われた（1）。

第一次から第四次調査の結果、検出された遺構は、家屋遺構二棟（「第一家屋」・「第二家屋」）をはじめ、矢板列、堰遺構、木組の井戸跡などである。報告書によれば家屋遺構は二棟とも、柱材・屋根材などの建築部材が多く遺存していたとされる。出土遺物は多量の部材の他、縄文土器・弥生土器・土師器・須恵器・灰釉陶器・須恵器系陶器・木製品・鉄製品などがある。特に土師器には五世紀代、九世紀代のものがあり、須恵器を含む後者には一七〇点以上の墨書・刻書が認められる。木製品の中には、斎串や形代などの祭祀具も含まれる。縄文・弥生時代のものについては、流れ込みのものであることが想定されており、現在のところ、古墳時代から中世に至る複合的な集落遺跡であることが推定されている。

小谷地遺跡はこれまで「埋没家屋」としての建物遺構、秋田県内では数少ない五世紀代の土器が出土していること、墨書土器が大量に出土している点などから注目を集め、様々な研究がなされている（表

表2　小谷地遺跡に関する研究

年	著者	論文タイトル／報告書	掲載誌	刊行
一九六一	磯村朝次郎	「脇本飯森家屋埋没遺跡調査報告」	『秋田考古学』第18号	
一九六四	斉藤　忠	「埋もれた家屋と集落」	『日本歴史』第199号	吉川弘文館
一九六五	秋田県教育委員会	『脇本埋没家屋第一次調査概報』		秋田県教育委員会
一九六五	奈良修介	「秋田県男鹿市脇本埋没家屋」	『日本考古学協会年報』17	日本考古学協会
一九六六	秋田県教育委員会	『脇本埋没家屋第二次調査概報』		秋田県教育委員会
一九六六	奈良修介	「秋田県男鹿市脇本遺跡（原文ママ）」	『日本考古学協会年報』18	日本考古学協会
一九六六	福山敏男	「秋田男鹿の発掘―平安時代の民家―」	『史林』49－1	
一九六七	秋田県教育委員会	『脇本埋没家屋第三次調査概報』		秋田県教育委員会
一九六七	奈良修介	「秋田県脇本埋没家屋（第三次調査）」	『日本考古学協会年報』19	日本考古学協会
一九六七	奈良修介・豊島　昂	「四　集落跡・埋没家屋」	『秋田県の考古学』	吉川弘文館
一九六七	冨樫泰時	「男鹿市脇本埋没家屋遺跡出土の続縄文土器について」	『物質文化』10	
一九七五	永井規男	「秋田の埋没家屋」	『日本古代文化の探求　家』	社会思想社
一九八二	男鹿市教育委員会	『脇本埋没家屋第四次調査発掘調査報告書（小谷地遺跡）』		男鹿市教育委員会
一九八五	冨樫泰時	「五世紀の埋没家屋」	『日本の古代遺跡　24秋田』	保育社
一九八七	冨樫泰時	「小谷地遺跡の埋没家屋」	『図説　秋田県の歴史』	河出書房新社
一九八七	三嶋隆儀・庄内昭男	「男鹿市小谷地遺跡の墨書土器」	『秋田県立博物館研究報告』第12号	秋田県立博物館
一九九五	男鹿市	「北奥・男鹿の古墳時代」	『男鹿市史』上巻	男鹿市
一九九五	高橋　学	「秋田県内出土の墨書土器、箆書・刻書土器」	『秋田県埋蔵文化財センター研究紀要』第10号	秋田県埋蔵文化財センター
一九九六	小松正夫	「秋田県の7世紀以前の土器」	『日本土器事典』	雄山閣
一九九八	磯村朝次郎	「古代の遺跡」	『男鹿半島　その自然・風土・歴史』	男鹿市教育委員会
一九九九	泉　明	「男鹿市小谷地遺跡出土の中世陶磁について」	『男鹿』第5号	秋田県文化財保護協会　男鹿支部
二〇〇四	秋田県教育委員会	「小谷地遺跡出土品」	『秋田の史跡・考古』	カッパンプラン歴史文庫
二〇〇四	利部　修	「秋田の古墳時代土器とその遺跡」	『出羽の古墳時代』	高志書院
二〇〇五	五十嵐一治	「秋田県の概要」	『出土建築材資料集―縄文・弥生・古墳時代―』	小矢部市教育委員会
二〇〇六	高橋　学	「払田柵跡と関連する古代遺跡の文字資料」	『第4回　東北文字資料研究会資料』	東北文字資料研究会
二〇〇七	鐘江宏之	「出土文字資料から見た北日本の古代社会」	『北方社会史の視座』第1巻	清文堂
二〇〇七	秋田県教育委員会	「（2）地方道路交付金事業主要地方道男鹿琴丘線小谷地遺跡」	『遺跡詳細分布調査報告書』	秋田県教育委員会
二〇〇八	高橋　学	「古代北方地域出土文字資料（一）」	『青森県史』資料編　古代2　出土文字資料	青森県
二〇〇八	高橋　学	「古代北方地域出土文字資料（二）」	『青森県史』資料編　古代2　出土文字資料	青森県
二〇〇九	高橋　学・五十嵐祐介・山本　崇	「男鹿市小谷地遺跡出土の木簡」	『秋田県埋蔵文化財センター研究紀要』第23号	秋田県埋蔵文化財センター

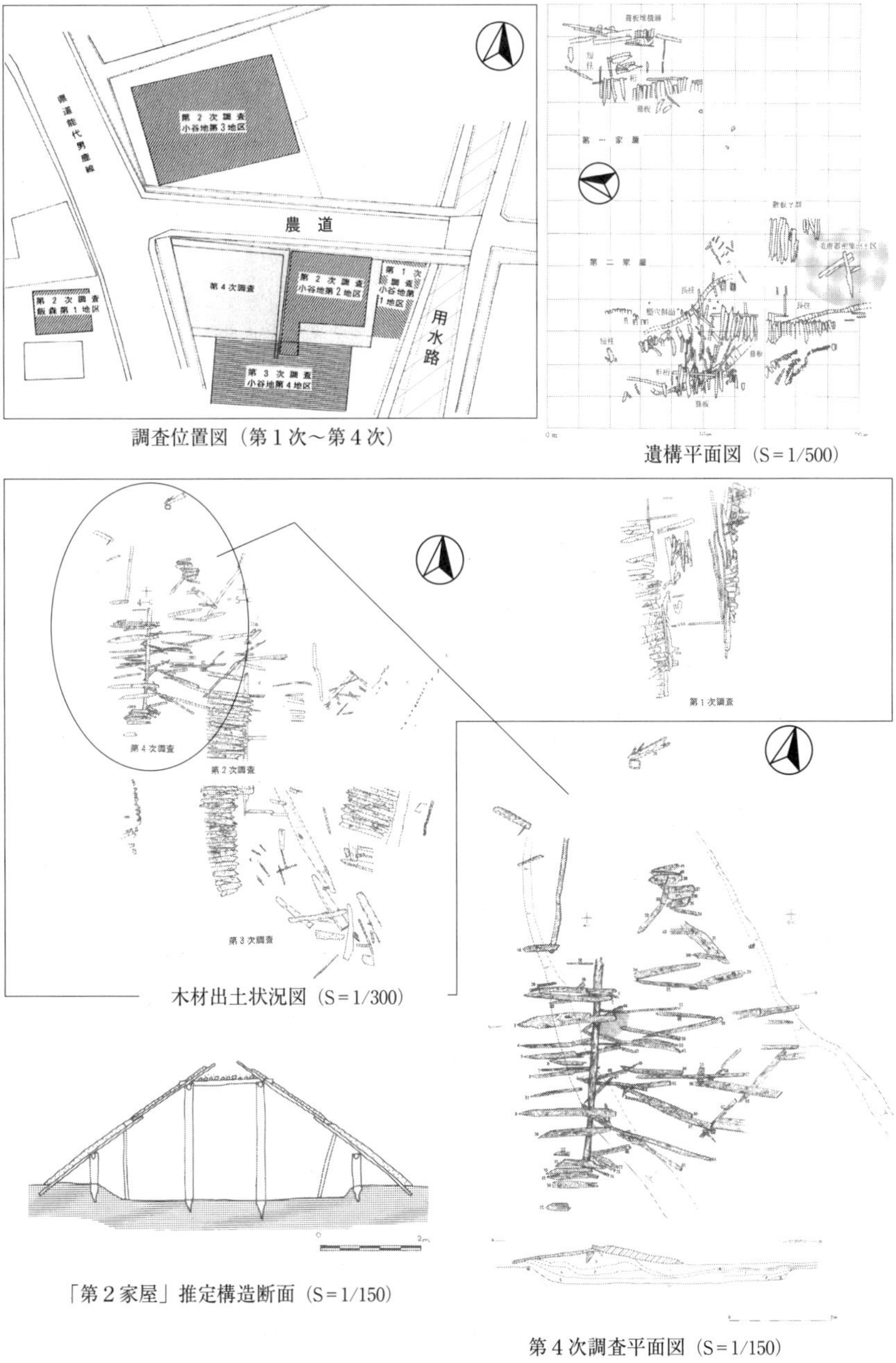

図3　小谷地遺跡の調査成果（男鹿半島教育委員会1982を改変）

2)。本論では「埋没家屋」としての位置づけについて重視したい。特に「第二家屋」については復原案が提示され、「建物跡」であることが前提であるとして議論されてきた。しかしここではその根幹となる建物跡としての位置づけに対して再検証を行いたい。この問題は小谷地遺跡そのもの、さらには男鹿半島全体の地域史に係わる問題でもあるからである。

三　小谷地遺跡の建物跡——竪穴建物跡としての問題点

小谷地遺跡からは第一次調査時に検出された「第一家屋」と第二次から第四次調査にかけて検出された「第二家屋」という二棟の建物跡が検出されている。出土遺物から、「第一家屋」は九世紀代、「第二家屋」は五世紀代の構築と推測されており、両者とも竪穴建物跡であることが指摘されている。以下第一次から第四次調査報告書（秋田県教育委員会一九六五・一九六六・一九六七、男鹿市教育委員会一九八二）および、調査担当者でもある永井氏の報告（永井一九七五）を総合して、小谷地遺跡の家屋遺構についてその詳細をまとめる。

「第一家屋」は現況水路の約三m西側から検出されている。梁間約二・五m、桁行約四m弱と推測され、切妻の竪穴建物跡であることが想定されている。ほぼ南北に並ぶ屋根板列と桁材、およびその桁材を支える柱一本が出土している。屋根板の重なりは六層確認されており、厚い屋根板であったことが想定されている。また柱材の断面は一七cm×七cmの断面で、長さは一・五五mであった。その下端は尖らせてあり、地中に埋めていたことが考えられている。

「第二家屋」は第二次から第四次調査にかけて検出された遺材群を伴う建物跡で、「第一家屋」の西方約一五mから検出されている。第四次調査報告書によれば、その形態は、掘り込みの深さ二〇cmから二五cmの竪穴建物跡で、壁面の勾配は四五度前後の緩やかな勾配であると報告される。規模は東壁、西壁ともに約八mほどであると想定されており[2]、東西壁が北側へ向かうにつれ、壁高を減じていることから北壁は検出されていない。南壁については未調査区に含まれることを想定している。第三次調査でもこの竪穴建物跡の東壁、西壁の延長と推定される落ち込みが検出されており、第三次調査報告書によるところ両者の幅は約一〇mと報告されている。また第四次調査では東西壁の幅は四m強と報告されており、別の二棟の竪穴建物跡である可能性について言及しつつも、一軒の竪穴建物跡であるとして考察している。

出土した部材については、第二次・三次調査に際し、出土した直径約一五cmの丸木を桁材と考え、それに垂直に載る板列を屋根板と捉えている。この屋根板は幅一五cmから二〇cmで厚さ二cmから四cm、長さは長いもので約二・二mあり、大部分が下端を削り出して尖らせている。また、第四次調査でも長さ四mの桁材が出土し、その垂直方向から、幅一四cmから一九cmで厚さ二cmから六cm、長さは五〇cmから二mの同様の板材がまばらに出土している。これらの屋根板にはそれぞれを固定する、釘穴や仕口はないが、屋根板の上面からは繊維方向を南北にした萱および、強粘性の粘土層が検出されている。これらのことから、報告者は屋根の下端を地中に突き刺し、萱と粘土で板材を固定していたと想定している。柱穴については床面から検出されていないが、浅い掘立であったため、柱穴の痕跡が検出されなかったとする。これらの調査所見をもとに第四次調査報告書の中で「第二家屋」の復原案を提示している（図３）。

第四次調査報告書の家屋についてのまとめによれば、どちらの建物跡からも相当量の部材が出土しているが、「杉を用材としそれを割り裂き、斧で端部をけづり出した程度の、ごく荒い仕上げのもの」がその大半であり、「材の緊結に用いたと思えるような植物性の縄類の断片は検出されなかった」（男鹿市教育委員会一九八二）とある。これらの点から報告者は家屋遺構としての位置づけに否定的な側面もあることを記し、竪穴として認識した掘り込みについても北壁が検出されていない点などから、浅い溝である可能性も提示している。以上が小谷地遺跡の「埋没家屋」について、各報告書を筆者なりにまとめた詳細である。

竪穴建物跡に主柱穴が確認されない事例は、全国的にも奈良時代以降平面規模の縮小化に伴って多くなる。また、立地についても、横手市樋向遺跡などで七世紀後半の竪穴建物跡が雄物川によって形成された低地などを中心に検出されている（横手市教育委員会二〇〇八）。小谷地遺跡についても立地、建物構造など、竪穴建物が存在していたことを否定することができない。これまで小谷地遺跡は「埋没家屋」として認識され、北秋田市胡桃館遺跡と伴に、その代表例とされてきた（冨樫一九八五・一九八七、男鹿市一九九五など）。しかし、小谷地遺跡の出土遺構、出土建築部材、遺物の出土状況を検討すると、竪穴建物跡であると位置づけることにはいくつかの問題点がある。

「第一家屋」についてはわずかな検出であり、詳細が不明な点も多い。そこで「第二家屋」についてその問題点を提示したい。まずはその平面形態であるが、第三・四次調査のいずれにおいても竪穴部の平面形態に疑問が残る。東西断面図をみると確かにくぼ地状を呈しているが、平面形態では溝跡のような形態となっており、南北側の立ち上がりが不明確となっている。

また、その建築構造でもいくつかの問題点がある。特に屋根板の形状であるが、下端を削り出した構造には、建築上の有用性はあるのだろうか。第二次から第四次調査で出土したいわゆる屋根板はいずれも西側の下端が削り出されており、第二次調査で検出された屋根板は西方に二〇度傾斜している。削り出されている下端、傾斜の方向を勘案すると、第二次から第四次調査の出土部材はいずれも棟に対して片側の屋根板ということとなる。その場合、極めて大規模な上屋の形態となるであろうし、上段の屋根板となる第二・三次調査時で検出された材の下端を削り出すことにその有用性はない。第四次調査報告書の復原案も前述の出土状況を考慮して、上屋の屋根板は上下二段の構造としているが（男鹿市教育委員会一九八二）、下段の屋根板は土中へ突き刺して建築したとしても、上段の屋根板の下端部についての解釈がつかないのである。加えて、復原案の断面図を見ると、発掘調査では柱穴が検出されていないにも関わらず、主柱穴が復原されている。出土している屋根材の重量を支えるために、主柱穴は必要不可欠と考えての想定復原であろう。

また最も不明な点はなぜ「第二家屋」では片側の屋根材だけが出土しているのかという点である。いわゆる「埋没家屋」として捉えるには高橋学氏が述べるように、小谷地遺跡ではその埋没要因が不明である(3)（高橋二〇〇六）。仮に旧八郎潟の水位の変化によって時間をかけて埋没したものであるならば、屋根の全体が残っている可能性が高い。また、比較的大規模な洪水によって流されたのであれば、出土材はもっとバラバラな状態で出土することが考えられるのである。建物の廃絶にあたって、片側だけを解体することも想定できず（五十嵐二〇〇九）、その出土状況は極めて不自然な様相を示すのである。

以上が小谷地遺跡のいわゆる「埋没家屋」が家屋遺構として持つ問題点である。次章ではこれまで「家屋」、「建物」として捉えられてきた前提を一度脱して小谷地遺跡の出土材に関して再検証を行いたい。

四　小谷地遺跡の建物跡――再検討と堰遺構の可能性

前章で小谷地遺跡の「第二家屋」、いわゆる五世紀代の竪穴建物跡についての問題点を提示し、「埋没家屋」としての位置づけには多くの疑問点があることを指摘した。では小谷地遺跡の「埋没家屋」とはいかなる遺構であり、小谷地遺跡とはいかなる遺跡であったのであろうか。結論から先に記すと小谷地遺跡の「埋没家屋」とされてきた遺構は「堰」遺構として考えることができるのではないかと判断される。

「堰」とは「河川の流水を制御するために、河川を横断して設けられるダム以外の施設」を指し、「堤防の機能を有しないもの」を意味する（高橋二〇〇八・山崎二〇〇九）。堰は現在でも河川制御の目的で構築されるが、弥生時代以降、発掘調査によって全国的に多くの遺構が検出されている。堰遺構の代表的な遺跡の一つに愛媛県古照遺跡が挙げられる。発掘調査報告書によれば古照遺跡からは三基の堰遺構が検出され、一九七三年に本格的な発掘調査が行われている。前年の予備調査時にはその建築材の出土やその出土状況などから、埋没建物の可能性が推定されており、新聞やテレビなどで「松山で弥生時代の埋没住居発見!!」という報道がなされたようである（松山市教育委員会一九七四・一九七六）。小谷地遺跡第一次調査から九年後の調査であり、当初は「埋没住居」として注目を浴びたことは非常に示唆的である。この堰遺構は古照遺跡の発見で注目を浴びた遺構であり、その後全国的な類例が増加する。

全国的にいくつかの堰遺構を例示し、小谷地遺跡との比較を試みたい（図4）。本論で例示する千葉県常代遺跡・埼玉県北島遺跡は弥生時代中期、古照遺跡は古墳時代前期、富山県南太閤山Ⅰ遺跡は古墳時代中期とされる。構築年代の差はあるものの、その部材の出土状況は小谷地遺跡第四次調査のいわゆる「第二家屋」とされる部材の出土状況と極めて近似している。さらに前章で指摘した出土状況について、屋根の片側のみが残存していると捉えるよりも、堰の遺構であると考えた方が理解しやすい。また、第二次から第四次調査時に検出された、「桁材」とされる部材より西側に検出されているいわゆる屋根板は、堰を構築するための材であり、第四次調査時の「桁材」より東側の部材はその支保材の可能性が考えられる。そう考えることができれば、「桁材」を境に東西で出土する材の密度に差があることも理解しやすい。また屋根板と考えられている、下端を削り出した部材については、矢板の転用材、もしくは堰構築材を河床に突き刺して安定性を保つために加工されたものと考えることができる。加えて建物の部材と推定される材についても、建築部材を堰構築材へ転用したことが考えられる。古照遺跡や南太閤山Ⅰ遺跡でも建築材の堰構築材転用が報告されている。その他、「第一家屋」で確認されている屋根板材が六層重なっていることについても「堰」構築材と捕らえた場合、強度を保つためのものと考えられ理解しやすい。そしてその板材をつなぎ合わせるための、仕口や釘類の痕跡、植物質の縄類も検出されないことにも問題が生じない。さらに小谷地遺跡では、屋根材と推定される部材の上から一〇㎝程度の粘土層や杉皮が確認されている。これらは堰構築材を補強するための工法の一

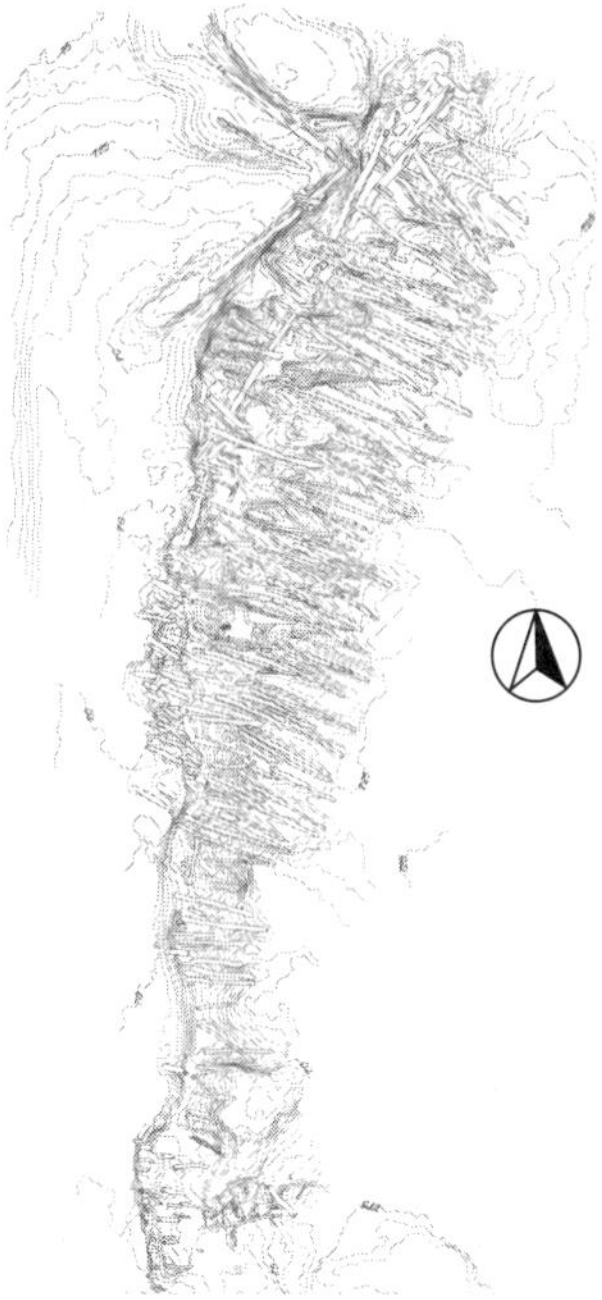

古照遺跡 第1堰(S=1／150)

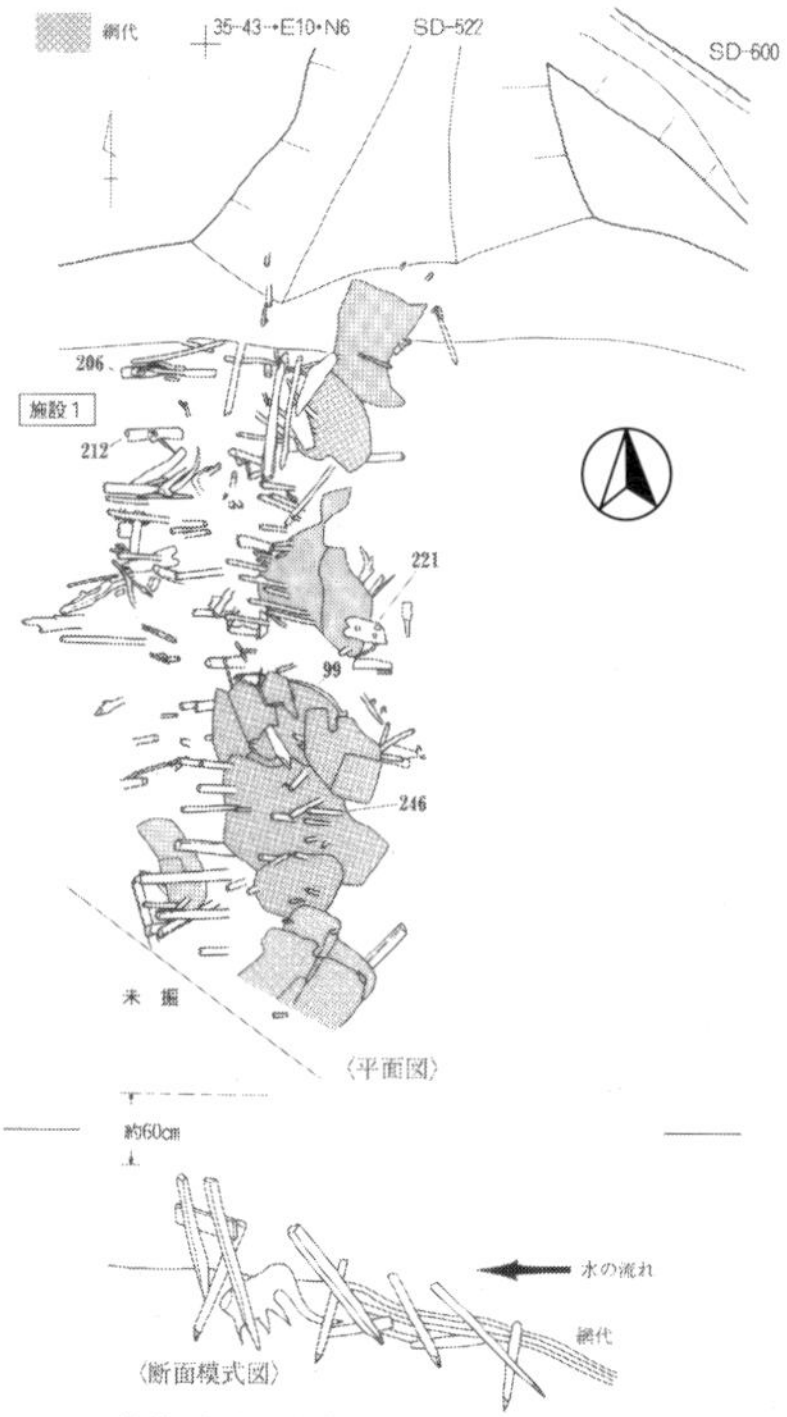

常代遺跡 1号堰(S=1／150)

北島遺跡 堰(S=1／150)

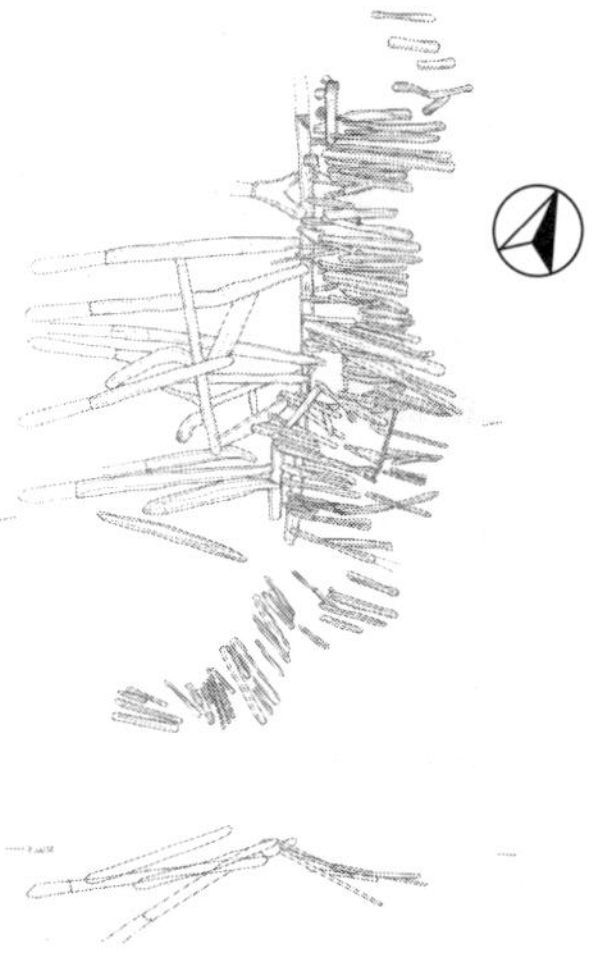

南太閤山㈵遺跡 3号堰(S=1／150)

図4　検出されている「堰」遺構 (各報告書を改変)

つと推定され、古照遺跡でも目つぶしにオギや粘土塊、礫などが検出されている。また、北島遺跡でも堰構築材として「杭列の前面及び杭列を覆うように葦類の茎が縦横に重ねて敷かれて」あり（埼玉県・財団法人埼玉県埋蔵文化財事業団二〇〇三）、常代遺跡でも網代を用いたものや、葦、茅状の繊維を雑に編みこんで、その上から杭を打ち込んで固定していたことが確認されている。これらの例を参照すると、小谷地遺跡で検出されている粘土や杉皮も、堰構築材の補強材の可能性が考えられる。以上の点から小谷地遺跡の「第一家屋」、「第二家屋」はいずれも「堰」であった可能性が考えられるのである。

そこで問題となるのは、何のために、どこの河川を堰き止めたのかということである。まず考えられるのが、小谷地遺跡第四次調査で「竪穴」と捉えられている遺構である。出土部材が建物に伴うものではない場合、竪穴建物跡と認識されるその遺構も問題となる。調査報告書の中では、竪穴であることと同時に溝跡である可能性が示唆されているが、東西径に比べ南北径が長いその遺構は河川跡の可能性が考えられるのではないだろうか。周辺の地形は戦後の早い段階でほ場整備が行われているものの、整備前は東側に位置する旧八郎潟まで複雑な微地形が入り組んでいた。周辺には多くの小河川が存在していた可能性が考えられ、現在見られる水路の一部もそれらの旧河川を利用したものであることが想定される(4)。堰構築材の出土状況を考えると、西側から東側への流路を想定することができ、発掘調査では認識に至らなかった河川跡の存在が示唆される。それは地形的に十分想定しうるものであり、今後の調査の進展が期待される。

小谷地遺跡の遺構を河川跡、堰遺構と捉えた場合、遺物の出土状況についても理解が可能となる。小谷地遺跡からは、続縄文期から中世に至る遺物と伴に、多くの木製品が出土していることは前にも述べた。河川跡では上流から様々なものが流れてくることが想定できる。小谷地遺跡の西側丘陵部にも多くの遺跡が存在しており、弥生時代の土器片が確認されている長者森遺跡や飯森遺跡、中世の飯森館跡などが周知の遺跡として登録されている。弥生土器や中世陶器は、これらの遺跡から流れ込んだ遺物である可能性が高い。古照遺跡や南太閤山Ⅰ遺跡においても複数時代にまたがる遺物が出土しており、古照遺跡では縄文時代から古代に至るまでの土器が出土している。また南太閤山Ⅰ遺跡や北島遺跡でも木製品が出土しており、堰遺構およびそれに伴う河川跡から出土していることについても矛盾はない。

これらの点から本論では、小谷地遺跡で「埋没家屋」として考えられてきた遺構について、堰遺構と河川跡である可能性を考え、出土遺物の最も多い須恵器、土師器から九世紀後半代を中心とする年代を与えて理解したい。

おわりに――今後の課題と可能性

以上、男鹿半島のいわゆる「埋没家屋」について男鹿市小谷地遺跡を中心に考察してきた。本論では小谷地遺跡の「第二家屋」については、従来指摘されてきた古墳時代の竪穴建物跡であることに再検討を加え、堰遺構である可能性を提示した。部材の出土状況や出土遺物、立地条件などから可能性の一つとして十分想定できると筆者は考えている。これまでも通説に対して多角的な視野を持って検証を行うことで考古学は進展してきた。

しかし本論によって小谷地遺跡の歴史的・地域史的重要性が無くなるわけではない。これまで菅江真澄などによって指摘されてきたいわゆる「埋没家屋」については、米代川流域を中心として西暦九一五年に十和田火山の噴火に伴う泥流に埋没した建物跡が主題であった。しかし本論で中心的に扱った小谷地遺跡については、これらの噴火の影響によって埋没したものではない。埋没の主たる要因の一つとして、旧八郎潟の水位の上昇などが考えられる(5)。

また、男鹿半島の地域史を語る上で小谷地遺跡の存在は極めて大きいものであり、古代蝦夷政策の最北拠点であった秋田市秋田城跡より北方に位置するこの地で、大量の墨書土器や大規模な土木遺構が検出されること自体に大きな歴史的重要性を含んでいると筆者は考えている。また、秋田県内では数少ない古墳時代の土器が出土していることも小谷地遺跡の重要性を示唆するものである。堰遺構はそれ単独で存在するものではなく、近隣に集落遺跡や水田遺構など生活に密着した様々な遺跡が存在することを示し、それらと結びつけることで、男鹿半島の地域史にとっては非常に重要な所見となる。今後は小谷地遺跡を核として周辺地域を取り込んだ形での検討が必要となってくるであろう。

この小谷地遺跡が昭和三十九年という秋田県内では初期の本格的発掘調査で全国的な注目を集めてきたこと、加えて現在に至っても議論の場に多く登場するのは、当時として最も科学的な手法で詳細な発掘調査が行われ、その成果が報告されていることにある。発掘調査を担当し、報告書を執筆された方々の努力が素晴らしいものであったと筆者は敬意を表している。その後の全国的な発掘調査成果をもとに様々な角度から検証されてこそ、小谷地遺跡の性格が明らかになるとともに、この男鹿半島の地域史、さらには出羽国全体の歴史解明への一助となると筆者は考えている。本論がその一端を担うことを願って筆を置くこととしたい。

註

（1）この調査は二〇〇九年に実施されているが、現段階では未報告であり、本論では調査の内容等については触れることができない。報告書の刊行によって新たな所見が得られることに期待している。

（2）報告書によれば第四次調査で確認された東壁は約五・五ｍ、西壁は約六・五ｍであるが、第三次調査の所見を踏まえて西壁は少なくとも八ｍ程であったことを想定している。

（3）北秋田市胡桃館遺跡では十和田湖の噴火のシラスによって米代川が堰き止められたことがその主要因であることが指摘されている。

（4）「第一家屋」東側に流れる水路は旧河川を利用している可能性がある。

（5）小谷地遺跡を含む旧八郎潟西岸の現行水田面下には、本地域で「ガシ」と呼ばれる植物質を大量に含んだ泥炭層がある。層厚は厚いところでは一ｍ以上となる。過去にはこの層中に含まれる自然木等を乾燥させて、冬季の燃料等にしていたようである。小谷地遺跡より北方三・五㎞の地点で自然科学分析データがあり、花粉分析では湿地帯由来の植物花粉が多く、放射性年代炭素年代測定から補正年代が約二七〇〇年前という結果が出ている（男鹿市教育委員会二〇〇九）。このことは縄文時代晩期に、周辺地域は湿地帯となっていたことを示す。堆積している層の厚さ、旧八郎潟が汽水湖であったという水質を踏まえると、湖水の進出は周辺植物への多大な影響を示すと考えられ、幾度となく、水没が繰り返された可能性が考えられる。既に指摘されていることではあるが（秋田県教育委員会一九六四）、小谷地遺跡の埋没に関しても旧八郎潟の湖水の進出の影響を受けている可能性が考えられる。

引用参考文献

秋田県教育委員会　二〇〇三『秋田県遺跡地図（男鹿・南秋田地区版）』
秋田県立博物館・菅江真澄資料センター　二〇〇五『大館市立中央図書館蔵本影印本新古祝甕品類之図・菅江真澄翁画・婢呂綿乃具』
荒谷由季子　二〇〇九「埋没家屋と八郎太郎伝説について」『火内』第九号　大館郷土博物館
今村義孝監修　一九七一「秋田千年瓦」『新秋田叢書』第三巻歴史図書出版
五十嵐祐介　二〇〇八「竪穴建物跡の屋内空間—竪穴外屋内空間の構造—」『秋田考古学』第五二号　秋田考古学協会
五十嵐祐介　二〇〇九「竪穴建物跡の廃屋化—土器の出土状況から廃屋を探る—」『秋田考古学』第五三号　秋田考古学協会
板橋範芳　二〇〇〇「道目木埋没家屋調査概法」『火内』創刊号　大館郷土博物館
内田武志・宮本常一　一九七三『菅江真澄全集』第九巻　未来社出版
男鹿市教育委員会　二〇〇九『市内遺跡詳細分布調査報告書』
小山田宏一　一九九九「古代の開発と治水」『狭山池—論考編—』狭山池調査事務所
北秋田市教育委員会　二〇〇八『胡桃館埋没建物部材調査報告書』
君津郡市考古資料刊行会　一九九六『常代遺跡群』
埼玉県・財団法人埼玉県埋蔵文化財調査事業団　二〇〇三『北島遺跡Ⅵ』
高橋　学　二〇〇六「十和田火山とシラス洪水がもたらしたもの」『十和田湖が語る古代北奥の謎』校倉書房
高橋　裕　二〇〇八『新版河川工学』東京大学出版会
富樫泰時　一九八七「清原氏と後三年の役」『図説秋田県の歴史』河出書房新社
鳥取県埋蔵文化財センター　二〇〇八『建築部材（資料編）』青谷地上寺地遺跡出土品調査研究報告三

鳥取県埋蔵文化財センター　二〇〇九『建築部材（考察編）』青谷地上寺地遺跡出土品調査研究報告四
富山県教育委員会　一九八三『都市計画街路七美・太閤山・高岡線内遺跡群発掘調査概要』
長岐喜代次　一九九三『秋田の古文書研究（一）古代の謎「埋没家屋」』小猿部古文書解読研究会
平田篤胤全集刊行会編　二〇〇一『新修平田篤胤全集』補遺三　名著出版
松山市教育委員会　一九七四『古照遺跡』
松山市教育委員会　一九七六『古照遺跡Ⅱ』
光谷拓実　二〇〇七「青森県十和田火山の巨大噴火と秋田県胡桃館遺跡」『埋蔵文化財ニュース一二八―年輪年代法と自然災害―』独立行政法人奈良文化財研究所
山崎丈夫　二〇〇九「堰」『川の百科事典』丸善株式会社
横手市教育委員会　二〇〇八『樋向遺跡・石塚Ⅰ遺跡』
※小谷地遺跡に関する参考文献については表2参照

「矢立廃寺」の研究
――十二世紀の比内郡の様相――

羽柴直人

はじめに

本稿は十二世紀奥州平泉の時代の遺物が出土している秋田県大館市白沢字松原に所在する矢立廃寺について検討を加える。平泉勢力圏は十二世紀代に本州北端の外ヶ浜まで拡大している。平泉から陸奥奥六郡を経由し、津軽、外ヶ浜に至るルートの途中に位置する比内郡において、当該期の遺構、遺物が量、質ともに最も充実する遺跡が「矢立廃寺」である。そして、遺跡は津軽地方に至る矢立峠の登り口に所在し、北方への眼差しを示唆させる立地であり、平泉勢力の北方への浸透過程を検討するには最も重要な遺跡といえる。しかしながら、これまで、具体的な矢立廃寺の年代幅、性格等についての検討は決して十分とは言えない状況である。

本稿の目的は、矢立廃寺の年代幅、遺跡の性格を検討し、その具体的様相を示すことによって、奥州藤原氏の勢力圏の北方拡大の状況と奥州藤原氏の内部権力構造の一端を知ることにある。

一　「矢立廃寺」研究史

矢立廃寺は遺跡名に付されるように、寺院遺跡と認識されてきた。古くは菅江真澄の記した地誌類に登場し、現秋田市に所在する曹洞宗の松原補陀寺の前身寺院であったこと、後醍醐天皇側近の藤原藤房（一二九五？～一三三四～？）に関する伝承などが記載されている。これは、礎石が地表に露出しており、寺院の痕跡を認識させる状況があり、これに対する様々な伝承や、付会が生み出されていたことを窺わせる。昭和七年には、秋田県史跡調査員による現地調査が行われ、寺院跡との認識がなされ、「史蹟天然記念物」の申請が文部大臣あてに提出され、仮指定（昭和九年）にまで至っている。昭和三十四年には秋田県史跡に指定され、昭和三十九年には旧花矢町教育委員会による礎石建物の測量調査を主とする「発掘調査（第一次調査）」がおこなわれている。その結果（奈良・板橋一九六四）は「仏殿」、「法堂」、「方丈」の三棟からなる「禅宗伽藍」との推測が報告されている。寺院の時代については明示されていないが、「松原補陀寺」の前身寺院であるという伝承に基づく年代観が前提になっているようである。昭和四十六年には第二次発掘調査がおこなわれている（大館市史編さん委員会一九七三）。この調査では掘立柱建物の存在が確認され、礎石建物と時期差があることも報告書の記載では示唆している。また出土した十二世紀のロクロかわらけ、手づくねかわらけ等が図示して掲載されているが、これらについては、鎌倉時代の「カワラケ」と解釈している旨の記載がみられる。このように、遺構、遺物ともに新知見が得られたのであるが、全体的な解釈は一次調査の見解を踏襲している報告結果である。昭和五十九～六十一年の三ヶ年には第三次、第四次、第五次の調査がおこなわれた（大館市教育委員会一九八七）。この調査では一次、二次調査の見解を大きく覆す成果の報告がなされている。まず第一に、これまで「禅宗伽藍」を構成するとされた三棟の礎石建物のプランが、一次調査の想定と大きく異なっていること。第二に礎

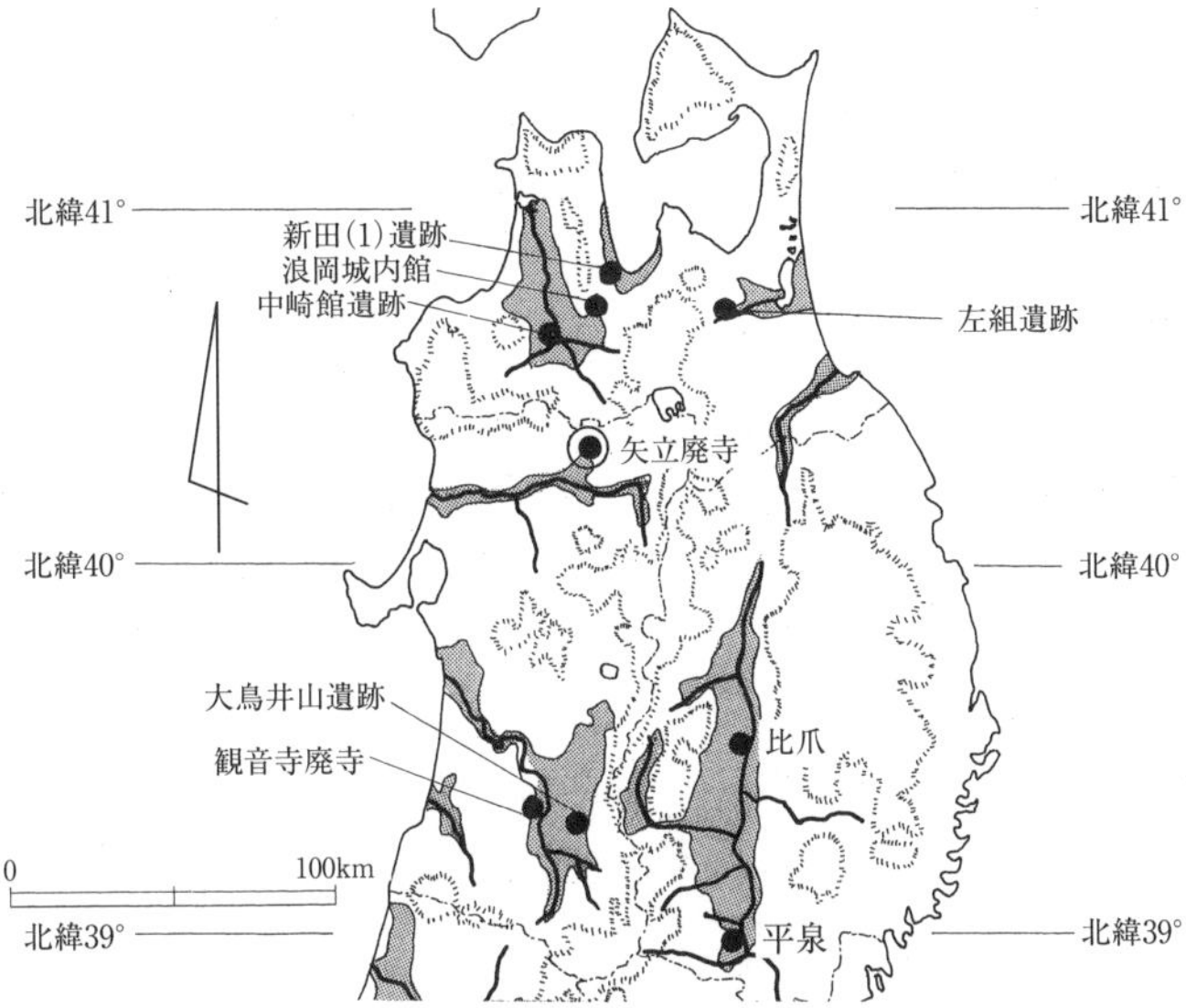

図１　関係遺跡位置図

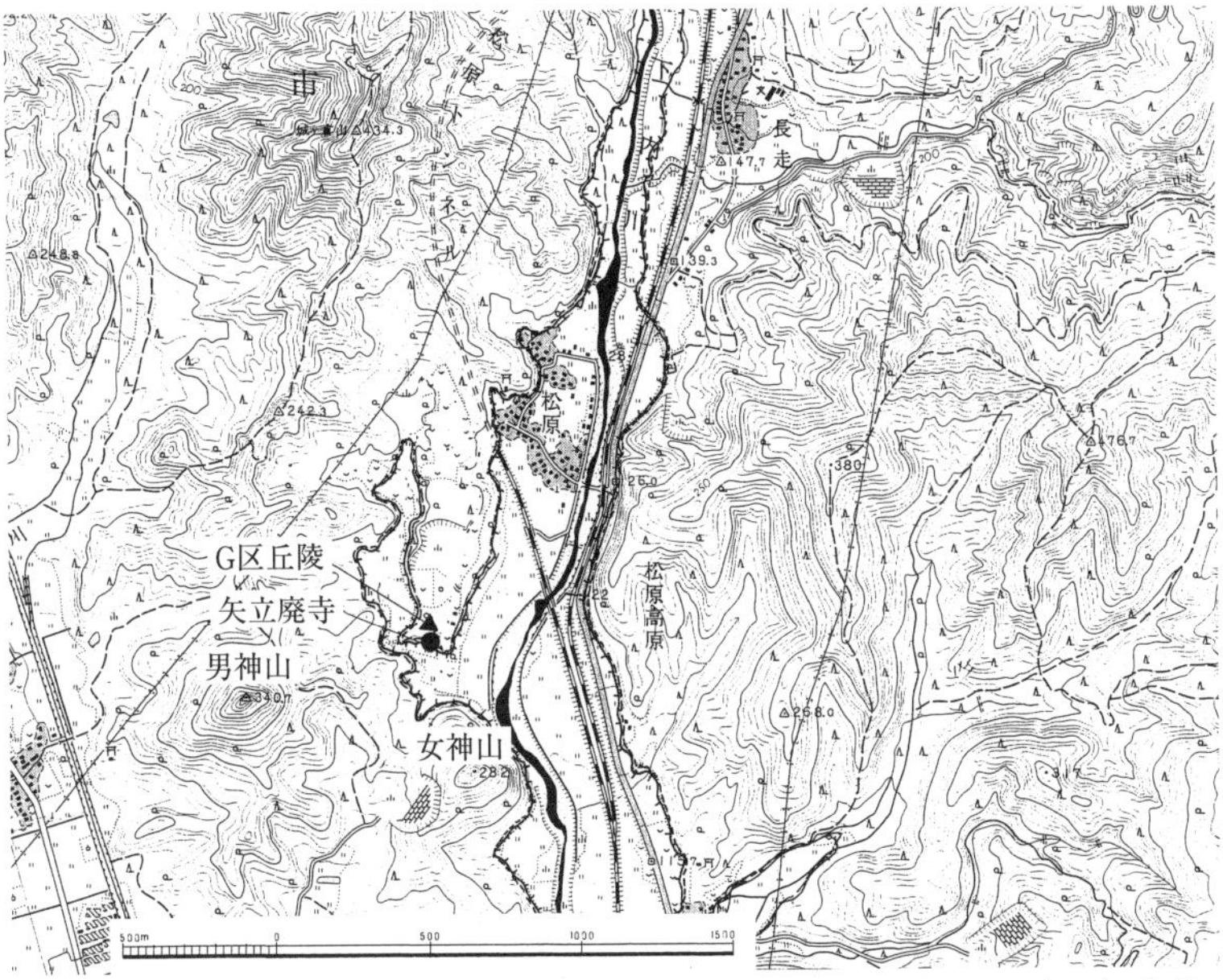

「1:25,000 白沢」に加筆

図２　矢立廃寺の位置と立地

石建物に先行する掘立柱建物が存在すること。第三に出土した「カワラケ」、陶磁器の年代が十二世紀に属するものであること。第四に伝承の年代である十四世紀の遺物は皆無であることである。この報告により、伝承されていた鎌倉時代後半の禅宗寺院の想定は修正され、十二世紀代に属する「矢立廃寺」の存在が提示された。そして、報告書の「まとめ」においては「寺院跡とする積極的根拠は希薄ながらも、（礎石建物が）当地方における稀な建造物であること、出土遺物が稀な存在であることから、寺院跡である可能性は高いといえよう。」と結んでいる。また、同報告書では高島成侑氏の「矢立廃寺の建物について」が所収されている（高島一九八七）。これは建築史学の視点からの矢立廃寺建物の考察である。高島氏は三～五次調査で実際に検出された建物遺構について検討を加え、一次調査で想定された「禅宗伽藍」を構成する「仏殿：C建物」、「法堂：D建物」、「方丈：E建物」の礎石建物のプランが成り立たないことを示し、実態に即した建物プランを想定し提示している。その上でこれらの建物が、典型的な寺院のプランをなしていないことを指摘している。さらに、二次調査の所見で「門跡」と想定されていた掘立柱建物のＡＩ建物については、「とうてい仏門あるいは仏堂とは考えられずに住宅系建物を想定せざるを得ない。」としている。しかし注意しなければならないのは、高島氏が寺院系の建物でないとしたのは、掘立柱建物のＡＩ建物についてのみで、C～E礎石建物については、プランが典型的な仏堂とは異なっていることを指摘しているのであり、建物が寺院関係であることを否定してはいないのである。高島氏の論旨は、発掘調査で明らかになった建物プランを検討し、仏教寺院という前提のみではなく、実態に即した研究が必要であるという提案を示したことと読み取れる。その後、平成十二年には第六次調査（板橋二〇〇一）、平成十三年には七次調査（板橋二〇〇二）がおこなわれている。これらの調査は、これまでの調査の「隙間部分」を主に調査がおこなわれ、礎石建物のC、D、E建物のプランを確定している。平成十五年には宇田川浩一氏が東北中世考古学会において「矢立廃寺の特異性」を発表している（宇田川二〇〇三）。宇田川氏は、出土遺物、遺構について詳細な分析、検討をおこない、結論として、矢立廃寺は「古代末期～中世草創期の寺院」とし、その証左を「灯明皿の量的比率が当該期の他遺跡に比べて異常に高い」こととしている。

研究史をまとめる。

第一段階　近　世　　　　　　　　松原補陀寺、藤原藤房に関する伝承が流布。

第二段階　一九三〇年代　　　　　寺院跡として史蹟天然記念物への仮指定。

第三段階　一九六四年　　　　　　第一次調査　「禅宗伽藍」の建物想定。

第四段階　一九七三年　　　　　　第二次調査　掘立柱建物、共伴遺物の認識がなされる。

第五段階　一九八四〜八六年　第三〜五次調査　「禅宗伽藍」の否定、出土遺物が十二世紀代であることの確定

第六段階　二〇〇〇〜二〇〇一年　第六〜七次調査　C〜E礎石建物のプラン確定

第七段階　二〇〇三年　宇田川浩一による検討　古代末期〜中世草創期の寺院と位置づけ

二　出土遺物の検討

1　「土師質土器」と「かわらけ」

本稿では「土師質土器」と「かわらけ」という用語を区別して用いる。矢立廃寺の出土遺物について具体的に論ずる前に、この用語、概念について説明する必要がある。

平泉においては十二世紀初頭段階では「土師質土器」が儀器として存在する。それが十二世紀の三〇年代頃に「手づくねかわらけ」が導入される変遷が想定されてる。「土師質土器」と「かわらけ」は両者ともに儀礼に使用する儀器であるが、その形態、器種構成に差異があり、それぞれを区別するために「土師質土器」、「かわらけ」の用語を用

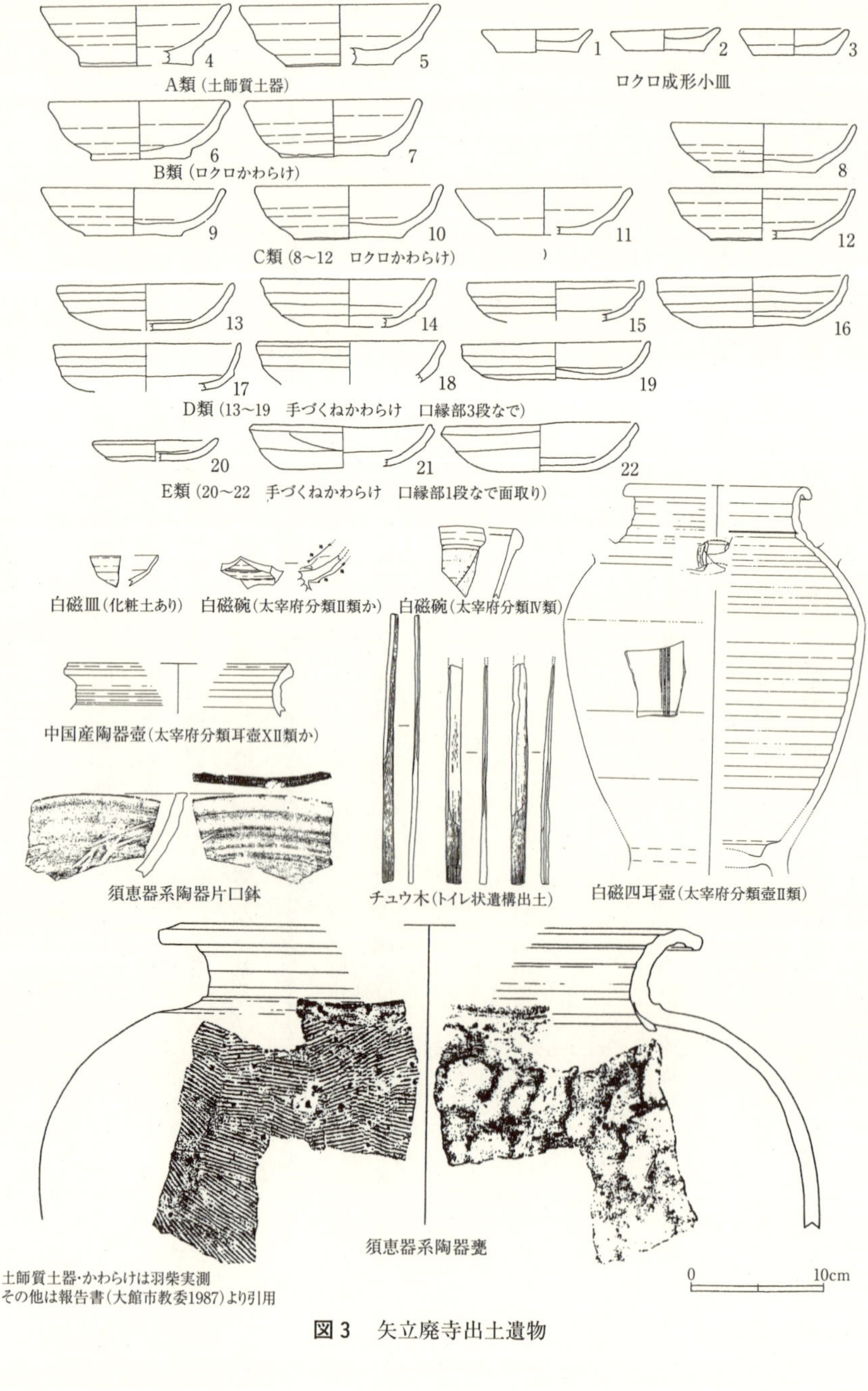

土師質土器・かわらけは羽柴実測
その他は報告書（大館市教委1987）より引用

図3　矢立廃寺出土遺物

いるのである。「土師質土器」は小皿、大型坏が器種の主体で、それに加えて、柱状高台の小型器台、高台付坏が少量共伴する器種組成である。成形はいずれの器種もロクロ成形である。図4「土師質土器・かわらけ編年」の一一三〇年以前の土器が土師質土器であり、参照していただきたい。

「かわらけ」は大皿と小皿の器種で構成され、器台と推測される「内折れかわらけ」が少量共伴する。「かわらけ」は「手づくねかわらけ」がその代表的な形態といえる。「手づくねかわらけ」は十二世紀の京都の土器の製作技法・形態を模倣したもので、十二世紀代に新規に京都風の儀礼の儀器として導入されたものである。「かわらけ」について注意すべきことは、手づくねかわらけ導入後も、ロクロ成形のかわらけが共伴して存在するということである。しかしこれは、手づくねかわらけ導入以前の「土師質土器」とは異なるものである。「ロクロかわらけ」は小皿と大皿の構成であり、手づくねかわらけと共通する器種組成で、土師質土器の大型が「坏型」である点とは根本的に異なっている。そして、土師質土器の構成器種であった柱状高台の小型器台や高台付坏が「ロクロかわらけ」には全く共伴しないのも大きな相違点である。「土師質土器」と「ロクロかわらけ」はどちらもロクロ成形であり、時間的にも連続するもので、両者の工人系統は共通の可能性が高いが、使用する側の用途の観点からすると両者は異なるものであり、「土師質土器」、「ロクロかわらけ」という別個の呼称を用いるのが実態を反映し、さらに概念を理解し易くすると判断する。

2　矢立廃寺の土師質土器・かわらけの変遷

筆者は矢立廃寺から出土した土師質土器、かわらけを実見し、必要なものについては再実測をおこなった。再実測した土器の中には報告書不掲載のものも含まれている。また出土した土師質土器、かわらけの重量計測をおこない、出土総量を重量で示すことができた。三次～五次調査で土師質土器とかわらけは合計一〇、〇三五g出土しており、北奥地域（糠部・鹿角・比内・津軽・外ヶ浜）で最も多い出土量である。ここでは矢立廃寺の土師質土器・かわらけの特徴や変遷について考察し、遺跡の年代観、存続期間を示す基準資料としたい。出土した土師質土器・かわらけをロクロ成形、手づくね成形に分けて論述する。

① ロクロ成形土師質土器・かわらけ

ロクロ大型の土師質土器・かわらけは形態から三分類が可能である。

A類・器壁が厚く、胎土に砂粒が少なく器高が高く口縁部が開く坏形のもの（4、5）

B類・器壁が厚く、胎土に砂粒が少なく、器高は高めであるがA類よりは低く、皿形の範疇、口縁部が内湾するもの（6、7）

C類・器壁が薄く、胎土に砂粒が多く器高が低い皿形のもの（8〜12）

このA〜C類は形態的な差異が著しく、同時期の所産ではなく、時期的な形態差と判断するのが妥当である。平泉における土師質土器、かわらけの器形変遷に照らし合わせれば、A類→B類→C類の変遷と考えられる。そしてA類は坏形の器形であり、「土師質土器」に分類され、B類・C類は皿形であり「ロクロかわらけ」に分類される土器である。上述のように、平泉において「土師質土器」から「かわらけ」への転換は十二世紀三〇年代以降である。矢立廃寺における土師質土器からかわらけへの転換は平泉の影響下でおこなわれたと考えられ、平泉より先行することは考えられないが、逆に極端に時期差がある状況も不自然である。よって、矢立廃寺A類の土師質土器も十二世紀中葉以降に下ることは無いと考える。矢立廃寺出土遺物の中に中国産の白磁四耳壺がある。これは大宰府分類Ⅱ類（大宰府市教委二〇〇〇）の壺で、時期的には十二世紀前半以前に属するものである。また化粧土が施される白磁皿も出土しており、これも十二世紀前半以前に属するものである。これらの遺物の存在から矢立廃寺の存続年代が十二世紀前半以前に遡る蓋然性は非常に高く、A類の土師質土器の年代が十二世紀前半以前に遡る可能性も強く示唆することになる。後述する手づくねかわらけの形態も考え合わせると、A類の土師質土器の年代は十二世紀三〇年代が下限、B類のかわらけはそれに後続する年代と推測したい。また、ロクロ製の小皿はA～C類にそれぞれ伴うものが存在すると推測されるが、形態差を見出し難く、形態分類は差し控える。ロクロ小皿の器形の形態差を見出し難いのは平泉遺跡群でも同様で、矢立廃寺の事例が特殊なのではないことを記しておきたい。またA群の土師質土器には柱状高台の小型器台と高台付坏が器種組成上は伴い得る。しかしこれらの器種は、平泉でも大型坏、小皿に比較すると数量的には非常に少ないものであり、土師質土器の総量の少ない矢立廃寺では、たまたま出土しなかったと判断したい。

② 手づくねかわらけ

矢立廃寺では手づくねかわらけも出土している。大型手づくねかわらけは口縁部調整により二形態に分類できる。

D類・口縁部三段なでのもの（13～19）

E類・口縁部一段なで面取りのもの（21、22）

量的にはD類が主体を占めるが、E類も一定量みられる。口縁部三段なでの手づくねかわらけは平泉において、ほとんどみられない調整で、矢立廃寺の手づくねかわらけ工人の独自性が看取される。また、手づくね小型かわらけも、手づくね大型かわらけと同様に、口縁部三段なでのものと、一段なで面取りの両者が存在し、大型手づくねかわらけに対応する関係と判断される。D類とE類の関係は、同時期における工人差の可能性も考えられるが、ロクロの大型土器は三段階の形態変遷の時間幅が想定されることから、手づくねかわらけの口縁部調製の相違も、時期差によるものと判断したい。平泉において、手づくねかわらけの口縁部調製は時期が下るにつれ、入念なものから簡素なものへ変化する傾向がある。これを矢立廃寺の事例にあてはめると、手づくねかわらけの変遷は、D類が古く、E類へ後続

する と想定できる。
　矢立廃寺の手づくねかわらけの導入年代であるが、D類の口縁部調整が三段なでと入念なことや、口径が大きいこと（平均一四・七㎝）、そして、A群の土師質土器からの連続性を考慮すると、平泉における手づくね土器の導入時期（一一三〇年代以降）よりもそれほど下らせる必要は感じられない。見通しの年代であるが、D類の導入は十二世紀の三〇～四〇年代の年代を想定したい。E類の手づくねかわらけは平泉のかわらけ変遷に照らし合わせると、その最終期（十二世紀第4四半期）に下るとは考え難い形態である。D類との連続性を考慮すると十二世紀第3四半期（六〇年代頃）と想定するのが自然である。

3　土器以外の出土遺物

　矢立廃寺出土の土師質土器、かわらけ以外の十二世紀の遺物には、中国産白磁、須恵器系陶器がある。また、報告書では国産陶器とされている壺口縁部（報告書三四図一二）は実見したところ中国産陶器であった。大宰府分類陶器耳壺Ⅻ類と推測される。これらの遺物の内、白磁四耳壺は前述のとおり典型的な大宰府分類壺Ⅱ類で、十二世紀前半以前のものである。また、白磁皿にも化粧土が施されるものが存在する。この中国産白磁の存在は、矢立廃寺の年代が十二世紀前半以前に遡ることを確実に示している。また、須恵器系陶器は甕と片口鉢が出土しているが、珠洲窯の年代観から、これらは十二世紀後半に属すると判断できる。この陶磁器による年代幅は、土師質土器、かわらけの想定年代と矛盾しない時間幅を持っており。土器からの推測年代の妥当性を補強している。また。中国産磁器には龍泉窯の劃花文青磁碗が一片も存在せず、白磁のみが出土しているのが特徴的である。平泉において、劃花文青磁碗、皿は十二世紀後半代には存在するものであるが、白磁よりも後出する傾向が感じられる。矢立廃寺で青磁が存在しないのも、遺物群の下限年代が平泉最末期に下らないことの状況証拠の一つといえる。

4　ロクロ成形土器と手づくねかわらけの組み合わせと年代

前述のように、平泉において、手づくねかわらけ導入後もロクロ成形土器は消滅せず、ロクロかわらけが共伴することを示した。矢立廃寺においてもこの状況は同様と推測され、分類したロクロ成形土器A〜C群と、手づくねかわらけD、E群の組み合わせを考えたい。

ロクロ成形のA群は土師質土器であり、手づくねかわらけ導入以前の所産と判断され、手づくねかわらけとの共伴関係は考えられない。また、ロクロ成形のB群は皿形であり、手づくねかわらけの影響を受けたロクロかわらけと判断される。手づくねかわらけの変遷順から判断して、D類の手づくねかわらけが共伴すると考えられる。そして後続するロクロ成形のC群は、手づくねかわらけのE群と共伴すると考えられる。このように矢立廃寺の土師質土器、かわらけは以下の三段階の変遷にまとめられる。

第一段階（一一二〇〜三〇年頃）　A群（土師質土器）

第二段階（一一三〇〜四〇年代頃）　B群（ロクロかわらけ）・D群（手づくねかわらけ）

第三段階（一一五〇〜六〇年代頃）　C群（ロクロかわらけ）・E群（手づくねかわらけ）

各段階の実年代は、平泉遺跡群のかわらけ編年から類推したもので、絶対的な根拠はないものである。しかしながら強調しておきたいのは、矢立廃寺のロクロ成形土器には手づくねかわらけ導入以前の土師質土器が存在し、それらは、十二世紀前半代に遡るということである。

5　矢立廃寺の土師質土器、かわらけの系統

①土師質土器

比内、鹿角地域においては十一世紀代以前の「土師質土器」の出土は確認されていない（羽柴二〇一〇A）。これは安倍氏、清原氏段階においては、土師質土器を使用する儀礼、社会形態が比内、鹿角地域に達していないことを示している。現在の所、当該地域において、最も古い土師質土器は、矢立廃寺のA群ということになる。これは十二世紀の二〇〜三〇年代のものと推測され、奥州藤原氏初代の藤原清衡が平泉において権威を確立した段階である。清衡時代の土師質土器は津軽地方（弘前市中崎館遺跡）でも出土しており（羽柴二〇一〇A）、清衡の時代には奥州藤原氏の勢力圏が津軽地方まで広がっていたことを示している。当然ながら、平泉・奥六郡から津軽に到るには比内、鹿角地域を経由するルートが想定される。矢立廃寺の土師質土器も、平泉勢力が北奥地域に拡散し、津軽に達する過程においてもたらされたものと解釈すべきであろう。土師質土器は儀礼に用いる儀器であり、単に食器が搬入されたということではなく、土師質土器を使用する儀式、儀礼をおこなう支配体制が当該地域に及んだことを示している。このように矢立廃寺の土師質土器は奥六郡を発し、比内郡を経由し、津軽地方に及ぶ、奥州藤原氏の勢力拡大の動きが、初代清衡の時代に精力的に行われた状況を物語る物的証拠と位置づけられる。

②かわらけ

矢立廃寺における導入時の手づくねかわらけD群は、口縁部三段なでという特異な調整のものである。上述のように平泉において口縁部三段なでの手づくねかわらけは平泉において殆ど存在しない調整である。平泉においては、口縁部二段なで口唇部面取りという三段階の調整をおこなうものは存在するが、矢立廃寺の三段なでとは明らかに異なった調整である。一方、津軽地方の浪岡城内館（青森市浪岡）において、三段なでの手づくねかわらけがまとまって出土している（羽柴二〇一〇A）。この手づくねかわらけは、大皿も小皿も三段なでであり、矢立廃寺D群と共通する内容である。時期は口径の大きさ（平均一四・七㎝）から想定して、他の津軽地方出土の手づくねかわらけよりも

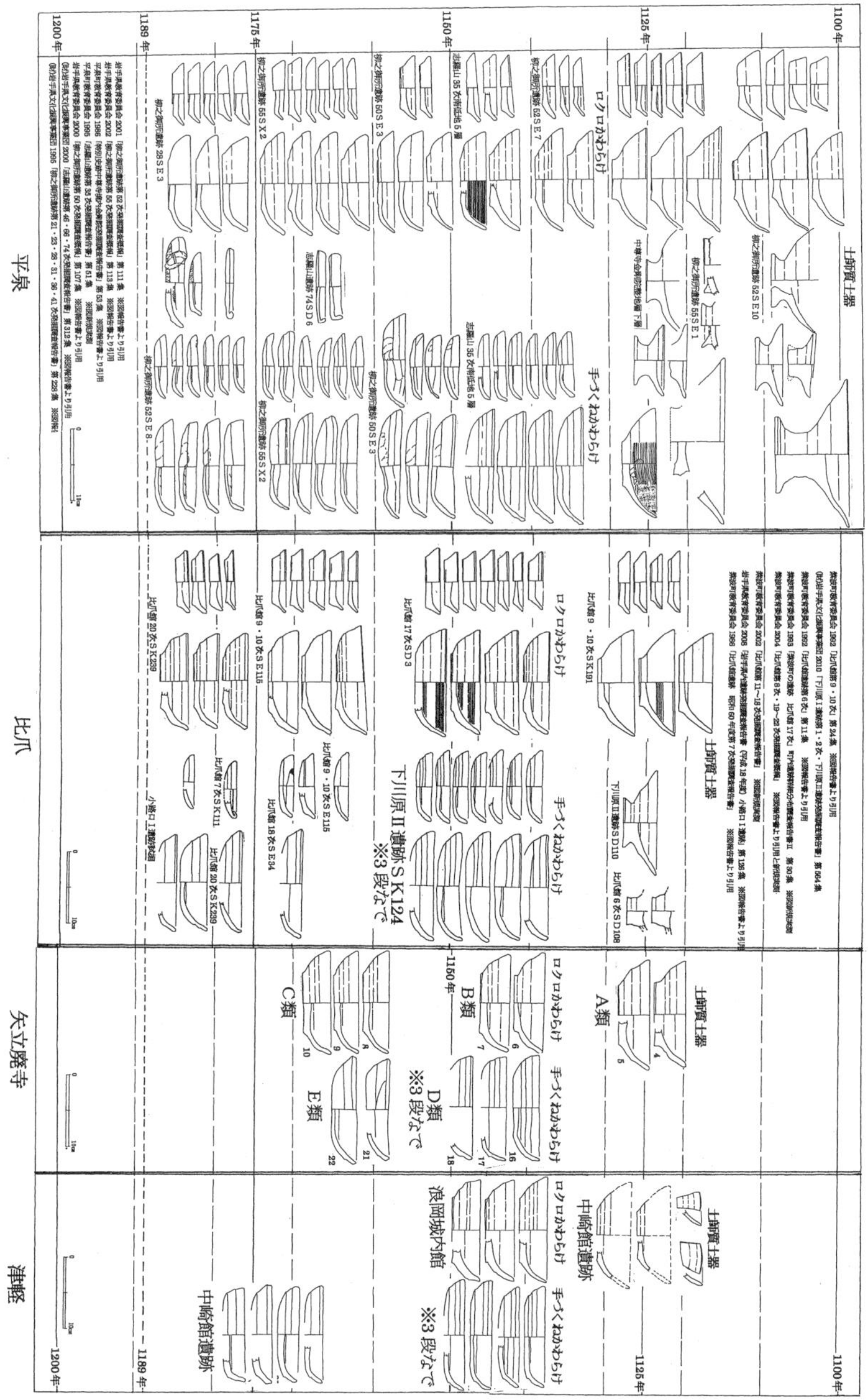

図４　土師質土器・かわらけ編年（下川原Ⅱ遺跡の資料は羽柴が実測・トレース）

（引用文献は章末に記載）

先行し、大宰府分類Ⅱ類の白磁碗を伴うことから、十二世紀の三〇～四〇年代の想定が可能である。このように時期も矢立廃寺E群と共通するものである。北奥地域における手づくねかわらけの伝播は、平泉・奥六郡から発し、鹿角・比内を経由し、津軽に到るとするのが自然であろう。この伝播経路を考慮すれば、矢立廃寺のD群手づくねかわらけと浪岡城内館の手づくねかわらけは直接連続する系譜に属するもので、両者の工人の直接移動も想定される。そしてこれは手づくねかわらけ工人の移動といったレベルの問題ではなく、比内の在地権力と津軽の在地権力の系譜が同系統、あるいは同一勢力ということを物語っている可能性もある。

比内と津軽の導入期の手づくねかわらけの類似は指摘できたが、平泉との調整の相違については問題をクリアしていない。平泉では三段なでの手づくねかわらけは存在しないが、奥六郡の比爪周辺では三段なでの手づくねかわらけが確認されている。良好な出土状況では、岩手県紫波町下川原Ⅱ遺跡（岩手埋文二〇一一刊行予定）で土器焼成遺構とも解釈される窪み状の掘り込みから三段なでの手づくねかわらけがまとまって出土している。これには直接共伴する陶磁器等がなく詳細な時期の特定は困難であるが、口縁部調整の入念さと平均口径の大きさから、手づくねかわらけの中では相対的に古い導入期のものと推測できる。

比爪は平泉から直線距離で約七〇km北方に位置し、奥州藤原氏初代清衡の子「清綱」が入部し、定着した土地とされている。北上川西岸の「比爪館」がその拠点で、その周囲に同時期の関連遺跡が高い密度で分布することが確認されている。下川原Ⅱ遺跡は比爪館の南東約三kmの北上川縁に所在し、比爪氏関連の構成遺跡の一つと位置づけられる。比爪氏は比爪館の内容や、周辺遺跡の分布、密度の高さから推測して、平泉文化圏内でもかなり有力な勢力と独自性を有した地域権力と判断できる。比爪氏の独自性はかわらけにも現れており、かわらけの胎土は平泉のものとは明らかに異なっており、平泉から搬入されたものではなく、独自の工房を有していたことは確実である。比爪での手づくねかわらけ導入は、平泉からの影響・発信であったことは疑いないが、比爪氏自らが、かわらけ工人を編成し製作にあたらせ、結果として平泉とは異なった口縁部調整の「比爪風」の手づくねかわらけが成立することになったのである。このような言わば「比爪風」の三段なで手づくねかわらけが比内の矢立廃寺、さらに津軽の浪岡城内館に存在するということは、奥州藤原氏の比内、津軽への勢力拡大は、比爪系統の集団による主導でおこなわれた可能性を示唆する。

三　「矢立廃寺」の性格

1　矢立廃寺の変遷

研究史の最後に示される宇田川氏の論考では「矢立廃寺」の性格が最大の論点になっている。宇田川氏は矢立廃寺が「寺院」か「住居」という二者択一の形で論を進め、結果、「寺院」という結論を導き出している。この点について筆者も考察をおこないたい。

矢立廃寺の三～五次の発掘調査で明らかになった事象で重要だと思われるのは、礎石建物（C建物）の構築面の下に「掘り込み遺構」が存在することである。この遺構は、報告書を読み解くと、C建物等が構築される以前の「段切り」が存在し、その「段切り」を人為的に埋めて、版築を施しC建物等が建つ構築面を造成していると解釈できる。報告書では「掘り込み遺構」の「床面」からは、柱穴と推測されるピットや遺物の散布がみられると記述され、「段切り」は掘立柱建物を構築するための造成面と理解することができる。このことから、「矢立廃寺」は「段切り」造成がおこなわれ掘立柱建物が建てられた段階（古段階）と、それを埋め立て、新規の造成をおこない礎石建物を建てた段階（新段階）の、最低でも二時期の遺構変遷が存在することが理解できる。この新規の造成事業はかなり大規模なもので、一般的な居館では存在しない礎石建物を建築するという特殊な事業であり、前段階とは一線を画する根本的な変化と捉えるべきであろう。この変化に注目し、矢立廃寺の遺構を古段階と新段階での性格の変化を提唱したい。宇田川論考でもこの版築を前後する遺構の変遷を示しているが、その前後で、遺跡の性格の変化は論じてはいない。

2　古段階の様相

報告書では、B～C地区の「掘り込み遺構」の底面南側には「貼床遺構」と表現される範囲があり、古段階の遺構面は、斜面の高地側を段切りし、低地側に段切りで生じた土砂を埋め立て、平坦面を造成していると理解できる。平坦面には幾つか柱穴が検出されており、掘立柱建物の存在を確認できる。この掘立柱建物のプランについて、宇田川氏の論考で想定がなされているが、柱穴が全て検出されている状況ではなく、そのプランの是非を論じるのは難しい。いずれにせよ古段階の造成面に建てられた建物が掘立柱建物であることは重要な事実である。そして、古段階の造成面にはトイレ状遺構である三号土坑が構築されている。また、重視したいのは「掘り込み遺構」の床面、即ち古段階の造成面に「焼土遺構」とされる一・五m以上の火焼面の広がりが存在し、その周辺にかわらけや、須恵器系陶器片、白磁片が多数散乱している状況である。この「焼土遺構」を被覆する土層断面の注記をみると、「焼けた粘土・砂」「炭」「粘質白色土（灰ヵ）」などがみられ、火災の痕跡を連想させる状況が示されている。つまり、古段階の遺構は火災により終焉を迎え、火災後の遺物や炭、焼土が散乱する状況をそのままに、新段階の造成面の埋め立、版築整地をおこなっていると解釈される。

A区では、造成面の重複は確認されていないが、礎石建物（AⅡ建物）と、掘立柱建物（AⅠ建物）の重複が想定されている。この両者の前後関係は礎石のAⅡ建物が掘立のAⅠ建物より新しいとされている。両建物は同じ造成面（北側を段切り、南側を盛土）の上で検出されており、造成面の造り替えがないものの、掘立柱建物から礎石建物への

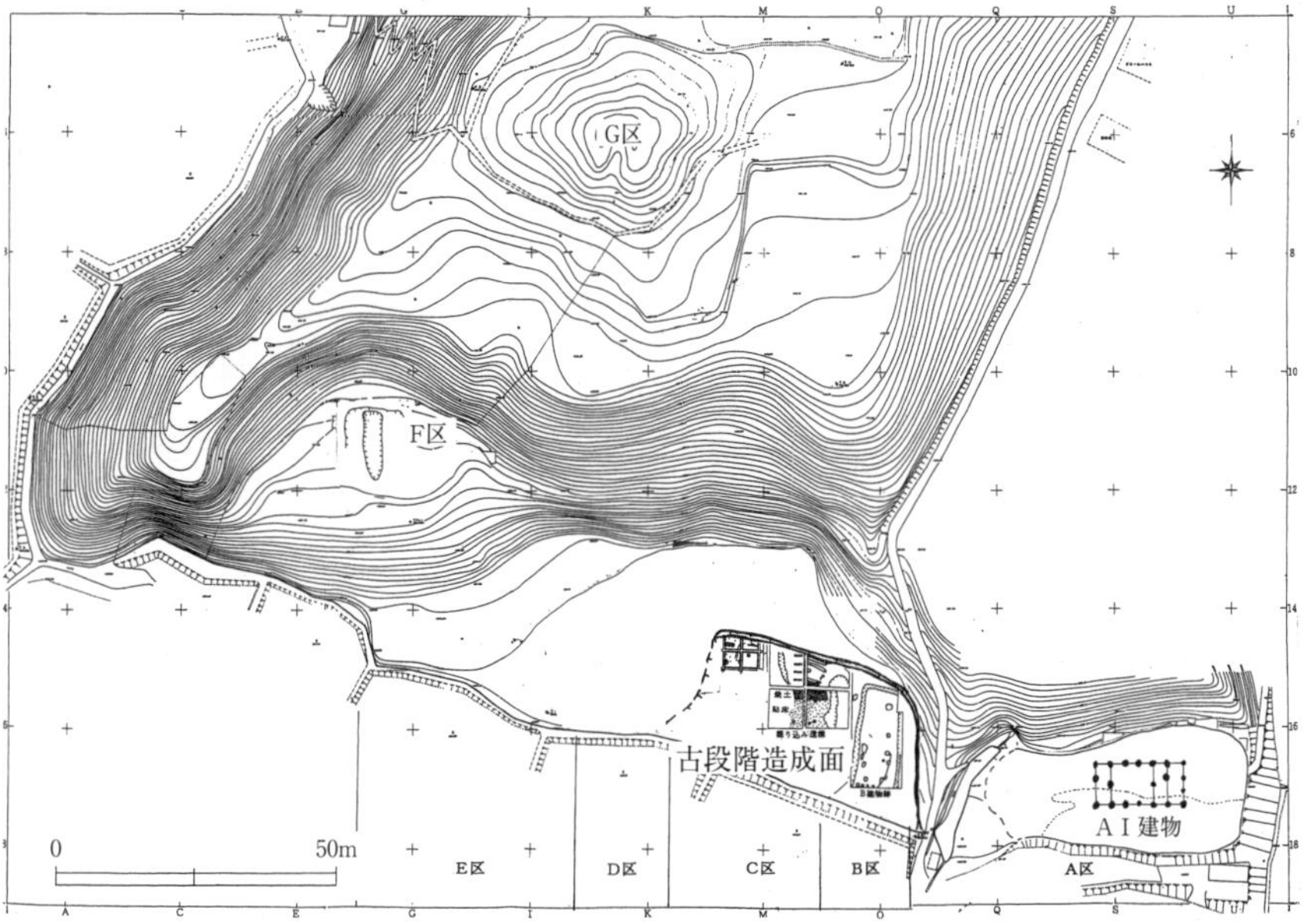

報告書（大館市教委1987）掲載地形図に加筆

図５　矢立廃寺古段階

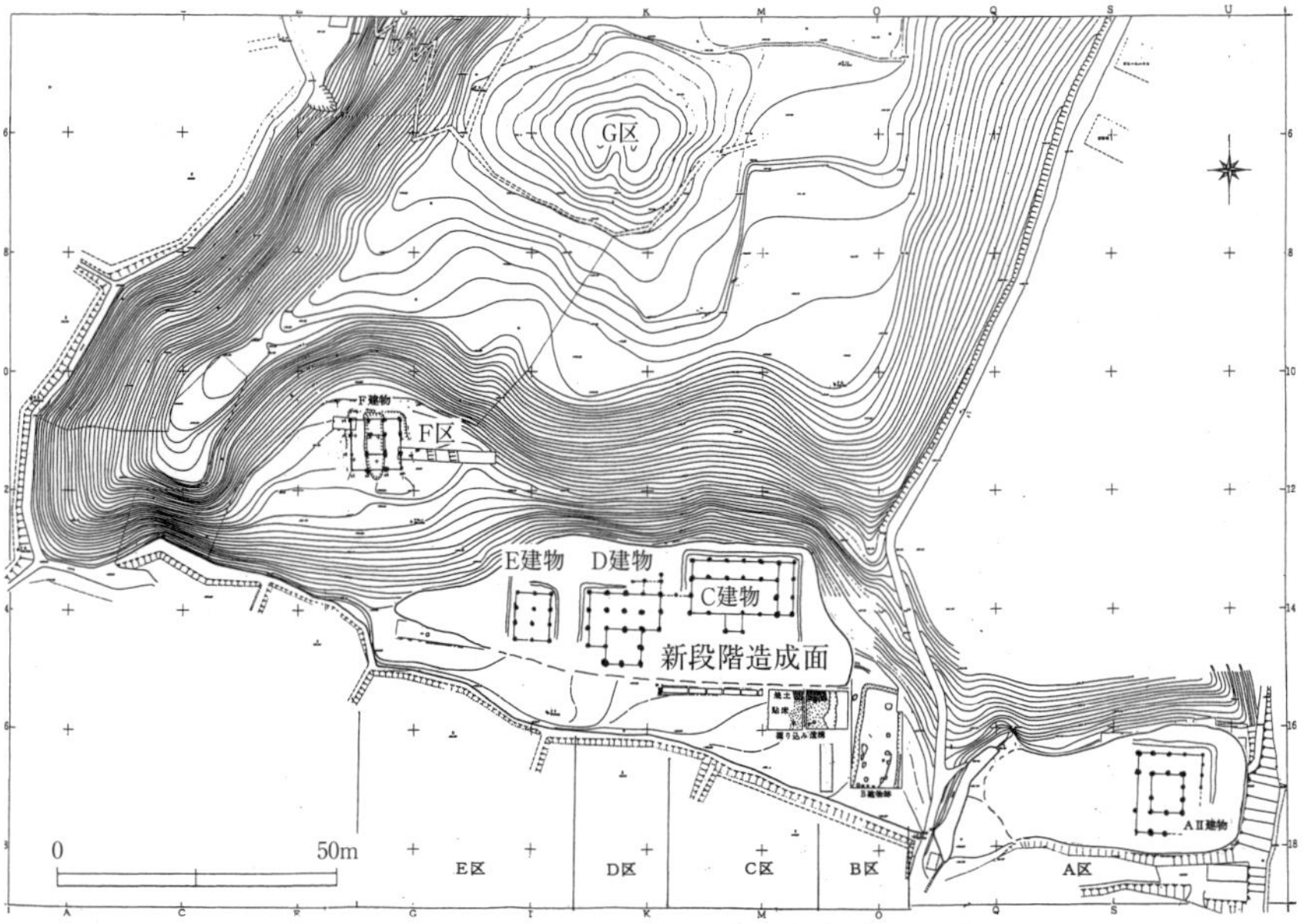

報告書（大館市教委1987）掲載地形図に加筆

図６　矢立廃寺新段階

変化が認められる。十二世紀の遺物は造成面上面や掘立柱建物の柱穴中から出土しているが、造成面の南側整地層中からは僅かな縄文土器片が出土したのみで、十二世紀の遺物は出土していないようである。よって、A地区の造成は、B、C区の古段階に相当する段階になされた造成であり、古段階に伴う十二世紀の遺物が散布した状況の後に、新期に相当する礎石建物が構築されたと判断できる。このようにA区の建物の重複はそれぞれ、B、C区の古段階、新段階に相当すると理解したい。

次に、出土遺物の帰属関係について示す。造成面の重複がみられるB、C区での十二世紀の遺物出土状況をみると、殆どは古段階の造成面か、新段階の造成面の盛り土整地土中から出土しており、明確に新段階の礎石建物面に伴うものは見出せない。C礎石建物の礎石根石から、須恵器系陶器の破片の出土が示されているが、この状況は、陶器の破片が根石充填の際に混入したもので、むしろ、礎石建物と須恵器陶器が直接関係ないことを示している。また、一次調査でC礎石建物等の周囲から十二世紀のかわらけが出土しているが、写真で示されたものを見る限りでは小破片であり、新段階の造成面に伴う確証は存在しない。造成面の盛土上位や新段階の造成面上から出土した十二世紀の遺物は、新段階造成面の背後の高位段丘面（G区）から流入してきたことも想定できる。

このように、B～C区の十二世紀の遺物は本来、古段階の遺構に伴うもので、新段階の造成面を構築する盛土中から出土した遺物も、古段階に伴っていたものが混入したと判断するのが妥当である。この状況からA地区についても類推すると、A区の十二世紀の遺物も、古段階の掘立柱建物などの遺構に伴うと推測される。

このように矢立廃寺の十二世紀の出土遺物は、ほとんどが「古段階」に伴うものと理解される。出土遺物を再び振り返ると、多数の土師質土器、かわらけ、須恵器系陶器、白磁四耳壺、中国産陶器が存在し、宴会儀礼が繰り返し行われるたことを示す遺物組成である。そして、古段階の建物は掘立柱建物であり、プランが把握されている古段階のAⅠ掘立柱建物は一〇九㎡と大規模なもので、在地権力者の居館の主屋に相応しい規模を有している。桁行きの柱間寸法は八尺台を基準としており、平泉の建物にも類似する寸法が使用されている。そして、なによりもトイレ状遺構の存在は非常に示唆的である。この様な古段階の遺物、遺構のあり方は「寺院」などの宗教施設よりも、有力者の「居館」とするのが無理のない解釈と判断される。先に見た土師質土器、かわらけの年代幅は、十二世紀二〇年代頃から十二世紀六〇年代頃までを想定した。この時代幅がそのまま矢立廃寺古段階の推定存続年代になる。

3　新段階の様相

矢立廃寺新段階は礎石建物で構成されている。B～D区においては、礎石建物の建築面を新規に造成している。これは火災で廃絶した古段階の居館を廃棄し、その上に盛土を造成するという工法であり、大規模で、なおかつ根本的な転換といえる画期的な行為である。そして、古段階の火災面をそのまま埋め立てるという行為は、古段階と新段階の精神的、あるいは時間的な断絶を感じさせるものである。

礎石建物は東日本の居館を構成する建物には一般的には存在しない。平泉においても毛越寺、無量光院などの寺院は礎石建物であるのに対して、居館遺跡の柳之御所遺跡では中核的な建物も掘立柱建物で、技術的には礎石建築の技法を有していても、居館の建物は掘立柱建築という区別の存在が伺える状況がある。この様な礎石建物の評価から、矢立廃寺の礎石建物についても「住宅」とは異なる特異性、宗教性が指摘され、「禅宗伽藍」が否定された三～五次調査以後も、依然として矢立廃寺寺院説が見解の主流を占める状況を生んでいる。筆者も矢立廃寺寺院説を否定するつもりはなく、新段階の礎石建物については「寺院説」を取りたい。ただし、古段階の遺構については上述のように「居館」の見解を示すのである。つまり、「矢立廃寺」の古段階から新段階への転換は、「居館」から「寺院」への転換であったという解釈である。

新段階を寺院と捉えるのは、礎石建物の存在のみからではなく、共伴する遺物の寡少なことも証左になる。平泉の寺院や、近辺の衣川の長者ヶ原廃寺等をみても、仏堂の基壇面からは土器、陶磁器などが出土することはほとんどない。出土する場合もその基壇造成土中に混入したものや、あるいは寺域であっても、仏堂などから離れた周縁部での出土が多い。仏事に土器や陶磁器を使用することは当然想定されるが、それを仏堂周辺に散乱させるという行為は考え難く、土器などを廃棄する必要が生じた場合には、離れた場所に廃棄すると考えられる。

また矢立廃寺の礎石建物が、典型的な仏堂とプランが異なるという指摘については、北上市国見山廃寺の中核的な仏堂と推測されるSB〇一一（十一世後半の構築か？）の事例（北上市教委二〇〇二）を示すことによって、仏堂の多様性を示したい。国見山廃寺SB〇一一は七間×一間の身舎に前面に一間の庇を持つプランで、庇列が身舎よりも一間多い八間で、東側に庇が一間分突き出す変則的な造りである。この平面形の変則は、周囲が岩盤で平坦面を造成することが困難であったことから生じたと推測されている。このように大規模な山岳寺院である国見山廃寺の中核仏堂においてすら、地形に合わせた変則的な平面形のものが実際に存在するのである。この事実から類推すると、古代末～中世の地方寺院の仏堂プランはかなり多様な形態が存在し得ると推測される。

本稿執筆中に寺院建築研究の第一人者である濱島正士氏（上記国見山廃寺SB〇一一のプラン復原監修者でもある）にC～E礎石建物の配置図（板橋二〇〇二の第七図）を見ていただく機会を得た。濱島氏からは、図示された礎石プランが確定（礎石が失われ、欠損したことを想定しない）だとすると、知りうる範囲内においては、類似する形態の寺院建築は存在しないとの教示を得た。そして、あえて寺院建築という前提に立てば、C建物の前面の一間の張り出しは禅宗寺院の「向拝（玄関）」を、C建物とD建物の配置は禅宗寺院の本堂と庫裏の配置を連想させるとの感想をいただいた。筆者は、濱島氏に「矢立廃寺が補陀禅寺の前身寺院」という伝承の存在はお伝えしていなかったにもかかわらず、「禅宗寺院」という言葉が出てきたことには驚きを感じた。なお、濱島氏にご迷惑がかかることを恐れ、念のため記すが、濱島氏の「禅宗寺院を連想させる」という言葉はあくまで寺院建築であればという前提の「感想」であり、詳細な検討の上の「見解」ではないことを明確にしておきたい。

次に問題になるのが、この新段階の仏堂の造成年代である。古段階の終末年代は、かわらけの年代観から十二世紀の六〇年代頃と推測されている。この古段階の終末年代と、新段階の造成年代は連続するのか、時間的なブランクがあるのかということである。新段階の造成面を構成する盛土の断面図（第三一図E断面）をみると、古段階の面と明確な人為的な敲き締められた造成土の「ⅢＤｆ」層の間には一五～四五㎝の土砂の堆積がみられる。この中間層は斜面上部の北側が厚く、斜面下部に向かって堆積が薄くなっており、斜面上部からの土砂の流入による自然堆積と推測される。この自然堆積の中間層の堆積する時間幅が古段階廃絶と新段階面造成の間の時間幅を示すことになる。この時間幅を小さくみるか、大きくみるかで、新段階開始の年代解釈は大きく違ってくる。時間幅を小さくみると、十二世紀の六〇～七〇年代に造成開始とすることができ、時間幅を大きく見ると中世以降の造成と解釈することも可能である。この点については、筆者の現在持つ資料では明確な見解を示すのは難しく、両方の可能性を提示することに留めたい。この問題の解答には新段階の礎石建物のプランの詳細な検討、類例の探索が必要である。確実に言えるのは、新段階の造成年代の最大の下限年代は十九世紀初頭の菅江真澄が遊覧した時代ということである。

4　「矢立廃寺」の変遷

上記で示した「矢立廃寺」の変遷をまとめると以下のようになる。

一　一一二〇年代頃　居館の成立　段切り、盛土整地で遺構構築面を造成（古段階の開始）
二　一一六〇年代頃　火災による居館の廃絶（古段階の終了）
三　一一六〇年代頃～　古段階面上の土砂が自然堆積
四　一一七〇年代～中世　埋没が進んだ古段階の造成面を埋め立て、新段階の遺構構築を造成→礎石建物の寺院

の建立（新段階の開始）

五　？　礎石寺院の廃絶（新段階の終了）

六　一八〇三年頃　礎石が露出した状態　菅江真澄の遊覧　伝承の流布

四　居館としての「矢立廃寺」

1　居館の立地

「矢立廃寺」は十二世紀二〇年代頃、在地有力者の居館として成立する。その居館としての遺跡の立地を確認する。居館は米代川支流の下内川西岸の第二（高位）段丘の縁辺の斜面部に立地する。この段丘は東側が下内川に面し、西側が下内川に注ぐ沢水により開析されており山地から南側に突き出る半島状の地形になっている。居館が立地するのは、この半島状の段丘の南端部の斜面である。居館の前面（南側）は第一（低位）段丘面に面するが、この低位面は狭小で、ほどなく直接山地が前面に位置する。この山地は「女神山」「男神山」と称される優駿な形状の山で、両山の鞍部から遺跡に抜ける道（細越道）が古来の幹線道路と伝えられている。居館の微細な立地は段丘縁辺の斜面部ということになるが、やや巨視的に地形を観察すると、「女神山」「男神山」などの山地と高位段丘に囲まれた「谷部」に立地する居館と捉えることも可能である。

2　居館と宗教施設の位置関係

十一世紀後半から十二世紀代の在地有力者の居館遺跡を観察すると、居館に近接して高地が存在し、その高地に宗教施設が存在する事例が多く存在する。実例としては、柳之御所遺跡と高館、横手市大鳥井山遺跡の大鳥井山（横手市教委二〇〇九）などである。これは東北地方にのみ存在するのではなく、関東地方においても事例が多くある。（羽柴二〇一〇B）。関東地方の事例では多摩ニュータウン№６９２遺跡（八王子市）とその背後の丘陵上の蓮生寺、落川遺跡（東京都日野市）とその背後の丘陵上の真慈悲寺などがある。このように「居館」と「信仰対象の山」の組み合わせは東日本全域にみられるパターンで、古代末期の豪族的武士団に共通する心情、価値観に基づく居館の選地が存在したことを示している。そして「信仰対象の山」には寺院が構えられる場合も多く、居館と寺院が隣接する形態も稀なものではない。ここでは、このパターンが矢立廃寺にも該当するか検討を加えたい。

「矢立廃寺」の背後（北側）の高位段丘面上（G区）には円丘が存在する。発掘調査の結果では玄武岩体による自然丘と判断されたが、こんもりと盛り上がった非常に特徴的な地形であり、何らかの宗教的な仮託や意味付けがなされそうな地形である。実際に地元では「藤原藤房の墓」という伝承があり、何者かによる盗掘痕も存在している。古段階の居館の住人にとって、背後の高地上に存在する特徴的な地形のG区円丘をシンボリックな存在と認識し宗教的な意味付けをおこなっていた可能性は非常に高く、古段階の居館とG区円丘は「居館」と「信仰対象の山」の組み合わせのパターンと推測したい。これを実証するには、G区において古段階の信仰関係の遺物出土が必要であるが、明確な遺物は存在しない。解釈の問題であろうが、新段階の造成の整地層上位から、大宰府分類Ⅱ類の白磁四耳壺がバラバラの状態で出土している。この出土レベルを考慮すると下面の古期段階の遺構面に由来するよりも、新期段階造成面より上のG区から崩れ落ちてきた可能性が高い。白磁四耳壺は納経容器や蔵骨器に使用される場合も多く、これが古期段階の宗教遺物の可能性も存在する。

3　居館の成立要因

再三示した通り、「矢立廃寺」の居館は、奥州藤原氏の勢力が北方に拡大する過程に成立したと想定され、その年代は平泉初代の藤原清衡の時代十二世紀二〇年代と推測できる。これより以前の時代の比内、鹿角地方は、太田谷地遺跡（鹿角市字花輪）（秋田県教委一九八八）に代表される堀で区画された「防御性集落」が分布する地域であり、土師質土器が使用される奥六郡とは明らかに一線が画される地域である。このような言わば「異文化」の地域に進出するためには、当然ながら、武力を伴う行動も必要であり、奥州藤原氏の北方への積極的な拡大政策が存在したと想像される。そして、その軍事行動は奥州藤原氏単独でおこなったとは考えられず、陸奥国司、あるいは鎮守府将軍も関与した日本国域の拡大という意味合いの行動と推測される。鹿角郡、比内郡の建郡はこの軍事行動の成功によってなされた成果と考えられる。今後新資料の発見により、時代が遡る可能性もあるが、現段階では「矢立廃寺」の土師質土器の年代が、鹿角、比内郡の建郡の時期を示す資料と評価できる。そして、「矢立廃寺」の居館は津軽地方に向かう矢立峠の登り口に位置している。まさに、奥州藤原氏の勢力が、鹿角盆地、大館盆地を掌握し、津軽進出を見据えて構えた居館と解釈するのも可能である。そして、「矢立廃寺」の居館では平泉・比爪と大きな時間差を置かず、手づくねかわらけを導入する。これは矢立廃寺の住人が平泉藤原氏、あるいは比爪氏と共通の価値観を有し、不可分の関係を持っていたことを示している。このことから、矢立廃寺の住人は、奥州藤原氏と血縁関係か、あるいは強い主従関係で結ばれた人物像が想定される。

4　居館の廃絶要因

「矢立廃寺」の居館は火災で廃絶した可能性を指摘した。そして、その年代は十二世紀六〇年代頃と推測される。

これは文治合戦による奥州藤原氏の滅亡よりも遡る時代の出来事である。火災の原因は「失火」、「兵火」の両方の可能性があるが、火災により居館が廃絶している事実を重視すれば、合戦による「兵火」の確立が高いと思われる。「失火」であれば、再び建物を建築し、居館を存続させると考えられるからである。これは、比内地方に奥州藤原氏の勢力が浸透し、建郡がなされた後も、地域内で紛争が起こり得る社会状況であったことが伺い知れる。これ以上は想像になってしまうが、それは、奥州藤原氏内部の権力闘争であった可能性もあるし、建郡以前の防御性集落を営んだ集団の残存勢力との争いであったかもしれない。あるいは、奥州藤原氏とは別の豪族的武士団の勢力が米代川下流部から進入した可能性も想像できる。「矢立廃寺」の居館の廃絶状況はこのような様々な状況を想像させる。矢立廃寺の住人はその後、どのような興亡を辿ったのかは明らかではない。吾妻鏡の文治五年九月三日条（永原編一九七六）には「數代の郎従河田治郎を相恃み、肥内郡贄の柵に至るのところ（略）泰衡を相圍ましめ梟首す」の記述がある。矢立廃寺の住人と「河田次郎」が同一系譜にあり連続性があるのか、別系統の者であるか明らかにするには、「河田次郎」の居館が発見され、調査がおこなわれる必要がある。また「贄の柵」についてであるが、「柵」は「城」と同様に合戦時に構えられる施設、空間を指す用語で、居館を示す言葉ではない。よって単純に河田次郎の本拠地、居館に「贄の柵」をそのまま当てはめるのは適切ではない。

ま と め

本稿では秋田県大館市所在の「矢立廃寺」の性格について考察をおこなった。遺物・遺構の分析から以下の点が想定される。

・矢立廃寺の遺構は古段階・新段階に二大別される。

・古段階は平泉勢力と関係が深い有力者の居館と考えられる。
・新段階は礎石建物が建てられ、検討を要する点があるが寺院と考えられる。
・古段階の居館の開始は出土した遺物の年代観から十二世紀二〇年代、終末は十二世紀六〇年代と想定される。終末は火災による廃絶と解釈される。
・新段階の開始年代は不明である。先入観のない検討が必要である。
・「矢立廃寺」土師質土器は比内郡内で最古のものであり、比内郡に平泉勢力が浸透した年代、建郡の年代の根拠になると考えられる。

本稿の想定段階の構想では、鹿角、比内地域の十二世紀の様相を総合的に考察する予定であった。しかしながら、「矢立廃寺」には指定の紙数をもってしても、検討しきれないほどの内容を有する遺跡であり、その検討のみで稿を閉じてしまうことになった。今後の総合的な考察に向けた問題点の提起ということで、構成の不備はお許しいただきたい。

引用文献

秋田県教育委員会　一九八八「西山地区農免農道整備事業に係わる埋蔵文化財発掘調査報告書Ⅲ　太田谷地館跡」第一七二集
板橋範芳　二〇〇一「平成一二年度　矢立廃寺跡発掘調査概報」『火内』第二号　大館郷土博物館
板橋範芳　二〇〇二「平成一三年度　矢立廃寺跡発掘調査概報」『火内』第三号　大館郷土博物館
宇田川浩一　二〇〇三「矢立廃寺の特異性―一二世紀後半の中世草創期寺院―」『中世出羽の諸様相』東北中世考古学会第九回研究大会資料集
大館市教育委員会　一九八七「矢立廃寺発掘調査報告書」
大館市史編さん委員会　一九七三「矢立廃寺発掘調査報告書」大館市史編さん調査資料第一一集
北上市教育委員会　二〇〇一「国見山廃寺跡　第一六次、第一八～二〇次」第四八集

(財)岩手県文化振興事業団　二〇一一刊行予定「下川原Ⅰ・Ⅱ遺跡発掘調査報告書」第五六四集
高島成侑　一九八七「矢立廃寺の建物について」『矢立廃寺発掘調査報告書』第Ⅶ章
太宰府市教育委員会　二〇〇〇「大宰府条坊跡XV陶磁器分類編」第四九集
永原慶二編　一九七六「全譯吾妻鏡　第2巻」新人物往来社
奈良修介・板橋源　一九六四「矢立廃寺跡発掘調査略報」
羽柴直人　二〇一〇A「北奥における奥六郡・平泉文化の流入過程」『古代中世の北方社会』高志書院
羽柴直人　二〇一〇B「東国の古代末期から中世初頭の居館」『兵たちの時代』高志書院
横手市教育委員会　二〇〇九「大鳥井山遺跡」第一二集

図4の引用文献

岩手県教育委員会　二〇〇一「柳之御所遺跡第五二次発掘調査概報」第一一一集　※図報告書より引用
岩手県教育委員会　二〇〇二「柳之御所遺跡第五五次発掘調査概報」第一一三集　※図報告書より引用
平泉町教育委員会　一九六六「特別史跡中尊寺境内金剛院発掘調査概報」第五三集　※図報告書より引用
平泉町教育委員会　一九九五「志羅山遺跡第三五次発掘調査概報」第五一集　※図新規実測
岩手県教育委員会　二〇〇〇「柳之御所遺跡第五〇次発掘調査概報」第一〇七集　※図報告書より引用
(財)岩手県文化振興事業団　二〇〇〇「志羅山遺跡第四六・六六・七四次発掘調査報告書」第三一二集　※図報告書より引用
(財)岩手県文化振興事業団　一九九五「柳之御所遺跡第二一・二三・二八・三一・三六・四一次発掘調査報告書」第二二八集　※図報告書より引用
紫波町教育委員会　一九九二「比爪館第九・一〇次」第二四集　※図報告書より引用
(財)岩手県文化振興事業団　二〇一〇「下川原Ⅰ遺跡第一・二次・下川原Ⅱ遺跡発掘調査報告書」第五六四集
紫波町教育委員会　一九九二「比爪館第六次」第一一集　※図報告書より引用
紫波町教育委員会　一九九三「紫波町の遺跡　比爪館第一七次」町内遺跡群細分布調査報告書Ⅱ　第八〇集　※図新規実測
紫波町教育委員会　二〇〇四「比爪館第八次・一九～二二次発掘調査概報」※図報告書より引用と図新規実測
紫波町教育委員会　二〇〇二「比爪館第一一～一八次発掘調査報告書」　※図新規実測

岩手県教育委員会　二〇〇八「岩手県内遺跡発掘調査報告書（平成一八年度）小路口Ⅰ遺跡」第一二八集　※図報告書より引用
紫波町教育委員会　一九八八「比爪館遺跡　昭和六十年度第七次発掘調査報告書」※図報告書より引用

〔コラム〕秋田県における経塚の変遷――中世前期を中心に

今野沙貴子

東北における「埋経の経塚」(関一九八五)は奥州藤原氏と同時代の産物であり、この変遷を東北レベルで検討することは、藤原氏の成立・滅亡が中世東北社会に及ぼした影響を明らかにすることにもつながる。ひとつの試みとして、本稿では秋田県の様相を整理してみたい。

秋田県における中世前期の経塚三一例を表1に示した。本県においては、経塚造営のピークを十二世紀後半～十三世紀初頭に見ることができ、全国的な傾向と矛盾しない。その後、本県では男鹿市向山経塚の十四世紀初頭まで、経塚造営は認められない。十三世紀初頭から十四世紀初頭までを、ひとつの「空白期」として認識することができる。この空白期以前の経塚を、「中世前期」として集成した。

遺跡の立地による内訳は、横手盆地に一七例(No.1～17)、秋田平野に七例(No.18～24)、本荘平野に三例(No.25～27)、能代平野に二例(No.28・29)、大館盆地に二例(No.30・31)となる。偶発的に発見された事例が大半を占める。中世陶器壺・甕がほぼ完形で出土し、「埋納」されていた可能性が非常に高いと思われる事例は集成に加えた。ただし底部穿孔が見られ、火葬墓である可能性が高い事例は対象外とした。

三一例のうち、経典あるいは経筒が出土しており、確実に経塚であると断言できるものは九例ある。それらはすべて横手盆地の事例である。当地域への経塚の密集は、間違いのない事実であると言える。

表1　秋田県における中世前期の経塚

No.	遺跡名	所在地	埋納施設	遺物	紀年銘・時期
1	一字山経塚	仙北郡美郷町金沢字館ヶ沢		経筒・経典（法華経）・石櫃	仁安三（一一六八）
2	黒滝経塚	仙北郡美郷町？		銅製仏像（複数体）・経典（法華経・菩薩生地経）	
3	六郷古城経塚	仙北郡美郷町（六郷の古城跡）		壺（中国産白磁？2点）仏像・和鏡	
4	観音寺1号経塚	横手市大森町上溝字観音寺	詰石	銅製経筒・鞘付き太刀（2点）	久安五（一一四九）
5	観音寺2号経塚	横手市大森町上溝字観音寺		銅製経筒・珠洲系陶器甕	
6	鹿島神社経塚	横手市大森町十日町字劔花	詰石	珠洲系陶器波状文壺・珠洲系陶器片口鉢・水晶玉	十三世紀初頭
7	大沢森経塚	横手市雄物川町大沢字北野・同今宿字ハアカ坂		珠洲系陶器甕・銅製経筒破片・経典（法華経含む10巻）	
8	七ツ森経塚北野1号	横手市雄物川町大沢字北野	土坑	珠洲系陶器甕	十二世紀後半
9	直坂経塚	横手市金沢字鳥居長根		鉄製経筒・鉄斧	
10	閑居長根1号経塚	横手市金沢字寺の沢	石組み	珠洲系陶器四耳壺・和鏡・銅線	
11	閑居長根2号経塚	横手市金沢字寺の沢	石櫃状施設	銅製経筒・和鏡	元久三（一二〇六）
12	伝重郎経塚	大仙市大神成		珠洲系陶器甕	
13	一ツ森遺跡	大仙市板見内字一ツ森		珠洲系陶器壺	
14	松岡経塚	湯沢市松岡字坊中		経筒（4点）・土師器壷・珠洲系陶器甕片・片口鉢片・明銭（洪武通寳）・刀子（3点）	寿永三（一一八四） 建久七（一一九六）
15	前森経塚	湯沢市稲庭町東福寺前森		経筒（4点）	
16	院内沢遺跡	雄勝郡羽後町新田字院内沢		珠洲系陶器壺	
17	上高寺経塚	雄勝郡羽後町新町字上高寺		珠洲系陶器波状文双耳壺・珠洲系陶器壺	十二世紀後半～十三世紀初頭
18	土崎経塚	秋田市土崎		壺・古銭	
19	日吉神社跡経塚	秋田市上新城五十丁字小林		珠洲系陶器壺	
20	寺内経塚	秋田市寺内		珠洲系陶器壺	
21	鵜ノ木経塚	秋田市寺内鵜ノ木		珠洲系陶器壺	
22	長者館	秋田市河辺三内字飛沢上段	詰石	珠洲系陶器甕	十二世紀
23	岩の沢経塚	秋田市雄和下黒瀬字湯野目		珠洲系陶器甕・礫石経？（少数）・楮紙	
24	広ヶ野経塚	南秋田郡五城目町高崎字広ヶ野		珠洲系陶器四耳壺	
25	館前館経塚	由利本荘市小友（館前館）		珠洲系陶器四耳壺	鎌倉時代初期
26	根井館跡	由利本荘市矢島町元町字新田		珠洲系陶器壺	
27	馬場経塚	にかほ市馬場		珠洲系陶器壺	

28	五輪台経塚	能代市二ツ井町荷上場字五輪台	珠洲系陶器甕（2点）・四耳壷・片口鉢（4点）・須恵質・土師質土器（7点）	十二世紀
29	内林遺跡	山本郡八峰町峰浜石川字内林	甕・銭貨（少量）	十二世紀？
30	長森経塚	大館市花岡町字長森	珠洲系陶器甕・四耳壺（全3点）	十二世紀後葉～十三世紀初頭
31	比内松木村経塚	大館市（比内松木村の古柵跡）	四耳壺（中国産瓷器？）	

横手盆地の事例には、経筒・和鏡・利器といった金属製品の埋納が多いことも指摘できる。他地域の例は、中世陶器以外出土していないものがほとんどである。十一世紀後葉から十二世紀にかけて、仏教文化の痕跡は経塚以外にも県内全域で確認されている。県内全域で仏教文化の素地が同様に見られる中、横手盆地の事例が強い特色を示すのはなぜだろうか。

経塚をはじめとした仏教文化を象徴する遺跡が横手盆地に集中することに関して、かつて今村義孝は平泉藤原氏の影響を指摘した（今村一九六九）。それに対し、近年では、奥州藤原氏による経塚の導入・東北全域への拡散を否定する見解が示されている（八重樫二〇〇二、及川二〇〇四）。東北地方において経塚は各地域で独自に受容され、地方豪族により個々に造営が進められたという見解である。経塚埋納形態において、陸奥側では東海産陶器が選択されているのに対し、出羽側では銅製経筒や須恵器系陶器が多用されていることを根拠としている。横手盆地の経塚造営主としては、当地域の有力豪族である大河氏が指摘されている。横手盆地における経塚の特色は、この見解の裏づけとなるひとつの要素であるのかもしれない。

他地域の経塚はどうであろうか。秋田市岩の沢経塚からは礫石経・楮紙が出土している。いわゆる「埋経の経塚」において、紙本経の他に少数の礫石経が埋納される例は、他県でも報告されている。県北では、能代市五輪台経塚出土の中世陶器が、同市エヒバチ長根窯跡の製品と確認されている（秋田県教育委員会編二〇〇四）。

これらの要素は、両地域における様相を掘り下げるのに重要な意味を持つと考える。

前九年合戦による安倍氏の滅亡（一〇六二）・清原氏の内紛である後三年合戦の終結（一〇八七）を経て、奥州藤原氏の成立に伴い、東北には経塚が多く造営される。具体的には、十二世紀第2四半期に造営が始まり、十二世紀後半にピークを迎える。そして十三世紀以降は減少するとされ（及川二〇〇四）、その時期は奥州藤原氏の滅亡（一一八九）とほぼ一致する。中世前期の経塚の造営時期に関しては、本県においても同じような様相が確認できた。全国的に見ると、その後十三世紀中には礫石経供養の初例が見られ（礫石経の大量埋納という意味では、十四世紀前半）、十四世紀には確実に六十六部が経塚の造営を始めている。

奥州藤原氏の滅亡、鎌倉幕府の成立、鎌倉新仏教の成立など、中世前期の経塚が衰退する要因には、様々な社会的変化を想定できる。東北において「経塚」の変遷をたどっていくことは、奥州藤原氏の時代には豪族の勢力の象徴としてあった仏教文化が、宗教者を経て次第に民衆へと浸透していく過程を捉える作業でもある。本稿では秋田県内の様相だけにとどめたが、今後も対象地域を広げて考察を続けていきたいと考える。

付記　表1は、秋田県教育庁払田柵跡調査事務所ホームページで公開されている「秋田県経塚一覧表」を基礎資料とし（http://www.pref.akita.jp/hotta/database/kyouduka/kyozukahyuo.htm）、それに新出の数例を加えて作成した。

秋田県教育委員会編　二〇〇四『秋田の史跡・考古』株式会社カッパンプラン
今村義孝　一九六九『秋田県の歴史』山川出版社
及川真紀　二〇〇四「東北地方の経塚」『中世の系譜』高志書院
関　秀夫　一九八五『経塚』ニューサイエンス社
八重樫忠郎　二〇〇二「東北の経塚─分布傾向からの考察─」『平泉文化研究年報』第2号　岩手県教育委員会

〔コラム〕

青森市石江遺跡群の位置づけをめぐって

小口雅史

青森市石江遺跡群とは、東北新幹線の新青森駅建設と周辺の土地区画整理事業の実施に伴い発掘調査された、青森市石江地区の七遺跡の総称であるが、そのうち学界で大きな注目を集めたのが新田（1）遺跡である。とくに鈴木靖民氏が、平泉が成立する半世紀も前に、蝦夷の住む異界の地津軽で、平安京と同様の祭祀・行事や習俗が、この地で行われていたことを物語る遺物が出土したとし、また北方や本州各地との交流、交易（都の支配層の人気を集めていた毛皮や馬など北方の産物）の存在を示唆しているともし、この遺跡が陸奥国府の出先施設を想定する説もあることをふまえて、そうした交易を通した富がこの施設には蓄積されていたのだろうと推測し、さらに、それとあわせて、同じ時代の南の境界地帯の城久遺跡群の存在とともに、従来の南北の「境界」の常識を打ち破るものとして重視すべきことを主張した（『朝日新聞（夕刊）』二〇〇七年三月十三日）ことによって、一躍全国的に脚光を浴びることとなった。

しかしながら、その当時は、いずれの遺跡も、発掘途上であったり、正式報告書が未刊行の段階であって、実は評価が定まっていたわけではない。筆者はそうした中で、この遺跡については、冷静に見直す必要性を強く感じながらも、ひたすら沈黙を守っていたが、正式報告書も順次刊行され始めた現在の段階では、そろそろ見解を述べても良いのではないと考えている（拙稿の詳細については近時、別途二冊の論文集が刊行される予定である）。

この遺跡からは、檜扇をはじめ物忌札・斎串・形代・仏像、さらには付札風木簡といった大量の木製品が出土した。これまでこの遺跡を積極的に取り上げた三浦圭介氏や斉藤利男氏の諸論考は、都の貴族が正装するときに用いる檜扇の北奥の地からの出土に注目し、また斎串・形代から貴族社会や地方に置かれた国家機関で行われていた陰陽道による律令的祭祀が北奥の地で本格的に実施されていたこと、それらを前提にして付札風木簡を「荷札木簡」とみなして、この地にも「日本国」との間に国家的納税制度が存在したこと、さらには交易・貢納を円滑にすすめるためハード面でもこの時期に原「奥大道」が整備されたこと、この遺跡を陸奥国府の出先機関（官衙類似遺跡）とみなすべきことなどを主張している。まさに北奥地域の歴史像の大転換が主張されているわけである。

たしかにこの遺跡からの出土遺物には驚かされるが、はたしてそこまで主張するだけの根拠が本当にあるのかどうかについては、現時点であらためて正報告書を検討してみても、筆者としてはなお慎重にならざるをえない。というのは、そもそもこれら木製品の年代観がはっきりしない点がある。一部の製品は年輪年代測定がなされて一〇三〇年代から四〇年代といった数値が得られ、また共伴する土器のなかに十世紀後半の五所川原産須恵器や、それらと同時代ないしそれ以後の土師器があることも確実であるが、もともとこれらの木製品は溝からの出土であって、それぞれ個別の年代を確定しにくい状況にある。一連の遺跡と考えられる近隣の高間（1）遺跡から出土した、木製品の紀年銘も「寛喜三年」（一二三一）である。また木簡類についても、切り込みの存在などから「荷札木簡」であると無批判にとらえられ、そこから一挙に国家的納税制度の存在まで主張されているわけであるが、木簡類ではその文字が釈読できたものは一点もなく、（仮に文字が記されていたとしても）内容不明であって、それが「日本国」で発見されている「荷札木簡」と同質のものであるという根拠は何一つ示されていない。ましてやそれを前提としての国家的納税制度の存在が実証されているとはとても思えないのである。

むしろこの遺跡でも在地性の強さに留意すべきではないのか。例えば檜扇や斎串・木簡などの素材は在地産であり、また木村淳一氏も指摘しているように中央の律令的祭祀と異なり人形が未発見である。やはり「律令化」を目指した結果というよりは、八木光則氏も主張しているように「日本国」の律令的世界との交流の道具（ないし結果）として在地側でそれを取り込んだという要素が強いのではないか。例えばこの地域の墨書土器の特徴についても、米代川流域を境として、北と南とで大きな差があることも鐘江宏之氏によって指摘されている。仏教信仰について、小嶋芳孝氏によって東北北部で出土する錫杖状鉄製品から、それが北東アジアに広がるシャーマニズムと密教系仏教が融合した固有の信仰であった可能性が指摘されている。古くから指摘されているように、二つの地域の間に類似のものが存在することがただちに両者を同一文化圏とみなす根拠にはならない。北奥地域でも古墳時代の南の「日本国」の遺物が発見されているのである。交易と交流を主張する際に、この「日本国」からの力が現地に与えた影響力の評価についてはもう少し慎重になるべきだと思われる。新田（1）遺跡が見事な祭祀遺跡であることはもちろん間違いない。またなんらかの交易の場であった可能性も高いであろう。ただ私としては現時点では、これらの遺跡については在地勢力を基盤に理解したいのである。

なお同様の問題として、五所川原須恵器窯跡をどのように位置づけるのかもなお大きい問題として残っている。青森という北の世界といわゆる「日本国」の世界との境界領域を、どちらに引きつけて理解すべきかは、古来難しい問題である。北海道的なものが出土すれば北の世界に引きつけられ、律令的なものが出土すれば中央に引きつけられる。これは当然のことではあるが、日本列島全体の歴史的展開の中で、境界領域青森地域を時間軸に応じていかに整合的に位置づけるのか。今後の大きい問題として残っている。その点、現在準備中の『青森県史』通史編古代（東北六県中、当面最後の県史通史となるはずである）によせる期待は大きい。

囲郭集落の系譜

――出羽国城柵が北方の地域社会に及ぼしたもの――

高橋　学

はじめに

北東北から北海道島南部に分布し、九世紀後半以降成立する集落には、居住域の全体あるいは一部を土塁・堀・柵列などで囲繞あるいは区画・分断する事例が出現する。区画施設の配置は自然地形に即した略円・不整形が主であり、城柵官衙の外郭施設に認められるような矩形配置とは異なる。当該集落跡について、かつては蝦夷館とも呼ばれ、防御性集落、囲郭集落、環壕（濠）集落、区画集落などと様々な名称が冠されている。集落の立地は、沖積地面との比高が大きい山地、丘陵・台地部である場合が多いものの、低地・沖積地にも一定数認められる。集落分布は、青森県中～西部の津軽地方・岩木川流域、青森県東部の上北地方、青森県南東部～岩手県北部の馬淵川流域、秋田県北部米代川流域が比較的濃密であり、その周辺域である秋田平野、盛岡市近辺、北海道渡島半島でも確認される。集落構成は、竪穴建物を主として掘立柱建物を伴う場合もある。生業については集落立地により多様なあり方が複合していたと推定されるが、そのなかでも製鉄・鍛冶といった鉄関連の施設が集落内に高率で認められる。集落の形成時期は、九世紀後半〜十世紀初頭に現れ、同前半〜中頃をピークとするものの、後半には急転減少に転じ、おおむね十一世紀には終焉を迎えるのである。

土塁・堀・柵列などの区画施設を集落内に取り込んだ背景には大きく、

①集団間の対立抗争激化を端緒として防御を意識した構築、

②呪術的な結界としての構築、

③集団意識の高揚する象徴的構築、

との見解が示されている。①は高所立地や大規模な土塁・堀の存在から防御性集落と規定され、②③はアジール的区画や聖地としての背景、蝦夷アイデンティティー、他集団に対する権威の誇示などの形容詞が付され環壕（濠）集落、区画集落などとも称される。ただし、②③の論者であっても、①の防御性を全く否定するのではなく、両面的な解釈論も存在する。これら緒論については船木義勝氏がその研究史を要約しているので参照いただきたい（船木二〇〇九）。

小稿では当該集落に対して、「囲郭集落」の名称を付して、集落形成の端緒を出羽国城柵、特に北半の秋田城・払《ほっ》田柵《たのさく》に求め、城柵が北方の地域社会に及ぼした影響について概述する。

一　囲郭集落の成立と展開

囲郭集落の最古例は、現況では九世紀第4四半期の秋田平野南端部、秋田城跡の南東約一四㎞に位置する上野遺跡に求めておきたい。

1　上野遺跡の様相

遺跡は秋田市河辺（旧河辺町）戸島に所在し、雄物川支流岩見川左岸の台地北端部に立地する。標高は四〇m程であり、沖積面との比高は約二五mである。調査の結果、竪穴建物跡六棟、掘立柱建物跡一一棟、土坑二基、炭窯跡二基、溝跡三条などが検出された（秋田県教委二〇〇〇）。竪穴内に堆積する十和田a火山灰（西暦九一五年降下）や出土遺物からみた集落の終末時期は十世紀第１四半期であり、存続期間は限定される。

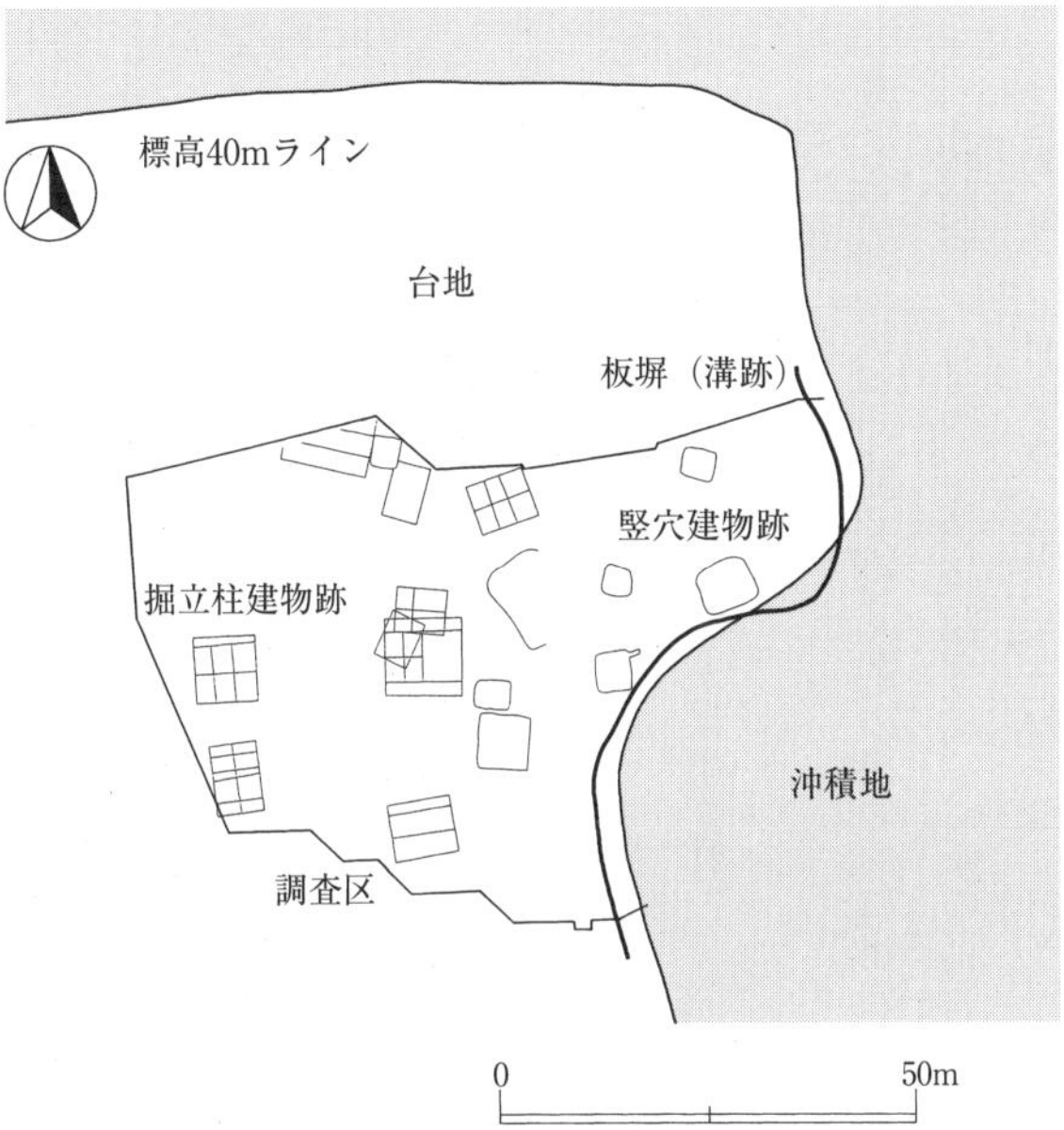

図１　上野遺跡の地形と遺構配置模式図

本集落の特徴は、台地の縁辺に沿うように材木塀か柵列が巡らされ、その内部には竪穴・掘立柱建物からなる居住域が形成される点にある（図１）。カマドをもつ竪穴内には鍛冶炉が置かれており、ここが住居兼鍛冶工房であったことを物語る。同竪穴のカマド煙道部は石組みとなる構造をもち、これは雄物川流域では初見の事例である。同様の構造をもつカマドは秋田県内では米代川上流域（鹿角市）や青森県域に見られる。一方、掘立柱建物跡には一般集落では認められないような一面・二面廂構造をとるものが含まれる。遺物では、払田柵跡周辺の集落遺跡でのみ発見されている土鈴が認められる（高橋二〇一〇a）。遺構・遺物から類推すれば本集落の構成員とは、米代川流域あるいは以北の地を出自とし、律令側の様式も取り入れていたようである。

上野遺跡に後続する囲郭集落は、十世紀前半代の米代川下流域で確認される。ここでは能代市大館遺跡と鴨巣Ⅰ・Ⅱ遺跡を取り上げる。

2　米代川下流域の集落

大館遺跡は能代市田床内に所在し、日本海汀線から直線距離にして約八・五㎞、米代川左岸の西側に張り出した丘陵端部平坦面に立地する。標高は四〇～四五ｍであり、沖積面との比高は約三〇ｍである。調査の結果、堀と土塁により推計一四万㎡の丘陵部を四分割していることが判明し、丘陵の縁辺には柵列が巡る。柵列、堀・土塁で画された内部には、竪穴建物跡、土坑等が検出された。竪穴内には鍛冶関連の炉が付設されている例もある（能代市教委一九七八）。

丘陵北端の柵列は、幅三〇㎝程の溝底面に小穴が隙間なく掘り込まれていた。ここでは堀と重複し、これより旧いことが判明している。また東部では、二条の堀と並行する二条の土塁が南北方向に確認された。最も西側の堀は、上面幅約五ｍ、下面幅約一ｍ、深さ約二ｍであり、断面逆台形状を呈する。出土遺物には土師器（坏・蓋・鉢・甕・鍋）、須恵器（坏・壺・甕）、鉄製品（錫杖状製品、刀子・鎌など）、砥石、鉄滓・銅滓等がある。なお、柵列内および土塁内部からの遺物の出土はない。堀内部からは土師器片が少量出土しており、中世期の遺物は見られない。出土遺物からみた時期は、九世紀後半から十世紀中頃までであり、主体となるのは十世紀前半代である。ただし、柵列や堀・土塁がどの段階で設けられたのかについては明確ではないが、柵列が先行し堀・土塁による区画が後続する。本遺跡は、『日本三代実録』に登場する「野代営」、すなわち元慶の乱（八七八年）の際に政府軍最前線基地の擬定地である。

鴨巣Ⅰ・Ⅱ遺跡は、大館遺跡の東約一㎞の丘陵平坦部（下位面）から緩斜面部（上位面）に立地する。標高は五五

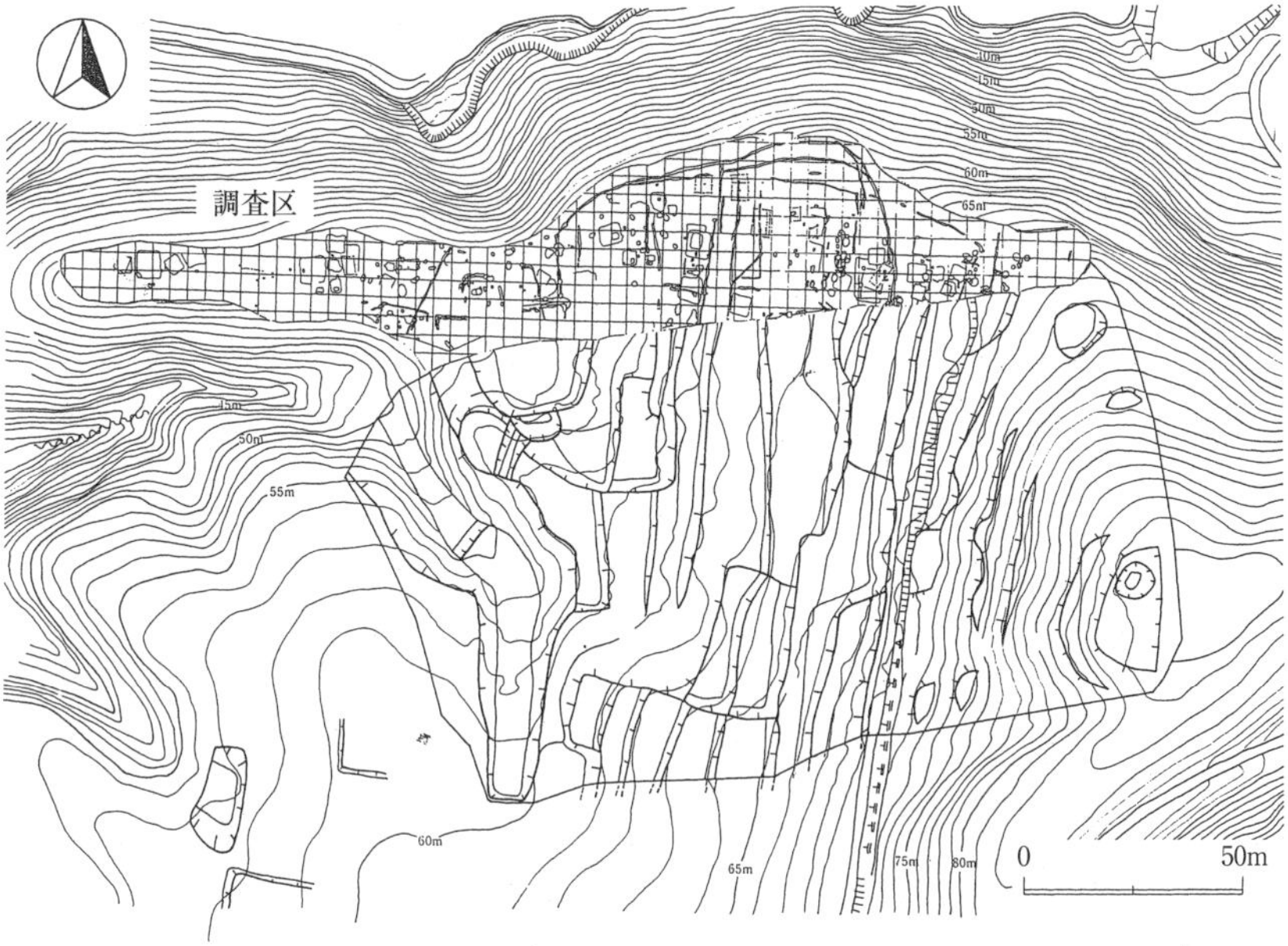

図２　鴨巣Ⅰ・Ⅱ遺跡の遺構配置と周辺の棚田状の地形

図３　丘陵縁辺部に巡らされた板塀跡（鴨巣Ⅰ・Ⅱ遺跡）

～七〇ｍであり、沖積面との比高は三〇ｍ前後である。調査の結果、竪穴建物跡三九棟、掘立柱建物跡六棟、製鉄炉一基、鍛冶炉、土坑、溝・板塀跡などが検出された。緩斜面部は棚田状に平坦面が造成され（図２）、各施設は居住域と生産・工房域に分けられることも明らかとなった（秋田県教委二〇〇七）。

板塀跡は丘陵北向きの縁辺部に巡らされ、その規模は幅四〇～五〇㎝程の溝内部に方形あるいは円形の柱穴が掘り込まれる（図3）。柱穴下端までの最深は一〇〇㎝を超す。板塀は大きく三時期（Ⅰ～Ⅲ期）の変遷があるが、居住・生産域全体を画するものではない。それは上位面である緩斜面部を囲うようにし、その内部にも区画溝が配される。竪穴建物等の施設は板塀で囲まれた範囲内と外側である下位の平坦面にも認められる。板塀で囲まれる範囲は東西方向の長さでⅠ期が約九五ｍ、Ⅱ・Ⅲ期で約七五ｍである。板塀に接するように一間×一間あるいは二間×二間の掘立柱建物が取り付き、櫓状の施設であった可能性が想定される。なお、一基検出された製鉄炉とこれに関連する工房は区画外の下位平坦面に位置する。

出土遺物は、土師器（坏・皿・耳皿・甕・鍋）、須恵器（坏・甕・壺）、緑釉陶器、錫杖状鉄製品、石帯（巡方）がある。緑釉陶器には東濃産と近江産が含まれる。出土遺物から見た時期は十世紀前半から後半であり、十世紀代に収まると報告されている。なお、調査及び周辺地形の観察により、本集落の規模は五万㎡以上と推定される。

3　米代川中流域の集落

十世紀中頃～後半になると集落は米代川中流域から上流域にかけて展開し、遺跡数はピークに達する。中流域にあたる能代市二ツ井町チャクシ館跡・加代神館跡《かだいしんだて》を例として取り上げる。

チャクシ館跡は、能代市二ツ井町種字萩ノ岱に所在し、米代川右岸の起伏に富んだ痩せ尾根状の丘陵頂部から斜面部に立地する。標高は八五～一〇八ｍであり、沖積面との比高は六〇～八〇ｍ程である。調査の結果、堀跡六条、土塁五条、溝跡（一部は板塀跡と推測）七条、竪穴建物跡一七棟、焼土遺構八基、土坑一三基等が検出された（図4）（二ツ井町教委二〇〇一）。検出した遺構の配置、重複、堆積土の観察から次のような三時期の集落変遷が推測される。

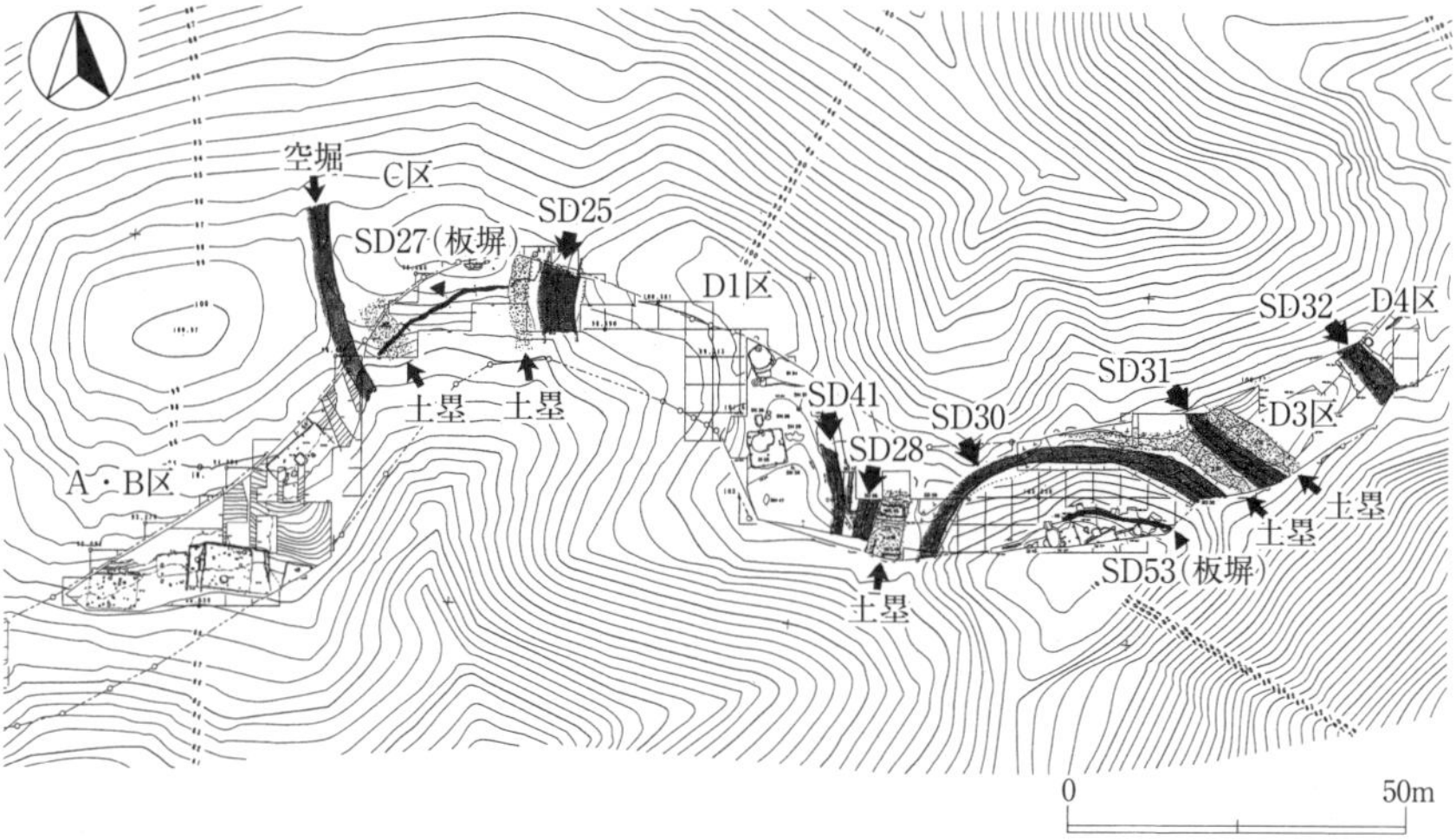

図４　チャクシ館跡の地形と遺構配置図

①尾根の平坦面あるいは斜面部に竪穴建物を中心とする集落が形成される。竪穴内外に見られる焼土遺構（製鉄あるいは鍛冶関連炉か）の存在から、本集落は鉄器生産・加工を生業とする。なお、集落成立時には溝（板塀か）、空堀等の区画施設は存在しない。

②次いで集落の縁辺部に等高線に沿うような板塀あるいは柵列による区画施設が構築される。

③最終段階に至り、区画施設は尾根を断ち割るような堀と土塁が新設され、集落を少なくとも六区画に細分する形となる。

以上の点から、堀・土塁からなる景観形成は、本集落最終段階の姿であり、〝鉄〟を生業として丘陵頂部を占地し続けたものの、外周の区画施設には二度の画期が存在していたことになる。

出土した遺物は、土師器甕を主体として、ごく少量の須恵器甕・壺類と土師器坏・把手付土器が組成に加わり、フイゴ羽口、砥石、鉄製品（刀子、絞金具等）も認められる。集落の存続時期は、十世紀後半から十一世紀代にかけてと見られる。

加代神館跡は、能代市二ツ井町種字下火箱前に所在し、チャクシ館跡から北方向に連なる丘陵端部の舌状台地先端部に立地する。両館跡間の距離は約一・六㎞である。標高は五五ｍ前後であり、

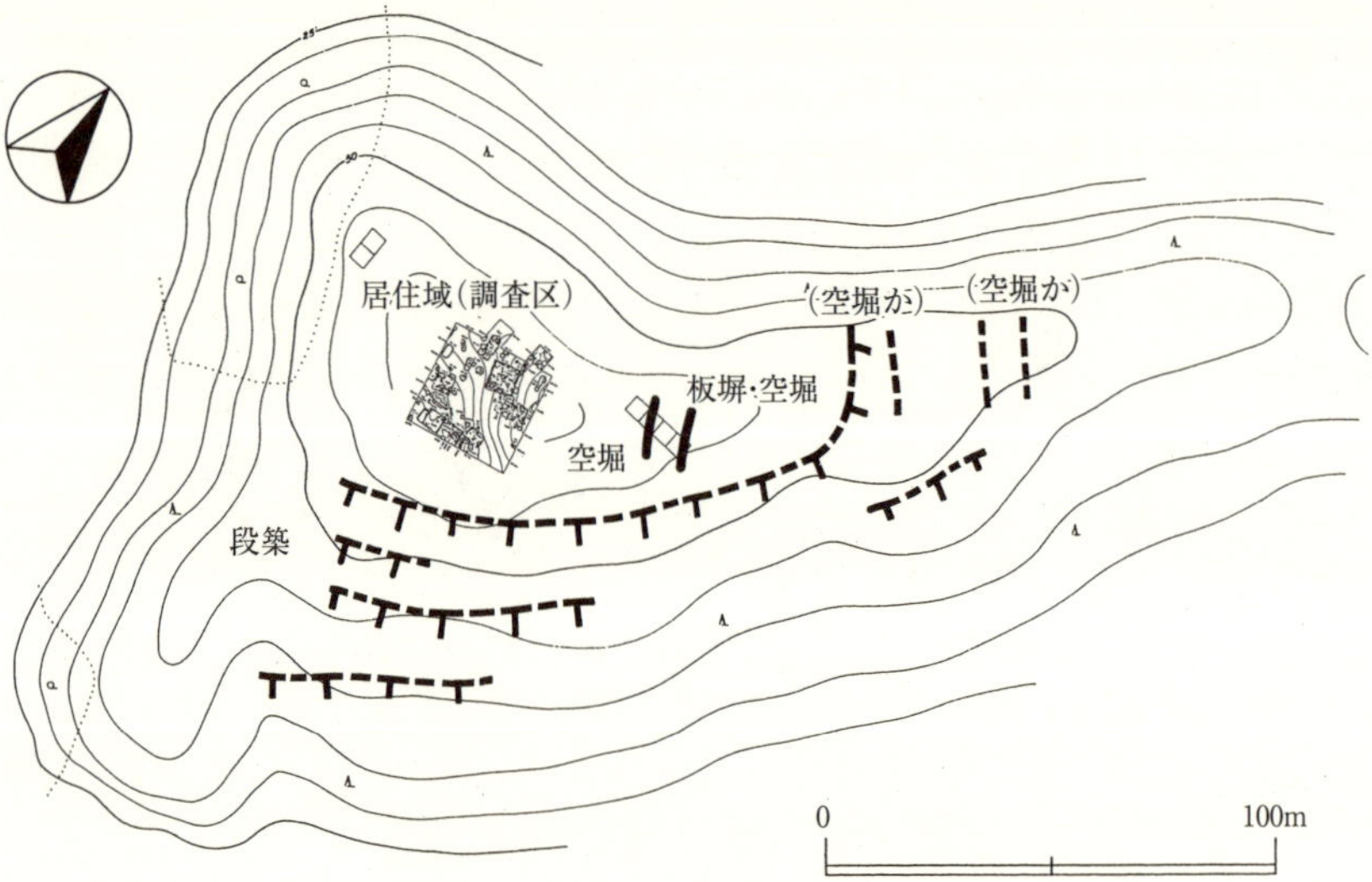

図5　加代神館跡の地形と遺構配置図

沖積面との比高は約三〇mである。調査の結果、堀跡二条、竪穴建物跡一七棟、土坑二六基、溝跡・柱穴等が検出された(二ツ井町教委一九九六)。

遺構の配置は、台地先端部寄りに竪穴建物跡、基部寄りに堀、溝跡・柱穴が配される(図5)。報告によれば、堀構築の前段階には板塀が区画施設として存在し、これが焼失後に整地され、次いで堀が二時期にわたって開削される。板塀の存在は炭化板(ヒノキ科)が等高線に直交するように確認されたことと、溝跡・柱穴列の検出からの判断である。旧段階の堀跡は、上面幅七・八m、下面幅三・三m、深さ四・二m(断面逆台形)であり、斜面下位側には土塁が造られていたようである。新段階の堀は、先の土塁上から掘り込まれている。推定される上面幅は二・三m、下面幅一・三m、深さ〇・七〜〇・九m(断面逆台形)である。区画施設内の竪穴建物跡は、北側と南側の二つのまとまりが認められ、カマドの有無や床面の付属施設・遺物から、北側は居住域、南側は鍛冶関連の工房域に分けられる。遺構内出土遺物は、土師器(坏・甕・把手付土器)、須恵器(壺・甕類)、羽口、鉄製品である。また、新段階堀内からウマ臼歯が三本出土している。時期は十世紀後半から十一世紀代までであり、板塀・炭化材の放射性炭素年代は、ＡＤ九九〇年と測定されている。なお、チャクシ館・加代神館跡は、大館遺跡の東北東約一二㎞に位置する。

4　小　結

出羽国北半の限られた事例ではあるものの、囲郭集落の成立から展開・終末を次のようにまとめることができる。

①当該集落の発生は九世紀第４四半期の秋田平野南部に求められ、台地の縁辺部に柵列を巡らせる景観が形成される。

②十世紀に入ると米代川河口・下流域に新たな集落が成立し、丘陵縁辺には①段階より大規模かつ堅固な柵列を巡らせ、櫓状建物も配置される。

③十世紀中頃以降、集落は米代川中・上流域にまで拡大し、遺跡数は急増する。下流域の集落（大館遺跡）を含め中流域の集落では新たに堀（一部で土塁）が区画施設として採用される。しかし、集落形成時には区画物が認められない場合もあり、次いで塀・柵列による構造物が導入され、最終的に堀を開削する段階に至る。堀縁辺や土塁上には柵列・逆茂木等が付加されていた可能性も想定しておきたい。

④各段階を通して共通する事項は、集落内には製鉄・鍛冶関連の施設が認められ、壁立式の竪穴建物を住居兼工房として利用している。

⑤当該集落の終末時期は十一世紀代に求められ、明確に十二世紀に下る事例は認められない。

二　囲郭集落の系譜は出羽国城柵に

囲郭集落成立の系譜はどこに求めることができるのか。それは出羽国北半の城柵、九世紀代の秋田城や払田柵の外観及び機能にあると見たい。両者を結びつけるキーワードは、区画施設、鍛冶、壁立式竪穴建物の三点である。囲郭集落を特徴づけるこの三要素は、城柵側からの情報・技術発信によることを払田柵の事例を題材として提示する。

1　払田柵跡外柵・外郭施設の役割とは

横手盆地北部に位置する払田柵跡は、遺物及び年輪年代測定により九世紀初頭（八〇一年頃か）に創建され、十世紀後半まで存続した城柵である。払田柵という名称は小字名＋柵から発しており、六国史等の史料上には一切登場しない。その一方で史料上の記述が認められる雄勝城（七五九年造営）は考古学的な実態が全く不明であること、および創建時期の違いから、払田柵＝第二次雄勝城であるという説が示されるが異論もある（熊田一九九六）。

払田柵跡は沖積地面に島状を呈する長森・真山という二つの小丘陵を囲む外柵と、長森を囲む外郭からなる。長森丘陵中央部には政庁がある（図6）。外柵は東西約一三七〇m、南北約七八〇m、総延長約三六〇〇mの範囲で長楕円状に材木塀が巡らされるが、創建一時期のみの造営である。外郭は東西七六五m、南北三二〇mの長楕円形で、創建時は丘陵部が築地塀、沖積地部では材木塀、九世紀中頃に改築された時には全体が材木塀となる。外郭の材木塀は十世紀初頭から前半にも二度改築されており、合計四時期の変遷が認められる。北側材木塀の外側には幅三〜四mの大溝が並行して延び、材木を運搬する運河の役割も果たしていたと見られる。区画施設としての大溝は秋田城跡でも確認されている(1)。

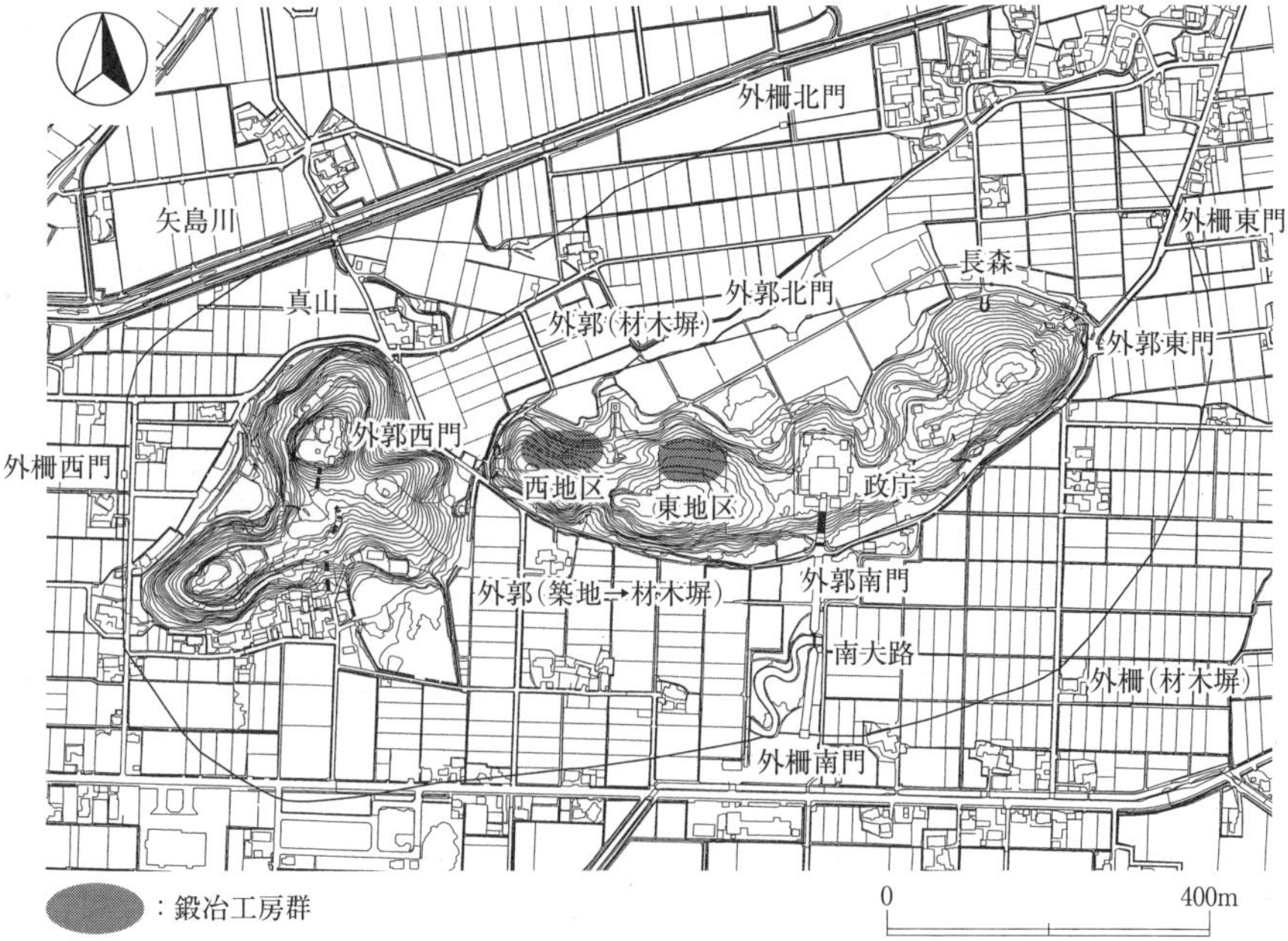

図 6　払田柵跡の立地と区画施設の配置

外柵・外郭という区画施設には、防御ライン的な性格が想定されており、城柵の軍事的な面を強調した構造物であるという評価が一般的である。ところが、払田柵跡の外柵は少なくとも河川と交差する四か所で途切れていることが近年の調査で明らかとなった（秋田県教委二〇〇八）。この事実から導き出されることは、防御的な施設は長森丘陵部の外郭が担っており、外側の区画である外柵は異なる性格を与えられていたことになる。ここから「権力を誇示するための巨大装置」であるという推論に行き着くのである。権力を誇示する相手は蝦夷であり、横手盆地内に居住していたであろう民の他に、朝貢・交易のため奥羽山脈を越えて遠路北方から訪れた蝦夷も対象にしていたはずである。外柵内の沖積地面を流れている河川は、それ自体綺麗に整備され、交易品や各種資材の運搬はもとより、豪華な造りである外柵・外郭内施設を見せつける目的での遊覧航行などにも利用されていた可能性もあろう。長森丘陵寄りの微高地には政庁正殿を模したような南側に庇のつく掘立柱建物が創建段階に存立しており、ここで蝦夷に対する饗宴が行われていたであろうことが、「調米」と書かれた木簡の出土から類推される。(2) 城柵における饗給政策が最重要視されているとすれば、(3) 蝦夷を懐柔するための道具の一つとして巨大装置は必要不可欠であったと考えたい。

一方、蝦夷側から見ると巨大な構造物はインパクトが大きく、その印象は彼らの脳裏に深く刻み込まれていったに違いない。蝦夷集団の一部は新たな集落形成にあたり、城柵の「権力を誇示」する道具としての区画施設を巡らせたとも十分に予想されるのである。

2　払田柵跡の鍛冶関連工房群

政庁の位置する長森丘陵部西側には、二地区で鍛冶関連の工房が群をなして分布する。丘陵西端に近い〝西地区〟と、政庁寄りの〝東地区〟である（図6）。両地区の操業時期は、外柵が失われ、外郭が最も外側の区画施設としての役割を開始した後であり、それは九世紀第3四半期から十世紀前半代に限定される。西地区が先行し、東地区では九世紀第4四半期を始期とする。十和田火山灰降下後にも鍛冶工房は稼働しているが、遺構面や出土遺物を観察すれば、降灰後長期間の存続は想定しづらく、十世紀前半代に終期を迎えたのであろう。

両地区の鍛冶関連工房群は、丘陵北側斜面部の上位側に板塀による東西方向の区画が認められ、その下位の比較的限定されたエリアにまとまりをもつ共通点がある。西地区工房群は、比較的整然とした建物配置を示すことから、城柵に付属する官営工房的な印象を与えてくれる。ところが東地区は様相が極端に異なるのである。

東地区の鍛冶工房域は、遺構の分布から北側緩斜面部の東西約六〇m、南北約四〇m、面積にして約二四〇〇㎡の範囲と推定される。ここでは計三四五㎡（推定範囲の一四%）のトレンチ調査を行い、鍛冶工房跡を三六棟検出した。単純な比較はできないことを承知で比例計算すると、当エリア内には二五〇棟もの鍛冶工房が重複を伴いながら存在

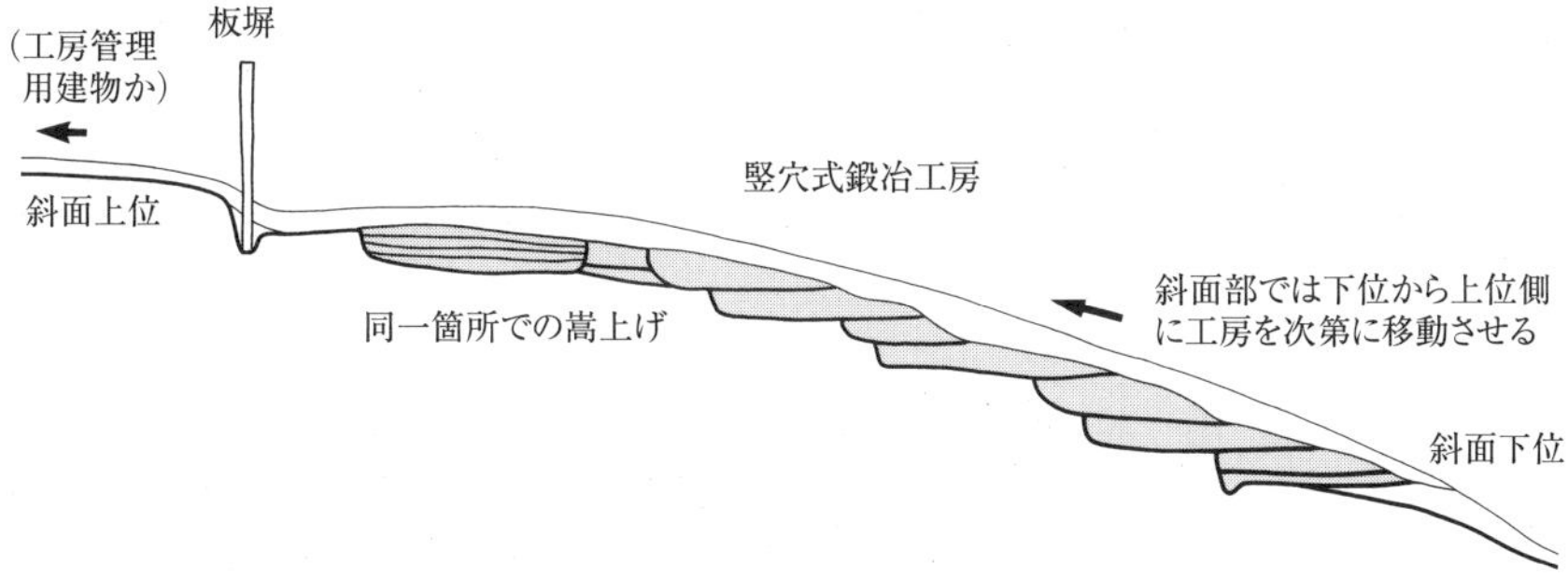

図7　払田柵跡東地区の鍛冶工房群遺構配置模式図（第122次調査Ｂ区）

していた可能性が考えられる（秋田県教委二〇〇九）。

北側斜面部で集中的に検出された鍛冶工房は、原則として壁立式の竪穴建物であり、その構築において次の方法を採用する。斜面上位側を削り下位側に盛ることで平坦面を確保し、最初の竪穴工房は斜面下位側に設置する。次に新たな工房を構築する際には旧工房を埋め立て、斜面上位側に移動させる。次なる工房は階段を上るように順次上位側に移す。工房域の南限には板塀列が存在することから、ここでは同一箇所での竪穴床面の嵩上げを行い工房の更新を実行している。これは二〇〇三年の第一二二次調査Ｂ区において顕著に観察され、長さ二九ｍ程の範囲内に十三棟もの鍛冶工房が重複していたのである（図7参照）。同一箇所での工房床面の嵩上げは、二〇〇七年の第一三五次調査区で四時期、翌年の第一三七次調査区でも八時期確認されており、第一二二次の事例が特別ではなく、本区域内では通例と見なすことができる。第一三七次の八時期間の嵩上げ総高は一・三ｍであり、その工房は当初竪穴式であったが、嵩上げを繰り返した結果、七時期目からは掘り込みのない平地式の掘立柱建物構造となる。

さらに炉の配置や床面状況を観察すると、比較的短期間で工房自体を更新する作業を行っていたと考えざるを得ない。それでも、鍛冶工房の主たる要件である床面（作業面）形成には、炭化物や粉砕した土器類等を多く含んだ黒色シルト質土を最初に敷いて、その上に粘質土を貼るという防湿効果を意図したような作業工程を一通り経てから鍛冶炉を設置している。ここから導き出されるのは、工房自体の構築にも重点が置かれていたとみられる。本地区鍛冶炉周辺からは少量ながら鍛造剥片やフイゴ羽口、椀形鍛冶滓等が出土していることから、鍛錬作業を行っていたことは間違いない。しかしながら、工房建築自体にも力点を置いていたことは、何を意味するのか。

東地区の工房群は蝦夷と呼ばれた人々に対する職業訓練・授産施設と類推したい。ここには鍛冶・鍛錬技術の伝授と共に鍛冶工房兼住居の建築法、すなわち壁立式竪穴建物構築の技術供与が含まれていたと類推する。

3　壁立式竪穴建物の伝播経路

壁立式竪穴建物は近江地域に起源があり、七世紀後半に越前・加賀地域に波及し（北野一九九四）、ここから城柵造営に関連して日本海沿岸部を北上し、秋田城経由で九世紀代に出羽北半沿岸部・米代川流域、そして津軽地方にも導入と見られていた。これに上述の払田柵跡での鍛冶工房群の検討から出羽内陸部・横手盆地から北上したルートも浮上する(4)。事実、壁立式竪穴建物は、横手盆地内の集落では九紀初頭には認められ、陸奥国側より先行することが知られる。陸奥国では坂東を出自とする移民系集落が一定規模で展開しており、彼らの居住形態である伏屋式竪穴建物が十世紀代まで踏襲される。

また、カマドをもつ竪穴建物と掘立柱建物が縦列結合し、一体となる施設も横手盆地を経由して北方の集落で大きく展開を示すことも明らかとなってきた（図8）。この種の建物は、九世紀初頭から前半に横手盆地や盛岡市志波城内、山形盆地（村山地方）で散見され、中頃には払田柵跡でも確認される（秋田県教委二〇〇九）。横手市田久保下遺跡では須恵器生産に関わる工房として利用されていた（図8、下段左から2例目）。しかし九世紀後半に入ると分布は北方の地に移り、三〇〇棟以上の検出例のうち九割が津軽・米代川流域の集落内での確認となるのである。このような居住スタイルは、鍛冶工房兼住居として最適と判断され、導入・展開したと言えよう(5)。

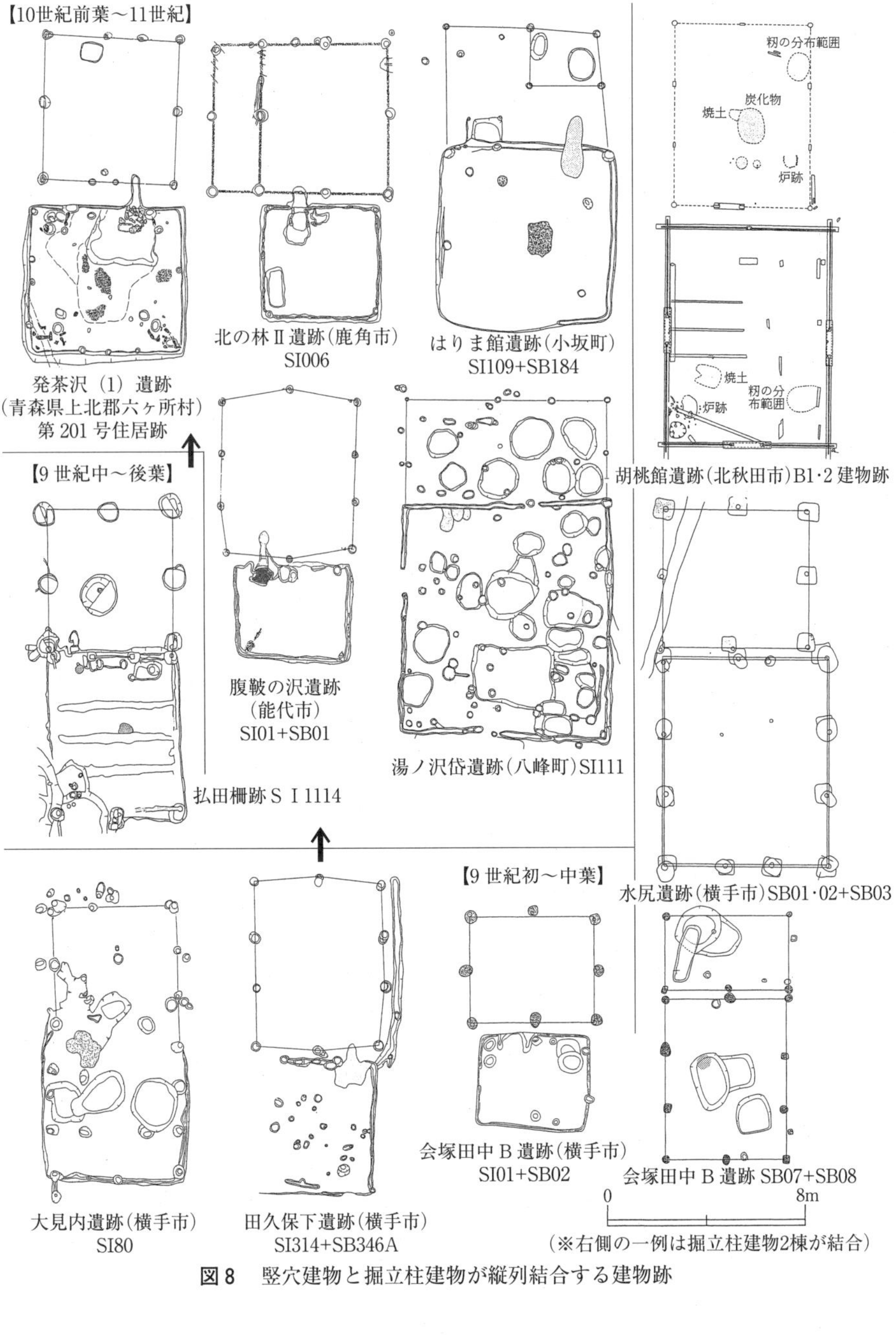
【10世紀前葉～11世紀】
発茶沢（1）遺跡
（青森県上北郡六ヶ所村）
第 201 号住居跡
北の林Ⅱ遺跡（鹿角市）
SI006
はりま館遺跡（小坂町）
SI109+SB184
籾の分布範囲
炭化物
焼土
炉跡
焼土
籾の分
布範囲
炉跡
胡桃館遺跡（北秋田市）B1･2 建物跡
【9 世紀中～後葉】
腹鞁の沢遺跡
（能代市）
SI01+SB01
湯ノ沢岱遺跡（八峰町）SI111
払田柵跡ＳⅠ1114
水尻遺跡（横手市）SB01･02+SB03
【9 世紀初～中葉】
大見内遺跡（横手市）
SI80
田久保下遺跡（横手市）
SI314+SB346A
会塚田中Ｂ遺跡（横手市）
SI01+SB02
会塚田中Ｂ遺跡 SB07+SB08
0
8m
（※右側の一例は掘立柱建物2棟が結合）

図 8　竪穴建物と掘立柱建物が縦列結合する建物跡

三　城柵が囲郭集落形成に関与した理由

八世紀代を通して城柵の蝦夷支配は、一応順調に推移していた。ところが九世紀に入ると今までの施策が裏目となり、大きな支配体制の変換を余儀なくされるのである。変換後の施策の一つとして、例えば払田柵では後に北方の地で囲郭集落を形成する蝦夷に対して、鍛冶及び竪穴建物構築の技術供与と推論した。新たな施策の遂行は、城柵側、城柵設置域の土地事情とも関わるのである。

1　城柵支配の推進と転換

八世紀後半から九世紀初頭の短期間において、出羽・陸奥国の五城柵、出羽国の秋田城・払田柵・城輪柵、陸奥国北半の志波城・胆沢城が大改修・新築される。八〇一年頃に創建された払田柵外柵の総延長は三六〇〇m、推定角材数一万二八〇〇本を建て並べた材木塀が威容を示すことができたのも、バブル期の造営であるが故であろう。「調米」の木簡は秋田城や払田柵で蝦夷に対する饗給が行われていたことを示す。その一方で同じ頃、雄勝城には越後国の米一万六百斛、佐渡国の塩一百廿斛を鎮兵の食料として毎年運送させることが史料上に記されている（『日本紀略』八〇二年〈延暦二十一〉正月条）。雄勝城への米や塩の運送とは、支配力強化を図る出羽国城柵への北陸からの支援物資といえば聞こえはいいのだが、内実は自国での食料生産体制の不備、あるいは他国に依存しなければならないほどの財政悪化が見え隠れする。このことは日本国レベルでも同じであり、八〇五年（延暦二十四）の徳政相論により、「軍事」と「造作」、すなわち蝦夷征伐と平安京の造営という巨費を投じた国家二大プロジェクトが停止されたが、これは国家財政の破綻的な状況が背景にあったとされる。

このように九世紀初頭から前半期とはバブル末期の城柵建設ラッシュと版図拡大・饗給政策の推進から一転して、バブルの崩壊と蝦夷支配の転換を余儀なくされた時期でもある。これを端的に具現しているのは八一四年（弘仁五）までには成立した志波城の後継城柵、徳丹城である。その外郭規模は一辺約三五〇m四方であり、面積比では志波城外郭（一辺八四〇m四方）の一七％に縮小する。これは払田柵も同様であり、九世紀中頃に最初の改築がなされるが、この段階では巨大な外柵材木塀と四門は遺棄され、長森丘陵部の外郭施設（材木塀）と政庁等が再建される。外郭の占有面積は外柵囲郭時の一八％にまで縮小する。

2　環境問題

横手盆地の九世紀後半から十世紀初頭段階の遺跡堆積層には、河川の運搬作用によりもたらされた多量の炭化物を含む粘土鉱物が厚く挟み込まれている。払田柵跡の南東側に近接する美郷町厨川谷地遺跡は、払田柵専用の祭祀場であるが、ここでは旧河川内から厚さ一m以上もの炭化物を含む粘土堆積層が認められ、微高地部でも約三〇㎝の厚さがある。同時期・同様の事例は払田柵跡内や横手市雄物川町八卦遺跡でも確認されている。このことは、奥羽山脈西麓一帯で大規模な森林伐採、木材の焼却が広範囲で行われ、山地・丘陵部が裸地化した結果と類推される。実際に盆地内では九世紀初頭に払田柵が造られ、莫大な量の木材が奥羽山脈の森林から切り出された。また、九世紀代を通して多くの須恵器窯が築かれ、燃料材が大量に消費される。いわば大規模な開発行為の代償として耕地が荒廃し、水田稲作などの生産性が不安定となった可能性が考えられる。これに関連して、秋田県男鹿市一ノ目潟での湖底堆積物を花粉分析し気候復元を実施したところ、おおよそ九世紀代の年間降水量が過去五〇〇〇年で最高を示すデータも報告されている（五反田二〇〇八）。

環境問題の事例は陸奥国にも認められる。胆沢城や周辺の関連集落に須恵器や瓦を供給した瀬谷子窯跡群（北東北最大の窯跡群、二〇〇基以上）が立地する古代江刺郡内でも森林破壊と土壌の劣悪化が認められるとの指摘もある（伊藤二〇一〇）。

一方で、当該期は平安海進とも称される気候温暖化の時期と重なり、水田稲作の適地が北方に拡大したはずである。津軽を含む北東北が出羽国の管轄に置かれていたとする見解に従えば、水田耕作地拡大の情報は、出羽国側に入っていたであろう。荒廃した城柵設置域での生産力を北方の大地で補完する意図があったと推測される。

四　蝦夷側の事情

城柵側から蝦夷への動きは、受け取る蝦夷側の事情もあり、特に米代川流域や津軽地方では集落数の急増がそれを物語る。蝦夷側の事情とは、元慶の乱と十和田火山の噴火を直接的な契機とする。

1　独立行動の挫折と自然災害

元慶の乱（八七八年）は、秋田城司による苛政に端を発し、城下の蝦夷（史料上の記述は、夷俘）が秋田城を焼き討ちにするに至った。その勢力は「秋田城下賊地」の一二村（米代川流域や男鹿半島・八郎潟周辺の村々）の広い範囲に及び、雄物川以北の地の独立を要求するほど意気が上がっていた。秋田城側は前線基地「野代営」を米代川下流域に設置し交戦したが敗れた。また、秋田城奪回のために五〇〇〇の大軍を動員したものの、蝦夷側の奇襲により大損害を受け、軍馬一五〇〇疋、鎧兜三〇〇具などが奪い取られた。最終的には秋田城側が勝利となるのだが、終息には一年を費やした。乱後の蝦夷側の状況を示す史料はないが、そのダメージは小さくはなかったはずである。

九一五年には、十和田火山が噴火する。現在の十和田湖中海を火口とする噴火は、過去二〇〇〇年に国内で起こっ

復元図は遺跡を南東方向から鳥瞰。柵（Ａ２）越しに２棟並ぶのがＢ１・２建物（図８右上）、奥にＣ建物。図は奈良国立文化財研究所・細見啓三氏が第２次調査終了後に描いたもの。
（秋田県教委1970 表紙より引用）

図９　胡桃館遺跡復元図

た火山噴火の中で最大規模である。降下した火山灰には、十和田ａ火山灰の名称が与えられているが、米代川流域ではシラスとも称される。米代川流域ではシラス洪水で埋没した家屋が八地区で確認されており、江戸時代以来の記録や伝聞を含めると五〇軒程の家屋がシラス層下から発見されている。埋没家屋のうち、北秋田市に所在する胡桃館遺跡の事例を紹介する。

遺跡は、中学校グランド造成工事に伴い遺物が出土したことを端緒とし、一九六七年から三カ年次にわたり発掘調査が実施された。調査の結果、弧状をなす柵列（Ａ２）の内側に建物が四棟検出された（図９）（秋田県教委一九七〇）。四棟ともシラス層下にある同一の黒色土面に建てられている。建物部材はいずれも南東の方向にやや傾いてることから、北西方向から押し寄せたシラスにより埋没したことを物語る。堆積したシラスの厚さは二ｍにも達していた。四棟のうちで最も大きなＣ建物は、桁行一一・八ｍ×梁行九ｍの東西棟の礎石建物である。礎石（玉石）の上に土居が乗せられ、床は板張りである。壁は板校倉で組み上げられ、扉は南面に三口、北面に二口、東西面に各一口の計七口あり、全て外に開く観音扉となる。扉の寸法などから南面中央が正面出入口と考えられる。出土遺物のなかには、木簡が二点含まれていた。うち一点には、「玉作麻主」「建部弘主」「伴万呂」などの人名や米の支給量が「五升五合」「一升五合」「一升」等と記され米の支給帳簿と推測される。

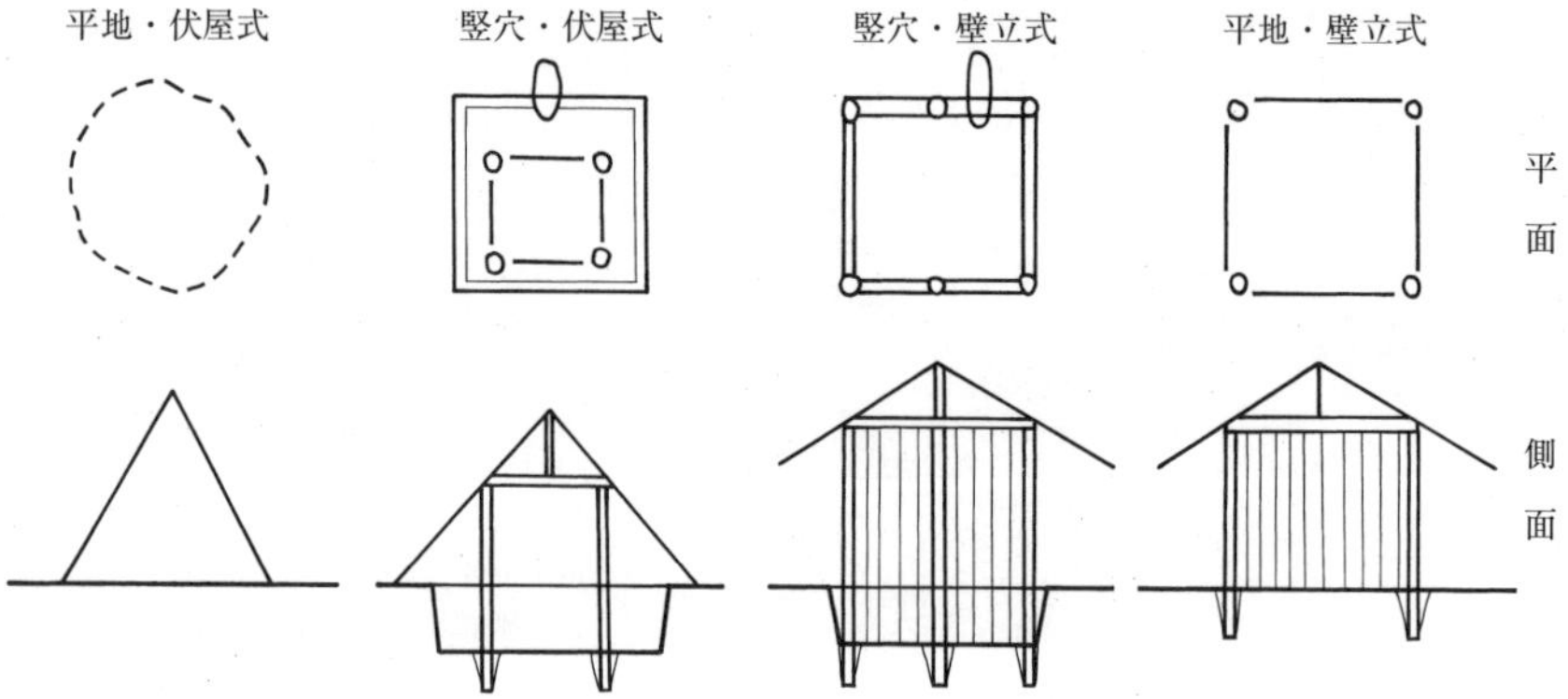

図10　平地・竪穴、伏屋・壁立式構造模式図

米代川はかつて米白川と呼ばれ、これは米のとぎ汁＝シラスが流れてきた川に由来する。この名称からも想像されるように、災害後の流域・沖積地は元の地形が判別できないほどの白い大地に変質したに違いない。当然、水田地帯も完全に耕作不可地に陥ってしまった。火山噴火に伴う直接的な被害範囲は不明であるが、日本海沿岸部の由利本荘市横山遺跡で検出された水田は、十和田火山灰降下により耕作を放棄したことが知られ、米代川流域のみならず広範囲な被害が起きていたと予想される。

2　流動生活から定住へ

鍛冶技術と壁立式竪穴建物構築の受容は、鉄という生業確保に伴う定住化と密接な関係があろう。本稿で主に取り上げている米代川流域や津軽地方における九世紀後半以前の古代集落・住居は極端に少ない[6]。しかし『日本書紀』などの文献史料には次のような記録がある。

七世紀の中頃に「渟《ぬ》代《しろ》の蝦夷」等が朝廷側に服属し、朝廷は渟代郡の郡領（郡司の中の大領と少領の総称）を任命し（斉明天皇四年〈六五八〉四月）、渟代郡の大領・沙尼具那《さにぐな》に冠位を与え、蝦夷の人口調査を命じた（同年七月）。また、斉明天皇五年（六五九）三月には、阿倍比羅夫が軍船一八〇艘を率いて蝦夷を討ち、その際に功績のあった秋田・渟代二郡の蝦夷二四一人等を集めてもてなした。以上のように史料上では、遅くとも七世紀中頃段階に当地域は、朝廷側から「渟代郡」という認識がなされ、一定数の蝦夷が居住し、郡域を治めていた郡領も存在していたことになる。その後にも宝亀二年（七七一）には渤海国使が「出羽国賊地野代湊」に到着している。

人数の誇張はあるとしても、渟代＝野代＝現在の能代・米代川下流域には一定規模の村が複数成立していたとみることが可能である。史料記録と考古学調査のギャップは、遺構として確認できない建物・住居構造に要因があると類推される。それは前項で紹介した埋没家屋を観察することでも言及できる。地面に土居を置き、その上に柱や板壁を組み上げる平地・壁立式の建物は、考古学調査では遺構として確認することは困難である。それが特殊例であるとしても、地面に掘り込みを伴わない平地・伏屋式の家屋も十分に想定されるのである（図10）。

今までの彼らの生業は明確ではないが、平地・伏屋式であったとすれば流動性に対応したものであったはずである。それが新たな生活スタイル導入にあたり、工房を兼ねる壁立式竪穴建物を受容した[7]。それが障害なくスムーズに移行したのは、集落数の急増が示すとおりである。

おわりに

北東北から北海道島南部の古代後期に成立した特異な集落景観は、出羽国特に北半の城柵である秋田城・払田柵をモデルとして成立した。城柵の外郭施設が払田柵跡での検証により、防御性よりも「権力を誇示するための巨大装置」であるとの評価に基づけば、城柵としての機能が実質的に低下・停止した段階に登場する囲郭集落は、律令側・城柵が担っていた「権力」を引き継ぐ「正当性」あるいは「象徴性」を誇示するために区画施設を巡らせたと推論されるのである。しかしながら、このことが区画施設に防御性が全く加味されていなかったと規定するものではない。集落の位置する地域や時期・立地により、区画施設に防御的な機能を持たせていた可能性は高い。

十世紀後半には一転して囲郭集落数が減少傾向を示す。これと入れ替わるように出羽では清原氏関連の居館・城館とされる遺跡が旧城柵設置域に登場する。一例として横手盆地中央部に清原氏の城館跡とされる大鳥井山遺跡がある（本書、島田論文参照）。近年の調査・検証により大鳥井山は、十世紀後半の払田柵最末期（政庁第Ⅴ期）に成立し、その立地・外観構造は払田柵の景観をコピーしたかのようである。さらに大鳥井山の景観が平泉・柳之御所に引き継がれたとする見解もあり（横手市教委二〇〇九）、今後の大きな検討課題を含みつつも、城柵景観の流れが囲郭集落、清原氏関連の居館・城館、そして奥州平泉・藤原氏に繋がるのではないか。東北の古代城柵が辺境における「ミニ都城」とすれば、囲郭集落や古代末の居館・城館とはまさしく「ミニ城柵」と称することができよう。

註

（1）秋田城跡の外郭施設は創建Ⅰ期（七三三年～八世紀後半前葉）が瓦葺の築地塀、Ⅱ期（～八世紀末・九世紀初頭）が非瓦葺の築地塀、Ⅲ期（～八七八年、元慶の乱で焼損）が材木塀・柱列塀、一部に内溝・外溝、Ⅳ期（～十世紀中葉）が材木塀、Ⅴ期（十世紀中葉～）大溝である（伊藤二〇〇六）。

（2）「調」は税のひとつで、時期により異なるものの原則として出羽・陸奥の調庸物は京に納めるのではなく、蝦夷対策用に自国内に留め置くことが規定されている。従って出羽国から出土した木簡に「調米」と書かれていることは、蝦夷への饗給用の食料として出された米を指すと見てよい。「調米」の木簡は秋田城跡からも出土している。

（3）越・出羽・陸奥の国司の特別な分掌として饗給、征討、斥候が与えられていた。饗給とは蝦夷を招いて饗宴を催し、食料や衣服、位階を与え律令側に帰属させるための、いわばアメの政策である。

（4）壁立式竪穴建物の二系統の伝播経路は、出羽型甕（底部が丸底・砲弾形の長胴甕）にもあてはまる。この甕は北陸型煮炊具の組成の一つとして越中、越後、出羽と日本海側を北上する伝播ルートが知られている。従来沿岸部を中心とする分布と見られていたが、出羽内陸部や陸奥国でも出土することが判明し（伊藤二〇〇四）、そのルートは払田柵を経由して陸奥国の志波城・徳丹城周辺に点在する。払田柵への流入経路については、横手盆地内の遺跡分布を考慮すれば秋田城経由ではなく、北陸→庄内→由理→横手盆地西部→払田柵と見ている。

（5）一方の横手盆地では九世紀後半以降には、竪穴に掘立柱が接続する建物は認められなくなる。ただし、竪穴部を掘立柱に置き換えた掘立柱＋掘立柱式の建物が散見されることから、一棟内に居住空間と作業場を確保した建物は存続していたと推測される。十一世紀以降の様相は不明確ではあるが、同種の居住形態は以後も引き継がれ、近世民家の直屋に繋がる可能性も想定しておきたい（秋田県教委二〇〇九）。

（6）米代川流域における発掘調査された古代集落は、約一四〇遺跡にのぼる。検出された竪穴建物（住居）跡は約一五五〇棟、掘立柱建物跡は約三〇〇棟を数える。これら集落のうち、八世紀から九世紀中頃に比定されるのはわずか七遺跡に留まり、他は九世紀後半以降に成立する（高橋二〇一〇b）。この傾向は米代川流域のみならず、青森県中西部の津軽地方でも同様である。このエリアでの古代遺跡数は、九世紀前半が一一であるのに対し、後半には七四に急増する。十世紀前半には九七に達し、後半には五七と減少に転ずる（三浦二〇〇六）。

（7）集落の急増は、全て外部からの移入と見られていたが、このような状況を考慮すれば、元々この地に居住していた蝦夷が竪穴建物による居住形態を採用したことで集落数が多く見えている可能性も考慮する必要があろう。

参考文献

秋田県教育委員会　一九七〇『胡桃館埋没建物遺跡第3次発掘調査報告書』

秋田県教育委員会　二〇〇〇『上野遺跡』秋田県文化財調査報告書第二九五集

秋田県教育委員会　二〇〇七『鴨巣館跡・鴨巣Ⅰ遺跡・鴨巣Ⅱ遺跡』秋田県文化財調査報告書第四二一集

秋田県教育委員会　二〇〇八『払田柵跡　第一二八・一三一・一三四次調査』秋田県文化財調査報告書第四三八集

秋田県教育委員会　二〇〇九『払田柵跡Ⅲ―長森地区―』秋田県文化財調査報告書第四四八集

伊藤武士　二〇〇六『秋田城跡』同成社

伊藤博幸　二〇〇四「陸奥国の「出羽型甕」―その史的意義」『岩手考古学』第16号

伊藤博幸　二〇一〇「古代陸奥の歴史的景観の変移について―開発による森林破壊と自然災害―」『環境歴史学の風景』岩田書院

北野博司　一九九四「北陸の7世紀後半の社会―総論―」『北陸古代土器研究』第5号

熊田亮介　一九九六「蝦狄と北の城柵」『越と古代の北陸』名著出版

五反田克也　二〇〇八「花粉スペクトルによる気候復元」『「一ノ目潟」湖底堆積物分析業務報告書』国際日本文化センター

高橋　学　二〇一〇a「横手盆地における払田柵成立前の古代集落跡―大仙市諸又遺跡の事例を端緒として―」『秋田県埋蔵文化財センター研究紀要』第24号
高橋　学　二〇一〇b「火山噴火後の米代川流域の村々」東北芸術工科大学公開シンポジウム『古代東北の変動―火山灰と鉄―』予稿集
能代市教育委員会　一九七八『大館遺跡発掘調査報告書』
二ツ井町教育委員会　一九九六「加代神館跡」『東北電力㈱北奥幹線新設工事に係る埋蔵文化財発掘調査報告書』
二ツ井町教育委員会　二〇〇一『チャクシ館跡発掘調査報告書』二ツ井町埋蔵文化財調査報告書第9集
船木義勝　二〇〇九「「堀と土塁」結界表現の諸相―青森市高屋敷館遺跡の基本的考察―」『秋田考古学』第53号
三浦圭介　二〇〇六「古代防御性集落と北日本古代史上の意義について」『北の防御性集落と激動の時代』同成社
横手市教育委員会　二〇〇九『大鳥井山遺跡―第9次・第10次・第11次調査―』横手市文化財調査報告第12集

集録遺跡名一覧

〔北海道〕

豊富遺跡　天塩郡豊富町
目梨泊遺跡　枝幸郡枝幸町目梨泊
紋穂内遺跡　中川郡美深町紋穂内
香川六遺跡　苫前郡苫前町香川
高砂遺跡　留萌郡小平町字小平町
神居古潭B遺跡　旭川市神居町
モヨロ貝塚　網走市北1条東～北3条東
材木町5遺跡　釧路市材木町
幣舞遺跡　釧路市幣舞町
サクシュコトニ川遺跡（K39遺跡）　札幌市北区北海道大学構内
カリンバ2遺跡　恵庭市黄金
ウサクマイ遺跡　千歳市蘭越
末広遺跡　千歳市稲穂2～4丁目・清流2丁目
上幌内モイ遺跡　勇払郡厚真町幌内
亜別遺跡　沙流郡平取町川向
カンカン2遺跡　沙流郡平取町二風谷
浦和入口遺跡　日高郡新ひだか町静内浦和
営林署裏遺跡　日高郡新ひだか町静内こうせい町1丁目
ヌッカ遺跡　日高郡新ひだか町静内御園
御園2遺跡　日高郡新ひだか町静内御園
春立海岸遺跡　日高郡新ひだか町静内春立
大川遺跡　余市郡余市町大川町
青苗貝塚　奥尻郡奥尻町青苗
青苗遺跡　奥尻郡奥尻町青苗
勝山館跡　檜山郡上ノ国町勝山
札前遺跡　松前郡松前町札前
静浦D遺跡　松前郡松前町静浦

〔青森県〕

石上神社遺跡　つがる市木造蓮川字玉川
八重菊（11）遺跡　つがる市森田町大館字八重菊
大平野Ⅲ遺跡　西津軽郡鰺ヶ沢町長平字建石
大館森山遺跡　西津軽郡鰺ヶ沢町長平字建石
杢沢遺跡　西津軽郡鰺ヶ沢町湯舟字若山
唐川城遺跡　五所川原市相内字岩井
狐野遺跡　五所川原市飯詰字狐野
隠川（4）遺跡　五所川原市持子沢字隠川
隠川（12）遺跡　五所川原市持子沢字隠川
五所川原須恵器窯跡　五所川原市高野・原子・持子沢・羽野木沢・前田野目
砂田D遺跡　五所川原市前田野目字砂田
新田（1）・（2）遺跡　青森市新田字忍
高間（1）遺跡　青森市石江字高田
野木遺跡　青森市合子沢字松森
朝日山（2）遺跡　青森市高田字朝日山
蛍沢遺跡　青森市駒込字月見野・蛍沢
宮田館遺跡　青森市宮田字玉水
高屋敷館遺跡　青森市浪岡高屋敷字野尻
山元（1）遺跡　青森市浪岡高屋敷字野尻
山元（2）遺跡　青森市浪岡杉沢字山元
山本遺跡　青森市浪岡徳才子字山本
浪岡城跡　青森市浪岡
李平下安原遺跡　平川市尾上栄松李平字下安原（旧尾上町）
新館城遺跡　平川市新館藤巻、新館後野（旧平賀町）
長谷野遺跡　弘前市高杉字尾上山
中崎館遺跡　弘前市中崎字川原田
向田（35）遺跡　上北郡野辺地町向田
荒屋敷久保（1）遺跡　八戸市金浜字土橋
林ノ前遺跡　八戸市尻内町字熊ノ沢
大仏遺跡　八戸市尻内町字四ツ神
林ノ前遺跡　八戸市尻内町字熊ノ沢
高館遺跡　八戸市市川町字高館
坪毛沢遺跡　上北郡六戸町犬落瀬字坪毛沢

〔秋田県〕

はりま館遺跡　鹿角郡小坂町小坂字下モ上八山
白長根館Ⅰ遺跡　鹿角郡小坂町白長根
堪忍沢遺跡　鹿角市花輪字堪忍沢
太田谷地遺跡　鹿角市花輪字中畑
矢立廃寺跡　大館市白沢字松原
釈迦内中台Ⅰ遺跡　大館市釈迦内字中台
大館野遺跡　大館市白沢字大館野
道目木遺跡　大館市道目木字中谷地
胡桃館遺跡　北秋田市綴子字胡桃館（旧鷹巣町）
チャクシ館跡　能代市二ツ井町種字萩ノ岱
加代神館跡　能代市二ツ井町種字下火箱前
竜毛沢館遺跡　能代市二ツ井町切石字竜毛沢
サシトリ台遺跡　能代市外荒巻字サシトリ台
大館遺跡（大館跡）　能代市田床内字大館
鴨巣Ⅰ・Ⅱ遺跡　能代市田床内字鴨巣
寒川Ⅱ遺跡　能代市浅内字寒川家上
十二林遺跡　能代市浅内字十二林
福田遺跡　能代市浅内字福田上野
中渡遺跡　山本郡三種町鵜川字中渡（旧八竜町）
扇田谷地遺跡　山本郡三種町鵜川字扇田谷地（旧八竜町）
泉沢中台遺跡　山本郡三種町鹿渡字泉沢中台（旧琴丘町）
盤若台遺跡　山本郡三種町鹿渡字盤若台（旧琴丘町）
小林遺跡　山本郡三種町鯉川字小林（旧琴丘町）
堂の下遺跡　山本郡三種町鯉川字堂の下（旧琴丘町）
貝保遺跡　南秋田郡八郎潟町川崎字貝保
北遺跡　南秋田郡五城目町野田字北
開防遺跡　南秋田郡五城目町小池字開防
石崎遺跡　南秋田郡五城目町大川下樋口字道の下
岩野山遺跡　南秋田郡五城目町上樋口字樽沢
中谷地遺跡　南秋田郡五城目町大川谷地中字谷地
越雄遺跡　南秋田郡井川町黒坪字越雄
西野遺跡　潟上市豊川山田字家ノ上（旧昭和町）
羽白目遺跡　潟上市上虻川字羽白目（旧昭和町）
元木山根Ⅱ遺跡　潟上市大久保字元木山根（旧昭和町）
小谷地遺跡（脇本埋没家屋）　男鹿市脇本富永字小谷地
長者森遺跡　男鹿市脇本富永字大倉
飯森館跡　男鹿市脇本富永字飯森
三十刈Ⅱ遺跡　男鹿市五里合箱井字三十刈、是ケ沢

海老沢窯跡　男鹿市野石東中李台（旧若美町）
大平遺跡　秋田市金足岩瀬字松館大平
待入Ⅲ遺跡　秋田市金足片田字待入
秋田城跡　秋田市寺内字大畑・鵜ノ木・焼山・大小路
後城遺跡　秋田市寺内字後城
古城廻窯跡　秋田市添川字古城廻
長岡遺跡　秋田市下新城長岡字長岡
谷地Ⅱ遺跡　秋田市下新城岩城字谷地・末沢
大沢遺跡Ⅱ　秋田市上新城中字大沢
片野Ⅰ遺跡　秋田市上新城中字片野
深田沢遺跡　秋田市上北手古野字深田沢（現御所野湯本1丁目）
湯ノ沢F遺跡　秋田市四ツ小屋末戸松本字湯ノ沢（現御所野湯本6丁目）
下堤C遺跡　秋田市四ツ小屋小阿地字下堤（現御所野下堤5丁目）
坂ノ上E遺跡　秋田市四ツ小屋小阿地字坂ノ上（現御所野地蔵田2丁目）
虚空蔵大台滝遺跡　秋田市河辺豊成字虚空蔵大台滝（旧河辺町）
松木台Ⅲ遺跡（河辺松木台Ⅲ遺跡）　秋田市河辺松渕字松木台（旧河辺町）
上野遺跡　秋田市河辺戸島字上野（旧河辺町）
湯水沢遺跡　由利本荘市葛法字湯水沢
横山遺跡　由利本荘市福山字横山
払田柵跡　大仙市払田、仙北郡美郷町本堂城回（旧仙北町・千畑町）
厨川谷地遺跡　仙北郡美郷町土崎字厨川谷地（旧千畑町）
内村遺跡　仙北郡美郷町千屋字内村（旧千畑町）
観音寺廃寺跡　横手市大森町上溝字観音寺
樋向遺跡　横手市雄物川町会塚字北田
会塚田中B遺跡　横手市雄物川町会塚字田中
八卦遺跡　横手市雄物川町沼館字八卦
郷士館窯跡　横手市赤坂字郷士館
大鳥井山遺跡　横手市大鳥町、新坂町
鵜沼城跡　湯沢市桑ケ崎字平城（旧雄勝町）

〔岩手県〕

萩沢Ⅱ遺跡　宮古市鍬ヶ崎字萩沢
青猿Ⅰ遺跡　宮古市千徳青猿
細越（1）遺跡　宮古市田代字細越
島田Ⅱ遺跡　宮古市八木沢
磯鶏館山遺跡　宮古市磯鶏字中谷地・岸ノ前
大畑Ⅱ遺跡　下閉伊郡山田町飯岡
上村遺跡　下閉伊郡山田町織笠
湾台Ⅲ遺跡　下閉伊郡山田町織笠
後山Ⅰ遺跡　下閉伊郡山田町織笠
山ノ内Ⅱ遺跡　下閉伊郡山田町船越
山ノ内Ⅲ遺跡　下閉伊郡山田町船越
沢田Ⅰ遺跡　下閉伊郡山田町山田
室浜遺跡　釜石市片岸町
大釜館遺跡　岩手郡滝沢村大釜字外館
志波城跡　盛岡市中太田字方八丁
下羽場遺跡　盛岡市羽場

〔山形県〕

下長橋遺跡　飽海郡遊佐町小原田字道の下

徳丹城跡　紫波郡矢巾町西徳田
星川窯跡　紫波郡紫波町北田字星川
下川原Ⅱ遺跡　紫波郡紫波町南日詰字下川原
熊堂古墳群　花巻市上根子谷地・熊堂
大瀬川A・B遺跡　花巻市石鳥谷町大瀬川
大曲遺跡　花巻市石鳥谷町戸塚字大曲
国見山廃寺跡　北上市稲瀬町内門岡
相去窯跡　北上市相去字葛西壇・高前壇
成沢遺跡　北上市相去町中成沢
鳥海柵跡　胆沢郡金ヶ崎町西根・原添下
瀬谷子窯跡　奥州市江刺区稲瀬字瀬谷子
横枕Ⅱ遺跡　奥州市水沢区佐倉河字横枕
胆沢城跡　奥州市水沢区佐倉河
長者ケ原廃寺跡　奥州市衣川区田中西
柳之御所遺跡　西磐井郡平泉町平泉字柳御所
志羅山遺跡　西磐井郡平泉町平泉字志羅山

—

東田遺跡　飽海郡遊佐町庄泉字東田

城輪柵跡　酒田市城輪字嘉平田
後田遺跡　酒田市政所後田
堂の前遺跡　酒田市法連寺字堂ノ前
境興野遺跡　酒田市境興野字家の東
生石2遺跡　酒田市生石字登路田

〔宮城県〕
山根前横穴墓群　登米市石越町東郷字山根前
白地横穴墓群　登米市中田町石森字白地
西手取遺跡　栗原市高清水沖西手取（旧高清水町）
東山遺跡　加美郡加美町鳥嶋字東山囲（旧宮崎町）
亀井囲古墳群　大崎市松山金谷字亀井
山田囲古墳　石巻市桃生町山田
多賀城跡　多賀城市市川・浮島

〔福島県〕
武井遺跡　相馬郡新地町駒ヶ嶺字向田
割田遺跡　南相馬市鹿島区川子字南割田
金沢遺跡　南相馬市原町区金沢

塔の腰遺跡　鶴岡市井岡字塔の腰
西谷地遺跡　鶴岡市下川字西谷地
境田C遺跡　山形市境田町
二色根古墳群　南陽市二色根南原

市川橋遺跡　多賀城市市川橋字舘前・浮島字矢中
山王遺跡　多賀城市山王
西沢遺跡　多賀城市市川字伊保石
柏木遺跡　多賀城市大代
新田遺跡　多賀城市新田
嶺山C遺跡　仙台市太白区茂庭台
青木遺跡　白石市福岡深谷字青木脇・後

古屋敷遺跡　河沼郡会津坂下町大沖字古屋敷
宮ノ北遺跡　河沼郡会津坂下町合川字宮ノ北

〔北陸地方〕
北沢遺跡　新潟県新発田市豊浦町北沢
八幡林遺跡　新潟県長岡市島崎（旧和島村）
———的場遺跡　新潟市西区的場
———南太閤山Ⅰ遺跡　富山県射水市南太閤山
〔関東地方〕
北島遺跡　埼玉県熊谷市上川上天神森上
多摩ニュータウンNo.６９２遺跡　東京都八王子市別所
———落川遺跡　東京都日野市落川
———常代遺跡　千葉県君津市常代字五反歩

あとがき

本書が上梓の運びとなったのは、直接的には編者である小松正夫氏の退職および還暦を迎えることを契機として、いままでの学恩に感謝すべく有志が集まり寄稿しようと企画したことである。史跡秋田城跡の調査を事務所設立時から中心的に係わってきた同氏は、まさに〝ミスター秋田城〟である。しかし小松氏は、秋田城跡自体の実態解明に留まることなく、大陸を含めた北方世界という広いフィールドを背景におき、ここから秋田城や出羽国の位置づけを俯瞰しようとする論考や発言を繰り返している。この姿勢が、多くの考古学・文献史学者の共感を得ているといってよい。

その一方で、小松氏が代表を務めていた「金曜会」の存在も大きい。金曜会とは、毎月の最後の金曜日夕方に秋田城跡調査事務所に有志が集まり、一人の報告者が自身の研究発表を行うものである。会場が秋田市にあることから同市内在住・勤務者に限定されるものの、事務所員の他、県の埋蔵文化財担当者、考古学に興味をもつ会社員・教員・学生などが会員として参加した。小松氏によると、金曜会は「日常の発掘調査や、事務というマンネリズムに終わることなく、それぞれテーマをもって少しでも研究者らしさを見失うまい、という気持ちから生まれた会である」とし、会員の入会規定や規則も会費もなく、開催の連絡もしないというスタンスを維持していた。そして、研究発表後には五〇〇円会費の懇親会を決まりとし、月に一度の懇親を図ることも大きな目的であった。発起人である高橋は、まさに会員の一人として金曜会に参加し、発表よりも懇親会における情報交換を楽しみに通い詰めたものである。一九八二年に発足した金曜会は、会場である事務所の移転とその管理上の問題から二〇〇一年にはやむなく休止に追い込まれたが、小松氏の目指した「らしさ」の継続は、今でも元会員の中に息づいている。

その小松氏が二〇〇八年三月末日をもって、秋田市教育委員会を定年退職された。退職・還暦を記念して小松正夫編著本を出したい旨の話を切り出したところ、「本出すんだったら、俺も書くけど編者はやだ」と固辞された。しかし、発起人が同氏と係りの深い方々にメールで執筆を呼びかけたところ二〇名ほどの方から内諾をいただき、小松正夫の名前があるからこそと説得し、ようやく承諾いただいた経緯がある。このあたりも小松氏の「らしさ」である。

小松氏は定年退職後、古巣である秋田城跡調査事務所に嘱託として再び勤務され、二〇一〇年三月末に勇退された。本書が小松氏の二度目の退職を祝うタイミングで刊行されることに執筆者一同で感慨を深めるとともに、今後もますますご壮健で広く活躍され、われわれ後学の指標であり続けていただきたい。

最後になったが、出版事情の極めて厳しいなか、本書の刊行を快諾された株式会社すいれん舎、同編集担当の方々、発行者である高橋雅人氏に感謝申し上げたい。

二〇一〇年四月

『北方世界の考古学』刊行発起人

高橋　学

執筆者紹介（執筆順）

八木光則（やぎ　みつのり）　盛岡市教育委員会
小松正夫（こまつ　まさお）　→別掲
三上喜孝（みかみ　よしたか）　山形大学人文学部准教授
渡部育子（わたなべ　いくこ）　秋田大学教育文化学部教授
山口博之（やまぐち　ひろゆき）　山形県立博物館学芸専門員
鈴木琢也（すずき　たくや）　北海道開拓記念館学芸員
田中広明（たなか　ひろあき）　財団法人埼玉県埋蔵文化財調査事業団
利部　修（かがぶ　おさむ）　秋田県埋蔵文化財センター調査班
伊藤武士（いとう　たけし）　秋田市教育委員会秋田城跡調査事務所
神田和彦（かんだ　かずひこ）　秋田市教育委員会文化振興室
鐘江宏之（かねがえ　ひろゆき）　学習院大学文学部教授
島田祐悦（しまだ　ゆうえつ）　横手市教育委員会教育総務部文化財保護課
右代啓視（うしろ　ひろし）　北海道開拓記念館総務部企画調整課長・学芸員
五十嵐祐介（いがらし　ゆうすけ）　男鹿市教育委員会生涯学習課文化財班
羽柴直人（はしば　なおと）　財団法人岩手県文化振興事業団埋蔵文化財センター
今野沙貴子（こんの　さきこ）　弘前市教育委員会文化財保護課
小口雅史（おぐち　まさし）　法政大学文学部教授
高橋　学（たかはし　まなぶ）　秋田県埋蔵文化財センター調査班

小松正夫（こまつ・まさお）
1948年、秋田県由利郡大内町（現由利本荘市）生まれ。駒澤大学文学部歴史学科考古学専攻卒業。多賀城跡調査研究所勤務を経て、1972年秋田市役所入所。同年に設置された秋田城跡調査事務所に配属となり、秋田城跡の発掘調査を担当。1990年事務所長。1998年秋田市教育委員会文化課長、2002年文化振興室長兼事務所長。2008年３月定年退職。著書に『史跡秋田城跡』（共著、金曜会編、1993年）、「古代出羽国における北方交流の接点について」（『北方史の新視座』雄山閣、1994年）、「元慶の乱期における出羽国の蝦夷社会」（『古代王権と交流１古代蝦夷の世界と交流』名著出版、1996年）、「出羽の城柵と地域の変貌」（『日本海域歴史大系第一巻古代篇Ⅰ』清文堂、2005年）、「出羽北半の駅路再考」（『古代の越後と佐渡』高志書院、2005年）など。

編著者紹介

北方世界の考古学

2010年７月25日第１刷発行

編　著　小松正夫
発行者　高橋雅人
発行所　株式会社 すいれん舎
〒101-0052
東京都千代田区神田小川町3-10 西村ビル5F
電話 03-5259-6060 FAX 03-5259-6070
e-mail : masato@suirensha.jp
印刷・製本　亜細亜印刷株式会社
装　丁　篠塚明夫

ISBN978-4-86369-096-7　Printed in Japan